譯註 禮記集說大全 坊記

編　陳澔(元)

附　正義·訓纂·集解

譯註 禮記集說大全

坊記

編　陳澔〔元〕

附　正義·訓纂·集解

鄭秉燮 譯

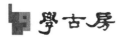

역자서문

『예기』「방기(坊記)」편을 출판한다. 「방기」편의 주된 내용은 예(禮)라는 것은 잘못이 발생하기 이전에 불미스러운 것을 사전에 차단함으로써 백성들을 교화한다는 것이다. 또 「방기」편의 큰 특징은 인간의 본성을 본래부터 선한 것으로 상정하기보다는 이기적이며 불선하다고 여긴다. 즉 선왕이 오래전에 올바른 제도를 만들어 두었지만, 인간은 그 제도를 뛰어넘고자 하기 때문에, 군주는 끊임없이 제방을 보수하듯 정교(政敎)를 펼쳐서 잘못된 길로 나아가는 것을 방지해야 한다고 주장한다. 이것은 순자사상의 영향을 받은 것이다. 우리가 흔히 생각하는 공맹(孔孟) 중심의 유가사상과는 큰 차이점을 보이지만, 전한(前漢)시기 유가가 관학(官學)이 된 후 통치사상으로 활용됨에 있어서, 지대한 영향을 끼친 것은 순자사상이었으며, 순자계열에서 발달한 예치사상이다. 따라서 이 문헌은 유가의 정치사상에 나타났던 다양한 면모를 엿볼 수 있는 중요한 문헌이다.

다시 세상에 한 권의 번역서를 내놓는다. 매번 오역을 운운하며 자기변명을 늘어놓는데, 역자의 실력이 부족하여 발생한 문제이니, 독자분들께 죄송스럽다. 본 역서에 나온 오역과 역자의 부족함에 대해 일갈을 해주실 분들이 있다면, bbaja@nate.com 으로 연락을 주시거나 출판사에 제 연락

처를 문의하셔서 가르침을 주신다면, 부족한 실력이지만 가르침을 받도록 최선을 다할 것이다.

역자는 성균관 대학교에서 유교철학(儒敎哲學)을 전공했으며, 예악학(禮樂學) 전공으로 박사논문을 작성했다. 역자가 처음『예기』를 접한 것은 경서연구회(經書硏究會)의 오경강독을 통해서이다. 이 모임을 만들어 후배들에게 경전에 대한 이해를 넓혀주신 임옥균 선생님, 경서연구회 역대 회장님인 김동민, 원용준, 김종석, 길훈섭 선배님께도 감사를 드리고, 현재 함께 경서연구회를 하고 있는 김회숙, 손정민, 김아랑, 임용균, 김현태, 하나 회원님께도 감사를 드린다. 끝으로「방기」편을 출판할 수 있도록 허락해주신 학고방의 하운근 사장님께도 감사를 전한다.

일러두기≫

1. 본 책은 역주서(譯註書)로써, 『예기집설대전(禮記集說大全)』의 「방기(坊記)」편을 완역하고, 자세한 주석을 첨부했다. 송대(宋代) 이전의 주석을 포함하고자 하여, 『예기정의(禮記正義)』를 함께 수록하였다. 그리고 송대 이후의 주석인 청대(淸代)의 주석을 포함하고자 하여 『예기훈찬(禮記訓纂)』과 『예기집해(禮記集解)』를 함께 수록하였다.

2. 『예기』 경문(經文)의 경우, 의역으로만 번역하면 문장을 번역한 방식을 확인하기 어렵고, 보충 설명 없이 직역으로만 번역하면 내용을 이해하기 힘들다. 따라서 경문에 한하여 직역과 의역을 함께 수록하였다. 나머지 주석들에 대해서는 의역을 위주로 번역하였다.

3. 『예기』 경문에 대한 해석은 진호의 『예기집설』 주석에 근거하였다. 경문 해석에 있어서, 『예기정의』, 『예기훈찬』, 『예기집해』마다 이견(異見)이 많다. 『예기집섭대전』의 소주(小註) 또한 진호의 주장과 이견을 보이는 곳이 있고, 소주 사이에도 이견이 많다. 따라서 『예기』 경문 해석의 표준은 진호의 『예기집설』 주석에 근거했으며, 진호가 설명하지 않은 부분들은 『대전』의 소주를 참고하였다. 또한 경문 해석에 있어서 『예기정의』, 『예기훈찬』, 『예기집해』에 나타나는 이견들은 특별한 경우를 제외하고는 각각의 문장을 읽어보면, 경문에 대한 이견을 알 수 있기 때문에, 이러한 경우에는 주석처리를 하지 않았다.

4. 본 역서가 저본으로 삼은 책은 다음과 같다.
  - 『禮記』, 서울 : 保景文化社, 초판 1984 (5판 1995)
  - 『禮記正義』1~4(전4권,『十三經注疏 整理本』12~15), 北京 : 北京大學出版社, 초
    판 2000
  - 朱彬 撰, 『禮記訓纂』上・下(전2권), 北京 : 中華書局, 초판 1996 (2쇄 1998)
  - 孫希旦 撰,『禮記集解』上・中・下(전3권), 北京 : 中華書局, 초판 1989 (4쇄 2007)

5. 본 책은『예기』의 경문, 진호의『집설』, 호광 등이 찬정한『대전』의 세주, 정현의 주,
    육덕명의『경전석문』, 공영달의 소, 주빈(朱彬)의『훈찬』, 손희단(孫希旦)의『집해』
    순으로 번역하였다.

6. 본래『예기』「방기」편은 목차가 없으며, 내용 구분에 있어서도 학자들마다 의견차이
    가 있다. 또한 내용의 연관성으로 인하여, 장과 절을 나누기가 애매한 부분이 많다.
    본 책의 목차는 역자가 임의대로 나눈 것이며, 세세하게 분절하여, 독자들이 관련내용
    들을 찾아보기 쉽게 하였다.

7. 본 책의 뒷부분에는 《坊記 人名 및 用語 辭典》을 수록하였다. 본문에 처음으로 등
    장하는 용어 및 인명에 대해서는 주석처리를 하였다. 이후에 같은 용어가 등장할 때
    마다 동일한 주석처리를 할 수 없어서, 뒷부분에 사전으로 수록한 것이다. 가나다순으
    로 기록하여, 번역문을 읽는 도중 앞부분에서 설명했던 고유명사나 인명 등에 대해서
    쉽게 찾아볼 수 있도록 하였다.

【610a】

子言之, 君子之道, 辟則坊與.

【610a】 등과 같이 【 】 안에 숫자가 기입되어 있는 것은 『예기』의 '경문'을 뜻한다. '610'은 보경문화사(保景文化社)판본의 페이지를 말한다. 'a'는 a단에 기록되어 있다는 표시이다. 밑의 그림은 보경문화사판본의 한 페이지 단락을 구분한 표시이다.

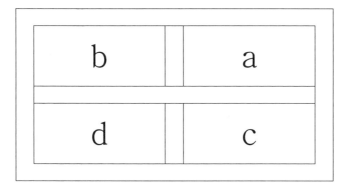

◆ 集說 辟, 讀爲譬; 坊, 與防同, 言君子以道防民之失.

"集說"로 표시된 것은 진호(陳澔)의 『예기집설(禮記集說)』 주석을 뜻한다.

◆ 大全 張子曰: 君子之道, 辟則坊與.

"大全"으로 표시된 것은 호광(胡廣) 등이 찬정(撰定)한 『예기집설대전』의 세주(細註)를 뜻한다.

◆ 鄭注 民所不足, 謂仁義之道也.

"**鄭注**"로 표시된 것은 『예기정의(禮記正義)』에 수록된 정현(鄭玄)의 주(注)를 뜻한다.

◆ **釋文** 辟, 匹亦反, 注同, 舊芳益反, 徐又音譬.

"**釋文**"으로 표시된 것은 『예기정의』에 수록된 육덕명(陸德明)의 『경전석문(經典釋文)』을 뜻한다. 『경전석문』의 내용은 글자들의 음을 설명하고, 간략한 풀이를 한 것인데, 육덕명 당시의 음가로 기록이 되었기 때문에, 현재의 음과는 맞지 않는 부분이 많다. 단순히 참고만 하기 바란다.

◆ **孔疏** ●"子言"至"坊欲". ○正義曰: 此一節發端起首總明所坊之事.

"**孔疏**"로 표시된 것은 『예기정의』에 수록된 공영달(孔穎達)의 소(疏)를 뜻한다. 공영달의 주석은 경문과 정현의 주에 대해서 세분화하여 기록되어 있다. 따라서 '●'으로 표시된 부분은 공영달이 경문에 대해 주석을 한 부분이고, '◎'으로 표시된 부분은 정현의 주에 대해 주석을 한 부분이다. 한편 'O'으로 표시된 부분은 공영달의 주석 부분이다.

◆ **訓纂** 劉氏台拱曰: 三句爲一篇之綱.

"**訓纂**"으로 표시된 것은 『예기훈찬(禮記訓纂)』에 수록된 주석이다. 『예기훈찬』 또한 기존 주석들을 종합한 책이므로, 『예기집설대전』 및 『예기정의』와 중복되는 부분은 생략하였다.

◆ **集解** 愚謂: 辟讀爲譬. 君子之道, 所以坊民之失.

"**集解**"로 표시된 것은 『예기집해(禮記集解)』에 수록된 주석이다. 『예기집해』 또한 기존 주석들을 종합한 책이므로, 『예기집설대전』 및 『예기정의』와 중복되는 부분은 생략하였다.

◆ 원문 및 번역문 중 '▼'로 표시된 부분은 한글로 표기할 수 없는 한자를 기록한 부분이다. 예를 들어 '▼(閂/皿)'의 경우 맹(盟)자의 이체자인데, '明'자 대신 '閂'자가 들어간 한자를 프로그램상 삽입할 수가 없어서, '▼(閂/皿)'으로 표시한 것이다. 즉 '▼(A/B)'의 형식으로 기록된 경우, A에 해당하는 글자가 한 글자의 상단 부분에 해당하고, B에 해당하는 글자가 한 글자의 하단 부분에 해당한다는 표시이다. 또한 '▼(A+B)'의 형식으로 기록된 경우, A에 해당하는 글자가 한 글자의 좌측 부분에 해당하고, B에 해당하는 글자가 한 글자의 우측 부분에 해당한다는 표시이다. 또한 '▼((A-B)/C)'의 형식으로 기록된 경우, A에 해당하는 글자에서 B 부분을 뺀 글자가 한 글자의 상단 부분에 해당하고, C에 해당하는 글자가 한 글자의 하단 부분에 해당한다는 표시이다.

xii

목차

그림목차

경문목차

【610a】

禮記集說大全 卷之二十五 /『예기집설대전』제 25 권
坊記 第三十 /「방기」제 30 편

大全 嚴陵方氏曰: 君子之坊民, 舍禮何以哉? 故經解曰, 禮禁亂之所由生, 猶坊止水之所自來也. 當周之衰, 以舊坊爲無所用, 而壞之者多矣, 則坊之之道, 固不可以不記矣.

번역 엄릉방씨¹⁾가 말하길, 군자가 백성들이 잘못된 길로 빠지는 것을 방지하는데, 예(禮)를 버리고서 무엇으로써 하겠는가? 그러므로『예기』「경해(經解)」편에서는 "예는 혼란이 생겨나는 원인을 금지하는 것이니, 물이 넘치는 것을 제방이 방지함과 같다."²⁾라고 했다. 주나라가 쇠약해졌을 때, 옛날에 마련한 방지대책을 사용할 수 없게 되었고, 무너진 곳도 많았으니, 방지하는 도리는 진실로 기록해두지 않을 수가 없었다.

孔疏 陸曰: 坊音防, 徐扶訪反, 經文皆同. 鄭云: "名坊記者, 以其記六藝之義, 所以坊人之失也."

번역 육덕명³⁾이 말하길, '坊'자의 음은 '防(방)'이며, 서음(徐音)은 '扶

---

1) 엄릉방씨(嚴陵方氏, ?~?) : =방각(方慤)·방씨(方氏)·방성부(方性夫). 송대(宋代)의 유학자이다. 이름은 각(慤)이다. 자(字)는 성부(性夫)이다.『예기집해(禮記集解)』를 지었고,『예기집설대전(禮記集說大全)』에는 그의 주장이 많이 인용되고 있다.

2) 『예기』「경해(經解)」【590b~c】 : 故朝覲之禮, 所以明君臣之義也; 聘問之禮, 所以使諸侯相尊敬也; 喪祭之禮, 所以明臣子之恩也; 鄕飮酒之禮, 所以明長幼之序也; 昏姻之禮, 所以明男女之別也. 夫禮, 禁亂之所由生, 猶坊止水之所自來也. 故以舊坊爲無所用而壞之者, 必有水敗; 以舊禮爲無所用而去之者, 必有亂患.

3) 육덕명(陸德明, A.D.550~A.D.630) : =육원랑(陸元朗). 당대(唐代)의 경학자이다. 이름은 원랑(元朗)이고, 자(字)는 덕명(德明)이다. 훈고학에 뛰어났으며,『경전석문(經典釋文)』등을 남겼다.

(부)'자와 '訪(방)'자의 반절음이고, 경문에 나오는 이 글자는 모두 그 음이 이와 같다. 정현[4]은 "편명을 '방기(坊記)'로 지은 것은 육예(六藝)[5]의 뜻은 사람들이 저지르는 잘못을 방지하기 위함임을 기록했기 때문이다."라고 했다.

孔疏 正義曰: 按鄭目錄云: "名坊記者, 以其記六藝之義, 所以坊人之失者也. 此於別錄屬通論."

번역 『정의』[6]에서 말하길, 정현의 『목록』[7]을 살펴보면, "편명을 '방기(坊記)'로 지은 것은 육예(六藝)[8]의 뜻은 사람들이 저지르는 잘못을 방지하기 위함임을 기록했기 때문이다. 「방기」편을 『별록』[9]에서는 '통론(通論)' 항목에 포함시켰다."라고 했다.

---

4) 정현(鄭玄, A.D.127~A.D.200) : =정강성(鄭康成)·정씨(鄭氏). 한대(漢代)의 유학자이다. 자(字)는 강성(康成)이다. 『주역(周易)』, 『상서(尙書)』, 『모시(毛詩)』, 『주례(周禮)』, 『의례(儀禮)』, 『예기(禮記)』, 『논어(論語)』, 『효경(孝經)』 등에 주석을 하였다.

5) 육예(六藝)는 기본적으로 갖춰야 하는 여섯 가지 과목을 뜻한다. 여섯 가지 과목은 예(禮), 음악(樂), 활쏘기[射], 수레몰기[御], 글쓰기[書], 셈하기[數]이며, 구체적으로 말하자면 오례(五禮), 육악(六樂), 오사(五射), 오어(五馭: =五御), 육서(六書), 구수(九數)를 가리킨다.

6) 『정의(正義)』는 『예기정의(禮記正義)』 또는 『예기주소(禮記注疏)』를 뜻한다. 당(唐)나라 때에는 태종(太宗)이 공영달(孔穎達) 등을 시켜서 『오경정의(五經正義)』를 편찬하였는데, 이때 『예기정의』에는 정현(鄭玄)의 주(注)와 공영달의 소(疏)가 수록되었다. 송대(宋代)에는 『오경정의』와 다른 경전(經典)에 대한 주석서를 포함한 『십삼경주소(十三經注疏)』가 편찬되어, 『예기주소』라는 명칭이 되었다.

7) 『목록(目錄)』은 정현이 찬술했다고 전해지는 『삼례목록(三禮目錄)』을 가리킨다. 『십삼경주소(十三經注疏)』에서 인용되고 있지만, 이 책은 『수서(隋書)』가 편찬될 당시에 이미 일실되어 존재하지 않았다. 『수서』「경적지(經籍志)」편에는 "三禮目錄一卷, 鄭玄撰, 梁有陶弘景注一卷, 亡."이라는 기록이 있다.

8) 육예(六藝)는 기본적으로 갖춰야 하는 여섯 가지 과목을 뜻한다. 여섯 가지 과목은 예(禮), 음악(樂), 활쏘기[射], 수레몰기[御], 글쓰기[書], 셈하기[數]이며, 구체적으로 말하자면 오례(五禮), 육악(六樂), 오사(五射), 오어(五馭: =五御), 육서(六書), 구수(九數)를 가리킨다.

9) 『별록(別錄)』은 후한(後漢) 때 유향(劉向)이 찬(撰)했다고 전해지는 책이다. 현재는 일실되어 존재하지 않으며, 『한서(漢書)』「예문지(藝文志)」편을 통해서 대략적인 내용만을 추측해볼 수 있다.

訓纂 沈約曰, "月令取呂氏春秋, 中庸・表記・坊記・緇衣皆取子思子, 樂記取公孫尼子." 見隋書音樂志.

번역 심약[10]이 말하길, "『예기』「월령(月令)」편은 『여씨춘추』[11]에서 가져온 기록이며, 『예기』「중용(中庸)」・「표기(表記)」・「방기(坊記)」・「치의(緇衣)」편은 모두 『자사자』에서 가져온 기록이고, 『예기』「악기(樂記)」편은 『공손니자』에서 가져온 기록이다."라고 했다. 『수서』「음악지(音樂志)」에 나온다.[12]

集解 此篇言先王以制度坊民之事.

번역 「방기」편에서는 선왕이 제도를 통해 백성들이 잘못된 길로 빠지는 것을 방지했던 사안을 언급하였다.

참고 『한서(漢書)』「예문지(藝文志)・잡가류(雜家類)」

원문 呂氏春秋二十六篇.

번역 『여씨춘추』 총 26편이 있다.

---

10) 심약(沈約, A.D.441~A.D.513): 위진남북조 때의 학자이다. 자(字)는 휴문(休文)이고, 시호(諡號)는 은(隱)이다. 주요저서로는 『송서(宋書)』・『심은후집(沈隱侯集)』

11) 『여씨춘추(呂氏春秋)』는 여불위(呂不韋)가 편찬한 책이다. 『사기(史記)』「문언후열전(文言侯列傳)」편의 기록에 의하면, 여불위가 여러 학자들을 불러 모아서, 학문을 토론하게 하고, 그것을 모아서 『여씨춘추』를 편찬했다고 전해진다. 12개의 기(紀), 8개의 남(覽), 6개의 논(論)으로 구성되어 있다.

12) 『수서(隋書)』「음악상(音樂上)」: 案漢初典章滅絶, 諸儒捃拾溝渠牆壁之間, 得片簡遺文, 與禮事相關者, 卽編次以爲禮, 皆非聖人之言. 月令取呂氏春秋, 中庸・表記・防記・緇衣皆取子思子, 樂記取公孫尼子, 檀弓殘雜, 又非方幅典誥之書也.

本注 秦相呂不韋輯智略士作.

번역 진(秦)나라 재상인 여불위13)가 학자들을 모아서 편찬하였다.

원문 公孫尼一篇.

번역 『공손니』 총 1편이 있다.

참고 『한서(漢書)』「예문지(藝文志)・유가류(儒家類)」

원문 子思二十三篇.

번역 『자사』 총 23편이 있다.

本注 名伋, 孔子孫, 爲魯繆公師.

번역 자사(子思)의 이름은 '급(伋)'이고, 공자의 손자이며, 노(魯)나라 목공(繆公: =穆公)의 스승이 되었다.

원문 公孫尼子二十八篇.

번역 『공손니자』 28편이 있다.

本注 七十子之弟子.

번역 공손니자는 공자의 칠십여 제자들 중 하나이다.

---

13) 여불위(呂不韋. ?~B.C.235) : 전국시대(戰國時代) 말기(末期)의 정치가이다. 진(秦)나라의 상국(相國)을 지낼 때, 여러 학자들을 초빙하여 『여씨춘추(呂氏春秋)』를 작성하였다.

참고 『수서(隋書)』「경적삼(經籍三)·자(子)」

원문 呂氏春秋二十六卷.

번역 『여씨춘추』 총 26권이 있다.

本注 秦相呂不韋撰, 高誘注.

번역 진(秦)나라 재상 여불위가 편찬했으며, 고유의 주가 달려 있다.

참고 『수서(隋書)』「경적삼(經籍三)·자(子)」

원문 子思子七卷.

번역 『자사자』 총 7권이 있다.

本注 魯穆公師孔伋撰.

번역 노(魯)나라 목공(穆公)의 스승인 공급이 편찬하였다.

참고 『수서(隋書)』「경적삼(經籍三)·자(子)」

원문 公孫尼子一卷

번역 『공손니자』 총 1권이 있다.

本注 尼, 似孔子弟.

번역 니(尼)는 아마도 공자의 제자인 것 같다.

◆ 그림 0-1 　◉ 공자(孔子)의 가계도(家系圖)

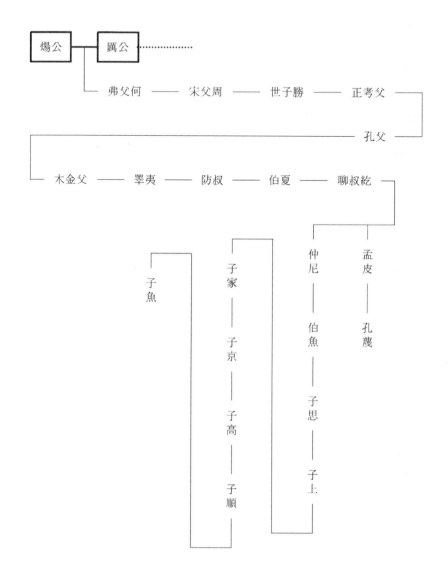

※ 출처: 『역사(繹史)』 1권 「역사세계도(繹史世系圖)」

● 그림 0-2 ◼ 노(魯)나라 세계도(世系圖)

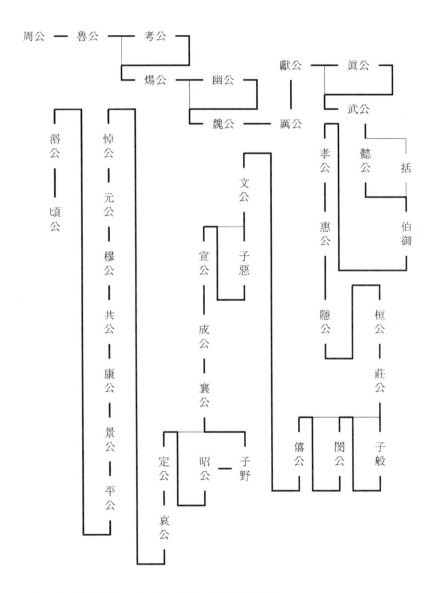

※ 출처: 『역사(繹史)』 1권 「역사세계도(繹史世系圖)」

군자의 도(道)와 방(坊)

【610a】

> 子言之, "君子之道, 辟則坊與. 坊民之所不足者也. 大爲之坊, 民猶踰之, 故君子禮以坊德, 刑以坊淫, 命以坊欲."

직역 子가 言하길, "君子의 道는 辟하면 坊인져. 民이 不足한 所의 者를 坊이라. 大히 坊을 爲라도, 民은 猶히 踰하니, 故로 君子는 禮하여 德을 坊하고, 刑하여 淫을 坊하며, 命하여 欲을 坊한다."

의역 공자가 말하길, "군자의 도는 비유하자면 제방과 같을 것이다. 백성들의 부족하게 될 점을 미리 방비하는 것이다. 그들을 위해 크게 방비대책을 세우더라도 백성들은 오히려 그것을 뛰어넘으려고 한다. 그러므로 군자는 예(禮)를 통해 덕이 부족해질 것을 방지하고, 형벌을 통해 정감이 방탕하게 흐를 것을 방지하며, 명령을 통해 욕심이 제멋대로 날뛰는 것을 방지한다."라고 했다.

集說 辟, 讀爲譬; 坊, 與防同, 言君子以道防民之失, 猶以隄防遏水之流也.

번역 '벽(辟)'자는 "비유하다."의 '비(譬)'자로 풀이하며, '방(坊)'자는 "방비하다."의 '방(防)'자와 같으니, 군자는 도를 통해 백성들이 잘못을 저지를 것에 대해 방지하는 것으로, 마치 제방으로 물이 넘치는 것을 막는 것과 같다.

集說 應氏曰: 理欲相爲消長, 人欲熾盛而有餘, 則天理消滅而不足, 禮則防其所不足, 而制其所有餘焉. 性之善爲德, 禮以防之而養其源; 情之蕩爲淫, 刑以防之而遏其流. 聖人防民之具至矣, 然人之欲無窮, 而非防閑之所能盡也, 聖人於是而有命之說焉. 命出於天, 各有分限, 而截然不可踰也. 天之命令, 人力莫施, 以是防之, 則覬覦者塞, 羨慕者止, 而欲不得肆矣.

번역 응씨[1]가 말하길, 도리와 욕심은 상호 줄어들게 하거나 늘어나게도 하는데, 사람의 욕심이 번성하여 넘치게 된다면 천리는 줄어들어 부족하게 되니, 예는 부족하게 될 것을 방지하고 넘치는 것을 제어하는 것이다. 본성의 선함은 덕이 되는데, 예를 통해 방지하는 것은 본원성을 배양하는 것이며, 정감이 방탕하게 되어 음란하게 흐르면 형벌을 통해 방지하여 방탕하게 흐르는 것을 막는다. 백성들이 잘못된 길로 빠지지 않도록 성인이 방지했던 도구들이 지극한데도 사람의 욕심은 끝이 없어서 방지 대책으로 다 막을 수 있는 것이 아니니, 성인은 이에 대해 명령을 내리게 된다. 명령은 하늘로부터 도출되어 각각 경계가 있고, 경계가 매우 분명하여 뛰어넘을 수가 없다. 하늘의 명령은 사람의 힘으로는 제대로 시행할 수 없지만, 이를 통해 방비한다면, 기회를 엿보는 자들은 막히게 될 것이고, 탐욕을 부리는 자들은 그치게 되어, 욕심이 제멋대로 날뛰지 못하게 된다.

大全 張子曰: 君子之道, 辟則坊與, 下文所謂禮刑命者, 是卽君子之道也.

번역 장자[2]가 말하길, 군자의 도는 비유하자면 제방과 같을 것이니, 아래문장에서 말한 예·형벌·명령은 바로 군자의 도에 해당한다.

大全 馬氏曰: 禮所以制中, 故禮以坊德. 刑所以禁過, 故刑以坊淫. 命所以

---

1) 금화응씨(金華應氏, ?~?) : =응용(應鏞)·응씨(應氏)·응자화(應子和). 이름은 용(鏞)이다. 자(字)는 자화(子和)이다. 『예기찬의(禮記纂義)』를 지었다.
2) 장재(張載, A.D.1020~A.D.1077) : =장자(張子)·장횡거(張橫渠). 북송(北宋) 때의 유학자이다. 북송오자(北宋五子) 중 한 사람으로 칭해진다. 자(字)는 자후(子厚)이다. 횡거진(橫渠鎭) 출신으로, 이곳에서 장기간 강학을 했기 때문에 횡거선생(橫渠先生)으로 일컬어지기도 한다.

知分而安之, 故命以坊欲.

번역 마씨[3]가 말하길, 예는 중도에 맞게끔 하는 것이기 때문에[4] 예를 통해 덕이 부족해질 것을 방지한다. 형벌은 과실을 금지하는 것이기 때문에 형벌을 통해 방탕하게 될 것을 방지한다. 명령은 자신의 분수를 알고 편안하게 여기도록 하는 것이기 때문에 명령을 통해 욕심을 방지한다.

大全 慶源輔氏曰: 人有所畏, 則不敢縱, 禮以坊德, 刑以坊淫, 略而言之也. 至於命以坊欲, 則又入深而言之. 是三者, 所謂大爲之坊也. 彼因一事, 設一禁者, 豈君子之道哉?

번역 경원보씨[5]가 말하길, 사람에게 두려워할 대상이 생기면 감히 제멋대로 하지 않는데, 예를 통해 덕이 부족해질 것을 방지하고 형벌을 통해 방탕하게 흐름을 방지하는 것은 대략적으로 말한 것이다. 명령을 통해 욕심을 방지하는 경우는 또한 좀 더 구체적으로 말한 것이다. 이러한 세 가지 것들이 바로 "크게 방지대책을 만든다."라고 한 말에 해당한다. 특정 사안에 따라 그 사안에만 해당하는 금기사항을 만드는 것이 어찌 군자의 도가 되겠는가?

鄭注 民所不足, 謂仁義之道也. 失道則放辟邪侈也. 言嚴其禁尙不能止, 況不禁乎! 命, 謂敎令.

번역 백성들이 부족해하는 것은 바로 인(仁)과 의(義)의 도리를 뜻한다.

---

3) 마희맹(馬晞孟, ?~?) : =마씨(馬氏)·마언순(馬彦醇). 자(字)는 언순(彦醇)이다. 『예기해(禮記解)』를 찬술했다.

4) 『예기』「중니연거(仲尼燕居)」【598c】: 子曰, "師, 爾過, 而商也不及. 子産猶衆人之母也, 能食之, 不能敎也." 子貢越席而對曰, "敢問將何以爲此中者也?" 子曰, "禮乎禮. 夫禮所以制中也."

5) 경원보씨(慶源輔氏, ?~?) : =보광(輔廣)·보한경(輔漢卿). 남송(南宋) 때의 학자이다. 자(字)는 한경(漢卿)이고, 호(號)는 잠암(潛庵)·전이(傳貽)이다. 여조겸(呂祖謙)과 주자(朱子)에게서 학문을 배웠다. 저서로는 『사서찬소(四書纂疏)』, 『육경집해(六經集解)』 등이 있다.

도를 잃어버리면 거리낌 없이 제멋대로 하고 간사하며 사치스럽게 된다.6) 금령을 엄격히 시행함에도 오히려 그칠 수 없는데 어찌 금지하지 않을 수 있느냐는 뜻이다. '명(命)'자는 교화에 따른 명령을 뜻한다.

釋文　辟, 匹亦反, 注同, 舊芳益反, 徐又音譬. 與音餘. 邪, 似嗟反. 侈, 昌氏反, 又尺氏反.

번역　'辟'자는 '匹(필)'자와 '亦(역)'자의 반절음이며, 정현의 주에 나오는 글자도 그 음이 이와 같고, 구음(舊音)은 '芳(방)'자와 '益(익)'자의 반절음이며, 서음(徐音)은 또한 '譬(비)'가 된다. '與'자의 음은 '餘(여)'이다. '邪'자는 '似(사)'자와 '嗟(차)'자의 반절음이다. '侈'자는 '昌(창)'자와 '氏(씨)'자의 반절음이고, 또한 '尺(척)'자와 '氏(씨)'자의 반절음도 된다.

孔疏　●"子言"至"坊欲". ○正義曰: 此一節發端起首總明所坊之事. 但此篇凡三十九章, 此下三十八章悉言"子云", 唯此一章稱"子言之"者, 以是諸章之首·一篇總要, 故重之, 特稱"子言之"也. 餘章其意稍輕, 故皆言"子云"也. 諸書皆稱"子曰", 唯此一篇皆言"子云", 是錄記者意異, 無義例也. 但此篇所"坊", 體例不一. 或數經共論一事, 每稱"子云"·"以此坊民"; 或有一經之內發初言"子云", 唯說一事, 下卽云"以此勞民"結之; 或有一經之內雖說一事, 卽稱"民猶犯齒", "民猶犯貴", "民猶犯君"; 或有每事之下引詩·書結之者; 或有一事之下不引詩·書者: 如此之屬, 事義相似, 體例不同, 是記者當時之意, 無義例也. 今各隨文解之.

번역　●經文: "子言"~"坊欲". ○이곳 문단은 그 사안의 서두를 드러내기 위해 방비하는 사안에 대해서 총괄적으로 나타내고 있다. 다만 이곳 「방기」편은 총 39장으로 구성되어 있는데, 이 구문 뒤의 38개 장에서는 모두

---

6) 『맹자』「양혜왕상(梁惠王上)」: 曰, 無恒産而有恒心者, 惟士爲能. 若民, 則無恒産, 因無恒心. 苟無恒心, 放辟邪侈, 無不爲已. 及陷於罪, 然後從而刑之, 是罔民也. 焉有仁人在位罔民而可爲也?

'자운(子云)'이라고 기록했고, 오직 이곳 1장만은 '자언지(子言之)'라고 기록했다. 그 이유는 이것이 여러 장들의 첫 장이 되고, 「방기」편의 총괄적인 요지를 드러내기 때문에, 그 사안을 중시하여 특별히 '자언지(子言之)'라고 말한 것이다. 그리고 나머지 38개 장에 나타난 뜻은 상대적으로 가벼운 것이기 때문에 모두 '자운(子云)'이라고 말했다. 여러 책들에서는 모두 '자왈(子曰)'이라고 지칭하는데, 이곳 「방기」편에서는 모두 '자운(子云)'이라고 기록했다. 그 이유는 기록을 했을 때의 뜻이 달라서 그런 것이지, 특별한 의미에 따라 구별되는 용례는 없다. 다만 이곳 「방기」편에서 방지의 사안을 말한 것은 그 용례가 한 가지는 아니다. 어떤 경우에는 여러 경문이 공통으로 한 가지 사안에 대해서 논의하며, 매 문장마다 '자운(子云)'이라고 말하고 "이를 통해 백성들을 방지한다."라고 말한다. 또 어떤 경우에는 하나의 경문 속에서 최초 '자운(子云)'이라고 말하고서 단지 한 가지 사안에 대해서만 설명하고, 곧 그 뒤에서 "이로써 백성들을 위로한다."는 말로 결론을 맺는다. 또 어떤 경우에는 하나의 경문에서 비록 한 가지 사안만을 설명하고 있지만, 곧 "백성들은 오히려 연장자를 범한다."라고 말하고, "백성들은 오히려 존귀한 자를 범한다."라고 말하며, "백성들은 오히려 군주를 범한다."라고 말하기도 한다. 또 어떤 경우에는 매 사안을 설명하면서 그 뒤에『시』나『서』등의 내용을 인용하여 결론을 맺은 것도 있다. 또 어떤 경우에는 한 가지 사안을 설명하며 그 뒤에『시』나『서』등의 내용을 인용하지 않는 경우도 있다. 이와 같은 부류들은 그 사안과 의미가 서로 비슷한데도 용례가 다른 것인데, 이것은 기록을 했을 당시의 뜻이 달라서 그런 것이지, 특별한 의미에 따라 구별되는 용례는 없다. 현재는 각각의 문장에 따라서 풀이하겠다.

참고 표기방식과 인용문

순번	위 치	표 기	인용문
1	【610a】	子言之	×
2	【610c】	子云	×
3	【610d~611a】	子云	『詩』
4	【611b~c】	子云	×
5	【611c~d】	子云	『詩』
6		子云	×
7	【612a】	子云	×
8	【612b】	子云	『詩』
9		子云	×
10	【612c】	子云	『詩』
11	【613a】	子云	×
12	【613b~c】	子云	『詩』
13	【613d】	子云	『詩』
14	【614a】	子云	『詩』
15	【614b】	子云	『書』
16	【614b~c】	子云	『書』
17	【614c】	子云	『論語』・『書』
18	【614d】	子云	『詩』
19	【615a】	子云	『詩』
20	【615a~b】	子云	×
21		子云	×
22		子云	『書』
23	【615c】	子云	×
24	【615d】	子云	×
25		子云	×
26	【616a】	子云	『易』・『詩』
27	【616b~c】	子云	『詩』
28	【617a】	子云	×
29		子云	×
30	【617b】	子云	『春秋』
31	【617c】	子云	×
32	【618b~c】	子云	『易』
33	【618d~619a】	子云	『詩』・『詩』
34	【619c】	子云	『詩』
35	【619d~620a】	子云	×
36	【620a】	子云	×
37	【620b】	子云	×
38	【620b】	子云	×
39	【620d】	子云	×

孔疏 ●"辟則坊與"者, 君子之道, 坊民之過, 譬如坊之礙水, 故云"辟則坊與". 但言"坊"字, 或土旁爲之, 或阜旁爲之, 古之通用也.

번역 ●經文: "辟則坊與". ○군자의 도는 백성들의 과실을 방지하는 것이니, 비유하자면 제방이 물의 범람을 막는 것과 같다. 그렇기 때문에 "비유하자면 제방일 것이다."라고 말한 것이다. 다만 '방(坊)'이라고 했는데, 이 글자는 '토(土)'자를 부수로 하는 '방(坊)'자로 기록하기도 하고, 또는 '부(阝)'자를 부수로 하는 '방(防)'자로 기록하기도 하지만, 고자(古字)에서는 통용해서 사용했다.

孔疏 ●"坊民之所不足者也", 釋立坊之義也. 言設坊坊民者, 爲民行仁義不足故也.

번역 ●經文: "坊民之所不足者也". ○방지대책을 세우는 뜻을 풀이한 것이다. 즉 방지대책을 세워서 백성들을 방비하는 것은 백성들이 인의를 시행하는데 부족하게 되기 때문이라는 뜻이다.

孔疏 ●"大爲之坊, 民猶踰之"者, 解不可無坊也. 聖人在上, 大設其坊坊之, 而人猶尙踰越犯躐, 況不坊乎?

번역 ●經文: "大爲之坊, 民猶踰之". ○방지대책이 없을 수 없는 뜻을 풀이한 것이다. 성인은 통치자의 자리에 있으며 방지대책을 크게 만들어서 그들을 방비하는데, 사람들은 오히려 그것을 뛰어넘으려고 하니, 어찌 방지하지 않을 수 있겠는가?

孔疏 ●"故君子禮以坊德"者, 由民踰德, 故人君設禮以坊民德之失也.

번역 ●經文: "故君子禮以坊德". ○백성들이 자신이 가진 덕을 뛰어넘어 잘못된 길로 접어드는 것에 연유하기 때문에, 군주는 예를 제정하여 백성들이 덕에 대해 잘못을 저지르지 않도록 방지한다.

孔疏 ●"刑以坊淫"者, 制刑以坊民淫邪也.

번역 ●經文: "刑以坊淫". ○형벌을 제정하여 백성들이 음란하고 사벽하게 됨을 방지한다.

孔疏 ●"命以防欲"者, 命, 法令也; 欲, 貪欲也. 又設法令以坊民之貪欲也.

번역 ●經文: "命以防欲". ○'명(命)'자는 법령을 뜻하며, '욕(欲)'자는 탐욕을 뜻한다. 또한 법령을 반포하여 백성들의 탐욕을 방지한다.

訓纂 劉氏台拱曰: 三句爲一篇之綱.

번역 유태공[7]이 말하길, 세 구문은 이곳 「방기」편의 큰 강령이 된다.

集解 今按: 辟字, 張子讀爲譬喩之譬, 今從之.

번역 현재 살펴보니, '벽(辟)'자에 대해, 장자는 비유를 뜻하는 '비(譬)'자로 풀이했는데, 현재 그 주장에 따른다.

集解 愚謂: 辟讀爲譬. 君子之道, 所以坊民之失, 譬如水之有坊, 所以止水之放泆也. 民之所不足者, 德也. 民不足於德, 則入於邪辟, 故先王設爲制度以坊之. 大爲之坊, 民猶踰之, 所以深明坊之不可廢也. 禮以敎之於未然, 故曰坊德, 坊其悖於德也. 刑以治之於已犯, 故曰坊淫, 坊其入於淫也. 命, 謂政令. 命以禁之於將發, 故曰坊欲, 坊其動於欲也. 君子之坊民, 以禮爲本, 而刑與政輔之. 篇中所言, 皆以禮坊民之事也.

번역 내가 생각하기에, '벽(辟)'자는 "비유한다[譬]."로 풀이한다. 군자의 도는 백성들의 과실을 방지하는 것이니, 비유하자면 물가에 제방을 설

---

7) 유태공(劉台拱, A.D.1751~A.D.1805): 청(淸)나라 때의 경학자이다. 천문학(天文學), 율려학(律呂學), 문자학(文字學) 등에 조예가 깊었다.

치하여 물이 범람하는 것을 막는 것과 같다. 백성들의 부족한 점은 덕이다. 백성들이 덕에 부족하게 된다면 사벽한 곳으로 빠지게 된다. 그렇기 때문에 선왕은 제도를 설치하여 방지했던 것이다. 크게 방지대책을 마련해도 백성들은 오히려 그것을 뛰어넘는다고 했으니, 방지대책은 폐지할 수 없다는 사실을 분명히 나타내고자 한 것이다. 예(禮)는 아직 그처럼 되지 않았을 때 가르치는 것이다. 그렇기 때문에 '방덕(坊德)'이라고 했으니, 덕을 어그러트리게 됨을 방지하는 것이다. 형벌은 이미 범법을 한 상태에서 다스리는 것이다. 그렇기 때문에 '방음(坊淫)'이라고 했으니, 이미 음란함에 빠진 자들을 방지하는 것이다. '명(命)'자는 정령을 뜻한다. 명령은 이제 막 발생하려고 하는 것들을 금지하는 것이다. 그렇기 때문에 '방욕(坊欲)'이라고 했으니, 욕심에 따라 행동하게 될 것을 방지하는 것이다. 군자가 백성들을 방지할 때에는 예를 근본으로 삼고 형벌과 정령은 그것을 보완하도록 둔다. 「방기」편에서 언급하는 내용들은 모두 예를 통해 백성들을 방지하는 사안에 해당한다.

集解 陸氏佃曰: 命以坊欲, 孟子所謂"有命焉, 君子不謂性也."

번역 육전8)이 말하길, 명령으로 욕심을 방지한다는 것은 『맹자』에서 "명에 달려 있는 것이니, 군자는 이것을 성이라 부르지 않는다."9)라고 한 말에 해당한다.

集解 應氏鏞曰: 詩曰, "抱衾與裯, 寔命不猶", 苟不知命有貴賤, 則賤妾進御求逞, 其欲何能盡其心乎?

---

8) 산음육씨(山陰陸氏, A.D.1042~A.D.1102): =육농사(陸農師)・육전(陸佃). 북송(北宋) 때의 유학자이다. 자(字)는 농사(農師)이며, 호(號)는 도산(陶山)이다. 어려서 집안이 매우 가난했다고 전해지며, 왕안석(王安石)에게 수학하였으나 왕안석의 신법에 대해서는 반대하였다. 저서로는 『비아(埤雅)』, 『춘추후전(春秋後傳)』, 『도산집(陶山集)』 등이 있다.
9) 『맹자』「진심하(盡心下)」: 孟子曰, 口之於味也, 目之於色也, 耳之於聲也, 鼻之於臭也, 四肢於安佚也, 性也, 有命焉, 君子不謂性也.

번역 응용이 말하길,『시』에서는 "이불과 홑이불을 안고 가니, 이는 명이 같지 않기 때문이리라."10)라고 했는데, 만약 명에 귀천의 차이가 있음을 알지 못한다면 천한 첩이 시중을 들며 총애를 받아 그릇된 욕망을 품게 되는데, 그 욕심이 어찌 마음을 다할 수 있겠는가?

集解 愚謂: 命字, 鄭氏之說爲確. 宋時諸儒皆以爲"子罕言命"之命, 其義亦通.

번역 내가 생각하기에, '명(命)'자에 대해서는 정현의 설명이 확실하다. 송나라 때의 학자들은 모두 "공자는 명(命)에 대해 드물게 말했다."11)라고 했을 때의 '명(命)'자로 여겼는데, 그 의미 또한 통한다.

---

10)『시』「소남(召南)·소성(小星)」: 嘒彼小星, 維參與昴. 肅肅宵征, 抱衾與裯. 寔命不猶.
11)『논어』「자한(子罕)」: 子罕言利與命與仁.

예(禮)와 약(約)·교(驕)·겸(慊)

【610c】

子云, "小人貧斯約, 富斯驕. 約斯盜, 驕斯亂. 禮者, 因人之情而爲之節文, 以爲民坊者也. 故聖人之制富貴也, 使民富不足以驕, 貧不至於約, 貴不慊於上, 故亂益亡."

직역 子가 云, "小人은 貧하면 斯에 約하고, 富하면 斯에 驕한다. 約하면 斯에 盜하고, 驕하면 斯에 亂한다. 禮者는 人의 情에 因하여 節文을 爲하여, 民의 坊者로 爲한다. 故로 聖人은 富貴를 制하여, 民으로 使하여 富라도 驕하길 不足하며, 貧이라도 約에는 不至하며, 貴라도 上을 不慊하니, 故로 亂이 益히 亡이라."

의역 공자가 말하길, "소인은 가난하면 인색하게 되고 부유하면 교만하게 된다. 인색하면 도적질을 하게 되고 교만하면 혼란스럽게 만든다. 예라는 것은 사람의 정감에 따라 절제하여 격식을 만든 것으로, 이것을 백성들에 대한 방지대책으로 삼는다. 그러므로 성인은 부귀를 제어하여, 백성들로 하여금 부유하더라도 교만하게 만들지 않고, 가난하더라도 인색하게 만들지 않으며, 존귀하더라도 윗사람을 꺼려하지 않도록 만든다. 그렇기 때문에 혼란이 더욱 없어지게 된다."라고 했다.

集說 方氏曰: 小人無道以安貧, 故貧斯約; 無德以守富, 故富斯驕. 約者不獲恣, 則有羨彼之志, 故約斯盜; 驕者不能遜, 則有犯上之心, 故驕斯亂. 凡此皆人之情也, 而禮則因而爲之節文, 富者不以有餘而慢於人, 貧者不以不足而窮其身, 貴者不以在上而慊於物, 皆由有禮故也. 若家富不過百乘, 所以制富而不使之驕也; 一夫受田百畝, 所以制貧而不使之約也; 伐冰之家, 不畜牛羊,所以制貴而不使之慊也.

번역 방씨가 말하길, 소인은 도에 따라 가난함을 편하게 여길 수 없기 때문에 가난하면 인색해지고, 덕으로 부유함을 지킬 수 없기 때문에 부유하면 교만하게 된다. 인색한 자는 자신의 뜻대로 할 수 없어서 상대의 것을 탐내는 마음이 생긴다. 그렇기 때문에 인색하게 되면 도적질을 한다. 또 교만한 자는 겸손할 수 없어서 윗사람을 범하려는 마음이 생긴다. 그렇기 때문에 교만하면 혼란스럽게 만든다. 무릇 이러한 것들은 모두 사람의 정감에 해당하는데, 예는 정감에 따라서 그것을 절제하여 격식을 만든 것이니, 부유한 자는 자신이 여유롭다는 이유로 남에게 거만하게 굴지 않고, 가난한 자는 자신이 부족하다는 이유로 자신을 곤궁하게 내몰지 않으며, 존귀한 자는 자신이 높은 자리에 있다는 이유로 상대에 대해서 편치 않게 여기지 않으니, 이 모두는 예가 있다는 데에 말미암는 것이다. 대부의 부유함이 100승(乘)을 넘지 못하게 하는 것은 바로 부유함을 제어하여 그로 하여금 교만하게 만들지 않는 것이며, 한 명의 가장이 100무(畝)의 경작지를 받는 것[1]은 가난함을 제어하여 그로 하여금 인색하게 만들지 않는 것이고, 얼음을 쓰는 집에서 소와 양을 기르지 않는 것[2]은 존귀함을 제어하여 그로 하여금 꺼려하도록 만들지 않는 것이다.

大全 石林葉氏曰: 貴賤尊卑者, 節也. 升降上下者, 文也. 有節以制其等, 有文以別其位, 則富不驕, 貧不約, 貴不慊於上. 雖然禮之所制者, 亦多術矣, 富貴獨先焉者, 以人道之大欲所存而已矣.

번역 석림섭씨[3]가 말하길, 귀천 및 존비는 절(節)에 해당하고, 오르고

---

1) 『맹자』「만장하(萬章下)」 : 耕者之所獲, <u>一夫百畝</u>, 百畝之糞, 上農夫食九人, 上次食八人, 中食七人, 中次食六人, 下食五人. 庶人在官者, 其祿以是爲差.
2) 『대학』「전(傳) 10장」 : 孟獻子曰, "畜馬乘不察於雞豚, <u>伐冰之家不畜牛羊</u>, 百乘之家不畜聚斂之臣. 與其有聚斂之臣寧有盜臣." 此謂國不以利爲利, 以義爲利也.
3) 석림섭씨(石林葉氏, ?~A.D.1148) : =섭몽득(葉夢得)·섭소온(葉少蘊). 남송(南宋) 때의 유학자이다. 자(字)는 소온(少蘊)이고, 호(號)는 몽득(夢得)이다.

내리며 위로 가고 밑으로 가는 것은 문(文)에 해당한다. 절도를 두어서 등급을 제정하고, 격식을 두어서 지위를 변별한다면, 부유한 자는 교만하지 않고 가난한 자는 인색하지 않으며 존귀한 자는 윗사람을 꺼려하지 않는다. 비록 그렇더라도 예에서 제정하는 것은 또한 그 방법이 다양한데, 부귀함을 유독 먼저 제시한 것은 인도에서 크게 바라는 것이 그것들이기 때문이다.

大全 慶源輔氏曰: 約是氣歉, 驕是氣盈. 坊主於禮, 故此著言之. 作者之謂聖, 故制富貴, 聖人之事也. 慊謂滿足, 貴不慊於上, 如滿而不溢高而不危之意.

번역 경원보씨가 말하길, 인색함은 기운이 부족한 것이며, 교만함은 기운이 넘친 것이다. 방비함은 예를 위주로 하기 때문에 이곳에서 드러내 말한 것이다. 새로 만드는 자를 성인(聖人)이라 부르기 때문에,[4] 부귀를 제어하는 것은 성인의 일이다. '협(慊)'자는 만족한다는 뜻이니, 존귀한 자가 위에서 만족하지 않는다는 말은 "가득 찼더라도 사치스럽지 않고 높은 곳에 있더라도 위태롭게 굴지 않는다."[5]는 뜻과 같다.

鄭注 約, 猶窮也. 此"節文"者, 謂農有田里之差, 士有爵命之級. 慊, 恨不滿之貌也. 慊, 或爲"嫌".

번역 '약(約)'자는 "궁색하다[窮]."는 뜻이다. 이곳에서 '절문(節文)'이라고 한 말은 농사에 있어서 경작지 규모의 차이가 있고, 관리에게 있어서

박학다식했다고 전해지며, 『춘추(春秋)』에 대한 조예가 깊었다.
4) 『예기』「악기(樂記)」【463a】: 故鐘鼓管磬, 羽籥干戚, 樂之器也. 屈伸俯仰, 綴兆舒疾, 樂之文也. 簠簋俎豆, 制度文章, 禮之器也. 升降上下, 周還裼襲, 禮之文也. 故知禮樂之情者能作, 識禮樂之文者能述. 作者之謂聖, 述者之謂明. 明聖者, 述作之謂也.
5) 『효경』「제후장(諸侯章)」: 在上不驕, 高而不危. 制節謹度, 滿而不溢. 高而不危, 所以長守貴也, 滿而不溢, 所以長守富也. 富貴不離其身, 然後能保其社稷, 而和其民人.

작위와 명(命)의 등급 차이가 있는 것 등을 뜻한다. '겸(慊)'자는 가득 차지 않음을 한탄하는 모습이다. '겸(慊)'자를 다른 판본에서는 '혐(嫌)'자로 기록하기도 한다.

釋文 喬音驕, 本亦作驕, 下同. 慊, 口簟反. 級音給.

번역 '喬'자의 음은 '驕(교)'이며, 판본에 따라서는 또한 '驕'자로도 기록하고, 아래문장에 나온 글자도 이와 같다. '慊'자는 'ㅁ(구)'자와 '簟(점)'자의 반절음이다. '級'자의 음은 '給(급)'이다.

孔疏 ●"子云"至"益亡". ○正義曰: 此一節明小人貧富皆失於道, 故聖人制禮而爲之節文, 使富不至驕, 貧不至約.

번역 ●經文: "子云"~"益亡". ○이곳 문단은 소인 중 가난하거나 부유한 자는 모두 도에서 벗어나기 때문에, 성인이 예를 제정하여 그것에 대한 절도와 격식을 두어, 부유한 자로 하여금 교만함에 이르지 않도록 만들고, 가난한 자로 하여금 인색함에 이르지 않도록 만들었다는 것을 나타내고 있다.

孔疏 ●"故聖人之制富貴也"者, 旣其置坊, 故聖人制爲富貴貧賤之法也. 不云貧賤, 略其文也.

번역 ●經文: "故聖人之制富貴也". ○이미 그것에 대한 방지대책을 설치하였기 때문에, 성인은 부귀함과 빈천함에 대한 법도를 제정하였다. 빈천(貧賤)에 대해 언급하지 않은 것은 문장을 생략해서 기록했기 때문이다.

孔疏 ●"使民富不足以驕"者, 此爲富者制法也. "制富"者, 居室·丈尺·俎豆·衣服之事須有法度, 不足至驕也.

번역 ●經文: "使民富不足以驕". ○이것은 부유한 자를 위해 제정한 법도이다. '제부(制富)'는 주택・규모・도마와 두(豆)・의복 등에 대해서 관련된 법도를 두어 교만함에 이르지 않도록 했다는 뜻이다.

孔疏 ●"貧不至於約"者, 此爲貧者制法也. 制農田百畝, 桑麻自贍, 比閭相賙, 不令至於約也.

번역 ●經文: "貧不至於約". ○이것은 가난한 자를 위해 제정한 법도이다. 농경지를 100무(畝)로 구획하고, 뽕나무를 심고 마를 길러 의복류를 풍족하게 만들며, 비려(比閭)6)의 행정구역을 제정하여 서로 구제하도록 하여, 인색해지는 지경에는 이르지 않도록 했다는 뜻이다.

孔疏 ●"貴不慊於上"者, 此爲貴者制法也. "貴", 謂卿士之屬也; "慊", 恨不滿之貌也. 聖君制其祿秩, 隨功爵而施, 則貴臣無復恨君祿爵以薄於己者也.

번역 ●經文: "貴不慊於上". ○이것은 존귀한 자를 위해 제정한 법도이다. '귀(貴)'자는 경사(卿士)7) 등의 관리를 뜻하며, '겸(慊)'자는 가득 차지 않음을 한탄하는 모습이다. 성군은 녹봉과 위계질서를 제정하여 공적과 작위에 따라 베풀었으니, 존귀한 신하는 군주가 하사한 녹봉과 작위가 자신의 공적에 비해 너무 박하게 처우한다는 불만이 없게 되었다.

---

6) 비려(比閭)는 행정단위를 가리킨다. 『주례』의 체제에 따르면 5가(家)는 1개의 비(比)가 되고 5비(比)는 1개의 여(閭)가 된다. 비(比) 안에서는 서로 보호하도록 했고, 여(閭) 안에서는 서로 변고가 생겼을 때 의탁하도록 했다. 『주례』「지관(地官)・대사도(大司徒)」편에는 "令五家爲比, 使之相保, 五比爲閭, 使之相受."라는 기록이 있다. 후대에는 '비려'를 호적제도의 기본 행정단위로 삼기도 했으며, 향리를 범칭하는 용어로도 사용하였다.
7) 경사(卿士)는 주(周)나라 때 주왕조의 정사(政事)를 총감독했던 직위이다. 육경(六卿)과 별도로 설치되었으며, 육관(六官)의 일들을 총감독했다. 『시』「소아(小雅)・십월지교(十月之交)」편에는 "皇父卿士, 番維司徒."라는 기록이 있는데, 이에 대한 주희(朱熹)의 『집주(集注)』에서는 "卿士, 六卿之外, 更爲都官, 以總六官之事也."라고 풀이하였으며, 『춘추좌씨전』「은공(隱公) 3년」편에는 "鄭武公莊公爲平王卿士."라는 기록이 있는데, 이에 대한 두예(杜預)의 주에서는 "卿士, 王卿之執政者."라고 풀이하였다.

孔疏 ●"故亂益亡"者, 結上文也. 益, 漸也. 亡, 無也. 使富而不驕, 貧而不盜, 貴又不恨, 故爲亂之道漸無也. 不云賤者, 亦從可知也.

번역 ●經文: "故亂益亡". ○앞 문장의 뜻을 결론 맺은 말이다. '익(益)' 자는 점차[漸]라는 뜻이다. '망(亡)'자는 "없어진다[無]."는 뜻이다. 부유한 자로 하여금 교만하지 않도록 만들고, 가난한 자로 하여금 도적질을 하지 못하게 만들며, 존귀한 자 또한 불만을 품지 않기 때문에, 혼란스럽게 되는 도가 점차 없어지게 된 것이다. 천(賤)에 대해서 언급하지 않은 것은 앞의 내용을 통해 그에 대한 사안도 알 수 있기 때문이다.

訓纂 王氏引之曰: 謹案, 卿士之屬, 位尊祿厚, 何所不滿而恨君乎? 鄭注未爲得也. 今案, 慊亦嫌字. 說文心部, "慊, 疑也." 女部, "嫌, 不平於心也. 一曰疑也." 漢書趙充國傳, "嬐得避慊之便", 顔師古曰, "慊, 亦嫌字." 是慊與嫌同. 貴臣位與君近, 居室·丈尺·俎豆·衣服之事, 若與君相似, 則上擬於君, 是嫌於君也. 嫌於君則冒上無等, 而亂由此生矣. 聖人制禮, 使貴者與君隆殺有別, 則臣節著明, 不嫌於上也. 下文曰, "君不與同姓同車, 與異姓同車不同服, 示民不嫌也." 燕義, "不以公卿爲賓, 而以大夫爲賓, 爲疑也, 明嫌之義也."

번역 왕인지[8]가 말하길, 삼가 살펴보니 경사(卿士)의 부류는 지위가 존귀하고 녹봉도 많은데 어찌 가득 차지 못한 것에 대해 군주를 원망할 수 있겠는가? 그러므로 정현의 주석은 적절치 못하다. 현재 살펴보니 '겸(慊)' 자는 또한 '혐(嫌)'자가 되어야 한다. 『설문』[9]의 '심부(心部)'에서는 "겸(慊) 자는 의심한다는 뜻이다."라고 했고, '여부(女部)'에서는 "혐(嫌)자는 마음

---

8) 왕인지(王引之, A.D.1766~A.D.1834) : 청(淸)나라 때의 훈고학자이다. 자(字)는 백신(伯申)이고, 호(號)는 만경(曼卿)이며, 시호(諡號)는 문간(文簡)이다. 왕념손(王念孫)의 아들이다. 대진(戴震), 단옥재(段玉裁), 부친과 함께 대단이왕(戴段二王)이라고 일컬어졌다. 『경전석사(經傳釋詞)』, 『경의술문(經義述聞)』 등의 저술이 있다.

9) 『설문해자(說文解字)』는 후한(後漢) 때의 학자인 허신(許愼)이 찬(撰)했다고 전해지는 자서(字書)이다. 『설문(說文)』이라고도 칭해진다. A.D.100년경에 완성되었다고 전해진다. 글자의 형태, 뜻, 음운(音韻)을 수록하고 있다.

이 편안치 못한 것이다. 한편으로는 의심한다는 뜻으로도 본다."라고 했다.
『한서』「조충국전(趙充國傳)」에서는 "구차하게 혐의를 피하였다."10)라고
했고, 안사고11)는 "겸(慊)자 또한 혐(嫌)자의 뜻이다."라고 했으니, 이것은
겸(慊)자와 혐(嫌)자가 동일함을 뜻한다. 존귀한 신하의 지위는 군주와 가
까운데, 그의 주택·규모·도마와 두(豆)·의복에 있어서 만약 군주에 버
금가는 것이 있다면, 위로는 군주에게 비견되므로, 이것이 군주에 버금간다
는 혐의를 받는 것이다. 군주에 버금간다는 혐의가 발생하면, 윗자리를 탐
하여 등급이 없어지고, 혼란은 이를 통해 발생한다. 성인이 예법을 제정하
여, 존귀한 자로 하여금 군주와 높이고 낮춤에 구별이 생기도록 했으니,
신하가 지켜야 하는 절도가 확연히 드러나서 윗사람에게 버금간다는 혐의
가 생기지 않았다. 아래문장에서는 "군주는 동성인 자와는 수레에 함께 타
지 않고, 이성인 자와는 수레에 함께 타더라도 의복을 동일하게 입지 않으
니, 백성들에게 혐의로 둘 것이 없음을 보여주는 것이다."12)라고 했고, 『예
기』「연의(燕義)」편에서는 "공(公)이나 경(卿)을 빈객으로 삼지 않고, 대부
(大夫)를 빈객으로 삼는 것은 의심스러운 일이 되기 때문이니, 이처럼 하는
것은 혐의를 밝히는 도리에 해당한다."13)라고 했다.

訓纂 劉氏台拱曰: 以下二章, 言命以坊欲

10) 『한서(漢書)』「조충국신경기전(趙充國辛慶忌傳)」: 臣竊自惟念, 奉詔出塞, 引
軍遠擊, 窮天子之精兵, 散車甲於山野, 雖亡尺寸之功, 嬌得避慊之便, 而亡後咎
餘責, 此人臣不忠之利, 非明主社稷之福也.
11) 안사고(顔師古, A.D.581~A.D.645): 당(唐)나라 때의 학자이다. 자(字)는 주
(籌)이다. 안지추(顔之推)의 손자이다. 훈고학(訓詁學)에 뛰어났다. 오경(五
經)의 문자를 교정하여, 『오경정본(五經定本)』을 찬술하기도 하였다.
12) 『예기』「방기」【611c~d】: 子云, "天無二日, 土無二王, 家無二主, 尊無二上,
示民有君臣之別也. 春秋, 不稱楚·越之王喪, 禮, 君不稱天, 大夫不稱君, 恐民
之惑也. 詩云, '相彼盍旦, 尙猶患之.'" 子云, "君不與同姓同車, 與異姓同車不同
服, 示民不嫌也. 以此坊民, 民猶得同姓以弑其君."
13) 『예기』「연의(燕義)」【712d】: 設賓主, 飮酒之禮也. 使宰夫爲獻主, 臣莫敢與
君亢禮也. 不以公卿爲賓, 而以大夫爲賓, 爲疑也, 明嫌之義也. 賓入中庭, 君降
一等而揖之, 禮之也.

번역 유태공이 말하길, 아래의 두 문장은 명령하여 욕심을 방지함을 뜻
한다.

集解 愚謂: 慊有不滿之義, 孟子“吾何慊乎哉”, 是也. 又有滿足之義, 孟子
“行有不慊於心則餒矣”, 是也. 此“慊”字, 鄭氏以不滿解之, 方氏·輔氏以滿
足解之, 義皆可通.

번역 내가 생각하기에, ‘겸(慊)’자에는 가득차지 않다는 뜻이 있으니, 『
맹자』에서 “내 어찌 부족하다고 하겠는가?”[14]라고 한 말이 그 용례에 해당
한다. 또 만족한다는 뜻도 있으니, 『맹자』에서 “행하고서 마음에 부족하다
고 느끼는 점이 있다면 굶주리게 된다.”[15]라고 한 말이 그 용례에 해당한
다. 이곳의 ‘겸(慊)’자에 대해 정현은 가득차지 않다는 뜻으로 풀이했고, 방
씨와 보씨는 만족한다는 뜻으로 풀이했는데, 그 의미가 모두 통한다.

참고 구문비교

출 처	내 용
『禮記』「坊記」	禮者, 因人之情而爲之節文.
『韓詩外傳』「2권」	禮者, 因人情爲文.
『韓詩外傳』「5권」	禮者, 則天地之體, 因人情而爲之節文者也.
『淮南子』·「齊俗訓」	禮, 因人情而爲之節文.
『史記』「劉敬叔孫通列傳」	禮者, 因時世人情爲之節文者也.
『史記』「太史公自序」	禮, 因人質爲之節文.
『漢書』「酈陸朱劉叔孫傳」	禮者, 因時世人情爲之節文者也.

---

14) 『맹자』「공손추하(公孫丑下)」 : 豈謂是與? 曾子曰, 晉楚之富, 不可及也, 彼以
其富, 我以吾仁, 彼以其爵, 我以吾義, 吾何慊乎哉?
15) 『맹자』「공손추상(公孫丑上)」 : 是集義所生者, 非義襲而取之也. 行有不慊於心,
則餒矣. 我故曰, 告子未嘗知義, 以其外之也.

● 그림 2-1 ▣ 신하들의 명(命) 등급

	천자(天子) 신하	대국(大國) 신하	차국(次國) 신하	소국(小國) 신하
9명(九命)	상공(上公=二伯) 하(夏)의 후손 은(殷)의 후손			
8명(八命)	삼공(三公) 주목(州牧)			
7명(七命)	후작[侯] 백작[伯]			
6명(六命)	경(卿)			
5명(五命)	자작[子] 남작[男]			
4명(四命)	부용군(附庸君) 대부(大夫)	고(孤)		
3명(三命)	원사(元士=上士)	경(卿)	경(卿)	
2명(再命)	중사(中士)	대부(大夫)	대부(大夫)	경(卿)
1명(一命)	하사(下士)	사(士)	사(士)	대부(大夫)
0명(不命)				사(士)

◎『예기』와『주례』의 기록에는 다소 차이가 있다.

※ **참조**:『주례』「춘관(春官)·전명(典命)」및『예기』「왕제(王制)」

그림 2-2   ▣ 조(俎)

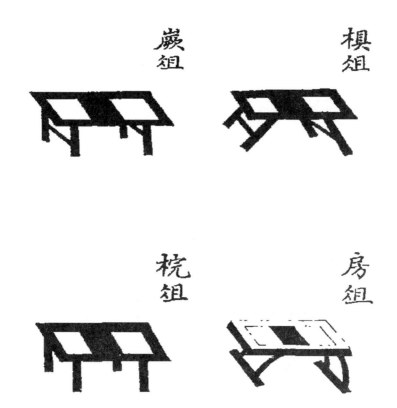

※ **출처**: 『삼례도집주(三禮圖集注)』 13권

그림 2-3   ■ 두(豆)

※ **출처**: 상좌-『육경도(六經圖)』 6권; 상우-『삼례도(三禮圖)』 4권
하좌-『삼례도집주(三禮圖集注)』 13권; 하우-『삼재도회(三才圖會)』「기
용(器用)」 1권

● 그림 2-4 ▣ 『주례』의 왕성(王城)·육향(六鄕)·육수(六遂)

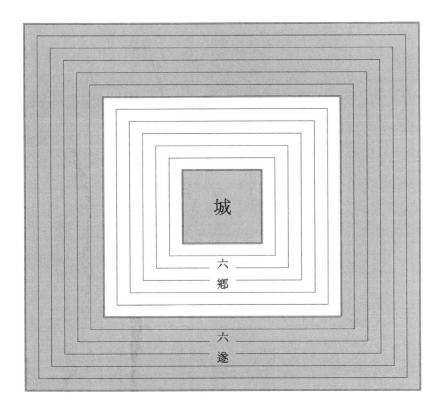

그림 2-5 ▣ 『주례』의 향(鄕)-행정구역 및 담당자

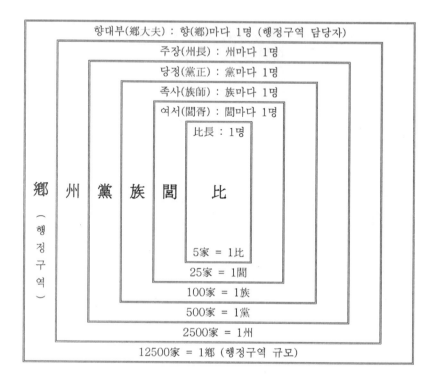

• 제 3 절 •

규제와 반(畔)

【610d~611a】

子云, "貧而好樂, 富而好禮, 衆而以寧者, 天下其幾矣. 詩云, '民之貪亂, 寧爲荼毒.' 故制國不過千乘, 都城不過百雉, 家富不過百乘. 以此坊民, 諸侯猶有畔者."

직역 子가 云, "貧이라도 樂을 好하고, 富라도 禮를 好하며, 衆이라도 寧으로써 하는 者, 天下에 그 幾이다. 詩에서 云, '民이 亂을 貪하여, 寧히 荼毒이 爲라.' 故로 國을 制하여 千乘을 不過하고, 都城은 百雉를 不過하며, 家富는 百乘을 不過라. 此로써 民을 坊한데, 諸侯는 猶히 畔者가 有라."

의역 공자가 말하길, "가난하면서도 즐김을 좋아하고, 부유하면서도 예를 좋아하며, 구성원이 많아지는데도 편안하게 하는 자는 천하에 몇 되지 않는다. 『시』에서는 '백성들이 혼란이 없어지기를 바라여, 차라리 독초나 독충처럼 행동하는구나.'라고 했다. 그렇기 때문에 제후국의 경계를 제정하며 1,000승(乘)의 규모를 넘지 못하도록 했고, 도성은 100치(雉)를 넘지 못하도록 했으며, 경이나 대부의 채지 규모는 100승을 넘지 못하도록 했다. 이를 통해 백성들의 잘못을 방지했는데도, 제후 중에는 오히려 배반을 계획하는 자가 있다."라고 했다.

集說 衆而以寧, 謂家族衆盛, 而不以悖亂致禍敗也. 天下其幾, 言此三者不多見也. 詩, 大雅桑柔之篇. 貪, 猶欲也; 荼, 苦菜也; 毒, 螫蟲也; 刺厲王, 言民苦政亂, 欲其亂亡, 故寧爲荼苦毒螫之行以相侵暴而不之恤也. 千乘, 諸侯之國, 其地可出兵車千乘也. 都城, 卿‧大夫都邑之城也. 雉, 度名也, 高一

丈長三丈爲一雉. 家富, 卿·大夫之富也. 不過百乘, 其采地所出之兵車, 不得
過此數也.

번역 '중이이녕(衆而以寧)'은 가족과 족인들이 많아졌음에도 어그러지
고 혼란스럽게 하여 재앙을 만들지 않는다는 뜻이다. '천하기기(天下其幾)'
는 이러한 세 가지를 지키는 자를 많이 볼 수 없다는 뜻이다. 시는 『시』「대
아(大雅)·상유(桑柔)」편이다.[1] '탐(貪)'자는 "바란다[欲]."는 뜻이며, '도
(荼)'자는 씀바귀를 뜻하고, '독(毒)'자는 독충을 뜻하는데, 여왕(厲王)을 풍
자한 것으로, 백성들이 고통스럽고 정사가 문란해져서 혼란함이 없어지기
를 바라기 때문에, 차라리 씀바귀나 독충처럼 행동하여 서로를 침탈하고
흉포하게 구는데도 구휼하지 않는다는 뜻이다. '천승(千乘)'은 제후의 나라
를 뜻하니, 그의 영지에서는 전쟁용 수레 1,000대를 출자할 수 있다. '도성
(都城)'은 경과 대부의 도읍에 세우는 성이다. '치(雉)'자는 치수를 뜻하는
명칭으로, 높이가 1장(丈)이고 길이가 3장(丈)인 것이 1치(雉)이다. '가부
(家富)'는 경과 대부의 부유함이다. "100승을 넘지 않는다."는 말은 그들의
채지에서 출자하는 전쟁용 수레는 이 수를 넘길 수 없다는 뜻이다.

集說 石梁王氏曰: 貧而好樂, 添一好字, 恐非孔子語.

번역 석량왕씨[2]가 말하길, '빈이호락(貧而好樂)'은 하나의 '호(好)'자가
첨가되었으니,[3] 아마도 공자의 말이 아닐 것이다.

大全 嚴陵方氏曰: 制國不過千乘, 卽孔子所謂千乘之國是也. 千乘之國,
卽百里之國也. 井田之法, 方里爲井, 十井爲乘. 百里之國, 適千乘也. 都城不

---

1) 『시』「대아(大雅)·상유(桑柔)」: 維此良人, 弗求弗迪. 維彼忍心, 是顧是復. 民
之貪亂, 寧爲荼毒.
2) 석량왕씨(石梁王氏, ?~?): 자세한 이력이 남아 있지 않다.
3) 『논어』「학이(學而)」: 子貢曰, "貧而無諂, 富而無驕, 何如?" 子曰, "可也, 未若
貧而樂, 富而好禮者也." 子貢曰, "詩云, '如切如磋, 如琢如磨', 其斯之謂與?"
子曰, "賜也, 始可與言詩已矣, 告諸往而知來者."

過百雉, 卽左氏所謂, 都城過百雉, 國之害也. 都, 蓋公卿王子弟所食之采地. 雉則五堵也. 百雉則其城五百堵矣. 家富不過百乘, 卽孟子所謂百乘之賦也. 千乘百乘, 皆以所出之賦言之也. 乘以車之多少言, 雉以城之廣狹言. 或言其多少, 或言其廣狹, 互相備也. 於國言制, 於家言富, 皆謂制其富也, 亦互相備而已. 所坊之事, 不止於民, 經每以民爲言者, 蓋民以不足於坊之之道, 故坊之設也, 以民爲主. 若夫君子能以禮自坊, 則無俟乎人爲之坊矣.

번역 엄릉방씨가 말하길, "제후국을 제어하여 1,000승(乘)을 넘지 못하도록 한다."라고 한 말은 공자가 말한 '1,000승의 나라'를 뜻한다.[4] 1,000승의 나라는 곧 사방 100리(里)의 나라이다. 정전법에 있어서 사방 1리를 1정(井)으로 삼고, 10정(井)을 1승(乘)으로 삼는다. 사방 100리의 나라는 곧 1,000승의 규모에 해당한다. "도성이 100치(雉)를 넘지 못하도록 한다."는 말은 곧 『좌전』에서 말한 "도시의 성이 100치를 넘기게 되면 나라에 해가 된다."[5]는 뜻에 해당한다. '도(都)'는 공·경 및 천자의 자제들이 채읍으로 받는 땅이다. 치(雉)는 5도(堵)[6]가 되니, 100치라면 그 성은 500도(堵)가 된다. "가부(家富)는 100승을 넘지 못하도록 한다."라고 한 말은 『맹자』에서 '100승에게 부여하는 조세'를 뜻한다. 1,000승이나 100승은 모두 그 땅에서 산출되는 조세로 한 말이다. 승(乘)은 수레의 많고 적음으로 한 말이며, 치(雉)는 성의 폭을 기준으로 한 말이다. 어떤 경우에는 그 수량을 말하고 또 어떤 경우에는 그 폭을 말했는데, 상호 보완이 되도록 기록한 것이다. 국(國)에 대해 제(制)라고 말하고 가(家)에 대해 부(富)라고 말한 것은 모두

---

4) 『논어』「학이(學而)」: 子曰, "道千乘之國, 敬事而信, 節用而愛人, 使民以時." / 『논어』「공야장(公冶長)」: 孟武伯問子路仁乎? 子曰, "不知也." 又問. 子曰, "由也, 千乘之國, 可使治其賦也, 不知其仁也." "求也何如?" 子曰, "求也, 千室之邑, 百乘之家, 可使爲之宰也, 不知其仁也." "赤也何如?" 子曰, "赤也, 束帶立於朝, 可使與賓客言也, 不知其仁也."

5) 『춘추좌씨전』「은공(隱公) 1년」: 祭仲曰, "都, 城過百雉, 國之害也. 先王之制, 大都, 不過參國之一; 中, 五之一; 小, 九之一. 今京不度, 非制也, 君將不堪."

6) 도(堵)는 성곽이나 담장 등을 측량할 때 사용하는 단위이다. 고대에는 판축법을 사용하여 흙을 쌓아 담을 올렸는데, 1개의 판(版) 길이에 5개 판의 높이가 1도(堵)가 된다.

그 부유함을 제어한다는 뜻이니, 이 또한 상호 보완이 되도록 기록한 것일 뿐이다. 방지하는 사안은 백성들에게만 적용되는 것이 아닌데, 경문에서 매번 백성이라고 말한 것은 무릇 백성은 방지하는 도리에 있어서 충분하지 않기 때문에, 방지대책을 마련할 때에는 백성을 위주로 한다. 군자와 같은 경우에는 예를 통해 스스로 방지할 수 있으므로, 남이 방지할 때까지 기다릴 필요가 없다.

鄭注 言如此者寡也. 寧, 安也. 大族衆家, 恒多作亂. 言民之貪爲亂者, 安其荼毒之行惡之也. 古者方十里, 其中六十四井出兵車一乘, 此兵賦之法也. 成國之賦千乘. 雉, 度名也, 高一丈長三7)丈爲雉. 百雉爲長三百丈, 方五百步. 子男之城方五里. 百雉者, 此謂大都, 三國之一.

번역 이처럼 하는 자가 적다는 뜻이다. '영(寧)'자는 "편안하다[安]."는 뜻이다. 큰 종족이 되고 가족이 많아지면 항상 분란을 일으키는 일이 많아진다. 백성들 중 혼란을 일으키고자 하는 자는 독초나 독충의 행동처럼 상대를 해하는 짓을 편안하게 여긴다는 뜻이다. 고대에는 사방 10리(里)의 땅에 있어서, 그 안에 포함된 64개의 정(井)에서 전쟁용 수레 1승(乘)을 출자했는데, 이것은 군대세금에 대한 법이다. 성국(成國)8)에서 부여하는 세금은 1,000승이었다. 치(雉)자는 도량형의 단위이니, 높이가 1장(丈)이고 길이가 3장(丈)인 것이 1치(雉)이다. 100치는 길이가 300장이 되니, 사방 500보(步)9)의 규모이다. 자작과 남작의 제후국은 그 성이 사방 5리의 규모이다. 100치는 대도(大都)10)를 뜻하니, 도읍을 세 등분하여 그 중 하나 만큼의

---

7) '삼(三)'자에 대하여. '삼'자는 본래 '이(二)'자로 기록되어 있었는데, 완원(阮元)의 『교감기(校勘記)』에서는 "『모본(毛本)』에는 '이'자를 '삼'자로 기록했고, 『악본(岳本)』·『가정본(嘉靖本)』 및 위씨(衛氏)의 『집설(集說)』에도 동일하게 기록되어 있으니, 이곳 판본이 잘못 기록한 것이다."라고 했다.

8) 성국(成國)은 제후국 중 대국(大國)을 가리킨다. 제후국은 규모에 따라 대국(大國), 차국(次國), 소국(小國)으로 분류된다.

9) 보(步)는 길이를 재는 단위이다. 5척(尺)을 1보(步)로 삼기도 했고, 주(周)나라 때에는 8척을 1보로 삼기도 했으며, 진(秦)나라 때에는 6척을 1보로 삼기도 하여, 단위가 일정하지 않았다.

규모이다.

釋文 好, 呼報反, 下同. 樂音洛, 又音岳. 幾, 居豈反, 又音譏. 茶音徒. 行, 下孟反. 惡, 烏路反, 下"猶惡"皆同. 乘, 繩證反, 下注同. 高, 古報反. 長, 直亮反, 下同.

번역 '好'자는 '呼(호)'자와 '報(보)'자의 반절음이며, 아래문장에 나오는 글자도 그 음이 이와 같다. '樂'자의 음은 '洛(낙)'이며, 또한 그 음은 '岳(악)'도 된다. '幾'자는 '居(거)'자와 '豈(기)'자의 반절음이며, 또한 그 음은 '譏(기)'도 된다. '茶'자의 음은 '徒(도)'이다. '行'자는 '下(하)'자와 '孟(맹)'자의 반절음이다. '惡'자는 '烏(오)'자와 '路(로)'자의 반절음이며, 아래문장에 나오는 '猶惡'에서의 '惡'자도 모두 그 음이 이와 같다. '乘'자는 '繩(승)'자와 '證(증)'자의 반절음이며, 아래 정현의 주에 나오는 글자도 그 음이 이와 같다. '高'자는 '古(고)'자와 '報(보)'자의 반절음이다. '長'자는 '直(직)'자와 '亮(량)'자의 반절음이며, 아래문장에 나오는 글자도 그 음이 이와 같다.

孔疏 ●"子云"至"畔者". ○正義曰: 此一節明上下制度有限, 防其奢僭畔逆之事.

번역 ●經文: "子云"~"畔者". ○이곳 문단은 상하계층의 제도에는 한계를 두어서 사치하거나 참람되며 반역을 도모하는 사안을 방지한다는 사실을 나타내고 있다.

孔疏 ●"衆而以寧者, 天下其幾矣"者, 言家族衆多, 必致禍亂. 家族衆而得寧者, 普天之下, 其幾多人矣? 言"貧而好樂, 富而好禮, 衆而得寧" 如此三者,

---

10) 대도(大都)는 도시 중에서도 큰 규모의 것을 범칭하는 말이다. 『춘추좌씨전』의 기록에 따르면 '대도'는 도읍의 3분의 1만큼의 규모가 되고, 중도(中都)는 5분의 1만큼의 규모가 되며, 소도(小都)는 9분의 1만큼의 규모가 된다. 『춘추좌씨전』「은공(隱公) 1년」에는 "先王之制, 大都不過參國之一; 中, 五之一; 小, 九之一."이라는 기록이 있다.

言天下極少, 故云"其幾"矣.

번역 ●經文: "衆而以寧者, 天下其幾矣". ○가족과 족인들이 많아지면 반드시 재앙과 혼란이 발생하기 마련이다. 가족과 족인들이 많아졌음에도 안정시킬 수 있는 자가 천하에 몇 사람이나 되겠는가? "가난하면서도 즐김을 좋아하고, 부유하면서도 예를 좋아하며, 구성원이 많아졌음에도 편안하게 만든다."라고 했는데, 이와 같은 세 가지를 할 수 있는 자는 천하에 지극히 드물다는 뜻이다. 그렇기 때문에 '기기(其幾)'라고 말했다.

孔疏 ●"詩云: 民之貪亂, 寧爲荼毒"者, 此詩·大雅·桑柔之篇, 刺厲王之詩. 言民之惡者, 貪爲禍亂, 安爲荼毒之行以害於人. 民多如此, 故云上三事天下甚少.

번역 ●經文: "詩云: 民之貪亂, 寧爲荼毒". ○이 시는『시』「대아(大雅)·상유(桑柔)」편으로, 여왕(厲王)을 풍자한 시이다. 즉 백성들 중 악한 자는 재앙과 혼란을 일으키고자 탐하여, 독초나 독충처럼 행동하며 남에게 피해를 주는 것을 편안하게 여긴다는 뜻이다. 백성들 중 이와 같이 행동하는 자가 많아지기 때문에, 앞서 말한 세 사안을 할 수 있는 자가 천하에 매우 적다고 말한 것이다.

孔疏 ●"故制國不過千乘, 都城不過百雉家, 富不過百乘"者, 以天下爲惡者多, 故爲限節制, 諸侯之國, 不得過千乘之賦; 卿大夫都城, 不得過越百雉; 卿大夫之富, 采地不得過越百乘.

번역 ●經文: "故制國不過千乘, 都城不過百雉家, 富不過百乘". ○천하에 악한 행동을 하는 자가 많다고 여겼기 때문에 제한과 절제하는 제도를 만들었으니, 제후국은 1,000승(乘)의 부세를 초과할 수 없고, 경이나 대부의 도성은 100치(雉)의 규모를 넘을 수 없으며, 경과 대부의 부유함은 그 채지가 100승의 부세를 초과할 수 없게 한 것이다.

孔疏 ●"以此坊民, 諸侯猶有畔者", 於時卿大夫亦有畔, 而獨言"諸侯"者, 擧其重, 餘可知也.

번역 ●經文: "以此坊民, 諸侯猶有畔者". ○당시에는 경과 대부들 중에서도 배반하는 자가 있었는데, 유독 '제후(諸侯)'라고만 말한 것은 그들 중에서도 위치가 중요한 자를 제시하면, 나머지 계층 또한 그러함을 알 수 있기 때문이다.

孔疏 ◎注"古者"至"之一". ○正義曰: "古者方十里, 其中六十四井出兵車一乘, 此兵賦之法也", 按司馬法云: "成方十里, 出革車一乘." 司馬法又云: "甸方八里, 出長轂一乘." 鄭注小司徒云: "若通溝洫之地, 則爲十里. 若除溝洫之地, 則爲八里." 故云"六十四井出車一乘". 云"成國之賦千乘"者, 襄十四年左傳"成國不過半天子之軍", 謂滿千乘則爲成國, 是公侯之封也. 按千乘之賦, 地方三百一十六里有畸. 按周禮"公五百里, 侯四百里", 則是過千乘. 云"不過千乘"者, 其地雖過, 其兵賦爲千乘, 故論語注云: "雖大國之賦, 亦不是過焉." 其兵賦之法, 王畿之內六鄉之法, 家出一人, 萬二千五百家爲鄉. 小司徒[11]云"五師爲軍", 則萬二千五百家爲一軍, 是一鄉出一軍. 又云天子六軍, 是出於六鄉. 凡軍制, 小司徒云: "五人爲伍, 五伍爲兩, 四兩爲卒, 五卒爲旅, 五旅爲師, 五師爲軍." 此師之制也. 凡出軍之法, 鄉爲正, 遂爲副, 則遂之出軍與鄉同. 故鄭注小司徒云"鄉之田制與遂同", 則知遂之軍法與鄉同. 其公邑出軍, 亦與鄉同, 故鄭注匠人云: "采地制井田, 異於鄉・遂及公邑." 則知公邑地制與鄉遂同, 明公邑出軍, 亦與鄉同. 其公卿大夫采地, 旣爲井田, 殊於鄉遂, 則出軍亦異於鄉・遂也. 故鄭注小司徒: "井十爲通, 士一人, 徒二人. 通十爲成, 革車一乘, 士十人, 徒二十人. 十成爲終, 革車十乘, 士一百人, 徒二百人. 十終爲同, 革車百乘, 士千人, 徒二千人." 此謂公卿大夫采地出軍之制也. 其

---

11) '소사도(小司徒)'에 대하여. 『십삼경주소(十三經注疏)』 북경대 출판본에서는 "'소사도'는 본래 '대사마(大司馬)'로 기록되어 있었는데, 인용하고 있는 문장을 살펴보니, 『주례』「소사도」편에 기록되어 있으므로, 그 기록에 근거하여 글자를 수정하였다."라고 했다.

王畿之外, 謂諸侯大國三軍, 次國二軍, 小國一軍, 皆出鄕遂, 故費誓云"三郊
三遂", 是諸侯有遂也. 其諸侯計地出軍, 則司馬法云: "九夫爲井, 四井爲邑,
四邑爲丘, 馬一匹, 牛三頭. 四丘爲甸, 出長轂一乘, 甲士三人, 步卒七十二人,
馬四匹, 牛十二頭." 故成元年作丘甲, 杜·服俱引此文以釋之. 又論語云: "道
千乘之國." 鄭注引司馬法"成出革車一乘", 但十里·八里不同, 於上已釋, 此
皆謂天子諸侯兵賦也. 又異義云: "天子萬乘, 諸侯千乘, 大夫百乘." 此大判言
之, 尊卑相十之義, 其間委曲, 鄕遂·公邑分別不同也. 故魯頌云"公車千乘",
謂大總計地出軍也. "公徒三萬", 謂鄕遂兵數也. 是國界計地與鄕遂數不同.
諸侯城方十里, 出賦之時雖革車一乘, 甲士三人, 步卒七十二人, 其臨敵對戰
之時, 則同鄕法"五人爲伍·五伍爲兩"之屬也. 故左傳云: 邲之戰, 楚廣有一
卒, 卒偏之兩. 又云: 兩之一卒適吳. 是兩軍對陣同鄕法也. 牧誓云: "武王戎車
三百兩." 孔注云: "一車, 步卒七十二人." 則出軍法也. 經云"千夫長, 百夫長",
謂對敵時也. 據司馬法之文, 諸侯車甲牛馬, 皆計地令民自出. 若鄕遂之衆七
十五人, 則遣出革車一乘, 甲士三人, 馬四匹, 牛十二頭. 恐非力之所能, 皆是
國家所給, 故周禮·巾車職: "毁折, 入齎于職幣." 又周禮·馬質[12]云: "凡受
馬於有司者, 書其齒毛, 與其賈. 馬死則旬之內更." 又司兵職云: "及授兵, 從
司馬之法以頒之. 及其受兵輸, 亦如之." 是國家所給也. 云"高一丈長三丈爲
雉"者, 異義古春秋左氏說云"百雉爲長三百丈, 方五百步"者, 六尺爲步, 五六
三十, 故三百丈爲五百步. 云"子男之城方五[13]里"者, 周禮·典命云: "子男五
命, 其國家·宮室以五爲節." 國家謂"城方"也. 是子男城方五里也. 云"百雉
者, 此謂大都, 三國之一"者, 言子男五里, 積千五百步. 左傳云: "大都參分國
之一." 子·男大都三分國城而居其一, 是大都五百步爲百雉也. 但國城之制,

---

12) '마질(馬質)'에 대하여. '마질'은 본래 '질인(質人)'으로 기록되어 있었는데, 손
이양(孫詒讓)의 『교기(校記)』에서는 "이것은 『주례』「하관(夏官)·마질(馬質)
」편의 문장이니, 공영달이 잘못하여 『주례』「지관(地官)·질인(質人)」편으로
기록한 것이다."라고 했다.
13) '오(五)'자에 대하여. '오'자 뒤에는 본래 '백(百)'자가 기록되어 있었는데, 완
원(阮元)의 『교감기(校勘記)』에서는 "혜동(惠棟)의 『교송본(校宋本)』에는
'백'자가 없고, 위씨(衛氏)의 『집설(集說)』에도 동일하게 '백'자가 없다."라고
했다.

凡有二義, 鄭之此注, 子・男五里, 則侯・伯七里, 公九里, 天子十二里. 按鄭
注駁異義又云: "天子城九里, 公城七里, 侯・伯之城五里, 子・男之城三里.
此云'百雉'者, 謂侯・伯之大都." 杜預同焉, 與鄭此注異也. 經云"家富不過百
乘"者, 諸侯之卿采地也. 故左傳云"唯卿備百邑", 地方百里也. 直云唯卿百邑,
未知天子・諸侯・公・卿・大夫采地大小. 按鄭注小司徒云: "百里之國, 凡
四都. 五十里之國, 凡四縣. 二十五里之國, 凡四甸." 又云: "采地食者皆四之
一." 說者據此以爲公食百里, 卿食五十里, 大夫食二十五里. 其諸侯之卿・大
夫, 傳云"卿備百邑", 論語云"百乘之家". 此據諸侯臣之采地, 則公之孤・侯
伯之卿與天子三公, 同俱方百里; 公之卿與侯伯之大夫, 俱方五十里; 公之大
夫與侯伯之下大夫, 俱方二十五里. 其子・男之地, 唯方二百里以下, 其卿之
采地不得復方百里. 按易・訟卦注云: "小國之下大夫, 采地方一成." 其定稅
三百家, 唯有此文. 其子・男中都・大都, 無以言之. 按鄭注論語云: "伯氏駢
邑三百家." 云齊下大夫之制, 似公侯伯下大夫唯三百家者. 但春秋之時, 齊之
强臣尤多, 故伯氏唯食三百家之邑, 不與禮同也. 此皆皇氏之說. 熊氏以爲卿
備百邑者, 鄭志以爲邑方二里, 與百乘別. 又以諸侯臣賜地無常, 得地者卿百
乘, 下大夫同十里之成.

번역 ◎鄭注: "古者"~"之一". ○정현이 "고대에는 사방 10리(里)의 땅
에 있어서, 그 안에 포함된 64개의 정(井)에서 전쟁용 수레 1승(乘)을 출자
했는데, 이것은 군대세금에 대한 법이다."라고 했는데,『사마법』을 살펴보
면, "1성(成)14)은 사방 10리(里)이고, 혁거(革車)15) 1대를 출자한다."라고
했다.『사마법』에서는 또한 "1전(甸)16)은 사방 8리(里)이고, 장곡(長轂)17)

14) 성(成)은 토지의 면적을 뜻하는 단위이다. 사방 1리(里)의 면적은 1정(井)이
    되고, 10정(井)은 1통(通)이 되며, 10통(通)은 1성(成)이 되니, 1성(成)은 사방
    10리(里)의 면적이다.
15) 혁거(革車)는 고대에 사용된 전쟁용 수레이다. 크기가 작고 가벼운 전쟁용
    수레를 치거(馳車)라고 부르고, 크기가 크고 무거운 전쟁용 수레를 '혁거'라
    고 부르기도 한다.
16) 전(甸)은 토지의 면적을 뜻하는 단위이다. 1사람이 부여받는 100무(畝)의 경
    작지를 1부(夫)라고 하는데, 9부(夫)는 1정(井)이 되고, 4정(井)은 1읍(邑)이
    되며, 4읍(邑)은 1구(丘)가 되고, 4구(丘)는 1전(甸)이 된다. 1전(甸)은 사방 8

1승을 출자한다."라고 했다.『주례』「소사도(小司徒)」편에 대한 정현의 주에서는 "수로가 차지하고 있는 면적까지 합산하면 사방 10리(里)의 크기가 된다. 만약 수로의 면적을 제외한다면 사방 8리(里)의 크기가 된다."라고 했다. 그렇기 때문에 "64개의 정(井)에서 전쟁용 수레 1승(乘)을 출자한다."라고 말한 것이다. 정현이 "성국(成國)에서 부여하는 세금은 1,000승이었다."라고 했는데, 양공(襄公) 14년에 대한『좌전』의 기록에서는 "성국(大國)은 천자가 소유한 군대의 절반을 초과할 수 없다."[18]라고 했으니, 1,000승(乘)의 규모가 된다면 곧 성국이 된다는 뜻으로, 공작이나 후작이 분봉받은 제후국이다. 살펴보면 1,000승에 해당하는 세금은 사방 316리보다 조금 넘는 땅에 해당한다.『주례』를 살펴보면, "공작의 제후국은 사방 500리(里)의 크기이고, 후작의 제후국은 사방 400리의 크기이다."[19]라고 했으니, 이것은 1,000승의 규모를 초과하는 것이다. 그런데 "1,000승을 초과할 수 없다."라고 한 것은 그 땅이 비록 그 규모를 초과했더라도 군대 관련 세금은 1,000승이 된다는 뜻이다. 그렇기 때문에『논어』에 대한 주에서는 "비록 대국에서 걷는 세금이라 하더라도 또한 이것을 초과하지 않는다."라고 했다. 군대 관련 세금을 걷는 법도에 있어서, 천자의 수도 안에는 육향(六鄕)[20]의 법도가 있어서, 1개의 가(家)마다 1명을 부역에 동원하고, 12,500가

리(里)의 규모이다. 또한 '전'은 승(乘)이라고도 부른다.『주례』「지관(地官)·소사도(小司徒)」편에는 "九夫爲井, 四井爲邑, 四邑爲丘, 四丘爲甸."이라는 기록이 있고, 이에 대해 정현의 주에서는 "甸之言乘也, 讀如衷甸之甸. 甸方八里."라고 풀이했다.

17) 장곡(長轂)은 전쟁용 수레를 뜻한다.

18)『춘추좌씨전』「양공(襄公) 14년」: <u>成國不過半天子之軍</u>. 周爲六軍, 諸侯之大者, 三軍可也.

19)『주례』「지관(地官)·대사도(大司徒)」: 凡建邦國, 以土圭土其地而制其域: <u>諸公之地, 封疆方五百里</u>, 其食者半; <u>諸侯之地, 封疆方四百里</u>, 其食者參之一; 諸伯之地, 封疆方三百里, 其食者參之一; 諸子之地, 封疆方二百里, 其食者四之一; 諸男之地, 封疆方百里, 其食者四之一.

20) 육향(六鄕)은 주(周)나라 때 원교(遠郊)에 설치된 여섯 개의 향(鄕)을 뜻한다. 주나라의 제도에서는 국성(國城)과 가까이 있는 교외(郊外)를 근교(近郊)라고 불렀고, 근교 밖을 원교(遠郊)라고 불렀다. 그리고 원교 안에는 6개의 향(鄕)을 설치했고, 원교 밖에는 6개의 수(遂)를 설치했다.

(家)의 규모는 1향(鄕)이 된다. 「소사도」편에서는 "5사(師)²¹⁾는 1군(軍)이
된다."²²⁾라고 했으니, 12,500가(家)의 규모는 1군(軍)을 이루게 되며, 이것
은 1향(鄕)에서 1군(軍)이 동원됨을 나타낸다. 또 천자는 6군(軍)을 보유한
다고 하니, 이것은 육향에서 동원됨을 뜻한다. 무릇 군대의 편제에 대해서
「소사도」편에서는 "5명은 1오(伍)가 되고, 5오(伍)는 1양(兩)이 되며, 4양
(兩)은 1졸(卒)이 되고, 5졸(卒)은 1여(旅)가 되며, 5여(旅)는 1사(師)가 되
고, 5사(師)는 1군(軍)이 된다."²³⁾라고 했는데, 이것은 군대 편제에 대한 제
도이다. 무릇 군대를 동원하는 법도에 있어서 향(鄕)은 정규 대상으로 삼고
수(遂)²⁴⁾는 보조 대상으로 삼으니, 수(遂)에서 동원되는 군대는 향(鄕)의

---

21) 사(師)는 군대의 편제단위에 해당한다. 2,500명을 1사(師)로 삼는다. 군대의
편제에 있어서 5명은 1오(伍)가 되고, 5오(伍)는 1양(兩)이 되며, 4양(兩)은 1
졸(卒)이 되고, 5졸(卒)은 1여(旅)가 되며, 5여(旅)는 1사(師)가 되고, 5사(師)
는 1군(軍)이 된다.

22) 『주례』「지관(地官)·소사도(小司徒)」: 乃會萬民之卒伍而用之. 五人爲伍, 五
伍爲兩, 四兩爲卒, 五卒爲旅, 五旅爲師, 五師爲軍. 以起軍旅, 以作田役, 以比
追胥, 以令貢賦.

23) 『주례』「지관(地官)·소사도(小司徒)」: 乃會萬民之卒伍而用之. 五人爲伍, 五
伍爲兩, 四兩爲卒, 五卒爲旅, 五旅爲師, 五師爲軍. 以起軍旅, 以作田役, 以比
追胥, 以令貢賦.

24) 수(遂)는 주(周)나라 때 원교(遠郊) 밖에 설치되었던 행정구역이다. 원교 안
에는 6개의 향(鄕)을 설치했고, 원교 밖에는 6개의 '수'를 설치했다. 『서』「주
서(周書)·비서(費誓)」편에는 "魯人三郊三遂, 峙乃楨幹."이란 기록이 있는데,
이에 대한 채침(蔡沈)의 『집전(集傳)』에서는 "國外曰郊, 郊外曰遂."라고 풀이
했다. 후대의 해석으로는 송대(宋代)의 이여호(李如箎)가 『동원총설(東園叢
說)』「삼례설(三禮說)·향수(鄕遂)」편에서 "周家鄕遂之制, 兵寓其中. 近國爲
鄕, 爲鄕者六. 郊之外爲遂, 爲遂亦六."이라고 했던 해석이 있고, 또 청대(淸
代)의 운경(惲敬)은 『삼대인혁론이(三代因革論二)』에서 "古之爲國有軍有賦,
軍出於郊者也, 賦出於遂者也."라고 했다. 즉 향(鄕)에서는 군대를 동원했고,
'수'에서는 부역을 징수했다는 설명이다. 또 『주례』에 따르면, '수'는 5개의
현(縣)이 모인 행정규모이다. '수' 밑에는 현(縣)을 비롯하여 비(鄙), 찬(鄼),
리(里), 린(鄰)의 행정단위가 있었다. '수'를 기준으로 봤을 때, 1개의 '수'는 5
개의 현(縣), 25개의 비(鄙), 125개의 찬(鄼), 500개의 리(里), 2500개의 린
(鄰), 12500개의 가(家) 규모가 된다. 즉 향(鄕)의 규모와 같은 크기이다. 『주
례』「지관(地官)·수인(遂人)」편에는 "五家爲鄰, 五鄰爲里, 四里爲鄼, 五鄼爲
鄙, 五鄙爲縣, 五縣爲遂."라는 기록이 있다.

규모와 같다. 그렇기 때문에 「소사도」편에 대한 정현의 주에서는 "향(鄕)에 적용되는 토지제도는 수(遂)에 적용되는 토지제도와 동일하다."라고 한 것이니, 수(遂)에 적용되는 군대 동원의 제도가 향(鄕)에 적용되는 것과 동일함을 알 수 있다. 공작의 채읍에서 군대를 동원하는 것 또한 향(鄕)의 제도와 동일하다. 그렇기 때문에『주례』「장인(匠人)」편에 대한 정현의 주에서는 "채지에 정전제를 제정함에는 향(鄕)·수(遂) 및 공읍(公邑)과 차이를 둔다."[25]라고 한 것이니, 공읍에 적용되는 토지제도가 향(鄕)·수(遂)와 동일하다는 사실을 알 수 있으며, 공읍에서 군(軍)을 동원할 때에도 향(鄕)에 적용되는 제도와 동일함을 나타낸다. 공·경·대부의 채지는 이미 정전제도로 구획되어, 향(鄕)·수(遂)와 차이를 보인다면, 군대를 통용하는 것 또한 향(鄕)·수(遂)와 차이를 보이게 된다. 그렇기 때문에 「소사도」편에 대한 정현의 주에서는 "정(井) 10개는 1통(通)이 되는데, 사(士) 1명, 도(徒) 2명이 동원된다. 통(通) 10개는 1성(成)이 되니, 혁거(革車) 1승, 사 10명, 도 20명이 동원된다. 10성(成)은 1종(終)이 되는데, 혁거 10승, 사 100명, 도 200명이 동원된다. 10종(終)은 1동(同)이 되는데, 혁거 100승, 사 1,000명, 도 2,000명이 동원된다."[26]라고 한 것이다. 이것은 공·경·대부의 채지에서 군대를 동원하는 제도에 해당한다. 천자의 수도를 제외하면, 제후국 중 대국(大國)은 3군(軍), 차국(次國)은 2군(軍), 소국(小國)은 1군(軍)을 동원하게 되는데, 이들은 모두 향(鄕)·수(遂)에서 동원된다. 그렇기 때문에『서』「비서(費誓)」편에서는 "3개의 교(郊)와 3개의 수(遂)여."[27]라고 말한 것이니, 이것은 제후국에도 수(遂)라는 행정단위가 있음을 뜻한다. 제후국에서도 땅의 규모를 계산하여 군대를 동원하니,『사마법』에서는 "9부(夫)는 1정(井)이 되고, 4정(井)은 1읍(邑)이 되며, 4읍(邑)은 1구(丘)가 되니,

---

25) 이 문장은『주례』「동관고공기(冬官考工記)·장인(匠人)」편의 "九夫爲井, 井間廣四尺, 深四尺, 謂之溝. 方十里爲成, 成間廣八尺, 深八尺, 謂之洫. 方百里爲同, 同間廣二尋, 深二仞, 謂之澮."라는 기록에 대한 정현의 주이다.
26) 이 문장은『주례』「지관(地官)·소사도(小司徒)」편의 "乃經土地而井牧其田野, 九夫爲井, 四井爲邑, 四邑爲丘, 四丘爲甸, 四甸爲縣, 四縣爲都, 以任地事而令貢賦, 凡稅斂之事."라는 기록에 대한 정현의 주이다.
27)『서』「주서(周書)·비서(費誓)」 : 魯人三郊三遂. 峙乃楨榦.

말 1필과 소 3두를 출자한다. 4구(丘)는 1전(甸)이 되니, 장곡(長轂) 1승, 갑사(甲士)²⁸⁾ 3명, 보졸(步卒) 72명, 말 4필, 소 12두를 출자한다."라고 했다. 그러므로 성공(成公) 1년에는 구갑법(丘甲法)²⁹⁾을 만들었다고 했고,³⁰⁾ 두예³¹⁾와 복건³²⁾은 모두 이곳의 문장을 인용해서 풀이했다. 또 『논어』에서는 "1,000승의 나라를 다스린다."³³⁾라고 했는데, 정현의 주에서는 『사마법』의 문장을 인용하여, "1성(成)에서는 혁거(革車) 1승을 출자한다."라고 했다. 다만 사방 10리가 되고 8리가 된다고 하여 차이를 보이는데, 이것은 앞에서 이미 풀이하였고, 이 모두는 천자와 제후가 군대 관련 세금을 걷는 제도를 가리킨다. 또 『오경이의』³⁴⁾에서는 "천자는 10,000승의 규모였고, 제후는 1,000승의 규모였으며, 대부는 100승의 규모였다."라고 했는데, 이것은 대략적인 수치로 말한 것으로, 신분의 등급에 10배씩 늘린다는 뜻인데, 그 사이의 세세한 구분에 있어서는 향(鄕)·수(遂)·공읍(公邑)의 구별이

---

28) 갑사(甲士)는 병사들을 범칭하는 용어이지만, 보졸(步卒)과 구분할 때에는 갑옷을 착용하는 용사들을 뜻한다.
29) 구갑(丘甲)은 본래 고대 군대를 동원했던 행정 단위의 편제를 뜻한다. 4개의 구(丘)는 1개의 전(甸)이 되어, 매 전(甸)마다 갑사(甲士) 3명, 보졸(步卒) 72명을 동원했다. 그런데 노(魯)나라 성공(成公)은 제(齊)나라의 변란을 핑계로 임시적으로 갑사를 동원하는 것을 늘렸고, 매 구(丘)마다 1명을 동원하도록 고쳤다. 따라서 이러한 제도를 '구갑'이라고 부른다.
30) 『춘추』「성공(成公) 1년」: 三月, 作丘甲.
31) 두예(杜預, A.D.222~A.D.284): =두원개(杜元凱). 서진(西晉) 때의 유학자이다. 경조(京兆) 두릉(杜陵) 출신이다. 자(字)는 원개(元凱)이다. 『춘추경전집해(春秋經典集解)』를 저술하였는데, 이 책은 현존하는 『춘추(春秋)』의 주석서 중 가장 오래된 것이며, 『십삼경주소(十三經注疏)』의 『춘추좌씨전정의(春秋左氏傳正義)』에도 채택되어 수록되었다.
32) 복건(服虔, ?~?): 후한대(後漢代)의 유학자이다. 자(字)는 자신(子愼)이다. 초명은 중(重)이었으며, 기(祇)라고도 불렀다. 후에 이름을 건(虔)으로 고쳤다. 『춘추좌씨전(春秋左氏傳)』에 주석을 남겼지만, 산일되어 전해지지 않는다. 현재는 『좌전가복주집술(左傳賈服注輯述)』로 일집본이 편찬되었다.
33) 『논어』「학이(學而)」: 子曰, "道千乘之國, 敬事而信, 節用而愛人, 使民以時."
34) 『오경이의(五經異義)』는 후한(後漢) 때의 학자인 허신(許愼)이 지은 책이다. 유실되었는데, 송대(宋代) 때 학자들이 다시 모아서 엮었다. 오경(五經)에 관한 고금(古今)의 유설(遺說)과 이의(異義)를 싣고, 그에 대한 시비(是非)를 판별한 내용들이다.

다르다. 그렇기 때문에 『시』「노송(魯頌)」에서 "공의 수레가 1,000승이다."
라고 한 것은 대략적으로 토지를 계산하여 군대를 산출한 것을 말한 것이
다. 그리고 "공의 병사가 30,000명이다."라고 한 것은 향(鄕)과 수(遂)에서
동원하는 병사의 수를 말한 것이다.35) 이것은 제후국 안에서 토지의 면적
을 계산하는 것과 향(鄕)・수(遂)에서 산출하는 수치가 다르다는 사실을
나타낸다. 제후가 세우는 성(城)은 사방 10리(里)의 크기이며, 세금을 산출
할 때 비록 혁거(革車) 1승, 갑사 3명, 보졸 72명을 동원하더라도 적과 대적
하여 전쟁을 벌이게 된다면, 향(鄕)에 적용되는 법도인 "5명이 1오(伍)가
되고 5오(伍)가 1양(兩)이 된다."라고 했던 부류와 동일하게 따른다. 그렇기
때문에 『좌전』에서는 필(邲) 땅의 전투에서 초(楚)나라의 경우 광(廣)36)에
는 1졸(卒)이 있고, 졸(卒)에는 2편(偏)이 있다고 한 것이다.37) 또 양(兩)의
1졸(卒)을 거느리고 오(吳)나라에 갔다고 했다.38) 이것은 양측 군대가 대립
하며 진을 치고 있을 때라면 향(鄕)에 적용되는 군대 동원법과 동일하게
따름을 나타낸다. 『서』「목서(牧誓)」편에서는 "무왕의 융거(戎車) 300양
(兩)이다."39)라고 했고, 공안국40)의 주에서는 "수레 1대에 보졸 72명이 따

---

35) 『시』「노송(魯頌)・비궁(閟宮)」: 公車千乘, 朱英綠縢, 二矛重弓. 公徒三萬, 貝
胄朱綬. 烝徒增增, 戎狄是膺, 荊舒是懲, 則莫我敢承. 俾爾昌而熾, 俾爾壽而富,
黃髮台背, 壽胥與試. 俾爾昌而大, 俾爾耆而艾, 萬有千歲, 眉壽無有害.
36) 광(廣)은 전쟁용 수레 15승(乘)을 뜻한다. 『사마법』에 따르면 100명은 1졸
(卒)이 되고, 25명은 1양(兩)이 되며, 수레 15승(乘)은 대편(大偏)이라고 부른
다. 『춘추좌씨전』「선공(宣公) 12년」에는 "廣有一卒, 卒偏之兩."이라는 기록
이 있고, 이에 대한 두예(杜預)의 주에서는 "十五乘爲一廣. 司馬法, 百人爲卒,
二十五人爲兩. 車十五乘爲大偏. 今廣十五乘, 亦用舊偏法, 復以二十五人爲承
副."이라고 풀이했다.
37) 『춘추좌씨전』「선공(宣公) 12년」: 先大夫子犯有言曰, '師直爲壯, 曲爲老.' 我
則不德, 而徼怨于楚. 我曲楚直, 不可謂老. 其君之戎分爲二廣, 廣有一卒, 卒偏
之兩.
38) 『춘추좌씨전』「성공(成公) 7년」: 乃通吳於晉, 以兩之一卒適吳, 舍偏兩之一焉.
39) 『서』「주서(周書)・목서(牧誓)」: 武王戎車三百兩, 虎賁三百人, 與受戰于牧野,
作牧書.
40) 공안국(孔安國, ?~?): 전한(前漢) 때의 학자이다. 자(字)는 자국(子國)이다.
고문상서학(古文尙書學)의 개조(開祖)로 알려져 있다. 『십삼경주소(十三經注
疏)』의 『상서정의(尙書正義)』에는 공안국의 전(傳)이 수록되어 있는데, 통상

른다.”라고 했으니, 군대를 산출하는 법도가 된다. 경문에서는 “1,000명을 통솔하는 장수, 100명을 통솔하는 장수이다.”[41]라고 했으니, 적군과 대적했을 때를 뜻한다. 『사마법』의 문장에 근거해보면, 제후가 사용하는 수레ㆍ갑사ㆍ소ㆍ말 등은 모두 토지 면적을 계산해서 백성들로 하여금 출자하도록 시킨다. 만약 향(鄕)ㆍ수(遂)의 무리가 75명이라면, 그들을 파견하여 수레 1대, 갑사 3명, 말 4필, 소 12두를 산출한다. 자력으로 할 수 있는 것이 아니라고 염려되는 것들이라, 모두 국가에서 지급한다. 그렇기 때문에 『주례』「건거(巾車)」편의 직무 기록에서는 “부서진 것이라면 거둬들여 직폐(職幣)라는 관리에게 재원으로 보낸다.”[42]라고 했고, 또 『주례』「마질(馬質)」편에서는 “무릇 유사(有司)[43]에게서 말을 받을 때에는 그 나이와 털색을 기록하여 값을 평가하는 자에게 준다. 말이 죽었을 때 열흘이내라면 바꾼다.”[44]라고 했으며, 또 『주례』「사병(司兵)」편의 직무 기록에서는 “병장기를 지급하게 되면 사마(司馬)의 법도에 따라서 분배한다. 병장기를 환수하는 관리에게 줄 때에도 또한 이처럼 한다.”[45]라고 했으니, 이것은 국가에서 지급하게 된다는 사실을 나타낸다. 정현이 “높이가 1장(丈)이고 길이가 3장(丈)인 것이 1치(雉)이다.”라고 했는데, 『오경이의』에서는 고문학파인 춘추좌전학자들의 주장에 따라 “100치(雉)는 길이가 300장(丈)이며, 사방 500보(步)가 된다.”라고 했는데, 6척(尺)은 1보(步)가 되므로, 5곱하기 6은 30이 되어, 300장(丈)은 사방 500보(步)가 된다. 정현이 “자작과 남작의 제후국에

적으로 이 주석은 후대인들이 공안국의 이름에 가탁하여 붙인 문장으로 인식되고 있다.

41) 『서』「주서(周書)ㆍ목서(牧誓)」 : 王曰, 嗟, 我友邦冢君, 御事司徒司馬司空, 亞旅師氏, <u>千夫長百夫長</u>, 及庸蜀羌髳微盧彭濮人.

42) 『주례』「춘관(春官)ㆍ건거(巾車)」 : 毀折入齎于職幣.

43) 유사(有司)는 관리를 뜻하는 용어이다. ‘사(司)’자는 담당한다는 뜻이다. 관리들은 각자 담당하고 있는 업무가 있었으므로, 관리를 ‘유사’라고 불렀던 것이다. 일반적으로 하위관료들을 지칭하여, 실무자를 뜻하는 용어로 많이 사용된다. 그러나 때로는 고위관료까지도 지칭하는 용어로 사용되기도 한다.

44) 『주례』「하관(夏官)ㆍ마질(馬質)」 : <u>凡受馬於有司者, 書其齒毛與其賈, 馬死, 則旬之內更,</u> 旬之外入馬耳, 以其物更, 其外否.

45) 『주례』「하관(夏官)ㆍ사병(司兵)」 : <u>及授兵, 從司馬之法以頒之. 及其受兵輸, 亦如之.</u> 及其用兵, 亦如之.

서는 그 성이 사방 5리의 규모이다."라고 했는데,『주례』「전명(典命)」편에서는 "자작과 남작은 5명(命)의 등급이니, 그들의 국가와 궁실은 5로 절도를 삼는다."46)라고 했다. 여기에서 말하는 '국가(國家)'는 곧 성의 사방 면적을 뜻한다. 따라서 이 말은 자작과 남작의 성을 사방 5리의 규모로 만든다는 사실을 나타낸다. 정현이 "100치는 대도(大都)를 뜻하니, 도읍을 세 등분하여 그 중 하나 만큼의 규모이다."라고 했는데, 자작과 남작의 성은 사방 5리의 규모이니, 면적을 계산하면 1,500보(步)가 된다.『좌전』에서는 "대도는 도읍을 세 등분하여 그 중 하나만큼의 크기이다."라고 했다. 자작과 남작의 대도는 도읍을 세 등분하여 그 중 하나만큼을 차지하니, 이것은 대도가 500보(步)로 100치(雉)가 됨을 나타낸다. 다만 국성에 대한 제도에 있어서 총 2가지 뜻이 있는데, 정현의 이곳 주석에서 자작과 남작의 경우 사방 5리라고 했다면, 후작과 백작은 사방 7리의 규모이고, 공작은 사방 9리의 규모이며, 천자는 사방 12리의 규모가 된다.『박오경이의』에 대한 정현의 주를 살펴보면, 또한 "천자의 성은 사방 9리의 규모이며, 공작의 성은 사방 7리의 규모이고, 후작과 백작의 성은 사방 5리의 규모이며, 자작과 남작의 성은 사방 3리의 규모이다. 이곳에서 '100치(雉)'라고 한 것은 후작과 백작의 대도를 뜻한다."라고 했다. 두예도 이와 동일하게 주석을 달았으니, 정현의 이곳 주석과는 차이를 보인다. 경문에서는 "가부(家富)는 100승을 초과하지 않는다."라고 했는데, 이것은 제후에게 소속된 경의 채지를 뜻한다. 그렇기 때문에『좌전』에서는 "오직 경만이 100개의 읍(邑)을 구비한다."47)라고 한 것이니, 이것은 그 땅이 사방 100리의 규모임을 뜻한다. 다만 "오직 경만이 100개의 읍을 구비한다."라고 했으므로, 천자・제후・공・경・대부의 채지에 나타나는 규모의 차이에 대해서는 알 수 없다.「소사도」편에 대한 정현의 주를 살펴보면, "사방 100리의 국(國)에는 총 4개의 도(都)가

---

46)『주례』「춘관(春官)・전명(典命)」 : 上公九命爲伯, 其國家・宮室・車旗・衣服・禮儀 皆以九爲節; 侯伯七命, 其國家・宮室・車旗・衣服・禮儀, 皆以七爲節; 子男五命, 其國家・宮室・車旗・衣服・禮儀, 皆以五爲節.

47)『춘추좌씨전』「양공(襄公)」 27년 : 辭曰, "唯卿備百邑, 臣六十矣. 下有上祿, 亂也. 臣弗敢聞. 且甯子唯多邑, 故死, 臣懼死之速及也."

있다. 사방 50리의 국(國)에는 총 4개의 현(縣)이 있다. 사방 25리의 국(國)에는 총 4개의 전(甸)이 있다."라고 했고, 또 "채지에서 세금으로 거둬들이는 것은 모두 4분의 1이다."라고 했다.[48] 학자들에 따라서는 이 주장을 근거로 공의 식읍은 사방 100리의 규모이고, 경의 식읍은 사방 50리의 규모이며, 대부의 식읍은 사방 25리의 규모라고 여긴다. 그리고 제후에게 소속된 경과 대부의 경우, 『좌전』에서는 "경은 100읍을 갖춘다."라고 했고, 『논어』에서는 '100승의 가(家)'[49]라고 했다. 이것이 제후에게 소속된 신하의 채읍을 제시한 것이라면, 공에게 소속된 고(孤)[50], 후작과 백작에게 소속된 경 및 천자에게 소속된 삼공(三公)[51]은 동일하게 모두 사방 100리 규모의 채읍을 받고, 공에게 소속된 경, 후작과 백작에게 소속된 대부는 모두 사방 50리 규모의 채읍을 받으며, 공에게 소속된 대부, 후작과 백작에게 소속된 하대부는 모두 사방 25리 규모의 채읍을 받는다. 그리고 자작과 남작의 영지인 경우, 단지 사방 200리 이하의 규모이니, 경의 채지는 다른 곳처럼 사방 100리 정도가 될 수 없다. 『역』「송괘(訟卦)」에 대한 주를 살펴보면,

---

48) 이 문장들은 『주례』「지관(地官)·소사도(小司徒)」편의 "乃經土地而井牧其田野, 九夫爲井, 四井爲邑, 四邑爲丘, 四丘爲甸, 四甸爲縣, 四縣爲都, 以任地事而令貢賦, 凡稅斂之事."라는 기록에 대한 정현의 주이다.

49) 『논어』「공야장(公冶長)」: 孟武伯問子路仁乎? 子曰, "不知也." 又問. 子曰, "由也, 千乘之國, 可使治其賦也, 不知其仁也.""求也何如?"子曰, "求也, 千室之邑, <u>百乘之家</u>, 可使爲之宰也, 不知其仁也.""赤也何如?"子曰, "赤也, 束帶立於朝, 可使與賓客言也, 不知其仁也."

50) 고(孤)는 고대의 작위이다. 천자에게 소속된 '고'는 삼공(三公) 밑의 서열에 해당하며, 육경(六卿)보다 높았다. 고대에는 소사(少師)·소부(少傅)·소보(少保)를 삼고(三孤)라고 불렀다.

51) 삼공(三公)은 중앙정부의 가장 높은 관직자 3명을 합쳐서 부르는 말이다. '삼공'에 속한 관직명에 대해서는 각 시대별로 차이가 있다. 『사기(史記)』「은본기(殷本紀)」편에는 "以西伯昌, 九侯, 鄂侯, 爲三公."이라는 기록이 있다. 즉 은나라 때에는 서백(西伯)인 창(昌), 구후(九侯), 악후(鄂侯)들을 '삼공'으로 삼았다. 또한 주(周)나라 때에는 태사(太師), 태부(太傅), 태보(太保)를 '삼공'으로 삼았다. 『서』「주서(周書)·주관(周官)」편에는 "立太師·太傅·太保, 茲惟三公, 論道經邦, 燮理陰陽."이라는 기록이 있다. 한편 『한서(漢書)』「백관공경표서(百官公卿表序)」에 따르면 사마(司馬), 사도(司徒), 사공(司空)을 '삼공'으로 삼았다는 기록이 있다.

"소국에 속한 하대부는 채지가 사방 1성(成)이다."라고 했다. 그리고 고정적으로 세금을 걷는 대상은 300가(家)인데, 이들에 대해서는 단지 이 기록만 남아있다. 그리고 자작과 남작이 소유한 중도(中都)와 대도(大都)에 대해서는 자세히 설명할 자료가 없다. 『논어』에 대한 정현의 주를 살펴보면, '백씨(伯氏)의 병읍(駢邑) 300가(家)'[52]라고 한 말에 대해, 제(齊)나라 하대부에 대한 제도이니, 공작·후작·백작에게 소속된 하대부가 단지 300가(家)의 규모만 받았던 것과 유사하다고 했다. 다만 춘추시대에는 힘이 강력한 신하들이 제나라에 더욱 많아졌으므로 백씨가 단지 300가(家) 규모의 식읍만을 받아서 예법과 달라졌을 수도 있다. 이것은 모두 황간[53]의 주장이다. 웅안생[54]은 경이 100읍을 갖춘다고 한 것은『정지』에서 읍(邑)은 사방 2리의 규모라고 했으니, 100승(乘)과는 구별된다고 했다. 또 제후의 신하가 하사받는 영지에 대해서는 고정된 수치가 없었으니, 채지를 받은 경이 100승(乘)의 규모였더라도 하대부는 동일하게 사방 10리의 성을 소유했다고 여겼다.

集解　馬氏融曰: 司馬法, "六尺爲步, 步百爲畝, 畝百爲夫, 夫三爲屋, 屋三爲井, 井十爲通, 通十爲成. 成出革車一乘." 千乘之賦, 其地千成, 居地方三百一十六里有畸, 唯公侯之封乃能容之, 雖大國之賦亦不是過焉.

번역　마융[55]이 말하길, 『사마법』에서는 "6척(尺)은 1보(步)가 되고, 100

---

52) 『논어』「헌문(憲問)」: 或問子産. 子曰, "惠人也." 問子西. 曰, "彼哉! 彼哉!" 問管仲. 曰, "人也. 奪伯氏駢邑三百, 飯疏食, 沒齒無怨言."

53) 황간(皇侃, A.D.488~A.D.545): =황씨(皇氏). 남조(南朝) 때 양(梁)나라의 경학자이다. 『주례(周禮)』, 『의례(儀禮)』, 『예기(禮記)』 등에 해박하여, 『상복문구의소(喪服文句義疏)』, 『예기의소(禮記義疏)』, 『예기강소(禮記講疏)』 등을 지었지만, 현재는 전해지지 않는다. 그 일부가 마국한(馬國翰)의 『옥함산방집일서(玉函山房輯佚書)』에 수록되어 있다.

54) 웅안생(熊安生, ?~A.D.578): =웅씨(熊氏). 북조(北朝) 때의 경학자이다. 자(字)는 식지(植之)이다. 『주례(周禮)』, 『예기(禮記)』, 『효경(孝經)』 등 많은 전적에 의소(義疏)를 남겼지만, 모두 산일되어 남아 있지 않다. 현재 마국한(馬國翰)의 『옥함산방집일서(玉函山房輯佚書)』에 『예기웅씨의소(禮記熊氏義疏)』 4권이 남아 있다.

보(步)는 1무(畝)가 되며, 100무(畝)는 1부(夫)가 되고, 3부(夫)는 1옥(屋)이 되며, 3옥(屋)은 1정(井)이 되고, 10정(井)은 1통(通)이 되며, 10통(通)은 1성(成)이 된다. 1성(成)에서 혁거 1승을 출자한다."라고 했다. 1,000승의 조세는 그 땅이 1,000성(成)에 해당하니, 그 면적은 사방 316리(里)보다 조금 넘고, 오직 공작과 후작의 봉지여야만 그 정도의 땅을 소유할 수 있다. 따라서 대국에서 부여하는 조세도 이것을 넘어서지 못한다.

集解 邢氏昺曰: 云"居地方三百一十六里有畸"者, 以方百里者一, 爲方十里者百, 方三百里者三, 三而九, 則爲方百里者九, 合成方十里者九百, 得九百乘也, 計千乘猶少百乘, 方百里者一也. 又以此方百里者一, 六分破之, 每分得廣十六里, 長百里, 引而接之, 則長六百里, 廣十六里也. 半折之, 各長三百里, 將埤前三百里南西兩邊, 是方三百一十六里也. 然西南角猶缺方十六里者一也. 方十六里者一, 爲方一里者二百五十六, 然羃割方百里者爲六分, 餘方一里者四百, 今以方一里者二百五十六, 埤西南角猶餘方一里者一百四十四, 又復破而埤三百一十六里兩邊, 則每邊不復得半里, 故云"三百一十六里有畸"也. 云"唯公侯之封乃能容之"者, 按周禮大司徒云"諸公之地, 封疆方五百里", "諸侯之地, 封疆方四百里", "諸伯之地, 封疆方三百里", "諸子之地, 封疆方二百里", "諸男之地, 封疆方百里". 此千乘之國, 居地方三百一十六里有畸, 伯·子·男自方三百以下, 則莫能容之, 故云"唯公侯之封乃能容之". 制國不過千乘, 地雖廣大, 以千乘爲限, 故云"雖大國之賦, 亦不是過焉."

번역 형병56)이 말하길, "그 면적은 사방 316리(里)보다 조금 넘는다."라

---

55) 마융(馬融, A.D.79~A.D.166) : =마계장(馬季長). 후한대(後漢代)의 경학자(經學者)이다. 자(字)는 계장(季長)이며, 마속(馬續)의 동생이다. 고문경학(古文經學)을 연구하였으며, 『주역(周易)』, 『상서(尙書)』, 『모시(毛詩)』, 『논어(論語)』, 『효경(孝經)』 등을 두루 주석하고, 『노자(老子)』, 『회남자(淮南子)』 등도 주석하였지만 현재 전해지지 않는다.
56) 형병(邢昺, A.D.932~A.D.1010) : 북송(北宋) 때의 학자이다. 자(字)는 숙명(叔明)이다. 예부상서(禮部尙書) 등을 지냈다. 저서로는 『논어정의(論語正義)』, 『이아정의(爾雅正義)』 등이 있다.

고 했는데, 사방 100리(里)의 면적 하나를 사방 10리(里)의 면적 100개로
여기면, 사방 300리(里)의 면적을 가진 것이 3개이고, 3을 곱하면 9가 되어,
사방 100리(里)의 면적을 가진 것이 9개가 되어, 총 사방 10리(里)인 규모가
900개가 되어 900승(乘)을 출자할 수 있는데, 1,000승과 비교해보면 100승
이 적으며, 사방 100리(里)의 규모 1개에 해당한다. 또 사방 100리(里)의
규모 1개를 여섯 구획으로 나누면 매 구획은 그 너비가 16리(里)가 되고
길이가 100리(里)가 되는데, 이것을 붙이면 그 길이는 600리(里)가 되고,
너비는 16리(里)가 된다. 반으로 가르면 각각 그 길이는 300리(里)가 되고,
그 중 하나의 길이인 300리(里) 남서쪽에 그 너비를 붙이면 사방 316리(里)
의 규모가 된다. 그러나 서남쪽 모서리에는 여전히 사방 16리(里)의 규모
1개에 해당하는 면적이 비게 된다. 사방 16리(里)의 규모 1개는 사방 1리
(里)인 것이 256개가 되는데, 사방 100리(里)의 것을 나누어서 여섯 등분으
로 하면, 나머지 사방 1리(里)의 것이 400개가 되며, 현재 사방 100리(里)의
규모 256개를 서남쪽 모서리에 더하면 여전히 사방 1리(里)의 것 144개가
남고, 또 다시 그것을 쪼개어 316리(里)의 양쪽 측면에 더하면, 매 측면은
다시 나눌 수 없기 때문에, "316보다 조금 넘는다."라고 했다. "오직 공작과
후작의 봉지여야만 그 정도의 땅을 가지고 있다."라고 했는데,『주례』「대사
도(大司徒)」편을 살펴보면, "공작들의 땅은 사방 500리(里)에 분봉한다."라
고 했고, "후작들의 땅은 사방 400리(里)에 분봉한다."라고 했으며, "백작들
의 땅은 사방 300리(里)에 분봉한다."라고 했고, "자작들의 땅은 사방 200리
(里)에 분봉한다."라고 했으며, "남작들의 땅은 사방 100리(里)에 분봉한
다."라고 했다.[57] 이곳에서는 1,000승의 나라는 그 면적이 사방 316리(里)
보다 조금 넘는다고 했는데, 백작·자작·남작처럼 사방 300리(里) 이하의
규모라면 그 면적을 수용할 수 없다. 그렇기 때문에 "오직 공작과 후작의
봉지여야만 그 정도의 땅을 가지고 있다."라고 했다. 제후국의 땅을 정할

57)『주례』「지관(地官)·대사도(大司徒)」: 凡建邦國, 以土圭土其地而制其域: 諸
公之地, 封疆方五百里, 其食者半; 諸侯之地, 封疆方四百里, 其食者參之一; 諸
伯之地, 封疆方三百里, 其食者參之一; 諸子之地, 封疆方二百里, 其食者四之
一; 諸男之地, 封疆方百里, 其食者四之一.

때 1,000승의 규모를 넘지 못하게 했으니, 땅이 비록 광대하더라도 1,000승
을 제한으로 삼는다. 그렇기 때문에 "비록 대국에서 부여하는 조세라도 이
것을 넘어서지 못한다."라고 했다.

참고 『시』「대아(大雅)·상유(桑柔)」

菀彼桑柔, (울피상유) : 무성한 저 부드러운 뽕잎이여,
其下侯旬. (기하후순) : 그 아래 그늘진 곳에서 사람들이 고르게 자리를
　　　　　　　　　　　 얻는구나.
捋采其劉, (날채기류) : 그 잎을 따버리니,
瘼此下民. (막차하민) : 그 아래 백성들을 병들게 하는구나.
不殄心憂, (불진심우) : 마음의 근심을 끊을 수 없어,
倉兄塡兮. (창형전혜) : 상심과 낙담이 오래되는구나.
倬彼昊天, (탁피호천) : 밝은 저 호천(昊天)[58]께서는
寧不我矜. (영불아긍) : 어찌하여 나를 불쌍히 여기지 않으시는가.

四牡騤騤, (사모규규) : 네 마리의 말이 쉬지 않거늘,

---

58) 호천상제(昊天上帝)는 호천(昊天)과 상제(上帝)로 구분하여 해석하기도 하
며, '호천상제'를 하나의 용어로 해석하기도 한다. 후자의 경우 '호천'이라는
말은 '상제'를 수식하는 말이다. 고대에는 축호(祝號)라는 것을 지어서 제사
때의 용어를 수식어로 꾸미게 되는데, '호천상제'의 경우는 '상제'에 대한 축
호에 해당하며, 세분하여 설명하자면 신(神)의 명칭에 수식어를 붙이는 신호
(神號)에 해당한다. 『예기』「예운(禮運)」편에는 "作其祝號, 玄酒以祭, 薦其血
毛, 腥其俎, 孰其殽."라는 기록이 있고, 이에 대한 진호(陳澔)의 주에서는 "作
其祝號者, 造爲鬼神及牲玉美號之辭. 神號, 如昊天上帝."라고 풀이했다. '호천'
과 '상제'로 풀이할 경우, '상제'는 만물을 주재하는 자이며, '상천(上天)'이라
고도 불렸다. 고대인들은 길흉(吉凶)과 화복(禍福)을 내릴 수 있는 능력을 갖
추고 있었다고 생각하였다. 한편 '상제'는 오행(五行) 관념에 따라 동·서·
남·북·중앙의 구분이 생기면서, 천상을 각각 나누어 다스리는 오제(五帝)
로 설명되기도 한다. '호천'의 경우 천신(天神)을 뜻하는데, '상제'와 비슷한
개념이다. '호천'을 '상제'보다 상위의 개념으로 해석하여, 오제 위에서 군림
하는 신으로 해석하는 경우도 있다.

旟旐有翩. (여조유편) : 깃발이 나부끼는구나.

亂生不夷, (난생불이) : 난리가 날마다 발생하여 평정치 못하니,

靡國不泯. (미국불민) : 망하지 않은 나라가 없도다.

民靡有黎, (민미유려) : 백성들 중 군대나 도적의 해를 당하지 않은 자가 없어,

具禍以燼. (구화이신) : 모두들 화를 당해 소진되는구나.

於乎有哀, (오호유애) : 오호라 애통하구나,

國步斯頻. (국보사빈) : 나라의 정사가 이러한 화근을 빈번히 일으키는구나.

國步蔑資, (국보멸자) : 나라의 정사가 백성들의 재산을 소멸시키니,

天不我將. (천불아장) : 하늘은 나를 길러주지 않는구나.

靡所止疑, (미소지의) : 머물러 쉴 틈이 없는데,

云徂何往. (운조하왕) : 또 전쟁을 한다고 하니 어디를 간단 말인가.

君子實維, (군자실유) : 군자는 진실로,

秉心無競. (병심무경) : 마음을 다잡음에 다투려는 마음이 없단 말인가.

誰生厲階, (수생려계) : 그렇다면 그 누가 이러한 화근을 일으켜,

至今爲梗. (지금위경) : 지금처럼 날마다 재앙이 발생하게 되었는가.

憂心慇慇, (우심은은) : 근심하는 마음에 슬프고 고달프니,

念我土宇. (염아토우) : 내 고향과 집을 생각하노라.

我生不辰, (아생불진) : 내가 태어났으나 때를 만나지 못했으니,

逢天僤怒. (봉천탄노) : 하늘의 매서운 진노를 만났구나.

自西徂東, (자서조동) : 서쪽에서 또 동쪽으로 가니,

靡所定處. (미소정처) : 정착할 곳이 없구나.

多我覯痻, (다아구민) : 많도다, 내가 궁핍함을 당함이여,

孔棘我圉. (공극아어) : 매우 빠르구나, 내가 적을 막으러 감이여.

爲謀爲毖, (위모위필) : 군대를 일으켜 도모하며 신중을 기하나,

亂況斯削. (난황사삭) : 난리가 더욱 심해져 날마다 침탈을 당하는구나.

告爾憂恤, (고이우휼) : 내 너에게 백성들을 구휼하라고 알려주며,

誨爾序爵. (회이서작) : 내 너에게 현명한 자에게 차례대로 작위를 내려 줄 것을 가르쳐주노라.

誰能執熱, (수능집열) : 그 누가 뜨거운 것을 쥐고서,

逝不以濯. (서불이탁) : 달려가 손을 씻지 않을 수 있겠는가.

其何能淑, (기하능숙) : 어찌 선하게 할 수 있겠냐고 한다면,

載胥及溺. (재서급익) : 서로 재앙에 빠질 뿐이로다.

如彼溯風, (여피소풍) : 저 거스르는 바람과 같아서,

亦孔之僾. (역공지애) : 또한 심히 한탄스럽도다.

民有肅心, (민유숙심) : 백성들 중에는 선으로 나아가려는 마음이 있는데,

荓云不逮. (병운불체) : 미치지 못한다고 하여 물리치는구나.

好是稼穡, (호시가색) : 백성의 농사일에 힘쓰는 자를 좋아해야 하는데,

力民代食. (역민대식) : 무능한 자가 백성들을 고달프게 하며 녹봉을 차지
하는구나.

稼穡維寶, (가색유보) : 농사만이 국가의 보배이거늘,

代食維好. (대식유호) : 무능한데도 녹봉을 차지하는 자만을 좋아하는구나.

天降喪亂, (천강상란) : 하늘이 환란을 내려서,

滅我立王. (멸아입왕) : 우리가 세운 왕을 멸망시키도다.

降此蟊賊, (강차모적) : 하늘이 이 해충을 내려서,

稼穡卒痒. (가색졸양) : 농작물을 모두 병들게 하도다.

哀恫中國, (애통중국) : 애통하구나, 중원의 사람들이여,

具贅卒荒. (구췌졸황) : 모두가 전쟁에 휘말려 가사가 황망해졌도다.

靡有旅力, (미유려력) : 조정에선 여력이 없어,

以念穹蒼. (이념궁창) : 하늘이 내린 재앙을 생각조차 못하는구나.

維此惠君, (유차혜군) : 오직 백성들의 뜻에 따르는 군주만이,

民人所瞻. (민인소첨) : 백성들이 우러러볼지어다.

秉心宣猶, (병심선유) : 바른 마음을 지니고 대중들과 의론하여,

考愼其相. (고신기상) : 신하들과 신중히 살펴볼지어다.

維彼不順, (유피불순) : 저 도리에 따르지 않는 군주는,

自獨俾臧. (자독비장) : 스스로 현명하다고 여기는구나.

自有肺腸, (자유폐장) : 제 욕심대로 시행하여,

俾民卒狂. (비민졸광) : 백성들을 미쳐가게 만드는구나.

瞻彼中林, (첨피중림) : 저 숲을 보건데,

甡甡其鹿. (신신기록) : 사슴이 떼지어 다니는구나.

朋友已譖, (붕우이참) : 벗들끼리는 이미 참소를 하여,

不胥以穀. (불서이곡) : 서로를 선하게 만들지 못하는구나.

人亦有言, (인역유언) : 사람들이 또한 말하길,

進退維谷. (진퇴유곡) : 나아가나 물러나나 모두 곤궁하도다.

維此聖人, (유차성인) : 이 성인은,

瞻言百里. (첨언백리) : 보고 말하는 것이 백리에 미치도다.

維彼愚人, (유피우인) : 저 아둔한 사람은

覆狂以喜. (복광이희) : 도리어 미쳐서 기뻐하는구나.

匪言不能, (비언불능) : 간언을 할 수 없는 것도 아니건만,

胡斯畏忌. (호사외기) : 어찌하여 두려워하고 꺼려하는가.

維此良人, (유차량인) : 저 선량한 사람이 있건마는,

弗求弗迪. (불구불적) : 찾지 않고 등용치 않는구나.

維彼忍心, (유피인심) : 저 악행을 자행하는 자를

是顧是復. (시고시복) : 돌아보고 중용하는구나.

民之貪亂, (민지탐란) : 백성들은 난리를 일으키고자 하여,

寧爲荼毒. (영위도독) : 독충처럼 서로를 침탈하는 것을 편안하게 여기는
　　　　　　　　구나.

大風有隧, (대풍유수) : 큰 바람이 불어옴에는 길이 있나니,

有空大谷. (유공대곡) : 저 크게 빈 골짝이로다.

維此良人, (유차량인) : 저 선량한 사람이 있건마는,

作爲式穀. (작위식곡) : 일으켜 그를 등용하면 선을 시행하리라.

維彼不順, (유피불순) : 저 도리에 따르지 않는 자들은,

征以中垢. (정이중구) : 우매한 일을 시행하는구나.

大風有隧, (대풍유수) : 바람이 불어옴에는 길이 있나니,

貪人敗類. (탐인패류) : 탐욕을 부리는 자들은 동류를 없애는구나.

聽言則對, (청언즉대) : 말을 들으면 대답을 하지만,

誦言如醉. (송언여취) : 『시』나 『서』의 말을 들으면 술에 취한 듯 조용하
　　　　　　　　　　구나.
匪用其良, (비용기량) : 선량한 자를 등용치 않아서,
覆俾我悖. (복비아패) : 자신으로 하여금 도를 거스르게 하는구나.
嗟爾朋友, (차이붕우) : 아, 너희 벗들이여,
予豈不知而作. (여기부지이작) : 내 어찌 네가 한 일을 모르겠느냐.
如彼飛蟲, (여피비충) : 저 날아가는 새를,
時亦弋獲. (시역익획) : 간혹 주살로 잡는 것과 같으니라.
旣之陰女, (기지음녀) : 너에게 가서 보호하려고 하는데,
反予來赫. (반여래혁) : 도리어 나에게 화를 내는구나.

民之罔極, (민지망극) : 백성들의 행실이 중도를 따르지 못함은,
職涼善背. (직량선배) : 선량한 자를 중용하지 못해서니라.
爲民不利, (위민불리) : 백성들이 이롭게 여기지 않는 짓을 하면서도,
如云不克. (여운불극) : 이길 수 없을까 두렵다고 말하는구나.
民之回遹, (민지회휼) : 백성들이 사벽하게 됨은
職競用力. (직경용력) : 위정자가 다투는 데에만 힘을 쓰기 때문이니라.

民之未戾, (민지미려) : 백성들이 안정되지 못함은,
職盜爲寇. (직도위구) : 위정자가 도적질을 하여 해악을 끼치기 때문이니라.
涼曰不可, (양왈불가) : 선한 마음으로 불가하다 말했으나,
覆背善詈. (복배선리) : 도리어 선함을 물리치고 나를 꾸짖는구나.
雖曰匪予, (수왈비여) : 비록 나를 위한 정치가 아니라 하나,
旣作爾歌. (기작이가) : 너에 대한 노래를 지었노라.

毛序 桑柔, 芮伯, 刺厲王也.

모서 「상유(桑柔)」편은 예백이 여왕(厲王)을 풍자한 시이다.

참고 구문비교

출 처	내 용
『禮記』「坊記」	子云, 貧而好樂, 富而好禮.
『論語』「學而」	子曰, 可也, 未若貧而樂, 富而好禮者也.
『史記』「仲尼弟子列傳」	孔子曰, 可也, 不如貧而樂道, 富而好禮.
『漢書』「王莽傳」	孔子曰, 未若貧而樂, 富而好禮.

그림 3-1 ▣ 고대의 혁거(革車)

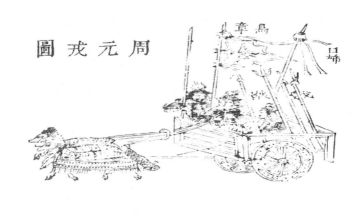

※ 출처: 『삼재도회(三才圖會)』「기용(器用)」 5권

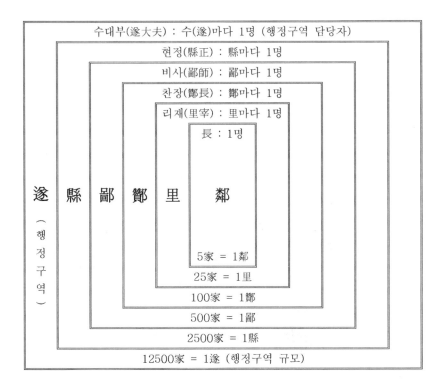

그림 3-2 ▣ 『주례』의 수(遂)-행정구역 및 담당자

수대부(遂大夫) : 수(遂)마다 1명 (행정구역 담당자)

현정(縣正) : 縣마다 1명

비사(鄙師) : 鄙마다 1명

찬장(鄼長) : 鄼마다 1명

리재(里宰) : 里마다 1명

長 : 1명

遂 （행정구역）　縣　鄙　鄼　里　鄰

5家 = 1鄰

25家 = 1里

100家 = 1鄼

500家 = 1鄙

2500家 = 1縣

12500家 = 1遂 (행정구역 규모)

● 그림 3-3　◼ 도성(都城)의 대략적인 배치도

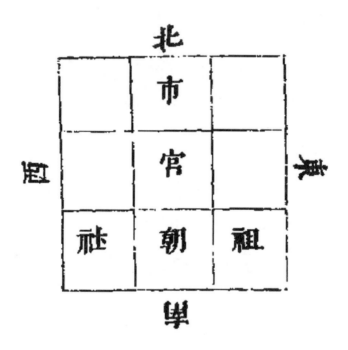

※ 출처: 『삼재도회(三才圖會)』「궁실(宮室)」 2권

● 그림 3-4　◼ 여(旟)·조(旐)·기(旂)

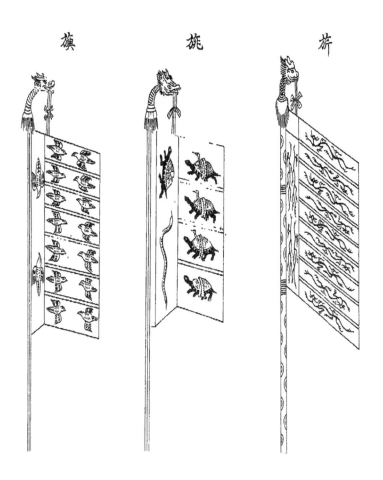

※ **출처:**『삼례도집주(三禮圖集注)』9권

그림 3-5 ▣ 정읍구전총도(井邑丘甸總圖)

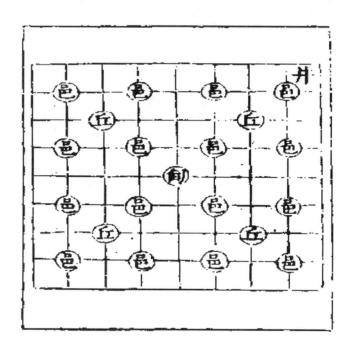

※ 출처:『삼재도회(三才圖會)』「지리(地理)」14권

　◼ 정읍구전도비도(井邑丘甸都鄙圖)

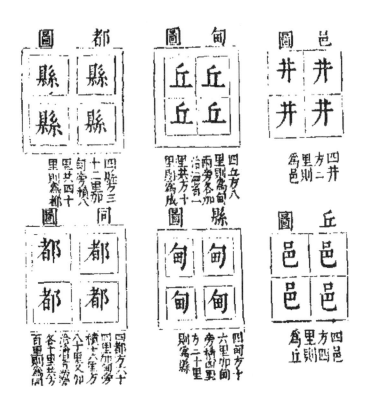

※ **출처:**『삼재도회(三才圖會)』「지리(地理)」14권

그림 3-7 ■ 일성지도(一成之圖)

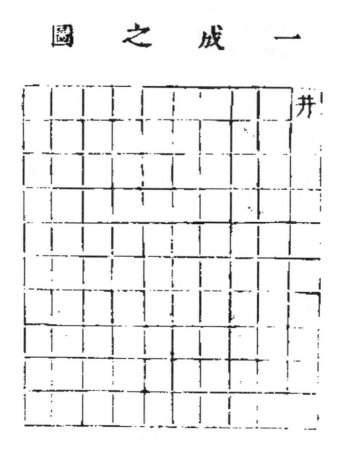

※ 출처: 『삼재도회(三才圖會)』「지리(地理)」 14권

▶그림 3-8 ◼ 방국일동지도(邦國一同之圖)

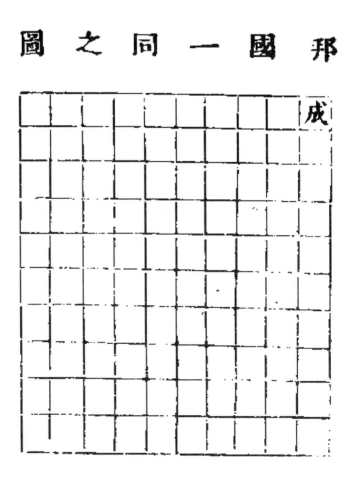

※ **출처:** 『삼재도회(三才圖會)』「지리(地理)」 14권

그림 3-9   ◨ 구부위정지도(九夫爲井之圖)

※ 출처: 『삼재도회(三才圖會)』 「지리(地理)」 14권

그림 3-10 ▣ 정전구혁지도(井田溝洫之圖)

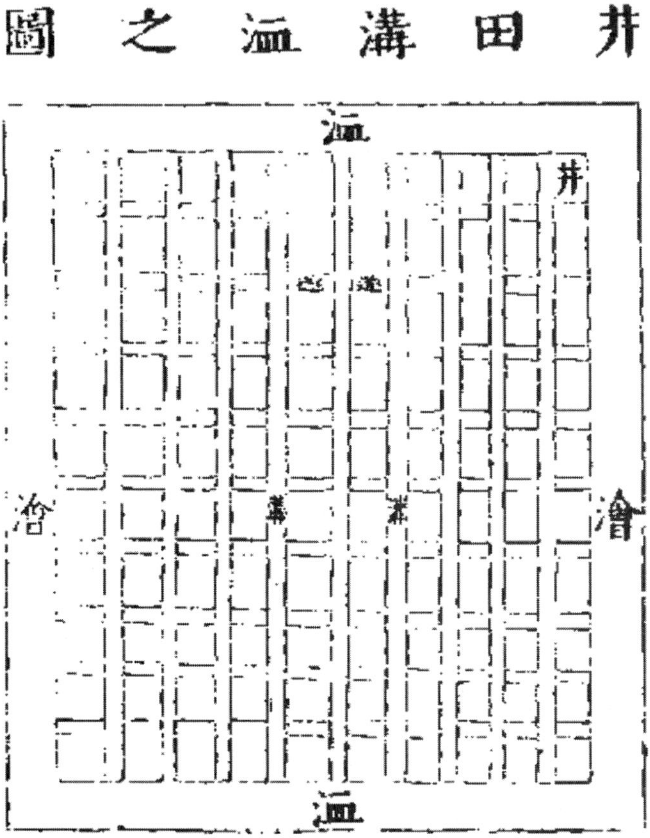

※ 출처: 『삼재도회(三才圖會)』「지리(地理)」 14권

그림 3-11 ■ 대국(大國) 사방 100리(里) 구조도

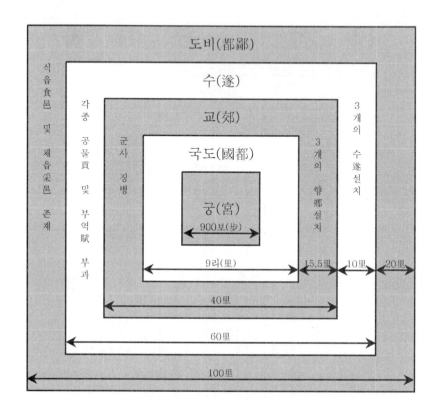

※ **참조:** 『삼재도회(三才圖會)』「지리(地理)」 14권 및 『삼례도(三禮圖)』 1권

그림 3-12 ◼ 차국(次國) 사방 70리(里) 구조도

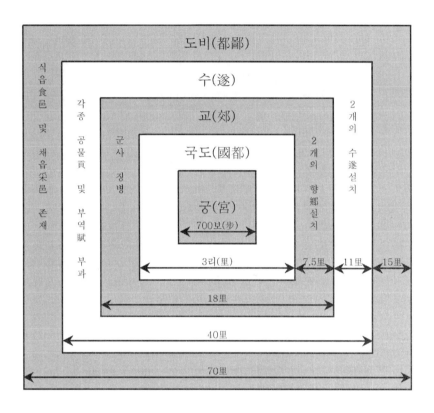

※ **참조:** 『삼재도회(三才圖會)』「지리(地理)」 14권 및 『삼례도(三禮圖)』 1권

그림 3-13 ◼ 소국(小國) 사방 50리(里) 구조도

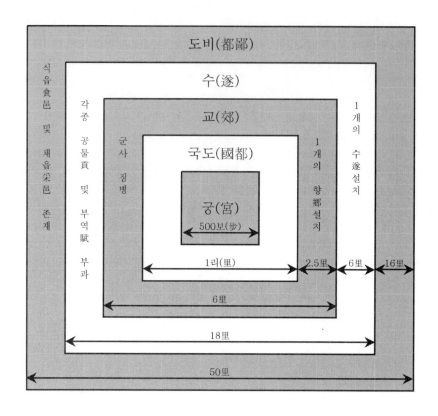

※ **참조:**『삼재도회(三才圖會)』「지리(地理)」14권 및『삼례도(三禮圖)』1권

• 제 4절 •

예(禮)와 의(疑)·미(微)

【611b~c】

子云, “夫禮者, 所以章疑別微, 以爲民坊者也. 故貴賤有等, 衣服有別, 朝廷有位, 則民有所讓.”

직역 子가 云, “夫히 禮者는 疑를 章하고 微를 別하여, 民坊者로 爲하는 所以이다. 故로 貴賤에 等이 有하고, 衣服에 別이 有하며, 朝廷에 位가 有하면, 民에게는 讓한 所가 有하다.”

의역 공자가 말하길, “무릇 예(禮)라는 것은 의심나는 것을 드러내고 은미한 것을 구별하여 백성들이 잘못을 저지르지 않도록 방지하는 것이다. 그러므로 귀천에 등급이 생기고, 의복에 구별이 생기며, 조정에 지위가 생긴다면, 백성들에게는 사양하는 점이 생긴다.”라고 했다.

集說 疑者, 惑而未決; 微者, 隱而不明. 惟禮足以章明之 · 分別之也.

번역 ‘의(疑)’는 의혹이 생겨 결정하지 못하는 것이며, ‘미(微)’는 은미하여 드러나지 않는 것이다. 오직 예만이 밝게 드러내고 분별할 수 있다.

大全 石林葉氏曰: 章疑異於決疑. 疑者似同而異, 章言其顯也, 決言其成也. 別微異於明微. 微者似有而無, 別言其辨也, 明言其旣著也. 以其顯疑故貴賤有等, 以其辨微故衣服有別. 貴賤以爵列也, 爵以詔德, 觀其貴賤, 則知德之有厚薄也. 衣服以功賜也, 服以顯庸, 觀其衣服, 則知其功之有小大也. 至於朝廷有位, 則爵命衣服所自居也. 民之視其位, 則知其定分而行遜避矣.

번역 석림섭씨가 말하길, 의심되는 것을 드러냄은 의심되는 것을 결단하는 것과는 다르다. 의심되는 것은 같은 것 같지만 다른 것이니, 장(章)은 현격히 드러냄을 말하며, 결(決)은 이루어진 것을 말한다. 은미한 것을 구별함은 은미한 것을 밝히는 것과는 다르다. 은미한 것은 있는 것 같지만 없는 것이니, 별(別)은 구별된 것을 말하며, 명(明)은 이미 드러난 것을 말한다. 의심되는 것을 현격히 드러냈기 때문에 귀천에 등급이 생기고, 은미한 것을 구별하였기 때문에 의복에 차별이 생긴다. 귀천은 작위에 따라 서열을 정하고, 작위는 덕을 나타내니, 귀천의 등급을 살펴본다면, 그 사람이 가진 덕의 두텁고 엷은 차이를 알 수 있다. 의복은 공적에 따라 하사되는 것이고 의복은 공로를 드러내니, 의복을 살펴본다면 그 사람이 세운 공적의 작고 큰 차이를 알 수 있다. 조정에 지위가 있는 것에 있어서도, 작위와 명(命)의 등급 및 그 사람들이 착용하는 의복에 따라 각각 위치해야 할 곳이 있다. 백성들이 그 지위를 살펴본다면, 분수가 확정되어 있어서 겸손을 시행해야 함을 알 수 있다.

大全 嚴陵方氏曰: 貴賤, 有上下之等, 衣服, 有隆殺之別, 朝廷, 有尊卑之位. 有等有別有位, 則各安其分而不爭矣.

번역 엄릉방씨가 말하길, 귀천에는 상하의 등급이 있고, 의복에는 높이고 낮추는 차별이 있으며, 조정에는 존비에 따른 자리가 있다. 등급·차별·자리가 구별된다면, 각각 자신의 분수를 편안히 여겨 다투지 않게 된다.

鄭注 位, 朝位也.

번역 '위(位)'자는 조정의 지위를 뜻한다.

釋文 別, 彼列反, 下同. 朝, 直遙反, 下皆同.

번역 '別'자는 '彼(피)'자와 '列(렬)'자의 반절음이며, 아래문장에 나오는 글자도 그 음이 이와 같다. '朝'자는 '直(직)'자와 '遙(요)'자의 반절음이며, 아래문장에 나오는 글자도 모두 그 음이 이와 같다.

孔疏 ●"子云"至"患之". ○正義曰: 此一節明章疑別嫌, 恐尊卑相僭, 使人疑惑之事.

번역 ●經文: "子云"~"患之". ○이곳 문단은 의심되는 것을 드러내고 혐의가 있는 것을 변별하는 것을 나타내고 있으니, 존귀한 자와 미천한 자가 서로 참람되게 굴어 사람들을 의혹시키게 됨을 염려한 것이다.

孔疏 ●"章疑"者, 疑, 謂是非不決, 當用禮以章明之.

번역 ●經文: "章疑". ○'의(疑)'는 시비를 판결하지 못한 것이니, 마땅히 예에 따라서 밝게 드러내야 한다.

孔疏 ●"別微"者, 微, 謂幽隱不著, 當用禮以分別之.

번역 ●經文: "別微". ○'미(微)'는 어둡고 은미하여 드러나지 않는 것이니, 마땅히 예에 따라서 구분하고 변별해야 한다.

訓纂 劉氏台拱曰: 以下三十章, 言禮以坊德.

번역 유태공이 말하길, 이하 30개의 장은 예에 따라 덕이 부족해지는 것을 방비한다는 뜻이다.

참고 구문비교

출　처	내　　용
『禮記』「坊記」	故貴賤有等, 衣服有別, 朝廷有位, 則民有所讓.
『春秋繁露』「度制」	故貴賤有等, 衣服有制, 朝廷有位, 鄉黨有序, 則民有所讓而不敢爭.

별(別)과 무혐(無嫌)

【611c~d】

子云, "天無二日, 土無二王, 家無二主, 尊無二上, 示民有君臣之別也. 春秋, 不稱楚·越之王喪, 禮, 君不稱天, 大夫不稱君, 恐民之惑也. 詩云, '相彼盍旦, 尚猶患之.'" 子云, "君不與同姓同車, 與異姓同車不同服, 示民不嫌也. 以此坊民, 民猶得同姓以弑其君."

직역　子가 云, "天에는 二日이 無하고, 土에는 二王이 無하며, 家에는 二主가 無하고, 尊에는 二上이 無하니, 民에게 君臣의 別이 有함을 示함이라. 春秋에서는 楚越의 王喪을 不稱하고, 禮에서는 君에는 天을 不稱하며, 大夫에는 君을 不稱하니, 民의 惑을 恐함이라. 詩에서 云, '彼 盍旦을 相한데, 尚猶히 患이라.'" 子가 云, "君은 同姓과 與하여 車를 同함을 不하고, 異姓과 與하여 車를 同이나 服은 不同하니, 民에게 不嫌을 示함이라. 此로써 民을 坊한데, 民은 猶히 同姓을 得하여 그 君을 弑라."

의역　공자가 말하길, "하늘에는 두 개의 태양이 없고, 땅에는 두 명의 천자가 없으며, 가정에는 두 명의 주인이 없고, 존귀함에는 두 명의 윗사람이 없으니, 백성들에게 군주와 신하의 구별이 있음을 보여주는 것이다. 『춘추』에서는 초왕이나 월왕의 상사를 장례라고 지칭하지 않았고, 예법에 있어서는 제후에 대해 하늘을 일컫지 않았으며, 대부에 대해 제후라고 일컫지 않으니, 백성들이 의혹하게 될까 염려하기 때문이다. 『시』에서는 '저 아침이 오기를 울부짖는 새를 보니, 오히려 사람들이 그것을 싫어하는구나.'라고 하였는데, 신하가 어찌 군주에게 참람되게 굴겠는가?"라고 했다. 또 공자가 말하길, "군주는 동성인 자와는 수레에 함께 타지 않고,

이성인 자와는 수레에 함께 타더라도 의복을 동일하게 입지 않으니, 백성들에게 혐의로 둘 것이 없음을 보여주는 것이다. 이를 통해 백성들이 잘못을 저지르지 않도록 방지하더라도, 백성들 중에는 오히려 동성인 자를 추대하여 자신의 군주를 시해하는 자가 있다."라고 했다.

集說 楚·越之王喪, 書卒不書葬, 夷之也. 君不稱天, 避天子也; 大夫不稱君而稱主, 避國君也. 詩, 逸詩也. 盍旦, 夜鳴求旦之鳥, 患, 猶惡也. 言視彼盍旦之夜鳴以求曉, 是欲反夜作晝, 求所不當求者, 人尙且惡之, 況人臣而求犯其上乎? 不同車, 遠害也, 篡弒之禍, 常起於同姓, 故與異姓同車則不嫌.

번역 초왕이나 월왕의 상사에 대해서 졸(卒)이라고 기록하고 장례[葬]를 치렀다고 기록하지 않은 것은 오랑캐로 대했기 때문이다. 제후[君]에 대해 천(天)이라 일컫지 않은 것은 천자의 예법을 피하고자 해서이다. 대부에 대해 제후라고 일컫지 않은 것은 제후의 예법을 피하고자 해서이다. 여기에 인용된 시는 일실된 『시』이다. '갈단(盍旦)'은 밤에 울부짖어서 아침이 오기를 바라는 새이며, '환(患)'자는 "싫어한다[惡]."는 뜻이다. 즉 저 갈단이라는 새는 밤늦게 울어서 아침이 오기를 바라는데, 이것은 밤을 바꿔 낮을 만들고자 하는 것이니, 마땅히 구해서는 안 되는 것을 구하는 것으로, 사람들이 오히려 그것을 싫어하는데, 하물며 신하가 되어서 윗사람을 범하기를 구해서야 되겠느냐는 뜻이다. 수레에 함께 타지 않는 것은 해를 멀리하고자 해서이니, 제위를 찬탈하고 시해하는 재앙은 항상 동성인 자에게서 발생되었기 때문에, 이성인 자와는 수레에 함께 타게 되더라도 혐의를 두지 않는다.

大全 嚴陵方氏曰: 日者, 人君之象. 在天者, 旣無二日, 有土者, 故無二王. 大而有土者, 旣無二王, 小而有家者, 故無二主. 凡此皆以尊無二上故也, 故曰示民有君臣之別也. 盍旦, 卽月令所謂鶡旦. 盍, 何不也. 何不旦, 是求旦而已, 故名之以此. 人患之者, 以其亂晝夜故也. 君臣之別, 晝夜之象也, 其可亂之乎? 故引逸詩以況之. 乘車之法, 君在左, 僕在中央, 勇士在右.

번역 엄릉방씨가 말하길, 태양은 군주를 상징한다. 하늘에 있어서 이미 두 개의 태양이 없으니, 땅에 있어서도 두 명의 천자가 있을 수 없다. 거시적 관점에서 땅에 이미 두 명의 천자가 없으니, 미시적 관점에서 가정에도 두 명의 주인이 있을 수 없다. 무릇 이러한 것들은 모두 존귀함에 있어서 두 명의 윗사람이 있을 수 없기 때문이다. 그래서 "백성들에게 군주와 신하의 구별이 있음을 보여준다."라고 했다. '갈단(盍旦)'은 곧 『예기』「월령(月令)」편에서 말한 갈단(鶡旦)이다.[1] '합(盍)'자는 "어찌 아니하다."는 뜻이다. 즉 "어찌 아침이 아니냐?"라는 말은 아침이 되기를 구하기만 할 따름이라는 뜻이다. 그렇기 때문에 그 새에게 이러한 이름을 붙였다. 사람들이 미워하는 것은 그것이 밤낮의 질서를 문란하게 만들기 때문이다. 군주와 신하의 구별은 낮과 밤을 상징하니, 어찌 문란하게 만들 수 있겠는가? 그러므로 일실된 『시』를 인용하여 비유했다. 수레에 오르는 법도는 군주가 좌측에 위치하고, 수레를 모는 자가 중앙에 위치하며, 호위무사가 우측에 위치한다.

鄭注 楚・越之君, 僭號稱王, 不稱其喪, 謂不書"葬"也. 春秋傳曰: "吳・楚之君不書'葬', 辟其僭號也." 臣者天君, 稱天子爲天王, 稱諸侯不言天公, 辟王也. 大夫有臣者稱之曰主, 不言君, 辟諸侯也. 此者皆爲使民疑惑, 不知孰者尊也. 周禮曰: "主友之讎, 視從父昆弟." "盍旦", 夜鳴求旦之鳥也, 求不可得也, 人猶惡其欲反晝夜而亂晦明, 況於臣之僭君, 求不可得之類, 亂上下惑衆也. 同姓者, 謂先王・先公子孫有繼及之道者也, 其非此則無嫌也. 僕・右恒朝服, 君則各以時事, 唯在軍同服爾[2].

---

1) 『예기』「월령(月令)・중동(仲冬)」【220a】 : 冰益壯, 地始坼, 鶡旦不鳴, 虎始交.
2) '이(爾)'자에 대하여. '이'자는 본래 '우(于)'자로 기록되어 있었는데, 완원(阮元)의 『교감기(校勘記)』에서는 "혜동(惠棟)의 『교송본(校宋本)』에는 '우'자를 '이'자로 기록했고, 『송감본(宋監本)』・『악본(岳本)』・『가정본(嘉靖本)』 및 위씨(衛氏)의 『집설(集說)』에서도 동일하게 기록했으며, 『고문(考文)』에서 인용하고 있는 『족리본(足利本)』에서도 동일하게 기록하고 있다. 『민본(閩本)』・

번역 초나라와 월나라의 군주는 참람되게도 스스로를 왕(王)이라고 지칭했는데, 그들의 상사에 대해서 일컫지 않았다는 것은 기록에 '장(葬)'이라고 쓰지 않았다는 뜻이다. 『춘추전』에서는 "오나라와 초나라의 제후에 대해서 '장(葬)'이라고 쓰지 않은 것은 참람된 칭호를 피한 것이다."3)라고 했다. 신하는 자신의 군주를 하늘처럼 여기는데, 천자에 대해서는 '천왕(天王)'이라고 일컫지만 제후에 대해서는 '천공(天公)'이라고 일컫지 않으니, 천자의 예법을 피하기 위해서이다. 대부들 중 자신의 신하를 가지고 있는 자의 경우에도, 그의 신하는 대부를 '주(主)'라고만 일컫고 '군(君)'이라고 일컫지 않으니 제후의 예법을 피하기 위해서이다. 이러한 것들은 모두 백성들로 하여금 의혹을 발생시켜 누가 더 존귀한 자인지 모르게 만들기 때문이다. 『주례』에서는 "대부인 주군의 벗 원수에 대해서는 종부와 곤제의 원수에 견준다."4)라고 했다. '갈단(鶡旦)'은 밤에 울부짖으며 아침이 오기를 바라는 새이니, 얻을 수 없는 것을 구하는 것으로, 사람들은 오히려 낮과 밤을 거슬러서 어둠과 밝음을 문란하게 만들고자 하는 것도 미워하는데, 하물며 신하로서 군주에게 참람되게 구는 자에게는 어찌하겠는가? 얻을 수 없는 것을 구하는 부류는 상하 계층을 문란하게 만들고 백성들을 미혹시키는 것이다. '동성(同姓)'은 선왕이나 선공(先公)5)의 자손들 중 지위를 계승할 수 있는 도를 지닌 자들을 뜻하는데, 이러한 자들이 아니라면 혐의로 삼을 것이 없다. 수레를 모는 자와 우측에 위치하는 호위무사는 항상

『감본(監本)』·『모본(毛本)』에서는 모두 '우'자로 잘못 기록했다."라고 했다.

3) 『춘추공양전』「선공(宣公) 18년」: 甲戌, 楚子旅卒, 何以不書葬. 吳楚之君不書葬, 辟其號也.

4) 『주례』「지관(地官)·조인(調人)」: 凡和難, 父之讎辟諸海外, 兄弟之讎辟諸千里之外, 從父兄弟之讎不同國, 君之讎眡父, 師長之讎眡兄弟, 主友之讎眡從父兄弟.

5) 선공(先公)은 본래 천자 및 제후의 선조들을 존귀하게 높여 부르는 말이다. 따라서 '선왕(先王)'이라는 말과 동일하게 사용된다. 그러나 주(周)나라에 대해 선왕과 대비해서 사용하게 되면, 후직(后稷)의 후손 중 태왕(太王) 이전의 선조를 지칭한다. 주나라는 건립 이후 자신의 선조에 대해 추왕(追王)을 하여 왕(王)자를 붙였는데, 태왕인 고공단보(古公亶父)까지 왕(王)자를 붙였기 때문이다.

조복(朝服)6)을 착용하고, 군주의 경우에는 각각 그 시기와 사안에 따르게 되지만, 오직 군대에 있어서만큼은 복식을 동일하게 할 따름이다.

釋文 僭, 子念反, 下同. 辟音避, 下同. 皆爲, 于僞反. 相, 息亮反. 盍音褐, 徐苦盍反, 注同. 殺音試, 本又作弑.

번역 '僭'자는 '子(자)'자와 '念(념)'자의 반절음이며, 아래문장에 나오는 글자도 그 음이 이와 같다. '辟'자의 음은 '避(피)'이며, 아래문장에 나오는 글자도 그 음이 이와 같다. '皆爲'에서의 '爲'자는 '于(우)'자와 '僞(위)'자의 반절음이다. '相'자는 '息(식)'자와 '亮(량)'자의 반절음이다. '盍'자의 음은 '褐(갈)'이며, 서음(徐音)은 '苦(고)'자와 '盍(합)'자의 반절음이고, 정현의 주에 나오는 글자도 그 음이 이와 같다. '殺'자의 음은 '試(시)'이며, 판본에 따라서 또한 '弑'자로도 기록한다.

孔疏 ●"春秋不稱楚·越之王喪"者, 言春秋之義, 但書其"卒", 不稱其楚·越王喪葬之事, 謂書"卒"不書"葬"也. 若書葬則當稱葬楚·越某王, 辟王之名, 故不書"葬". 按: 春秋越子卒, 經·傳全無其事, 但記者據越稱王之後追而言之, 非當時之事也.

번역 ●經文: "春秋不稱楚·越之王喪". ○『춘추』의 의리를 나타내니, 단지 '졸(卒)'이라고만 기록하고 초왕이나 월왕의 상사에 대해서는 일컫지 않는다는 의미이다. 즉 '졸(卒)'이라고 기록하고 '장(葬)'이라고 기록하지 않는다는 뜻이다. 만약 장(葬)이라고 기록한다면 마땅히 초나라 아무개 왕 또는 월나라 아무개 왕이라고 일컬어야 하는데, 왕(王)이라는 명칭을 피하기 위해서 '장(葬)'이라고 기록하지 않는 것이다. 『춘추』를 살펴보니 월나라 자작이 죽었을 때, 경문과 전문에는 그 사안에 대한 기록이 전혀 없다. 따라서 단지 『예기』를 기록한 자가 월나라에서 참람되게 왕(王)이라는 칭

---

6) 조복(朝服)은 군주와 신하가 조회를 열 때 착용하는 복장을 뜻한다. 중요한 의식을 치를 때 착용하는 예복(禮服)을 가리키기도 한다.

호를 쓴 이후의 시기에 착안하여 그것을 미루어서 언급한 것이니, 월나라 당시의 사안은 아니다.

孔疏 ●"禮: 君不稱天"者, 謂諸侯之君, 臣子不得稱之曰"天公", 辟天子.

번역 ●經文: "禮: 君不稱天". ○제후라는 군주에 있어서, 그의 신하는 그에 대해 '천공(天公)'이라고 지칭할 수 없으니, 천자의 예법을 피하기 위해서라는 뜻이다.

孔疏 ●"大夫不稱君", 謂諸侯之大夫, 家臣不得稱之爲君, 辟諸侯也.

번역 ●經文: "大夫不稱君". ○제후에게 소속된 대부에 있어서, 그의 가신은 대부를 가리켜서 '군(君)'이라고 지칭할 수 없으니, 제후의 예법을 피하기 위해서라는 뜻이다.

孔疏 ●"恐民之惑也"者, 所以不稱者, 恐民之疑惑也.

번역 ●經文: "恐民之惑也". ○지칭할 수 없는 이유는 백성들이 의혹을 품게 될까 염려되기 때문이다.

孔疏 ●"詩云: 相彼盍旦, 尚猶患之"者, 鶡旦, 是求旦之鳥, 夜中而鳴以求早旦, 不可得也. 言人視彼求旦之鳥, 欲反夜作晝, 是鳥無識也, 求不可得之物. 人猶尚惡之, 況人上僭於君, 求不可得之物, 以下亂上, 人惡之可知也.

번역 ●經文: "詩云: 相彼盍旦, 尚猶患之". ○'갈단(鶡旦)'은 아침이 오기를 바라는 새인데, 한밤중에 울부짖으며 아침이 오기를 바라니 얻을 수 없는 것이다. 즉 사람들은 저 아침을 바라는 새가 밤을 바꿔 낮을 만들고자 한다고 여겼는데, 새는 인지능력이 없어서 얻을 수 없는 것을 바라는 사물이 된다. 그런데도 사람은 오히려 그것을 미워하니, 하물며 사람이 위로 군주에게 참람되게 구하는 것은 얻을 수 없는 것을 구하는 자가 되니, 아래에 있으면서 위를 문란하게 만들어, 사람들이 미워하게 되리라는 사실을 알 수 있다는 뜻이다.

孔疏 ◎注“春秋”至“昆弟”. ○正義曰: 所引春秋傳者, 按宣公十八年楚子旅卒, 公羊傳曰: “吳‧楚之君不書‘葬’, 辟其號也.” 若書“葬”, 當書葬楚莊王, 辟其王之號, 故不書“葬”. 云“臣者天君”者, 言臣尊君如天, 故云“臣者天君”. 云“稱天子爲天王”者, 則春秋稱“天王使南季來聘”之屬, 是也. 云“稱之曰主, 不言君, 辟諸侯也”, 則下引周禮“主友之讎”, 是稱主, 亦據臣下自稱己大夫之君但得言主, 不得稱君. 若官人汎例言之, 大夫有采地者, 亦得稱君, 故喪服云“爲其君布帶繩屨”, 傳“君, 謂有采地者”也; 若通而言之, 諸侯亦稱主, 下[7]曲禮云: “執主器”, 謂君也. 大夫自相命亦稱主也, 故左傳晉士匄, 謂荀偃爲主云“事吳不敢如事主”, 是也. 稱大夫之妻亦得曰“主”者, 按魯語云“季孫問於公文伯之母曰: 主亦有以語肥也[8]”, 是也.

번역 ◎鄭注: “春秋”~“昆弟”. ○정현이 『춘추전』을 인용했는데, 선공(宣公) 18년에 대한 기록을 살펴보면, 초나라 자작 여(旅)가 죽었고, 『공양전』에서는 “오나라와 초나라의 군주에 대해서 장(葬)이라고 기록하지 않은 것은 그 호칭을 피하기 위해서이다.”라고 했다. 만약 ‘장(葬)’이라고 기록한다면 마땅히 초나라 장왕(莊王)의 장례를 치렀다고 기록해야 하니, 왕(王)이라는 칭호를 피하기 때문에 ‘장(葬)’이라고 기록하지 않은 것이다. 정현이 “신하는 자신의 군주를 하늘처럼 여긴다.”라고 했는데, 신하가 군주를 존귀하게 대하는 것은 마치 하늘을 대하는 것과 같다는 뜻이다. 그렇기 때문에

---

7) ‘주하(主下)’에 대하여. ‘주(主)’자는 본래 없던 글자인데, 완원(阮元)의 『교감기(校勘記)』에서는 “혜동(惠棟)의 『교송본(校宋本)』에는 ‘주’자가 기록되어 있으니, 이곳 판본에는 ‘주’자가 누락된 것이다. 『민본(閩本)』‧『감본(監本)』‧『모본(毛本)』에는 ‘하(下)’자가 누락되어 있다.”라고 했다.

8) ‘주역유이어비야(主亦有以語肥也)’에 대하여. 이 구문은 본래 ‘주자역유이어복호(主者亦有以御服乎)’라고 기록되어 있었는데, 완원(阮元)의 『교감기(校勘記)』에서는 “혜동(惠棟)의 『교송본(校宋本)』에는 ‘유역유이어비야’로 기록되어 있다. 이곳 판본에는 ‘주(主)’자 뒤에 ‘자(者)’자가 연문으로 들어갔으며, ‘어비야(語肥也)’를 ‘어복호(御服乎)’로 잘못 기록했다.”라고 했다.

"신하는 자신의 군주를 하늘처럼 여긴다."라고 했다. 정현이 "천자에 대해서는 '천왕(天王)'이라고 일컫는다."라고 했는데,『춘추』에서 "천왕(天王)이 남계를 보내서 빙문하였다."[9]라고 한 부류가 그 예시이다. 정현이 "대부는 '주(主)'라고만 일컫고 '군(君)'이라고 일컫지 않으니 제후의 예법을 피하기 위해서이다."라고 했는데, 그 뒤에서 인용한『주례』의 기록에서 '주우(主友)의 원수'라고 한 기록은 바로 '주(主)'라고 일컬었다는 증거가 되며, 이것은 또한 신하가 스스로 자신의 군주인 대부를 가리켜서 단지 '주(主)'라고만 말할 수 있고 '군(君)'이라고 지칭할 수 없음을 뜻한다. 만약 관부에 속한 자들이 범범히 따르는 용례에 기준하여 말을 한다면, 대부들 중 자신의 채지를 가지고 있는 자에 대해서는 '군(君)'이라고 지칭할 수 있다. 그렇기 때문에『의례』「상복(喪服)」편에서는 "자신의 군(君)을 위해서는 포로된 대(帶)를 두르고 승구(繩屨)를 신는다."라고 했고, 전문(傳文)에서는 "군(君)은 채지를 소유한 자를 뜻한다."라고 한 것이다.[10] 만약 통괄적으로 말을 한다면, 제후에 대해서도 또한 '주(主)'라고 지칭할 수 있으니,『예기』「곡례하(曲禮下)」편에서 "주(主)의 기물을 든다."[11]라고 했는데, 이때의 '주(主)'는 제후를 뜻한다. 그리고 대부가 대부들끼리 서로 명령을 전달할 때에도 '주(主)'라고 지칭한다. 그렇기 때문에『좌전』에서는 진(晉)나라 사개는 순언(荀偃)을 주(主)로 여겨서 "순오(荀吳) 섬기기를 어찌 감히 주(主)처럼 하지 않겠습니까."[12]라고 했다. 그리고 대부의 처를 지칭할 때에도 또한 '주(主)'라고 할 수 있으니,『국어』「노어(魯語)」편을 살펴보면, "계손은 공문백의 모친에게 질문을 하며, '주(主) 또한 계손비(季孫肥)에게 훈계를 할 수 있습니까?"[13]라고 했다.

---

9)『춘추』「은공(隱公) 9년」: 九年, 春, 天王使南季來聘.
10)『의례』「상복(喪服)」: 公士大夫之衆臣, 爲其君布帶·繩屨. 傳曰, 公卿大夫室老·士, 貴臣, 其餘皆衆臣也. 君謂有地者也.
11)『예기』「곡례하(曲禮下)」【47b】: 凡執主器, 執輕如不克. 執主器, 操幣圭璧, 則尙左手, 行不擧足, 車輪曳踵.
12)『춘추좌씨전』「양공(襄公) 19년」: 士匄請見, 弗內. 請後, 曰, "鄭甥可." 二月甲寅, 卒, 而視, 不可含. 宣子盥而撫之曰, "事吳敢不如事主!"
13)『국어(國語)』「노어하(魯語下)」: 季康子問於公父文伯之母曰, "主亦有以語肥

孔疏 ◎注"盍旦"至"衆也". ○正義曰: 此逸詩也, 言夜是闇時, 此鳥必欲求明, 是求而不可得者也. 意欲反夜而爲旦, 猶若臣之奢僭, 欲反下而爲上也.

번역 ◎鄭注: "盍旦"~"衆也". ○이것은 일실된 『시』이니, 밤은 어두운 때에 해당하며, 이 새는 기어코 밝음을 구하고자 하는데, 구하는데도 얻지 못하는 자에 해당한다. 그 뜻은 밤을 바꿔 아침이 되기를 바라는 것이니, 마치 신하가 참람되고 사치를 부려서 아랫자리를 바꿔 윗자리에 오르고자 하는 것과 같다.

孔疏 ◎注"同姓"至"服爾". ○正義曰: 云"其非此則無嫌也"者, 謂非此先王·先公子孫不有相承繼之勢, 則無所嫌疑, 得同車也. 云"僕·右恒朝服"者, 謂僕及車右身衣朝服, 故曲禮云"乘路馬必朝服", 是也. 其朝服之內, 則有虎裘狼裘, 故玉藻云"君之右虎裘, 厥左狼裘", 是也. 云"唯在軍同服爾"者, 按春秋僖五年左傳云: "均服振振, 取虢之旂." 又公羊成二年鞌之戰, 逢丑父爲齊頃公車右也, 衣服與頃公相似, 是"在軍同服".

번역 ◎鄭注: "同姓"~"服爾". ○정현이 "이러한 자들이 아니라면 혐의로 삼을 것이 없다."라고 했는데, 이러한 선왕이나 선공의 자손들 중 그 지위를 계승할 수 있는 세력을 갖춘 자가 아니라면 혐의로 삼을 것이 없어서, 함께 수레에 탈 수 있다는 뜻이다. 정현이 "수레를 모는 자와 우측에 위치하는 호위무사는 항상 조복(朝服)을 착용한다."라고 했는데, 수레를 모는 자와 수레의 우측에 위치하는 호위무사는 몸에 조복을 걸칠 수 있다. 그렇기 때문에 『예기』「곡례(曲禮)」편에서는 "신하가 노마(路馬)14)가 끄는 수레에 탈 때에는 반드시 조복을 입어야 한다."15)라고 한 것이다. 그들이 착용하는 조복 중에는 호랑이 가죽으로 된 것도 있고 이리 가죽으로 된 것도 있다. 그렇기 때문에 『예기』「옥조(玉藻)」편에서는 "군주의 우측에 있

也." 對曰, "吾能老而已, 何以語子."

14) 노마(路馬)는 군주의 수레에 메는 말이다. 군주가 타던 수레를 노거(路車)라고 불렀기 때문에, '노마'라는 용어가 생긴 것이다.

15) 『예기』「곡례상(曲禮上)」【46b】: 乘路馬, 必朝服, 載鞭策, 不敢授綏, 左必式.

는 호위무사는 호랑이 가죽옷을 착용하고, 좌측에 있는 호위무사는 이리 가죽옷을 착용한다."16)라고 한 것이다. 정현이 "오직 군대에 있어서만큼은 복식을 동일하게 할 따름이다."라고 했는데,『춘주』희공(僖公) 5년에 대한 『좌전』의 기록을 살펴보면, "모두 군복을 착용하고 씩씩하게 나아가 괵나라의 깃발을 빼앗는다."17)라고 했고, 또『공양전』에서는 성공(成公) 2년 안(鞍) 땅의 전투에 대해서, 봉추보가 제(齊)나라 경공(頃公) 수레의 호위무사가 되었다고 했는데, 그가 착용한 의복이 경공과 비슷하다고 했으니,18) 이것은 "군대에서는 복식이 동일하다."라고 한 말에 해당한다.

集解 愚謂: 大夫之家臣, 稱大夫亦曰君. 左傳"司徒老祁·慮癸", 謂"南蒯曰'群臣不忘其君'", 此謂季氏爲君也. 又"晉祁盈之臣, 曰愁使吾君聞勝與臧之死也以爲快", 此稱盈爲君也. 又宋司馬"命其徒攻桓氏", "其新臣曰'從吾君之命'", 此稱皇野爲君也. 然但稱於其臣, 至他人稱之則不然, 故曰大夫不稱君.

번역 내가 생각하기에, 대부에게 속한 가신들은 대부를 지칭하며 또한 '군(君)'이라고 불렀다.『좌전』에서는 '사도(司徒)인 노기(老祁)와 여계(慮癸)'라고 했고, "남괴는 '우리 신하들은 군(君)을 잊지 못했다.'"라고 했으니,19) 이것은 계씨를 '군(君)'으로 여겼음을 뜻한다. 또 "진(晉)나라 기영(祁盈)의 가신은 '우리 군(君)으로 하여금 기승(祁勝)과 오장(鄔臧)이 죽었다

---

16)『예기』「옥조(玉藻)」【382a】: 君衣狐白裘, 錦衣以裼之. 君之右虎裘, 厥左狼裘. 士不衣狐白.
17)『춘추좌씨전』「희공(僖公) 5년」: 對曰, "童謠云, '丙之晨, 龍尾伏辰; 均服振振, 取號之旂. 鶉之賁賁, 天策焞焞, 火中成軍, 號公其奔.' 其九月·十月之交乎! 丙子旦, 日在尾, 月在策, 鶉火中, 必是時也."
18)『춘추공양전』「성공(成公) 2년」: 晉郤克投戟逡巡再拜稽首馬前, 逢丑父者, 頃公之車右也. 面目與頃公相似, 衣服與頃公相似.
19)『춘추좌씨전』「소공(昭公) 14년」: 南蒯之將叛也, 盟費人. 司徒老祁·慮癸僞廢疾, 使請於南蒯曰, "臣願受盟而疾興. 若以君靈不死, 請待間而盟." 許之. 二子因民之欲叛也, 請朝衆而盟. 遂劫南蒯曰, "群臣不忘其君, 畀子以及今, 三年聽命矣. 子若弗圖, 費人不忍其君, 將不能畏子矣. 子何所不逞欲?請送子."

는 말을 듣고 속이 시원하시도록 만들겠다.'"20)라고 했으니, 이것은 기영을 '군(君)'으로 여겼음을 뜻한다. 또 송(宋)나라 사마(司馬: =皇野)는 "자신의 사병에게 명령하여 환씨를 공격하게 했다."라고 했고, "그의 새로운 신하들은 '우리 군(君)의 명령에 따르겠다.'"라고 했으니,21) 이것은 황야(皇野)를 '군(君)'으로 지칭했음을 뜻한다. 그러나 이것은 단지 그 신하들에 대해서만 이처럼 지칭하는 것이며, 타인에 대해 자신의 주군인 대부를 지칭하게 되면 이처럼 하지 않는다. 그렇기 때문에 "대부에 대해서는 군(君)이라 지칭하지 않는다."라고 말한 것이다.

참고 『춘추』 초왕(楚王)의 졸(卒) 기록

선공(宣公) 18년 甲戌, 楚子旅卒.

번역 갑오일에 초나라 자작 여(旅)가 죽었다.

양공(襄公) 13년 秋, 九月, 庚辰, 楚子審卒.

번역 가을 9월 경진일에 초나라 자작 심(審)이 죽었다.

양공(襄公) 28년 乙未, 楚子昭卒.

번역 을미일에 초나라 자작 소(昭)가 죽었다.

---

20) 『춘추좌씨전』「소공(昭公) 28년」: 晉祁勝與鄔臧通室. 祁盈將執之, 訪於司馬叔游. 叔游曰, "鄭書有之, '惡直醜正, 實蕃有徒.' 無道立矣, 子懼不免. 詩曰, '民之多辟, 無自立辟.' 姑已, 若何?" 盈曰, "祁氏私有討, 國何有焉?" 遂執之. 祁勝賂荀躒, 荀躒爲之言於晉侯. 晉侯執祁盈. <u>祁盈之臣曰</u>, "鈞將皆死, <u>愁使吾君聞勝與臧之死也以爲快</u>."
21) 『춘추좌씨전』「애공(哀公) 14년」: 司馬曰, "君與之言." 公曰, "所難子者, 上有天, 下有先君." 對曰, "魋之不共, 宋之禍也, 敢不唯命是聽." <u>司馬請瑞焉, 以命其徒攻桓氏</u>. 其父兄故臣曰"不可", <u>其新臣曰"從吾君之命"</u>. 遂攻之.

소공(昭公) 1년 冬, 十有一月, 己酉, 楚子麇卒.

번역 겨울 11월 기유일에 초나라 자작 균(麇)이 죽었다.

소공(昭公) 26년 九月, 庚申, 楚子居卒.

번역 9월 경신일에 초나라 자작 거(居)가 죽었다.

애공(哀公) 6년 秋, 七月, 庚寅, 楚子軫卒.

번역 가을 7월 경인일에 초나라 자작 진(軫)이 죽었다.

참고 구문비교

출 처	내 용
『禮記』「坊記」	天無二日, 土無二王, 家無二主, 尊無二上.
『禮記』「曾子問」	天無二日, 土無二王, 嘗禘郊社, 尊無二上.
『禮記』「喪服四制」	天無二日, 土無二王, 國無二君, 家無二尊.
『孟子』「萬章上」	天無二日, 民無二王.
『大戴禮記』「本命」	天無二日, 國無二君, 家無二尊.
『孔子家語』「本命解」	天無二日, 國無二君, 家無二尊.
『史記』「高祖本紀」	天無二日, 土無二王.
『漢書』「王莽傳」	天無二日, 土無二王.

• 제 6 절 •

군자의 사양(辭讓)

【612a】

子云, "君子辭貴不辭賤, 辭富不辭貧, 則亂益亡. 故君子與
其使食浮於人也, 寧使人浮於食."

직역 子가 云, "君子가 貴를 辭하고 賤을 不辭하며, 富를 辭하고 貧을 不辭하면,
亂은 益히 亡이라. 故로 君子는 그 使히 食이 人보다 浮함을 與론 寧히 使히 人이
食보다 浮라."

의역 공자가 말하길, "군자가 귀한 것을 사양하고 천한 것을 사양하지 않으며,
부유함을 사양하고 가난함을 사양하지 않는다면, 혼란함이 더욱 없어지게 된다.
그러므로 군자는 남보다 녹봉이 많아지기 보다는 차라리 남의 녹봉이 나보다 많아
지기를 바란다."라고 했다.

集說 食, 祿也. 浮, 在上也. 才德薄而受祿厚, 是食浮於人也.

번역 '식(食)'자는 녹봉을 뜻한다. '부(浮)'자는 위로 뜬다는 뜻이다. 재주
와 덕이 얕은데도 녹봉을 많이 받는 것이 바로 녹봉이 남보다 위에 있다는
뜻이다.

大全 嚴陵方氏曰: 賤不貪貴, 貧不慕富, 則無爭奪之禍矣, 故亂益亡. 夫權
輿之無餘, 不害爲賢者, 伐檀之素餐, 君子所不爲, 故君子與其使食浮於人也,
寧使人浮於食, 此亦辭富貴之道也. 浮, 與行浮於名之浮同.

번역 엄릉방씨가 말하길, 미천한 자가 존귀한 자의 것을 탐하지 않고 가난한 자가 부유한 자의 것을 원하지 않는다면, 다툼의 화근이 없게 된다. 그렇기 때문에 혼란함이 점차 사라지게 된다. 무릇『시』「권여(權輿)」편에서 식사마다 남김이 없다고 한 것1)은 현자에게 있어서 해가 되지 않으며, 『시』「벌단(伐檀)」편에서 하는 일 없이 공으로 먹는 밥이라고 한 것2)은 군자가 하지 않는 것이다. 그렇기 때문에 군자는 자신의 녹봉이 남보다 많아지기보다는 차라리 남의 녹봉이 자신보다 많아지기를 바라니, 이 또한 부귀함을 사양하는 도에 해당한다. '부(浮)'자는 "행동을 이름보다 높게 한다."3)라고 했을 때의 '부(浮)'자와 뜻이 같다.

鄭注 亡, 無也. 食, 謂祿也. 在上曰浮. 祿勝己則近貪, 己勝祿則近廉.

번역 '망(亡)'자는 "없어진다[無]."는 뜻이다. '식(食)'자는 녹봉을 뜻한다. 위에 뜨는 것을 '부(浮)'라고 부른다. 녹봉이 자신의 덕성보다 많다면 탐욕에 가깝고, 자신의 덕성이 녹봉보다 많다면 염치에 가깝다.

釋文 "子云", 自此以下, 本或作"子曰". 近, 附近之近.

번역 '子云'이라고 했는데, 이곳 구문으로부터 그 이하의 구문에 있어서, 판본에 따라 또한 '子曰'로 기록한 것도 있다. '近'자는 '부근(附近)'이라고 할 때의 '近'자이다.

---

1) 『시』「진풍(秦風)·권여(權輿)」: 於我乎, 夏屋渠渠, 今也每食無餘. 于嗟乎, 不承權輿.
2) 『시』「위풍(魏風)·벌단(伐檀)」: 坎坎伐檀兮, 寘之河之干兮, 河水淸且漣猗. 不稼不穡, 胡取禾三百廛兮, 不狩不獵, 胡瞻爾庭有縣貆兮? 彼君子兮, 不素餐兮.
3) 『예기』「표기(表記)」【630c~d】: 子曰, "先王諡以尊名, 節以壹惠, 恥名之浮於行也. 是故君子不自大其事, 不自尙其功, 以求處情. 過行弗率, 以求處厚. 彰人之善, 而美人之功, 以求下賢. 是故君子雖自卑而民敬尊之." 子曰, "后稷, 天下之爲烈也, 豈一手一足哉! 唯欲行之浮於名也, 故自謂便人."

集解 愚謂: 人不甘於貧賤, 而必求富貴, 爭亂之所由起也. 富與貴, 不以其道得之不處焉, 貧與賤, 不以其道得之不去焉, 則退讓之道著, 而爭亂之禍息矣. 君子不使食浮於人, 不以非道而處富貴也. 寧使人浮於食, 不以非道而去貧賤也.

번역 내가 생각하기에, 사람은 가난함과 미천함을 달갑게 여기지 않고 기어코 부유함과 존귀함을 구하려고 하니, 다툼과 혼란이 발생하게 되는 원인이다. 부유함과 존귀함은 정상적인 방법으로 얻은 것이 아니라면 자처하지 않고, 가난함과 미천함은 정상적인 방법으로 얻은 것이 아니더라도 떠나지 않는다면,4) 겸양의 도리가 드러나고 다툼과 혼란의 재앙이 없어질 것이다. 군자가 남보다 녹봉이 많아지게 하지 않는 것은 잘못된 방법으로 얻은 부유함과 존귀함을 자처하지 않기 때문이다. 차라리 남의 녹봉이 자신보다 많아지게 하는 것은 잘못된 방법으로 얻더라도 가난함과 미천함에서 떠나지 않기 때문이다.

【612b】

子云, "觴酒·豆肉, 讓而受惡, 民猶犯齒. 衽席之上, 讓而坐下, 民猶犯貴. 朝廷之位, 讓而就賤, 民猶犯君. 詩云, '民之無良, 相怨一方. 受爵不讓, 至于己斯亡.'" 子云, "君子貴人而賤己, 先人而後己, 則民作讓. 故稱人之君曰君, 自稱其君曰寡君."

직역 子가 云, "觴酒와 豆肉은 讓하여 惡를 受하더라도, 民은 猶히 齒를 犯한다. 衽席의 上에서 讓하여 下에 坐하더라도, 民은 猶히 貴를 犯한다. 朝廷의 位에

---

4) 『논어』「이인(里仁)」: 子曰, "富與貴, 是人之所欲也, 不以其道得之, 不處也. 貧與賤, 是人之所惡也, 不以其道得之, 不去也. 君子去仁, 惡乎成名? 君子無終食之間違仁, 造次必於是, 顚沛必於是."

서, 讓하여 賤에 就하더라도, 民은 猶히 君을 犯한다. 詩에서 云, '民의 良이 無함은 相히 一方을 怨이라. 爵을 受하되 不讓하니, 己가 斯에 亡함에 至로다.'" 子가 云, "君子가 人을 貴하고 己를 賤하며, 人을 先하고 己를 後하면, 民은 讓을 作이라. 故로 人의 君을 稱하여 君이라 曰하고, 自히 그 君을 稱하여 寡君이라 曰한다."

의역 공자가 말하길, "군자가 술과 음식에 대해 사양을 하여 나쁜 것을 받더라도 백성들은 오히려 연장자를 범한다. 군자가 자리에 대해 사양을 하여 낮은 자리에 앉더라도 백성들은 오히려 존귀한 자를 범한다. 군자가 조정의 자리에 대해 사양을 하여 미천한 지위로 나아가더라도 백성들은 오히려 군주를 범한다.『시』에서 '백성들 중 양심이 없는 자는 서로 상대방만을 원망한다. 술잔을 받고도 사양을 하지 않아 자신을 망치는 지경에 이르기도 하는구나.'"라고 했다. 공자가 말하길, "군자가 남을 존귀하게 대하고 자신을 천하게 대하며, 남을 앞세우고 자신을 뒤로 물린다면, 백성들은 겸양의 도리를 시행할 것이다. 그렇기 때문에 남의 군주를 지칭할 때에는 '군(君)'이라고 부르고, 자신의 군주를 지칭할 때에는 '과군(寡君)'이라고 부른다."라고 했다.

集說 詩, 小雅角弓之篇. 爵, 酒器也. 嚴氏云, "兄弟有因杯酒得罪而怨"者, 此爲持平之論以解之, 言凡人之不善者, 其相怨各執一偏, 而不能參彼己之曲直, 故但知怨其上而不思己過. 然其端甚微, 或止因受爵失辭遜之節, 而或至於亡其身, 亦可念矣.

번역 시는『시』「소아(小雅)·각궁(角弓)」편이다.5) '작(爵)'은 술을 따르는 잔이다. 엄씨는 "형제들 중 술을 따르다가 죄를 지어 원망하는 경우가 있다."라고 했는데, 이것은 공평하고 합리적인 논의로 풀이한 것으로, 사람들 중 불선한 자는 서로 원망하며 각각 자신의 주장만 고집하고, 상대방과 자신의 시시비비를 살필 수 없다. 그렇기 때문에 단지 윗사람만 원망할 줄 알고 자신의 과오는 생각하지 않는다. 그런데 그 단초는 매우 은미하여, 단지 술잔을 받을 때 사양의 절차를 시행하지 않은 잘못으로 인하여 자신

5)『시』「소아(小雅)·각궁(角弓)」: 民之無良, 相怨一方. 受爵不讓, 至于己斯亡.

을 망치는 지경에 이르기도 하니, 이 또한 유념할만한 일이다.

集說 方氏曰: 禮, 六十以上, 籩豆有加, 故酒肉以犯齒言; 三命不齒, 席于尊東, 故袒席以犯貴言; 族人不得戚君位, 故朝廷以犯君言.

번역 방씨가 말하길, 예법에 따르면 60세 이상인 자는 추가적으로 차리는 변(籩)과 두(豆)의 음식들을 받는다. 그렇기 때문에 술과 고기로 연장자를 범한다고 말했다. 또 3명(命)의 등급을 가진 자는 나이에 따라 서열을 정하지 않고,6) 술동이의 동쪽에 자리를 깔고 앉는다. 그렇기 때문에 자리로 존귀한 자를 범한다고 말했다. 또 족인들의 경우에는 군주와 친족관계라 하더라도, 그 관계를 내세워 군주에게 친근하게 대할 수 없으니, 지위가 엄격히 구분되기 때문이다. 그래서 조정의 자리로 군주를 범한다고 말했다.

大全 嚴陵方氏曰: 貴人而賤己, 則不驕, 先人而後己, 則不爭, 故民作讓. 書曰, 汝惟不矜, 天下莫與汝爭能, 汝惟不伐, 天下莫與汝爭功, 揚子曰, 自後者人先之, 自下者人高之, 皆謂是矣.

번역 엄릉방씨가 말하길, 남을 존귀하게 대하고 자신을 천하게 대한다면 교만하게 굴지 않는 것이고, 남을 앞세우고 자신을 뒤로 물린다면 다투지 않는 것이다. 그렇기 때문에 백성들이 겸양의 도리를 시행한다. 『서』에서 "네가 자랑하지 않지만 천하에는 너와 더불어 재능을 다툴 자가 없고, 네가 과시하지 않지만 천하에는 너와 더불어 공을 다툴 자가 없다."7)라고 했고, 양자8)는 "스스로 뒤로 물리는 자는 남들이 그를 앞세우고, 스스로

---

6) 『예기』「제의(祭義)」【571a~b】: 壹命齒於鄕里, 再命齒於族, 三命不齒, 族有七十者弗敢先. 七十者不有大故不入朝; 若有大故而入, 君必與之揖讓, 而後及爵者.

7) 『서』「우서(虞書)·대우모(大禹謨)」: 帝曰, 來禹, 降水儆予, 成允成功, 惟汝賢, 克勤于邦, 克儉于家, 不自滿假, 惟汝賢, 汝惟不矜, 天下莫與汝爭能, 汝惟不伐, 天下莫與汝爭功.

8) 양웅(楊雄, B.C.53~A.D.18): =양웅(揚雄)·양자(揚子). 전한(前漢) 때의 학자이다. 자(字)는 자운(子雲)이다. 사부작가(辭賦作家)로도 명성이 높았다. 왕망(王莽)에게 동조했다는 이유로 송(宋)나라 이후부터는 배척을 당하였다.

자신을 낮추는 자는 남들이 그를 높여준다.”라고 했는데, 모두 이러한 뜻에
해당한다.

鄭注 犯, 猶僭也. 齒, 年也. 禮: 六十以上, 籩豆有加. 貴, 秩異者. 良, 善也.
言無善之人, 善遙相怨, 貪爵祿, 好得無讓, 以至亡己. 寡君, 猶言少德之君, 言
之謙.

번역 ‘범(犯)’자는 “참람하다[僭].”는 뜻이다. ‘치(齒)’자는 나이[年]를 뜻
한다. 예법에 따르면 60세 이상인 자는 추가적으로 차리는 변(籩)과 두(豆)
의 음식들을 받는다. ‘귀(貴)’자는 품계가 남다르게 높은 자를 뜻한다. ‘양
(良)’자는 선함[善]을 뜻한다. 즉 선함이 없는 자는 선과는 거리가 멀어서
서로 원망하며, 작위와 녹봉을 탐하고, 얻는 것만 좋아하고 사양함이 없어
서, 자신을 망치는 지경에 이른다는 뜻이다. ‘과군(寡君)’은 덕이 적은 군주
라는 뜻으로, 겸손하게 한 말이다.

釋文 觴音傷. 衽, 而審反, 又而鴆反. 上, 時掌反. 好, 呼報反.

번역 ‘觴’자의 음은 ‘傷(상)’이다. ‘衽’자는 ‘而(이)’자와 ‘審(심)’자의 반절
음이고, 또한 ‘而(이)’자와 ‘鴆(짐)’자의 반절음도 된다. ‘上’자는 ‘時(시)’자와
‘掌(장)’자의 반절음이다. ‘好’자는 ‘呼(호)’자와 ‘報(보)’자의 반절음이다.

孔疏 ●“詩云”至“斯亡”. ○正義曰: 所引詩者, 小雅角弓之篇, 刺幽王之
詩. 言小人在朝, 無良善之行, 共相怨恨, 各在一方不相往來. 又受爵祿不肯相
讓, 行惡至甚, 至於滅亡. 引之者, 證上每事須讓也.

번역 ●經文: “詩云”~“斯亡”. ○인용한 시는 『시』「소아(小雅)·각궁
(角弓)」편으로, 유왕(幽王)을 풍자한 시이다. 즉 소인이 조정에 있는데, 양

만년에는 경학(經學)에 전념하여, 자신을 성현(聖賢)이라고 자처하였다. 참
위설(讖緯說) 등을 배척하고, 유가(儒家)와 도가(道家)의 사상을 절충하였다.
저서로는 『법언(法言)』, 『태현경(太玄經)』 등이 있다.

심이나 선함이 없는 행동을 하여 모두가 서로 원망하고, 각각 한쪽 측면에
만 있고 서로 왕래하지 않는다는 뜻이다. 또 작위와 녹봉을 받으며 서로
사양하는 것을 기꺼워하지 않아서 악행이 매우 심해졌고 멸망하는 지경에
이르게 되었다는 뜻이다. 이 시를 인용한 것은 앞에서 매사에 사양해야만
한다고 했던 뜻을 증명하기 위한 것이다.

訓纂 方性夫曰: 禮, 以臥者爲袵, 坐者爲席, 合言之, 一也.

번역 방성부가 말하길, 예법에 따르면 누울 때 쓰는 자리를 임(袵)이라
고 부르고, 앉을 때 쓰는 자리를 석(席)이라고 부르는데, 범범하게 말을 한
다면 둘 모두 동일하다.

集解 愚謂: 觴酒, 盛酒於觴也. 豆肉, 盛肉於豆, 謂庶羞醢·炙之屬也. 酒
肉所以養老, 老者宜美, 少者宜惡, 若鄕飮酒義云"五十者二豆", "六十者三
豆", 是也. 袵席, 謂享·燕所設之席也. 朝廷之位, 謂人君視朝, 卿·大夫·士
所立之位也. 席位·朝位, 尊卑不同, 皆所以爲君臣貴賤之別. 於袵席言"犯
貴", 於朝廷言"犯君", 互見之也. 讓而受惡, 讓而坐下, 讓而就賤, 皆君子躬行
禮讓以示民, 而民猶不免於有所犯也. 引小雅角弓之詩, 以證犯貴·犯君之事
也.

번역 내가 생각하기에, '상주(觴酒)'는 상(觴)이라는 술잔에 술을 담은
것이다. '두육(豆肉)'은 두(豆)라는 그릇에 고기를 담은 것이니, 서수(庶
羞)[9]인 자(醢)나 적(炙) 등의 부류를 뜻한다. 술과 고기는 노인을 봉양할
때 사용하는 것이니, 나이가 많은 자는 마땅히 좋은 것을 받고, 나이가 어린
자는 마땅히 질이 떨어지는 것을 받아야 하니, 마치 『예기』「향음주의(鄕飮

---

9) 서수(庶羞)는 여러 종류의 맛좋은 음식들을 뜻한다. 수(羞)자는 맛좋은 음식
을 뜻하고, 서(庶)자는 음식 종류가 많다는 뜻이다. 『의례』「공사대부례(公食
大夫禮)」편에는 "上大夫庶羞二十, 加於下大夫以雉兎鶉鴽."라는 기록이 있는
데, 이에 대한 호배휘(胡培翬)의 정의(正義)에서는 학경(郝敬)의 말을 인용하
여, "肴美曰羞, 品多曰庶."라고 풀이했다.

酒義)」편에서 "50세인 자에게는 2개의 두(豆)를 차려준다."라고 했고, "60세인 자에게는 3개의 두(豆)를 차려준다."라고 했던 말10)이 바로 이러한 사실을 나타낸다. '임석(袵席)'은 향연이나 연회 때 깔아주는 자리를 뜻한다. 조정의 위(位)는 군주가 조정에 참관할 때, 경·대부·사들이 서 있게 되는 위치를 뜻한다. 자리에서의 위치와 조정에서의 위치는 신분의 등급에 따라 다르니, 이 모두는 군신 및 귀천을 구별하는 방법이 된다. 임석에 대해서 "존귀한 자를 범한다."라고 말하고, 조정에 대해서 "군주를 범한다."라고 말한 것은 상호 그 뜻을 드러내도록 기록한 것이다. 사양하여 나쁜 것을 받고, 사양하여 낮은 자리에 앉으며, 사양하여 미천한 자리로 나아가는 것은 모두 군주가 직접 예에 따른 사양을 실천하여 백성들에게 보여주는 것인데, 백성들 중에는 여전히 범하는 지경에서 벗어나지 못하는 자들이 있다.『시』「소아(小雅)·각궁(角弓)」편의 시를 인용한 것은 존귀한 자를 범하고 군주를 범하는 사안을 증명하기 위해서이다.

참고 『시』「소아(小雅)·각궁(角弓)」

騂騂角弓, (성성각궁) : 잘 길들여진 뿔 장식 활이여,
翩其反矣. (편기반의) : 반대로 뒤집혀졌구나.
兄弟昏姻, (형제혼인) : 형제와 인척들이여,
無胥遠矣. (무서원의) : 서로 원망하지 말지어다.

爾之遠矣, (이지원의) : 네가 멀리하면,
民胥然矣. (민서연의) : 백성들 모두 그렇게 할 것이며.
爾之敎矣, (이지교의) : 네가 가르치면,

---

10) 『예기』「향음주의(鄕飮酒義)」【699c】 : 鄕飮酒之禮: 六十者坐, 五十者立侍以聽政役, 所以明尊長也. 六十者三豆, 七十者四豆, 八十者五豆, 九十者六豆, 所以明養老也. 民知尊長養老, 而后乃能入孝弟, 民入孝弟, 出尊長養老, 而后成敎, 成敎而后國可安也. 君子之所謂孝者, 非家至而日見之也. 合諸鄕射, 敎之鄕飮酒之禮, 而孝弟之行立矣.

民胥傚矣. (민서효의) : 백성들 모두 본받을 것이니라.

此令兄弟, (차령형제) : 이 선한 형제들은,
綽綽有裕. (작작유유) : 유유히 관대하거늘.
不令兄弟, (불령형제) : 불선한 형제들은,
交相爲瘉. (교상위유) : 서로를 해하는구나.

民之無良, (민지무량) : 백성들 중 선함이 없는 자들은,
相怨一方. (상원일방) : 서로 상대방만을 원망하느니라.
受爵不讓, (수작불양) : 작위와 녹봉을 받고도 사양치 않으면,
至于己斯亡. (지우이사망) : 자신이 패망하는 지경에 이르리라.

老馬反爲駒, (노마반위구) : 늙은 말인데도 도리어 어린 말처럼 막대하니,
不顧其後. (불고기후) : 이후 노년이 될 것을 돌아보지 않는구나.
如食宜饇, (여식의어) : 노인에게 식사를 대접할 때에는 배불리 먹여야
하며,
如酌孔取. (여작공취) : 노인에게 술을 따라줄 때에는 적정량을 헤아려야
하느니라.

毋教猱升木, (무교노승목) : 원숭이에게 나무에 오르는 방법을 가르치지
말지어니,
如塗塗附. (여도도부) : 진흙에 진흙을 바르는 것과 같으리라.
君子有徽猷, (군자유휘유) : 군자가 아름다운 도를 가진다면,
小人與屬. (소인여속) : 소인들이 즐거이 그에게 붙으리라.

雨雪瀌瀌, (우설표표) : 눈보라가 퍼부어도,
見晛曰消. (견현왈소) : 해가 뜨면 사라지리니.
莫肯下遺, (막긍하유) : 남보다 낮추고,
式居婁驕. (식거루교) : 자리에 처하여 교만한 마음 거두기를 즐겨 하지 않
는구나.

雨雪浮浮, (우설부부) : 눈보라가 퍼부어도,

見睍曰流. (견현왈류) : 해가 뜨면 녹아 흐르리니.

如蠻如髦, (여만여모) : 남만이나 동이처럼 행동하니,

我是用憂. (아시용우) : 내 이를 근심하노라.

毛序 角弓, 父兄刺幽王也. 不親九族而好讒佞, 骨肉相怨. 故作是詩也.

모서 「각궁(角弓)」편은 부형들이 유왕(幽王)을 풍자한 시이다. 구족(九族)[11]을 친근하게 대하지 못하여 아첨이나 참소하기만을 좋아하여, 골육지친이 서로를 원망하게 되었다. 그렇기 때문에 이 시를 지은 것이다.

---

11) 구족(九族)은 친족을 범칭하는 말이다. 자신을 중심으로 위로 고조부(高祖父)까지의 네 세대, 아래로 현손(玄孫)까지의 네 세대까지 포함된 친족을 지칭한다. 『서』「우서(虞書)·요전(堯典)」편에는 "克明俊德, 以親九族."이라는 기록이 있는데, 이에 대한 공안국(孔安國)의 전(傳)에서는 "以睦高祖, 玄孫之親."이라고 풀이하였다. 일설에는 '구족'을 부친쪽 친척 중 4촌, 모친쪽 친척 중 3촌, 처쪽 친척 중 2촌까지를 지칭하는 용어라고도 풀이한다.

● 그림 6-1　■ 작(爵)

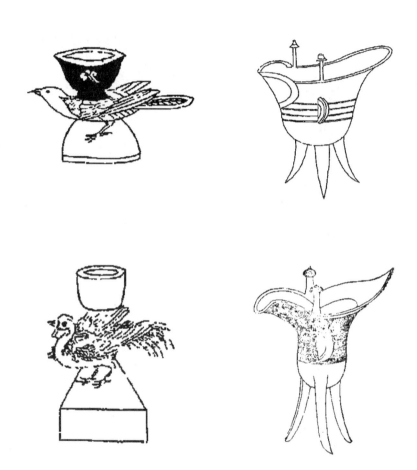

※ **출처:** 상좌-『삼례도집주(三禮圖集注)』12권 ; 상우-『삼례도(三禮圖)』3권
　　　　　하좌-『육경도(六經圖)』6권 ; 하우-『삼재도회(三才圖會)』「기용(器用)」1권

● 그림 6-2 ■ 변(籩)

※ 출처: 상좌-『삼례도집주(三禮圖集注)』 13권 ; 상우-『삼례도(三禮圖)』 4권
    하좌-『육경도(六經圖)』 6권 ; 하우-『삼재도회(三才圖會)』「기용(器用)」 2권

이록(利祿)과 사(死)·망(亡)

【612c】

子云, "利祿先死者而後生者, 則民不偝, 先亡者而後存者, 則民可以託. 詩云, '先君之思, 以畜寡人.' 以此坊民, 民猶偝死而號無告."

직역 子가 云, "利祿을 死者에게 先하고 生者에게 後하면, 民은 不偝하고, 亡者에게 先하고 存者에게 後하면, 民은 可히 託이라. 詩에서 云, '先君의 思로, 寡人을 畜하니라.' 此로써 民을 坊한데, 民은 猶히 死를 偝하고 號에 告가 無라."

의역 공자가 말하길, "이로움과 녹봉을 죽은 자에게 먼저 돌아가게 하고 이후에 산 자에게 돌아가게 하면, 백성들이 배반하지 않고, 없어진 자에게 먼저 돌아가게 하고 이후에 남아있는 자에게 돌아가게 하면, 백성들은 의탁할 수 있게 된다. 『시』에서는 '선군에 대한 생각으로 나를 길러주네.'라고 했다. 이를 통해 백성들의 잘못을 방지했는데도, 백성들은 여전히 죽은 자를 배반하고 부르짖는데도 고할 데가 없게 된다."라고 했다.

集說 詩, 邶風燕燕之篇. 畜, 詩作勖, 勉也. 莊姜言歸, 妾戴嬀思念先君莊公, 以婦道勖勉寡人; 寡人, 莊姜自謂. 此以勖爲畜者, 言能容畜我於心而不忘, 是不偝死忘生之意也.

번역 시는 『시』「패풍(邶風)·연연(燕燕)」편이다.[1] '휵(畜)'자를 『시』에

서는 욱(勗)자로 기록했으니, "힘쓰다[勉]."는 뜻이다. 장강이 돌아가라고
말하여, 첩이었던 대규가 선군인 장공을 그리워하며, 부인의 도에 따라 과
인(寡人)을 독려했다는 뜻인데, '과인(寡人)'은 장강 스스로를 일컫는 말이
다. 이곳에서는 욱(勗)자를 흌(畜)자로 기록했으니, 나를 마음으로 받아들
이고 길러서 잊지 않는다는 뜻으로, 이것은 죽은 자를 배반하거나 살아있
는 자를 잊지 않는다는 뜻에 해당한다.

集說 疏曰: 財利榮祿之事, 假令死之與生並合俱得, 君上則先與死者, 後
與生者, 以此化民, 則民皆不偝於死者. 亡, 謂身爲國事而出亡在外; 存, 謂存
在國內者. 君有利祿, 先與在外亡者, 而後與國內存者, 以此化民, 民皆仁厚,
可以大事相付託也. 偝死而號無告者, 言民偝棄死者, 其生者老弱號呼無所控
告也.

번역 공영달[2]의 소에서 말하길, 재물과 이로움 영화와 녹봉에 대한 일
에 있어서, 가령 죽은 자와 산자가 모두 얻어야만 한다면, 군주는 우선적으
로 죽은 자에게 부여하고 이후에 산 자에게 부여한다. 이를 통해 백성들을
교화하면 백성들은 모두 죽은 자에 대해서 배반하지 않는다. '망(亡)'자는
본인이 나라의 일을 위하여 국경을 벗어나 현재 외국에 있는 것을 뜻하며,
'존(存)'자는 국내에 남아있는 자를 뜻한다. 군주에게 이로움과 녹봉이 있을
때, 먼저 외국에 나가 있는 자에게 부여하고 이후에 국내에 남아있는 자에
게 부여한다. 이를 통해 백성들을 교화하면 백성들은 모두 인자하고 덕이
두텁게 되어 큰 사업을 시행하며 서로 의지할 수 있게 된다. 죽은 자를 배반
하고 부르짖는데 고할 데가 없다고 했는데, 백성들이 죽은 자를 배반하고
내버리면, 살아있는 자들 중 노약한 자들은 울부짖으며 고할 곳이 없게 된
다는 뜻이다.

君之思, 以勗寡人.
2) 공영달(孔穎達, A.D.574~A.D.648): =공씨(孔氏). 당대(唐代)의 경학자이다.
   자(字)는 중달(仲達)이고, 시호(諡號)는 헌공(憲公)이다. 『오경정의(五經正
   義)』를 찬정(撰定)하는데 중심적인 역할을 했다.

大全 嚴陵方氏曰: 死, 謂爲國家死其事者. 亡, 謂爲國家亡而在外者. 利祿之所施, 不必及其身也, 錄其人之功, 以及其親族而已. 若周官以其財養死政之老與其孤, 禮言去國三世, 爵祿有列於朝之類, 皆是也. 以死者君之心猶所不忘, 則民勤於孝思矣, 故曰民不偷. 以亡者君之心猶所不絶, 則民勉於忠義矣, 故曰民可以託. 號無告者, 呼而無所告訴也.

번역 엄릉방씨가 말하길, '사(死)'는 국가를 위해 그 일에 목숨을 던진 자들을 뜻한다. '망(亡)'은 국가를 위해 패망하여 외국에 있는 자들을 뜻한다. 이로움과 녹봉이 베풀어질 때 반드시 그 본인에게 베풀어지지 않더라도, 그 사람의 공적을 기록하여 그들의 친족에게 수여할 따름이다. 마치 『주례』에서 국정을 위해 목숨을 던진 자들의 노부모와 그의 자식들을 재물로 보살펴준다고 했고,3) 『예기』에서 "본국을 떠난 지 3세대가 지나더라도, 본국에 남아 있는 족인(族人)들 중 작위와 녹봉을 가지고 조정에 근무하는 자가 있다."4)고 한 부류들이 모두 이러한 정책에 해당한다. 죽은 자에 대해서 군주의 마음에 여전히 잊지 못하는 점이 있다면, 백성들은 효와 그리워함에 힘쓰게 된다. 그렇기 때문에 "백성들이 배반하지 않는다."라고 했다. 본국을 떠나 외국에 있는 자들에 대해 군주의 마음에 여전히 그 관계를 끊지 않는 점이 있다면, 백성들은 충과 의리에 힘쓰게 된다. 그렇기 때문에 "백성들이 의탁할 수 있다."라고 했다. '호무고(號無告)'는 부르짖지만 하소연할 곳이 없다는 뜻이다.

鄭注 言不偷於死亡, 則於生存信. 此衛夫人定姜之詩也. 定姜無子, 立庶子衎, 是爲獻公畜孝也. 獻公無禮於定姜, 定姜作詩, 言獻公當思先君定公, 以孝於寡人. 死者見偷, 其家之老弱號呼稱冤. 無所告, 無理也.

번역 죽은 자와 국내에 없는 자에 대해 구차하게 대하지 않는다면, 살아

---

3) 『주례』「지관(地官)·사문(司門)」: 以其財養死政之老與其孤.
4) 『예기』「곡례하(曲禮下)」【49b】: <u>去國三世, 爵祿有列於朝,</u> 出入有詔於國, 若兄弟宗族猶存, 則反告於宗後. 去國三世, 爵祿無列於朝, 出入無詔於國, 唯興之日, 從新國之法.

있는 자와 국내에 남아있는 자들이 믿게 된다는 뜻이다. 이것은 위(衛)나라 부인인 정강에 대한 시이다. 정강에게는 자식이 없어서 서자였던 간(衍)을 제위에 세웠으니, 이것은 헌공(獻公)이 효를 기르도록 하기 위함이다. 헌공은 정강에 대해 무례하게 대해서, 정강이 이 시를 지었으니, 헌공이 마땅히 선군이었던 정공을 생각하여 과인에게 효로 대해야 한다는 뜻이다. 죽은 자가 배반을 당하여 그 집의 노약자들은 울부짖으며 원통함을 호소한다. 고할 데가 없다는 것은 도리가 없다는 뜻이다.

釋文 偝音佩, 下及注同. 愉音偷, 本亦作偷. 畜, 許六反, 注同, 毛詩作"勖". 定姜之詩, 此是魯詩, 毛詩爲莊姜. 衍, 苦旦反. 號, 戶羔反, 注同. 冤, 於苑反.

번역 '偝'자의 음은 '佩(패)'이며, 아래문장 및 정현의 주에 나오는 글자도 그 음이 이와 같다. '愉'자의 음은 '偷(투)'이며, 판본에 따라서는 또한 '偷'자로도 기록한다. '畜'자는 '許(허)'자와 '六(륙)'자의 반절음이며, 정현의 주에 나오는 글자도 그 음이 이와 같고, 『모시』에서는 '勖'자로 기록했다. 정강(定姜)에 대한 시라고 했는데, 이것은 『노시』에 해당하며, 『모시』에서는 장강(莊姜)에 대한 시라고 했다. '衍'자는 '苦(고)'자와 '旦(단)'자의 반절음이다. '號'자는 '戶(호)'자와 '羔(고)'자의 반절음이며, 정현의 주에 나오는 글자도 그 음이 이와 같다. '冤'자는 '於(어)'자와 '苑(원)'자의 반절음이다.

孔疏 ●"子云"至"無告". ○正義曰: 此一節明坊人偝死嚮生之事.

번역 ●經文: "子云"~"無告". ○이곳 문단은 사람들이 죽은 자를 등지고 산 자만을 지향하는 것을 방지하는 사안을 나타내고 있다.

孔疏 ●"利祿先死者而後生者", 謂財利榮祿之事, 假令死之與生並合俱得, 君上先與死者, 而後生者.

번역 ●經文: "利祿先死者而後生者". ○재화와 이로움 영화와 녹봉에

대한 일에 있어서 가령 죽은 자와 산 자가 모두 얻게 된다면, 군주는 우선적
으로 죽은 자에게 부여하고 이후에 산 자에게 부여한다는 뜻이다.

孔疏 ●“則民不偝”者, 謂在上以此化民, 則民皆不偝於死者.

번역 ●經文: “則民不偝”. ○위정자가 이를 통해 백성들을 교화한다면
백성들은 모두 죽은 자를 배반하지 않는다는 뜻이다.

孔疏 ●“先亡者而後存”者, 亡, 謂身爲國事亡在外. 存, 謂存在於國內. 若
君有利祿, 先與在外亡者而後與國內存者.

번역 ●經文: “先亡者而後存”. ○‘망(亡)’자는 본인이 나라의 일을 위하
여 국경을 벗어나 현재 외국에 있는 것을 뜻한다. ‘존(存)’자는 국내에 남아
있는 자를 뜻한다. 만약 군주에게 이로움과 녹봉이 있다면, 먼저 외국에
나가 있는 자에게 부여하고 이후에 국내에 남아있는 자에게 부여한다.

孔疏 ●“則民可以託”者, 謂在上以此化民, 民皆仁厚, 皆可以大事相付託
也.

번역 ●經文: “則民可以託”. ○위정자가 이를 통해 백성들을 교화하면,
백성들은 모두 인자하고 후덕하게 되어, 모두 큰 사업을 시행하며 서로 의
지할 수 있게 된다는 뜻이다.

孔疏 ●“詩云: 先君之思, 以畜寡人”者, 此邶風·燕燕之篇, 衛莊姜送歸
妾之詩. 言歸妾戴嬀思念先君莊公, 以婦道勖勉寡人. 寡人, 莊姜自謂. 此記引
詩以“勖”爲“畜”, 鄭又以爲衛定公夫人[5]定姜之詩. 定姜無子, 立庶子衎, 是爲

---

5) ‘부인(夫人)’에 대하여. 『십삼경주소(十三經注疏)』 북경대 출판본에서는 “‘부
인’은 본래 ‘대부(大夫)’로 기록되어 있었는데, 살펴보니 정현의 주에서는 명
확하게 정강(定姜)이 위(衛)나라 정공(定公)의 부인이라고 했으니, ‘대부’는
잘못된 기록이므로, 이 기록에 근거해서 글자를 수정하였다.”라고 했다.

獻公. 獻公無禮於定姜, 欲令獻公當思念先君, 以畜孝於寡人.

번역 ●經文: "詩云: 先君之思, 以畜寡人". ○이 시는 『시』「패풍(邶風)・연연(燕燕)」편으로 위(衛)나라 장강(莊姜)이 첩을 돌려보내며 전송하는 일을 읊은 시이다. 즉 첩인 대규(戴嬀)를 돌려보내는데 선군인 장공(莊公)을 떠올려서, 부인의 도로 과인을 독려한다는 뜻이다. '과인(寡人)'은 장강 본인을 뜻하는 말이다. 이곳 『예기』 기록에서는 『시』를 인용하며, '욱(勗)'자를 '휵(畜)'자로 기록했는데, 정현은 또한 이 시가 위나라 정공(定公)의 부인인 정강(定姜)에 대한 시라고 여겼다. 정강에게는 자식이 없어서 서자인 간(衎)을 제위에 올렸는데, 이 자는 헌공(獻公)이다. 헌공은 정강에게 무례하게 대했으므로, 헌공으로 하여금 마땅히 선군을 떠올리도록 하여 자신에게 효를 통해 봉양하기를 바란 것이다.

孔疏 ●"民猶偷死, 而號無告"者, 言民猶尙偷棄死者, 其生者老弱號呼, 無所控告.

번역 ●經文: "民猶偷死, 而號無告". ○백성들이 여전히 죽은 자를 배반하고 내버리면, 살아있는 자들 중 노약한 자들은 울부짖으며 고할 곳이 없게 된다는 뜻이다.

孔疏 ◎注"言不偷於死亡, 則於生存信". ○正義曰: 偷, 謂苟且. 言人旣不苟且棄偷於死亡, 則於生存在者不棄薄信著矣.

번역 ◎鄭注: "言不偷於死亡, 則於生存信". ○'투(偷)'자는 구차하다는 뜻이다. 즉 사람들이 이미 구차하게 굴며 죽은 자와 국내에 없는 자에 대해서 버리거나 배반하지 않는다면, 살아있고 국내에 남아있는 자들에 대해서 버리거나 덕이 옅어지지 않아서 신의가 드러나게 된다는 뜻이다.

孔疏 ◎注"此衛"至"寡人". ○正義曰: 云"此衛夫人定姜之詩", "獻公無禮於定姜"者, 按襄十四年左傳云: "衛獻公出奔, 使告宗廟以無罪." 夫人定姜曰:

"余以巾櫛事先君, 而暴妾使余, 若何無罪?" 是無禮之事, 與詩注不同者, 按鄭
志答炅模6)云: "注記時就7)盧君, 後得毛傳乃改之." 凡注與詩不同, 皆倣此.

번역 ◎鄭注: "此衛"~"寡人". ○정현이 "이것은 위(衛)나라 부인 정강
(定姜)에 대한 시이다."라고 했고, "헌공(獻公)은 정강에게 무례하게 대했
다."라고 했는데, 양공(襄公) 14년에 대한 『좌전』의 기록을 살펴보면, "위나
라 헌공은 국경을 벗어나 다른 나라로 도망갔고, 사신으로 하여금 종묘에
서 자신에게 죄가 없음을 아뢰게 했다."라고 했다. 그러자 부인인 정강은
"나는 선군을 섬겼던 사람인데, 천한 첩처럼 나를 대했으니, 어찌 죄가 없다
고 하겠는가?"라고 했다.8) 이것이 무례하게 대했던 일을 나타내는데, 『시』
의 주석과는 동일하지 않다. 『정지』9)를 살펴보니, 경모에게 대답을 하며,
"『예기』에 주를 달 때에는 노식10)에게서 수학을 했고, 이후에 『모전』을 얻

---

6) '답경모(答炅模)'에 대하여. '답(答)'자 뒤에는 본래 '왈(曰)'자가 기록되어 있
   었는데, 완원(阮元)의 『교감기(校勘記)』에서는 "혜동(惠棟)의 『교송본(校宋
   本)』에는 '왈'자가 없고, '경(炅)'자를 '조(晃)'자로 기록했다. 단옥재(段玉裁)
   는 교감을 하며, '경'자가 옳은 기록이고, '왈'자는 연문으로 들어간 글자이다.
   노문초(盧文弨)는 교감을 하며 앞에서는 모두 '경모(炅模)'라고 기록했다."라
   고 했다.
7) '취(就)'자에 대하여. '취'자 앞에는 본래 '숙(孰)'자가 기록되어 있었는데, 완
   원(阮元)의 『교감기(校勘記)』에서는 "혜동(惠棟)의 『교송본(校宋本)』에는
   '숙'자가 없는데 이 기록이 옳다. 이곳 판본에는 '숙'자가 연문으로 잘못 들어
   갔으며, 『민본(閩本)』·『감본(監本)』에도 동일하게 잘못 기록되었다. 『모본
   (毛本)』에는 '취'자 앞에 '집(執)'자가 연문으로 들어가 있으니, 더욱 잘못된
   기록이다."라고 했다.
8) 『춘추좌씨전』「양공(襄公) 14년」: 子鮮從公. 及竟, 公使祝宗告亡, 且告無罪.
   定姜曰, "無神, 何告? 若有, 不可誣也. 有罪, 若何告無? 舍大臣而與小臣謀, 一
   罪也. 先君有冢卿以爲師保, 而蔑之, 二罪也. 余以巾櫛事先君, 而暴妾使余, 三
   罪也. 告亡而已, 無告無罪!"
9) 『정지(鄭志)』는 정현(鄭玄)과 그의 제자들이 오경(五經)에 대해서 문답을 주
   고받은 내용을 기록한 문헌이다. 『논어』의 형식에 의거하여, 정현의 제자들
   이 편찬하였다. 『후한서(後漢書)』「장조정정열전(張曹鄭列傳)」편에는 "門人相
   與撰玄答諸弟子問五經, 依論語作鄭志八篇."라는 기록이 있다.
10) 노식(盧植, A.D.159?~A.D.192): =노씨(盧氏). 후한(後漢) 때의 유학자이다.
    자(字)는 자간(子幹)이다. 어려서 마융(馬融)을 스승으로 섬겼다. 영제(靈帝)
    의 건녕(建寧) 연간(A.D.168~A.D.172)에 박사(博士)가 되었다. 채옹(蔡邕)

어서 그 내용을 수정하였다."라고 했다. 무릇『예기』에 대한 정현의 주와
『시』의 주석이 동일하지 않은 것은 모두 이러한 경우이다.

訓纂 王氏念孫曰: 不偝, 謂不偝死者而棄其老弱, 所謂"上恤孤而民不倍."
可以託, 謂可以大事相託. 下文"民猶偝死而號無告", 觀鄭注云云, 正與此相
反.

번역 왕념손[11]이 말하길, '불배(不偝)'는 죽은 자를 배반하지 않고 노약
자를 내버리지 않는다는 뜻이니, "윗사람이 고아를 구휼하면 백성들이 배
반하지 않는다."[12]는 뜻이다. '가이탁(可以託)'은 큰 사업을 시행하며 서로
의탁할 수 있다는 뜻이다. 아래문장에서 "백성들이 여전히 죽은 자를 배반
하고 호소함에 고할 데가 없다."라고 했는데, 정현의 주에서 설명한 내용들
을 살펴보면, 이곳의 내용과 상반된다.

集解 愚謂: 亡, 謂出在國外者. 存, 謂在國者. 仕者之子孫, 恒世其祿, 先死
而後生也. 臣有故而去君, 三年不收其田里, 先亡而後存也. 偝, 謂死而背之
也. 託, 謂寄託也. 若孟子言"託其妻子於其友", 是也. 詩, 邶風燕燕之篇, 莊姜
送歸妾戴嬀之詩也. 先君, 謂莊公. 畜, 詩作"勗", 勉也. 寡人, 莊姜自謂也. 莊
姜言戴嬀恒勉己思念莊公. 引之, 以證不偝死之義也. 號無告, 謂負人之託, 使
老弱呼號而無所告訴也.

번역 내가 생각하기에, '망(亡)'자는 국경을 벗어나 국외에 있는 자를 뜻

등과 함께 동관(東觀)에서 오경(五經)을 교정했다. 후에 동탁(董卓)이 소제
(少帝)를 폐위시키자, 은거하며『상서장구(尙書章句)』,『삼례해고(三禮解詁)』를
저술했지만, 남아 있지 않다.

11) 왕념손(王念孫, A.D.1744~A.D.1832): 청(淸)나라 때의 학자이다. 자(字)는
회조(懷租)이고, 호(號)는 석구(石臞)이다. 부친은 왕안국(王安國)이고, 아들
은 왕인지(王引之)이다. 대진(戴震)에게 학문을 배웠다. 저서로는『독서잡지
(讀書雜志)』등이 있다.

12)『대학』「전(傳) 10장」: 所謂平天下在治其國者, 上老老而民興孝, 上長長而民
興弟, 上恤孤而民不倍. 是以君子有絜矩之道也.

한다. '존(存)'자는 국내에 있는 자를 뜻한다. 벼슬을 한 자의 자손은 대대로
그 녹봉을 받으니, 이것은 죽은 자를 먼저 하고 산 자를 뒤에 한다는 뜻이
다. 신하에게 사정이 생겨서 군주 곁을 떠나게 된다면, 3년 동안 그가 받은
전답을 거둬들이지 않으니, 이것은 국외에 있는 자를 먼저 하고 국내에 있
는 자를 뒤에 한다는 뜻이다. '배(偝)'자는 그가 죽어서 그를 배반한다는
뜻이다. '탁(託)'자는 의탁하다는 뜻이다. 『맹자』에서 "처자를 친구에게 의
탁하다."[13]라고 한 말과 같다. 시는 『시』「패풍(邶風)·연연(燕燕)」편으로,
장강이 첩인 대규를 돌려보내며 전송하는 시이다. '선군(先君)'은 장공(莊
公)을 뜻한다. '훅(畜)'자를 『시』에서는 '욱(勖)'자로 기록했으니, "힘쓰다
[勉]."는 뜻이다. '과인(寡人)'은 장강 본인을 뜻한다. 장강은 대규가 항상
자신을 독려하여 장공을 떠올리게 한다고 말한 것이다. 이 시를 인용한 것
은 죽은 자를 배반하지 않는다는 뜻을 증명하기 위해서이다. '호무고(號無
告)'는 남의 부탁을 저버려서 노약자들로 하여금 울부짖어도 하소연할 곳
이 없게끔 만든다는 뜻이다.

참고 『시』「패풍(邶風)·연연(燕燕)」

燕燕于飛, (연연우비) : 제비가 날아오름이여,
差池其羽. (차지기우) : 깃털이 가지런하지 않구나.
之子于歸, (지자우귀) : 떠나는 자가 돌아감에,
遠送于野. (원송우야) : 멀리 들판에서 전송하는구나.
瞻望弗及, (첨망불급) : 멀리 바라보아도 볼 수 없으니,
泣涕如雨. (읍체여우) : 눈물과 콧물이 비가 내리듯 흐르는구나.

燕燕于飛, (연연우비) : 제비가 날아오름이여,
頡之頏之. (힐지항지) : 오르듯 내리듯 하는구나.

---

13) 『맹자』「양혜왕하(梁惠王下)」: 孟子謂齊宣王曰, "王之臣有託其妻子於其友而
之楚遊者, 比其反也, 則凍餒其妻子, 則如之何?" 王曰, "棄之."

之子于歸, (지자우귀) : 떠나는 자가 돌아감에,
遠于將之. (원우장지) : 멀리까지 나와 전송하는구나.
瞻望弗及, (첨망불급) : 멀리 바라보아도 볼 수 없으니,
佇立以泣. (저입이읍) : 오래도록 서서 눈물을 흘리는구나.

燕燕于飛, (연연우비) : 제비가 날아오름이여,
下上其音. (하상기음) : 오르고 내리는 소리가 나는구나.
之子于歸, (지자우귀) : 떠나는 자가 돌아감에,
遠送于南. (원송우남) : 멀리 남쪽까지 나와 전송하는구나.
瞻望弗及, (첨망불급) : 멀리 바라보아도 볼 수 없으니,
實勞我心. (실로아심) : 이에 내 마음을 고달프게 하는구나.

仲氏任只, (중씨임지) : 중씨는 은정을 나눠 서로 친한데,
其心塞淵. (기심새연) : 그 마음이 두텁고 진실되구나.
終溫且惠, (종온차혜) : 끝내 안색이 온화하고 은혜로웠으며,
淑愼其身. (숙신기신) : 자신을 선하게 하고 삼가는구나.
先君之思, (선군지사) : 선군에 대한 생각으로,
以勗寡人. (이욱과인) : 나를 권면하는구나.

毛序 燕燕, 衛莊姜, 送歸妾也.

모서 「연연(燕燕)」편은 위(衛)나라 장강이 본국으로 되돌아가는 첩을 전송하는 시이다.

그림 7-1 ■ 위(衛)나라 세계도(世系圖) Ⅰ

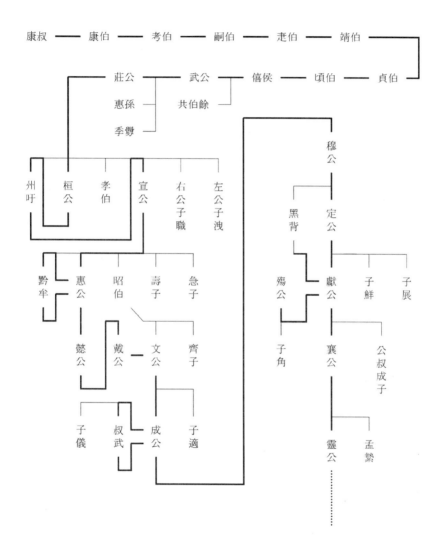

※ **출처:**『역사(繹史)』1권「역사세계도(繹史世系圖)」

● 그림 7-2　▣ 위(衛)나라 세계도(世系圖) Ⅱ

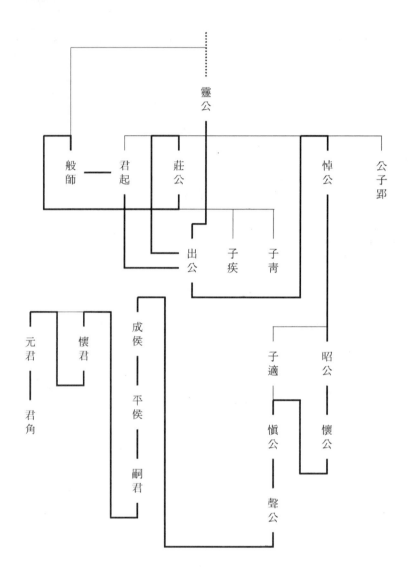

※ 출처: 『역사(繹史)』 1권 「역사세계도(繹史世系圖)」

• 제8절 •

귀인(貴人)과 상기(尙技)

【613a】

子云, "有國家者, 貴人而賤祿, 則民興讓; 尙技而賤車, 則民興藝. 故君子約言, 小人先言."

직역 子가 云, "國家를 有한 者가 人을 貴하고 祿을 賤하면, 民은 讓을 興하고; 技를 尙하고 車를 賤하면, 民은 藝를 興한다. 故로 君子는 言을 約하고, 小人은 言을 先한다."

의역 공자가 말하길, "나라를 소유한 자가 덕을 가진 자를 존귀하게 대하고, 그들에게 부여할 녹봉에 인색하지 않다면, 백성들은 사양하는 도리를 일으킨다. 또 재능을 가진 자를 숭상하고, 그들에게 부여할 수레 등에 인색하지 않다면, 백성들은 재예를 익히는 풍토를 일으킨다. 그러므로 군자는 말을 아끼고 소인은 말이 앞선다."라고 했다.

集說 貴人, 貴有德之人也. 言君能貴有德者而不吝於班祿, 則民興於讓善; 尙有能者而不吝於賜車, 則民興於習藝. 賤祿·賤車, 非輕祿器也, 特以貴賢尙能而不吝於所當與耳, 讀者不以辭害意可也. 言之不怍, 則爲之也難, 故君子之言常約, 小人則先言而後行, 不必其言行之相顧也.

번역 '귀인(貴人)'은 덕을 갖춘 자를 존귀하게 여긴다는 뜻이다. 즉 군주가 덕을 갖춘 자를 존귀하게 여기며, 작위와 녹봉을 베푸는데 인색하지 않을 수 있다면, 백성들은 선한 이에게 사양하는 도리를 일으킨다. 또 재능을

가진 자를 숭상하고 수레를 하사하는데 인색하지 않을 수 있다면, 백성들
은 재예를 익히는 풍토를 일으킨다. 녹봉을 천시하고 수레를 천시한다는
말은 녹봉과 기물을 경시한다는 뜻이 아니며, 단지 현명한 자를 존귀하게
대하고 능력이 있는 자를 숭상하여 마땅히 그들에게 수여할 것들에 대해
인색하지 않다는 뜻일 뿐이니, 읽는 자들은 표면적인 말에 의해 의미를 왜
곡하지 않아야 옳다. 말하는 것을 부끄러워하지 않으면 그것을 시행하는
것은 어렵다.[1] 그렇기 때문에 군자는 말에 대해서 항상 아끼게 되지만, 소
인은 말을 먼저 하고 행동을 뒤에 하니, 반드시 언행을 일치시키려고 서로
점검하지 않는다.

集說 鄭氏曰: 約與先互言, 君子約則小人多矣, 小人先則君子後矣.

번역 정현이 말하길, 아끼고 먼저 한다는 말은 상호 호환이 되도록 말한
것이니, 군자가 말을 아낀다면 소인은 말을 많이 하는 것이고, 소인이 말을
먼저 한다면 군자는 말을 행동보다 뒤에 하는 것이다.

大全 嚴陵方氏曰: 貴人而賤祿, 尙技而賤車, 皆謂任賢使能, 錫予之而無
所吝也. 人謂賢者, 技謂能者也. 言祿則爵可知, 言車則馬可知. 上之所化如
此, 不徒事乎空言而已, 故繼之以君子約言小人先言.

번역 엄릉방씨가 말하길, 사람을 존귀하게 여기며 녹봉을 천시하고, 기
술을 숭상하고 수레를 천시한다는 말은 모두 현명한 자를 등용하고 재능이
있는 자를 부리며, 그들에게 수여함에 있어서 인색함이 없다는 뜻이다. '인
(人)'자는 현명한 자를 뜻하고, '기(技)'자는 재능이 있는 자를 뜻한다. 녹봉
이라고 말했다면 작위도 수여함을 알 수 있고, 수레라고 말했다면 말도 수
여함을 알 수 있다. 위정자가 시행하는 교화가 이와 같은 것은 단지 헛된
말만 일삼지 않기 때문이다. 그렇기 때문에 뒤이어 "군자는 말을 아끼고
소인은 말을 먼저 한다."라고 말한 것이다.

---

1) 『논어』「헌문(憲問)」 : 子曰, "其言之不怍, 則爲之也難."

鄭注 言人君貴尙賢者・能者, 而不吝於班祿賜車服, 則讓道興. 賢者・能者, 人所服也. 技, 猶藝也. 言人尙德不尙言也. "約"與"先"互言爾. 君子約則小人多矣, 小人先則君子後矣. 易曰: "君子以多識前言往行, 以畜其德."

번역 군주가 현명한 자와 재능이 있는 자를 존귀하게 여기고 숭상하며, 그들에게 하사하는 작위와 녹봉 수레와 의복 등에 인색하지 않다면, 사양하는 도리가 흥성하게 된다는 뜻이다. 현명한 자와 재능이 있는 자는 사람들이 따르는 대상이다. '기(技)'자는 재예를 뜻한다. 즉 사람들이 덕을 숭상하고 말을 높이지 않는다는 뜻이다. '약(約)'자와 '선(先)'자는 상호 호환이 되도록 말한 것이니, 군자가 말을 아낀다면 소인은 말을 많이 하는 것이고, 소인이 말을 먼저 한다면 군자는 말을 행동보다 뒤에 하는 것이다. 『역』에서는 "군자가 그것을 본받아 이전의 말과 지난 행동을 많이 알아 덕을 쌓는다."[2]라고 했다.

釋文 技, 其綺反, 注同. 吝, 力刃反, 又力鎭反. 行, 下孟反. 畜, 敕六反.

번역 '技'자는 '其(기)'자와 '綺(기)'자의 반절음이며, 정현의 주에 나오는 글자도 그 음이 이와 같다. '吝'자는 '力(력)'자와 '刃(인)'자의 반절음이고, 또한 '力(력)'자와 '鎭(진)'자의 반절음도 된다. '行'자는 '下(하)'자와 '孟(맹)'자의 반절음이다. '畜'자는 '敕(칙)'자와 '六(륙)'자의 반절음이다.

孔疏 ●"子云"至"先言". ○正義曰: 此一節明尙賢能・重言行之事.

번역 ●經文: "子云"~"先言". ○이곳 문단은 현명한 자와 재능이 있는 자를 숭상하고 언행을 중시하는 사안을 나타내고 있다.

孔疏 ●"君子約言"者, 省約其言, 則小人多言也.

---

2) 『역』「대축괘(大畜卦)」 : 象曰, 天在山中, 大畜, <u>君子以多識前言往行, 以畜其德</u>.

번역 ●經文: "君子約言". ○말을 아낀다면 소인은 말을 많이 하는 것이다.

孔疏 ●"小人先言"者, 小人行在於後, 必先用其言. 君子則後言先行其行, 二者相互也.

번역 ●經文: "小人先言". ○소인의 행동은 뒤에 있고 반드시 먼저 말을한다. 군자의 경우라면 말을 뒤에 하고 먼저 행동을 실천하니, 두 경우는상호 호환이 된다.

集解 人, 謂有德之人也. 人君貴尙有德, 而不愛其爵祿, 則人知爵祿之不可以無德受也, 故皆興起於禮讓. 人君貴尙技能, 而不愛其車服, 則人知車服之不可以無能得也, 故皆興起於技藝. 約, 寡也. 君子尙德而不尙言, 故約言. 約言者, 讓也. 小人尙言而不尙德, 故先言. 先言者, 不讓也.

번역 '인(人)'자는 덕을 갖춘 자를 뜻한다. 군주가 덕이 있는 자를 존귀하게 대하고 숭상하며 그들이 받는 작위와 녹봉에 대해 아까워하지 않는다면, 사람들은 작위와 녹봉에 대해 덕이 없으면 받을 수 없다는 사실을 알게된다. 그렇기 때문에 모두 예에 따라 겸양하는 풍토를 일으킨다. 군주가재능을 가진 자를 존귀하게 대하고 숭상하며, 그들이 받는 수레와 의복에대해 아까워하지 않는다면, 사람들은 수레와 의복에 대해 재능이 없으면받을 수 없다는 사실을 알게 된다. 그렇기 때문에 모두 재예를 익히는 풍토를 일으킨다. '약(約)'자는 "적다[寡]."는 뜻이다. 군자는 덕을 숭상하고 말을 숭상하지 않기 때문에 말을 줄인다. 말을 줄인다는 것은 겸양을 한다는뜻이다. 소인은 말을 숭상하고 덕을 숭상하지 않기 때문에 말을 앞세운다.말을 앞세우는 것은 겸양을 하지 않는다는 뜻이다.

• 제9절 •

군주와 민언(民言)

【613b~c】

子云, "上酌民言, 則下天上施. 上不酌民言, 則犯也. 下不天上施, 則亂也. 故君子信讓以涖百姓, 則民之報禮重. 詩云, '先民有言, 詢于芻蕘.'"

직역 子가 云, "上이 民言을 酌하면, 下는 上施를 天한다. 上이 民言을 不酌하면, 犯한다. 下가 上施를 不天하면, 亂한다. 故로 君子가 信讓하여 百姓에게 涖하면, 民의 報禮가 重이라. 詩에서 云, '先民이 言을 有하니, 芻蕘에게 詢이라.'"

의역 공자가 말하길, "군주가 백성들의 말을 헤아린다면 백성들은 군주가 시행하는 것들을 하늘처럼 떠받든다. 군주가 백성들의 말을 헤아리지 않는다면 백성들은 군주가 시행하는 것들을 범한다. 백성들이 군주가 시행하는 것들을 하늘처럼 여기지 않는다면 혼란스럽게 된다. 그러므로 군자가 신의와 겸양을 실천하여 백성들을 대한다면, 백성들에게는 보답하는 예가 중요하게 여겨진다. 『시』에서는 '옛 사람들이 이러한 말을 하지 않았던가, 초목을 채취하는 자에게도 묻는다고.'"라고 했다.

集說 上酌民言, 謂人君將施政教, 必斟酌參挹乎輿論之可否, 如此則政教所加, 民尊戴之如天所降下者矣, 否則民必違犯也. 民不天上之所施, 則悖慢之亂作矣. 信則不欺於民, 讓則不恃乎己, 以此臨民, 民得不親其上, 死其長乎? 故曰民之報禮重也. 詩, 大雅板之篇. 詢于芻蕘, 問于取草取薪之賤者也, 引此以明酌民言之意.

번역 '상작민언(上酌民言)'은 군주가 정치와 교화를 시행하고자 할 때에
는 반드시 여론의 가부를 헤아리고 참고해야 하니, 이처럼 한다면 정치와
교화가 시행되더라도 백성들은 존귀하게 떠받들어 마치 하늘이 아래로 내
려준 것처럼 대한다. 그러나 이처럼 하지 않는다면 백성들은 반드시 그것
을 어기고 범한다. 백성들이 위정자가 시행하는 것들을 하늘처럼 여기지
않는다면, 어그러지고 태만하게 되는 혼란이 발생한다. 믿음이 있다면 백성
들을 속이지 않고, 겸양을 한다면 자신만 믿지 않으니, 이를 통해 백성들을
임하게 된다면 백성들이 위정자를 친근하게 여겨서 연장자를 위해 목숨을
던지지 않을 수 있겠는가?[1] 그러므로 "백성들에게 보답하는 예가 중대하
게 된다."고 했다. 시는 『시』「대아(大雅)·판(板)」편이다.[2] '순우추요(詢于
芻蕘)'는 초목을 채취하는 미천한 자에게까지 묻는다는 뜻이니, 이 시를 인
용하여 백성들의 말을 헤아린다는 뜻을 나타내었다.

大全 嚴陵方氏曰: 書曰, 天聰明, 自我民聰明, 天明畏, 自我民明威, 天之
所爲, 未嘗不以民也. 夫上酌民言, 則與天合矣, 故下豈有不天上施者乎? 言
必曰酌者, 以言有當否, 斟酌而後行之也. 上不酌民言, 則事或妄行而失其所
守, 故曰則犯也. 下不天上施, 則民或肆慢而無以相治, 故曰亂也. 君子信讓,
以涖百姓, 則上酌民言矣. 民之報禮重, 則下天上施矣.

번역 엄릉방씨가 말하길, 『서』에서는 "하늘이 듣고 봄은 우리 백성들의
듣고 봄이며, 하늘이 드러내고 두렵게 함은 우리 백성들의 드러내고 두렵
게 함이다."[3]라고 했으니, 하늘이 시행한 것들은 일찍이 백성을 기준으로
하지 않은 적이 없었다. 무릇 위정자가 백성들의 말을 헤아린다면 하늘의
행위와 부합된다. 그렇기 때문에 백성들 중에 어찌 위정자가 시행하는 것

---

1) 『맹자』「양혜왕하(梁惠王下)」: 曾子曰, '戒之戒之! 出乎爾者, 反乎爾者也.' 夫
民今而後得反之也. 君無尤焉! 君行仁政, 斯民親其上, 死其長矣.
2) 『시』「대아(大雅)·판(板)」: 我雖異事, 及爾同寮. 我卽爾謀, 聽我囂囂. 我言維
服, 勿以爲笑. 先民有言, 詢于芻蕘.
3) 『서』「우서(虞書)·고요모(皋陶謨)」: 天聰明, 自我民聰明, 天明畏, 自我民明
威, 達于上下, 敬哉有土.

들을 하늘처럼 여기지 않는 자가 있겠는가? 말에 대해서 기어코 '작(酌)'이라고 한 것은 말에는 타당함과 그렇지 않음이 있으니, 그것을 헤아린 이후에야 시행하기 때문이다. 위정자가 백성들의 말을 헤아리지 않는다면, 그 사안이 간혹 망령스럽게 시행되어 지켜야 할 본분을 잃게 된다. 그렇기 때문에 "범한다."라고 했다. 백성들이 위정자가 시행하는 것을 하늘처럼 여기지 않는다면, 백성들 중에는 간혹 제멋대로 하며 태만하게 굴어서 서로 바로잡아주는 일이 없게 된다. 그렇기 때문에 "혼란스럽게 된다."라고 했다. 군자가 신의와 겸양을 시행하여 백성들을 임한다면, 위정자가 백성들의 말을 헤아리는 것이다. 백성들에게 보답하는 예가 중시된다면, 백성들이 위정자가 시행하는 것을 하늘처럼 여긴 것이다.

鄭注 酌, 猶取也. 取衆民之言以爲政敎, 則得民心. 得民心則恩澤所加, 民受之如天矣. 言其尊. 莅, 臨也. 報禮重者, 猶言能死其難. 先民, 謂上古之君也. 詢, 謀也. 芻蕘, 下民之事也. 言古之人君將有政敎, 必謀之於庶民乃施之.

번역 '작(酌)'자는 "취한다[取]."는 뜻이다. 백성들의 말을 취하여 정치와 교화로 삼는다면 민심을 얻을 수 있다. 민심을 얻는다면 은택이 베풀어질 때 백성들이 그것을 받아들이며 하늘처럼 대한다. 존귀하게 대한다는 의미이다. '이(莅)'자는 "임한다[臨]."는 뜻이다. "보답하는 예가 중시된다."는 말은 난리를 막기 위해 목숨을 던질 수 있다는 뜻이다. '선민(先民)'은 상고시대의 군주를 뜻한다. '순(詢)'자는 "모의하다[謀]."는 뜻이다. 꼴을 베고 땔감을 베는 것은 백성들이 하는 일이다. 즉 상고시대의 군주는 정치와 교화를 시행하려고 할 때 반드시 서민들과 상의한 뒤에야 시행했다는 뜻이다.

釋文 施, 始豉反, 下同. 莅音利, 又音類. 難, 乃旦反. 詢音荀. 芻, 初俱反. 蕘, 如遙反.

번역 '施'자는 '始(시)'자와 '豉(시)'자의 반절음이며, 아래문장에 나오는 글자도 그 음이 이와 같다. '莅'자의 음은 '利(리)'이며, 또한 그 음은 '類(류)'

도 된다. '難'자는 '乃(내)'자와 '且(단)'자의 반절음이다. '詢'자의 음은 '荀(순)'이다. '芻'자는 '初(초)'자와 '俱(구)'자의 반절음이다. '蕘'자는 '如(여)'자와 '遙(요)'자의 반절음이다.

孔疏 ●"子云"至"芻蕘". ○正義曰: 此一節論上取民心則民報禮重之事.

번역 ●經文: "子云"~"芻蕘". ○이곳 문단은 위정자가 민심을 얻는다면 백성들이 보답하는 예를 중시한다는 사안을 논의하고 있다.

孔疏 ●"上酌民言, 則下天上施"者, 酌, 取也. 言在上人君取下民之言以爲政敎, 旣得民心, 民皆喜悅, 則在下之民仰君之德如天, 敬此在上所施之恩澤. 言受上恩澤如受之於天, 尊之也, 故云"下天上施".

번역 ●經文: "上酌民言, 則下天上施". ○'작(酌)'자는 "취한다[取]."는 뜻이다. 즉 위정자의 입장에 있는 군주가 백성들의 말을 취해서 정치와 교화로 삼는다면, 이미 민심을 얻게 되어 백성들이 모두 기뻐하게 되므로, 하층에 있는 백성들은 군주의 덕을 우러러보며 마치 하늘처럼 대하니, 위정자가 베푸는 은택도 공경하게 된다는 뜻이다. 즉 위정자가 베푸는 은택을 받아들이며, 마치 하늘로부터 부여받은 것처럼 여겨서 존귀하게 여긴다는 뜻이다. 그렇기 때문에 "백성들이 위정자가 베푸는 것을 하늘처럼 여긴다."라고 했다.

孔疏 ●"上不酌民言則犯也"者, 若在上不取民言, 違戾於下, 則民人怨怒以犯於上.

번역 ●經文: "上不酌民言則犯也". ○만약 위정자가 백성들의 말을 듣지 않아서 백성들의 마음을 어기게 된다면, 백성들은 원망하며 위정자를 범하게 된다.

孔疏 ●"下不天上施則亂"者, 言在下之民若不仰君如天, 敬此在上, 則施之恩澤, 雖有君恩, 而在下不領, 則禍亂之事起也.

번역 ●經文: "下不天上施則亂". ○백성들이 만약 군주를 하늘처럼 우러러보며 위정자를 공경하지 않는다면, 은택을 베풀 때 비록 군주의 은택이 있더라도 백성들은 통솔되지 않으니, 재앙과 혼란이 일어난다는 뜻이다.

孔疏 ●"民之報禮重"者, 以君子在上用信讓以臨百姓, 則民之報上之禮心意厚重, 能死其難.

번역 ●經文: "民之報禮重". ○군자가 위정자의 자리에 있으며 신의와 겸양을 실천하여 백성들에게 임한다면, 백성들이 윗사람에게 보답하는 예와 마음 및 뜻이 두텁게 되므로, 난리를 막기 위해 목숨을 던질 수 있다.

孔疏 ●"詩云: 先民有言, 詢于芻蕘"者, 此詩·大雅·板之篇, 刺厲王之詩也. 言厲王不用賢人之言, 故詩人刺之. 云先民謂先世之君王將有政敎之言, 必先詢謀採於芻蕘之賤者. 引之者, 證"上酌民言"之事.

번역 ●經文: "詩云: 先民有言, 詢于芻蕘". ○이것은 『시』「대아(大雅)·판(板)」편으로, 여왕(厲王)을 풍자한 시이다. 즉 여왕은 현명한 자의 말을 쓰지 못했기 때문에 이 시를 지은 자가 풍자했다는 뜻이다. '선민(先民)'이라고 했는데, 이것은 이전 세대의 군왕이 정치와 교화의 말을 펼치고자 할 때에는 반드시 꼴을 베거나 땔감을 베는 미천한 자에게 우선적으로 자문을 구하여 상의했다는 뜻이다. 이 시를 인용한 것은 "위정자가 백성들의 말을 취한다."는 사안을 증명하기 위해서이다.

訓纂 陸農師曰: 酌之於民, 還以治民, 我無爲也, 順民而已, 豈有犯哉?

번역 육농사가 말하길, 백성들의 말을 헤아려서 이것으로 백성들을 다스린다면, 나는 내 마음대로 하는 것이 없고 백성들의 마음에 따르는 것일 뿐인데, 어떻게 범하는 일이 발생하겠는가?

集解 愚謂: 犯, 猶左傳"衆怒難犯"之犯, 言不順於民之心也. 上不酌民言, 則乖戾而至於犯民; 下不天上施, 則怨怒而至於作亂. 民者至愚而不可欺, 至弱而不可勝, 信則有不敢欺之心, 讓則有不求勝之意. 如是則民感其德, 而所以報之者重矣. 引大雅板之詩, 以證酌民言之意.

번역 내가 생각하기에, '범(犯)'자는 『좌전』에서 "대중의 분노는 범하기가 어렵다."[4]라고 했을 때의 '범(犯)'자와 같으니, 민심에 따르지 않는다는 뜻이다. 위정자가 백성들의 말을 헤아리지 않는다면 어긋나서 민심을 범하는 지경에 이르고, 백성들이 위정자가 시행하는 것들을 하늘처럼 받들지 않는다면 원망하여 난리를 일으키는 지경에 이른다. 백성들은 지극히 아둔하지만 속일 수 없고 지극히 약하지만 이길 수 없으니, 신의를 가진다면 감히 속이지 않겠다는 마음이 있는 것이며, 겸양을 한다면 이기려고 굴지 않겠다는 뜻이 있는 것이다. 이처럼 한다면 백성들은 그의 덕에 감화되어 보답하는 것을 중시하게 된다. 『시』「대아(大雅)·판(板)」편의 시를 인용하여 백성들의 말을 헤아린다는 뜻을 증명하였다.

참고 『시』「대아(大雅)·판(板)」

上帝板板, (상제판판) : 천자가 거스르거늘,
下民卒癉. (하민졸단) : 백성들이 끝내 병드는구나.
出話不然, (출화불연) : 좋은 말을 내놓아도 시행하지 않고,
爲猶不遠. (위유불원) : 계책을 내놓은 것도 심원하지 않구나.
靡聖管管, (미성관관) : 성인의 법도가 아닌지라 따를 것이 없고,

---

4) 『춘추좌씨전』「양공(襄公) 10년」: 子産曰, "衆怒難犯, 專欲難成, 合二難以安國, 危之道也. 不如焚書以安衆, 子得所欲, 衆亦得安, 不亦可乎? 專欲無成, 犯衆興禍, 子必從之!"

不實於亶. (부실어단) : 진실된 말을 사용하지 못하는구나.
猶之未遠, (유지미원) : 계책이 심원하지 못하여,
是用大諫. (시용대간) : 이 때문에 크게 간하노라.

天之方難, (천지방난) : 하늘이 어려움을 내리시니,
無然憲憲. (무연헌헌) : 그처럼 기뻐하지 말지어다.
天之方蹶, (천지방궐) : 하늘이 움직이시니,
無然泄泄. (무연설설) : 그처럼 답답해하지 말지어다.
辭之輯矣, (사지집의) : 말이 조화로우니,
民之洽矣. (민지흡의) : 백성들이 화합하구나.
辭之懌矣, (사지역의) : 말이 기쁘니,
民之莫矣. (민지막의) : 백성들이 안정되구나.

我雖異事, (아수이사) : 내가 비록 하는 일은 다르지만,
及爾同寮. (급이동료) : 너와 같은 관리로다.
我卽爾謀, (아즉이모) : 내가 너의 계책을 취하니,
聽我囂囂. (청아효효) : 내 말을 듣고 헐뜯는구나.
我言維服, (아언유복) : 내 말은 다급한 일이니,
勿以爲笑. (물이위소) : 웃음거리로 삼지 말지어다.
先民有言, (선민유언) : 고대 현인들은 이런 말을 했으니,
詢于芻蕘. (순우추요) : 나무꾼에게도 자문을 구하라.

天之方虐, (천지방학) : 하늘이 잔악하게 하거늘,
無然謔謔. (무연학학) : 그처럼 즐거워하지 말지어다.
老夫灌灌, (노부관관) : 노부가 진실되거늘,
小子蹻蹻. (소자교교) : 소자들은 교만하구나.
匪我言耄, (비아언모) : 내 말은 늙은이의 실언이 아닌데도,
爾用憂謔. (이용우학) : 너는 근심으로 여겨야 할 말을 희언으로 여기는
구나.
多將熇熇, (다장고고) : 참혹한 일을 많이 행하면,
不可救藥. (불가구약) : 구원할 수 없으리라.

天之方懠, (천지방제) : 하늘이 성내시거늘,

無爲夸毗. (무위과비) : 아첨하며 따르지 말지어다.

威儀卒迷, (위의졸미) : 위엄스러운 행동거지가 혼미해지니,

善人載尸. (선인재시) : 현자들은 시동처럼 있구나.

民之方殿屎, (민지방전시) : 백성들이 신음하거늘,

則莫我敢葵. (칙막아감규) : 우리를 헤아려주는 자가 없구나.

喪亂蔑資, (상란멸자) : 상이나 재난을 당하더라도 쓸 수 있는 재화가 없
　　　　　　　으니,

曾莫惠我師. (증막혜아사) : 우리 백성들에게 일찍이 은혜를 베풀지 않았
　　　　　　　구나.

天之牖民, (천지유민) : 하늘이 백성들을 인도하거늘,

如壎如篪, (여훈여지) : 훈(壎)과 같고 지(篪)와 같으며,

如璋如圭, (여장여규) : 장(璋)과 같고 규(圭)와 같으며,

如取如攜. (여취여휴) : 취함과 같고 이끎과 같아 따르는구나.

攜無曰益, (휴무왈익) : 이끎에 보탤 것이 없다고 하니,

牖民孔易. (유민공역) : 백성들을 인도함에 매우 쉽구나.

民之多辟, (민지다벽) : 백성들은 사벽한 행동을 많이 하니,

無自立辟. (무자입벽) : 스스로 사벽함을 세우지 말지어다.

价人維藩, (개인유번) : 갑옷을 입은 자는 울타리이며,

大師維垣, (대사유원) : 삼공(三公)은 담장이고,

大邦維屛, (대방유병) : 제후들은 병풍이며,

大宗維翰, (대종유한) : 대종은 줄기이다.

懷德維寧, (회덕유녕) : 너의 덕을 조화롭게 하여 나라를 편안하게 해야
　　　　　　　하니,

宗子維城. (종자유성) : 종자는 성이다.

無俾城壞, (무비성괴) : 종자에게 화를 미쳐 성을 무너트리지 말지니,

無獨斯畏. (무독사외) : 홀로 되어 두려워하는 일을 하지 말지어다.

敬天之怒, (경천지노) : 하늘의 노여움을 공경할지니,

無敢戲豫. (무감희예) : 멋대로 즐기며 노는 짓을 하지 말지어다.

敬天之渝, (경천지투) : 하늘의 변함을 공경할지니,
無敢馳驅. (무감치구) : 제멋대로 행동하지 말지어다.
昊天曰明, (호천왈명) : 호천을 모두들 밝다고 하니,
及爾出王. (급이출왕) : 너와 함께 왕래하며 살피는구나.
昊天曰旦, (호천왈단) : 호천을 모두들 밝다고 하니,
及爾游衍. (급이유연) : 너와 함께 넘치며 살피는구나.

毛序 板, 凡伯, 刺厲王也.

모서 「판(板)」편은 범(凡)나라 백작이 유왕(厲王)을 풍자한 시이다.

• 제 10 절 •

남에게 돌리고 자신을 탓하는 일

【613d】

> 子云, "善則稱人, 過則稱己, 則民不爭. 善則稱人, 過則稱己, 則怨益亡. 詩云, '爾卜爾筮, 履無咎言.'"

직역 子가 云, "善이라면 人을 稱하고, 過라면 己를 稱하면, 民은 不爭한다. 善이라면 人을 稱하고, 過라면 己를 稱하면, 怨이 益히 亡이라. 詩에서 云, '爾의 卜과 爾의 筮에, 履에 咎言이 無라.'"

의역 공자가 말하길, "선한 일을 남에게 돌리고 잘못된 일을 자신에게 돌린다면, 백성들이 다투지 않는다. 선한 일을 남에게 돌리고 잘못된 일을 자신에게 돌리면, 원망함이 더욱 없어진다. 『시』에서는 '너의 거북점과 너의 시초점에, 그 조짐에 흉함과 허물을 나타내는 말이 없구나.'"라고 했다.

集說 詩, 衛風氓之篇. 履, 當依詩作體, 謂卜之於龜, 筮之於蓍, 其卦兆之體, 皆無凶咎之辭也, 以無咎明不爭不怨之意.

번역 시는 『시』「위풍(衛風)·맹(氓)」편이다.[1] '이(履)'자는 마땅히 『시』의 기록에 따라 체(體)자로 기록해야 하니, 거북껍질에 거북점을 치고 시초로 시초점을 쳐서 나타난 괘와 조짐에 모두 흉함과 허물의 말이 없다는 뜻이니, 허물이 없다는 것으로 다투지 않고 원망하지 않는다는 뜻을 나타

---

1) 『시』「위풍(衛風)·맹(氓)」: 乘彼垝垣, 以望復關. 不見復關, 泣涕漣漣. 既見復關, 載笑載言. 爾卜爾筮, 體無咎言. 以爾車來, 以我賄遷.

내었다.

集說 石梁王氏曰: 鄭箋詩, 旣以體爲卦兆之體, 何故於此曲附履字之訛?

번역 석량왕씨가 말하길, 정현의 『시』에 대한 전문(箋文)에서는 이미 체(體)자를 괘와 조짐이 드러난 것으로 여겼는데, 어떤 까닭으로 이곳에서는 이(履)자의 뜻을 왜곡하여 잘못 해석하고 있는가?

大全 嚴陵方氏曰: 書曰, 汝惟不矜, 天下莫與汝爭能, 汝惟不伐, 天下莫與汝爭功. 善則稱人, 過則稱己, 可謂不矜伐矣, 故民不爭也. 汝且能無己矣, 故怨益亡.

번역 엄릉방씨가 말하길, 『서』에서는 "네가 자랑하지 않지만 천하에는 너와 더불어 재능을 다툴 자가 없고, 네가 과시하지 않지만 천하에는 너와 더불어 공을 다툴 자가 없다."[2]라고 했다. 선한 일을 남에게 돌리고 잘못된 일을 자신에게 돌린다면, 자랑하지 않고 과시하지 않는다고 할 수 있기 때문에 백성들이 다투지 않는다. 또한 자신의 것만 챙기는 일이 없어지기 때문에 원망함이 더욱 없어진다.

大全 臨川吳氏曰: 言在上者善稱人過稱己, 則民化之, 亦以善讓人而不與人爭也. 又且人不怨己也.

번역 임천오씨[3]가 말하길, 위정자가 선한 것을 남에게 돌리고 잘못된 것을 자신에게 돌린다면, 백성들이 감화되기 때문에 선한 것을 남에게 양

---

2) 『서』「우서(虞書)・대우모(大禹謨)」: 帝曰, 來禹, 降水儆予, 成允成功, 惟汝賢, 克勤于邦, 克儉于家, 不自滿假, 惟汝賢, <u>汝惟不矜, 天下莫與汝爭能, 汝惟不伐, 天下莫與汝爭功</u>.
3) 오징(吳澄, A.D.1249~A.D.1333): =임천오씨(臨川吳氏)・오유청(吳幼淸)・초려오씨(草廬吳氏). 송원대(宋元代)의 유학자이다. 이름은 징(澄)이다. 자(字)는 유청(幼淸)이다. 저서로 『예기해(禮記解)』가 있다.

보하고 남과 다투지 않게 된다. 또 남들도 나를 원망하지 않게 된다.

鄭注 爾, 女也. 履, 禮也. 言女鄕卜筮, 然後與我爲禮, 則無咎惡之言矣. 言惡在己, 彼過淺.

번역 '이(爾)'자는 너[女]라는 뜻이다. '이(履)'자는 예(禮)를 뜻한다. 즉 네가 거북점과 시초점을 친 뒤에야 나와 예를 시행한다면, 허물과 나쁜 말이 없게 된다는 뜻이다. 즉 나쁜 것은 자신에게 있고 상대의 과실은 적다는 의미이다.

釋文 爭, 爭鬪之爭. 履, 如字, 毛詩作"體". 女音汝, 下及下文皆同. 嚮, 許亮反, 本亦作鄕.

번역 '爭'자는 '쟁투(爭鬪)'라고 할 때의 '爭'자이다. '履'자는 글자대로 읽으며,『모시』에서는 '體'자로 기록했다. '女'자의 음은 '汝(여)'이며, 아래구문 및 아래문장에 나오는 글자도 모두 그 음이 이와 같다. '嚮'자는 '許(허)'자와 '亮(량)'자의 반절음이며, 판본에 따라서는 또한 '鄕'자로도 기록한다.

孔疏 ●"子云"至"無良". ○正義曰: 此一節論"善則稱人, 過則稱己"之事. 凡有三節, 上經論與凡人, 次經論臣於君, 下經論子於親, 各引詩·書以結成之. 其經首皆言"子云".

번역 ●經文: "子云"~"無良". ○이곳 문단은 "선한 일이라면 남에게 돌리고, 잘못된 일이라면 자신에게 돌린다."는 사안을 논의하고 있다. 모두 세 구절로 이루어져 있는데, 앞의 경문에서는 모든 사람들과 함께 하는 경우를 논의했고, 그 다음 경문에서는 신하와 군주에 대해서 논의했으며, 마지막 경문에서는 자식과 부친에 대해서 논의했는데, 각각『시』나『서』를 인용하여 결론을 맺었다. 경문의 첫 머리에서는 모두 '자운(子云)'이라고 기록했다.

集解 今按: 履讀爲體.

번역 현재 살펴보니, '이(履)'자는 체(體)자로 풀이한다.

集解 爭見於事, 怨在於心, 怨亡則不止於不爭矣. 履, 詩作"體", 謂兆卦之體也. 引詩言爾之卜·筮本無咎言, 而致咎者在己, 以明過則稱己之意. 此與詩之本義不同, 蓋斷章取之爾.

번역 다툼은 구체적인 일을 통해 나타나고 원망함은 마음에 있는데, 원망함이 없어진다면 다투지 않는 것에만 그치지 않는다. '이(履)'자를 『시』에서는 체(體)자로 기록했으니, 거북점과 시초점을 쳐서 나타난 조짐과 괘이다. 『시』를 인용했는데, 너의 거북점과 시초점에 본래 허물을 뜻하는 말이 없으니, 허물이 된 것은 자신에게 달려 있다는 뜻으로, 이를 통해 잘못된 일이라면 자신에게 돌린다는 뜻을 나타내었다. 이곳의 내용은 『시』의 본래 의미와 다르니, 아마도 단장취의를 했기 때문일 것이다.

참고 『시』「위풍(衛風)·맹(氓)」

氓之蚩蚩, (맹지치치) : 안색이 돈후해 보이는 백성이,
抱布貿絲. (포포무사) : 포를 안고 찾아와서 실을 사는구나.
匪來貿絲, (비래무사) : 실을 사러 옴이 아니니,
來卽我謀. (내즉아모) : 찾아와 나와 도모하려 하는구나.
送子涉淇, (송자섭기) : 그대를 전송하기 위해 기수(淇水)를 건너,
至于頓丘. (지우돈구) : 돈구(頓丘)에 이르렀노라.
匪我愆期, (비아건기) : 내가 기한을 어기려고 해서가 아니며,
子無良媒. (자무량매) : 그대에게 좋은 중매가 없어서니라.
將子無怒, (장자무노) : 청하니, 그대는 노여워하지 말지어다,
秋以爲期. (추이위기) : 가을로 너와 기약하노라.

乘彼垝垣, (승피궤원) : 저 무너진 담장에 올라가서,

以望復關. (이망복관) : 군자가 있는 곳에서 바라보느니라.

不見復關, (불견복관) : 군자가 있는 곳에서 볼 수 없으니,

泣涕漣漣. (읍체연연) : 눈물과 콧물이 줄줄 흐르는구나.

旣見復關, (기견복관) : 군자가 있는 곳에서 보게 되니,

載笑載言. (재소재언) : 웃음을 보이며 말하는구나.

爾卜爾筮, (이복이서) : 너의 거북점과 너의 시초점에,

體無咎言. (체무구언) : 조짐과 점괘에 허물의 말이 없구나.

以爾車來, (이이거래) : 너의 수레를 끌고 오라,

以我賄遷. (이아회천) : 내가 재물을 가지고 옮겨가리라.

桑之未落, (상지미락) : 뽕잎이 떨어지기 전에는,

其葉沃若. (기엽옥약) : 그 잎이 무성하고 윤기가 흐르는구나.

于嗟鳩兮, (우차구혜) : 아, 비둘기야,

無食桑葚. (무식상심) : 뽕나무 열매를 먹지 말지어다.

于嗟女兮, (우차여혜) : 아, 여자야,

無與士耽. (무여사탐) : 남자와 놀아나지 말지어다.

士之耽兮, (사지탐혜) : 남자가 놀아남은,

猶可說也. (유가설야) : 오히려 말을 할 수 있도다.

女之耽兮, (여지탐혜) : 여자가 놀아남은,

不可說也. (불가설야) : 말을 할 수 없도다.

桑之落矣, (상지락의) : 뽕잎이 떨어지니,

其黃而隕. (기황이운) : 누렇게 되어 떨어지는구나.

自我徂爾, (자아조이) : 내가 너에게 찾아가니,

三歲食貧. (삼세식빈) : 삼년 동안 곡식이 궁핍했도다.

淇水湯湯, (기수탕탕) : 기수가 세차게 흐르는데도,

漸車帷裳. (점거유상) : 건너 점점 수레의 휘장에 가까워지도다.

女也不爽, (여야불상) : 내 너에 대한 마음에 차이가 있어서가 아니며,

士貳其行. (사이기행) : 남자가 행실에 두 마음을 품어서니라.

士也罔極, (사야망극) : 남자의 행실에 바름이 없는지라,

二三其德. (이삼기덕) : 그 덕이 이랬다 저랬다 하노라.

三歲爲婦, (삼세위부) : 삼년 동안 부인이 된지라,

靡室勞矣. (미실로의) : 가사를 수고롭게 여기지 않는도다.
夙興夜寐, (숙흥야매) : 일찍 일어나고 밤늦게 자니,
靡有朝矣. (미유조의) : 하루만 그렇게 하는 것이 아니니라.
言旣遂矣, (언기수의) : 내가 이미 삼년을 지내자,
至于暴矣. (지우폭의) : 포악함을 보게 되었노라.
兄弟不知, (형제부지) : 형제들은 이를 모르니,
咥其笑矣. (질기소의) : 알게 되면 희희덕거리며 나를 비웃으리라.
靜言思之, (정언사지) : 조용히 생각해보니,
躬自悼矣. (궁자도의) : 내 스스로 슬퍼지도다.

及爾偕老, (급이해로) : 너와 해로하고자 한데,
老使我怨. (노사아원) : 늙자 나를 원망토록 하는구나.
淇則有岸, (기칙유안) : 기수에는 낭떨어지가 있고,
隰則有泮. (습즉유반) : 습지에는 물가가 있도다.
總角之宴, (총각지연) : 총각시절 편안했을 때,
言笑晏晏. (언소안안) : 너와 말하고 웃음에 화락하였도다.
信誓旦旦, (신서단단) : 믿고 맹세함이 진실되었으니,
不思其反. (불사기반) : 뒤집힐 줄은 생각하지 못했노라.
反是不思, (반시불사) : 뒤집힐 줄 생각조차 못했으니,
亦已焉哉. (역이언재) : 또한 어찌할 수 없구나.

毛序 氓, 刺時也. 宣公之時, 禮義消亡, 淫風大行, 男女無別, 遂相奔誘, 華落色衰, 復相棄背, 或乃困而自悔喪其妃耦. 故序其事以風焉, 美反正, 刺淫泆也.

모서 「맹(氓)」편은 시대를 풍자한 시이다. 선공(宣公) 때에는 예의가 쇠락하였고 음란한 풍속이 크게 유행하여, 남녀 사이에 유별함이 없어 결국 서로에게 달려가 유혹하였다. 젊음이 끝나 노쇠하게 되자 서로 등지고 배신하였고, 간혹 곤궁하게 되면 짝을 버린 일을 후회하였다. 그렇기 때문에 그 일들을 서술하여 풍자한 것이니, 정도로 되돌아옴을 찬미하고, 음란함을 풍자하였다.

● 그림 10-1 ◼ 거북점의 도구와 시초

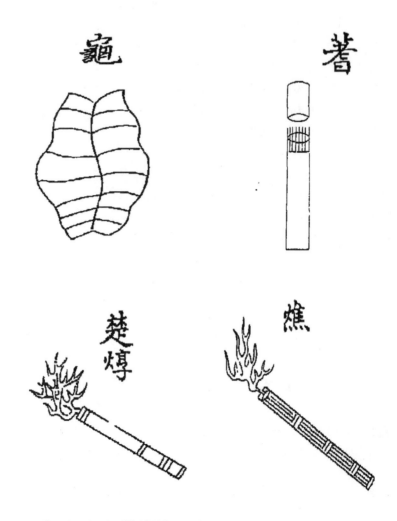

※ 출처:『삼례도집주(三禮圖集注)』17권

【614a】

子云, "善則稱人, 過則稱己, 則民讓善. 詩云, '考卜惟王, 度是鎬京. 惟龜正之, 武王成之.'"

직역 子가 云, "善이라면 人을 稱하고, 過라면 己를 稱한다면, 民은 善을 讓이라. 詩에서 云, '卜을 考함은 惟히 王이라, 是鎬京을 度이라. 惟히 龜가 正하고, 武王이 成이라.'"

의역 공자가 말하길, "선한 일을 남에게 돌리고 잘못된 일을 자신에게 돌린다면, 백성들이 좋은 것을 남에게 사양하게 된다. 『시』에서는 '거북점을 치는 자는 무왕이니, 호경에 도읍을 정하고자 헤아리도다. 거북점괘가 바르다고 하고 무왕이 완성하였도다.'"라고 했다.

集說 詩, 大雅文王有聲之篇. 言稽考龜卜者, 武王也. 謀度鎬京之居, 蓋武王之志已先定矣. 及以吉凶取正於龜, 而龜亦協從, 武王遂以龜爲正而成此都焉, 是武王不自以爲功而讓之龜卜也, 故引以爲讓善之證. 然此兩節所引詩, 意義皆不甚協.

번역 시는 『시』「대아(大雅)·문왕유성(文王有聲)」편이다.[4] 거북점을 살피는 자는 무왕이라는 뜻이다. 호경에 거주할 것을 헤아리니, 무왕의 뜻이 이미 그보다 앞서 결정된 것이다. 길흉에 대해서 거북점의 점괘를 취해 확정했는데, 거북점 또한 그 결정에 호응하여, 무왕은 결국 거북점의 점괘를 바른 것이라고 여기고 이곳에 도읍을 완성하였다. 이것은 무왕이 스스로 한 일을 공이라고 여기지 않고 거북점괘에 그것을 양보한 것이다. 그렇기 때문에 이 시를 인용하여 선함을 사양하는 일의 증거로 삼았다. 그런데

---

4) 『시』「대아(大雅)·문왕유성(文王有聲)」: 考卜維王, 宅是鎬京. 維龜正之, 武王成之. 武王烝哉.

이곳 두 문단에서 인용한 시는 그 의미가 모두 본래의 뜻과는 합치되지 않는다.

大全 慶源輔氏曰: 善則稱人, 與人爲善之心也. 過則稱己, 自任以重之事也. 聖人不過如是, 大舜善與人同, 武王百姓有過在予一人. 民不爭, 始之事也. 又進則怨益亡, 又進則民讓善. 怨益亡, 則不爭不足言矣, 民讓善, 則亡怨不足言矣.

번역 경원보씨가 말하길, 선한 일이라면 남에게 돌리는 것은 남과 함께 선을 시행하려는 마음에 해당한다. 잘못된 일이라면 나에게 돌리는 것은 스스로 중책을 떠맡는 일에 해당한다. 성인의 통치는 이처럼 하는데 불과했으니, 순임금은 선한 일을 남과 함께 했고,5) 무왕은 백성에게 과실이 있는 것은 나 한 사람에게 달려 있다고 했다.6) 백성들이 다투지 않는 것은 그 단계의 시작이다. 더 나아간다면 원망함이 점차 없어지게 되며, 더 나아간다면 백성들이 선한 것을 남에게 양보하게 된다. 원망함이 점차 없어진다면 다투지 않는 것은 말할 필요도 없고, 백성들이 선한 것을 남에게 양보한다면 원망함이 없어지는 것은 말할 필요도 없다.

鄭注 度, 謀也. 鎬京, 鎬宮也. 言武王卜而謀居此鎬邑, 龜則出吉兆正之, 武王築成之. 此臣歸美於君.

번역 '탁(度)'자는 "도모하다[謀]."는 뜻이다. '호경(鎬京)'은 호경에 지은 궁실이다. 즉 무왕은 거북점을 쳐서 이곳 호경에 도읍을 짓고자 계획했고, 거북점은 길한 조짐을 드러내어 그것을 확정했으며, 무왕은 궁실을 건축하여 그 일을 완성하였다는 뜻이다. 이것은 신하가 군주에게 아름다움을 돌린다는 뜻이다.

---

5) 『맹자』「공손추상(公孫丑上)」: 孟子曰, 子路, 人告之以有過, 則喜. 禹聞善言, 則拜. 大舜有大焉, 善與人同, 捨己從人, 樂取於人以爲善.
6) 『서』「주서(周書)・태서중(泰誓中)」: 天視自我民視, 天聽自我民德. 百姓有過在予一人, 今朕必往. 我武惟揚, 侵于之疆, 取彼凶殘, 我伐用張, 于湯有光.

釋文 度, 徒洛反, 注同, 毛詩作“宅”. 鎬, 胡老反.

번역 ‘度’자는 ‘徒(도)’자와 ‘洛(낙)’자의 반절음이며, 정현의 주에 나온 글자도 그 음이 이와 같고, 『모시』에서는 ‘宅’자로 기록했다. ‘鎬’자는 ‘胡(호)’자와 ‘老(로)’자의 반절음이다.

孔疏 ●“詩云考卜惟王”至“武王成之”者, 此大雅·文王有聲之篇, 美武王之詩.

번역 ●經文: “詩云考卜惟王”~“武王成之”. ○이 시는 『시』「대아(大雅)·문왕유성(文王有聲)」편으로, 무왕을 찬미한 시이다.

孔疏 ●“考卜惟王”者, 言稽考於龜而卜者, 惟是武王.

번역 ●經文: “考卜惟王”. ○거북껍질을 살펴서 거북점을 친 자는 무왕이라는 뜻이다.

孔疏 ●“度是鎬京”者, 度, 謀也. 言所以卜者, 謂謀居是鎬京.

번역 ●經文: “度是鎬京”. ○‘탁(度)’자는 “도모하다[謀].”는 뜻이다. 거북점을 친 것은 호경에 도읍을 정할지를 도모하기 위해서라는 뜻이다.

孔疏 ●“惟龜正之”者, 謂龜能正其吉兆.

번역 ●經文: “惟龜正之”. ○거북껍질은 길한 조짐을 내어 바르게 정할 수 있다는 뜻이다.

孔疏 ●“武王成之”者, 謂築成都邑.

번역 ●經文: “武王成之”. ○도읍을 건설했다는 뜻이다.

孔疏 ◎注"此臣歸美於君". ○正義曰: 下經始據臣之於君. 此經據凡人相於而云"歸美於君"者, 以歸美於它人, 詩無其證, 故引此"惟龜正之", 歸美於君以證之.

번역 ◎鄭注: "此臣歸美於君". ○아래 경문에서는 처음으로 신하와 군주의 관계를 제시했다. 이곳 경문에서는 모든 사람들이 서로 함께 하는 것을 제시했는데, 정현이 "군주에게 아름다움을 돌린다."라고 말한 것은 타인에게 아름다움을 돌리는 일에 대해 『시』에는 증명할 만한 기록이 없다. 그렇기 때문에 "거북점이 바르게 정했다."라고 한 말을 인용하여, 군주에게 아름다움을 돌린다는 뜻으로 일반인들에 대한 내용을 대신 증명한 것이다.

集解 讓善者, 以善相讓, 則又不止於無怨而已.

번역 '양선(讓善)'은 선함을 통해 서로에게 양보한다면, 또한 원망함이 없어지는 것에만 그치지 않는다.

참고 『시』「대아(大雅)·문왕유성(文王有聲)」

文王有聲, (문왕유성) : 문왕께서 아름다운 명성을 두시니,
遹駿有聲. (휼준유성) : 선조의 명성을 크게 이어받은 것이라.
遹求遹寧, (휼구휼녕) : 이어받아 백성들을 편안케 하는 도리를 구하고,
遹觀厥成. (휼관궐성) : 이어받아 백성들의 덕을 완성시키나니.
文王烝哉. (문왕증재) : 문왕은 참다운 군주로다.

文王受命, (문왕수명) : 문왕께서 천명을 받으시어,
有此武功. (유차무공) : 이에 무공을 세우셨도다.
旣伐于崇, (기벌우숭) : 숭(崇)나라를 정벌하시고,
作邑于豐. (작읍우풍) : 풍(豐) 땅에 도읍을 세우셨도다.
文王烝哉. (문왕증재) : 문왕은 참나운 군주로다.

築城伊淢, (축성이역) : 성을 쌓되 수로 안에 두셨으니,

作豐伊匹. (작풍이필) : 풍읍의 규모를 적절히 맞췄구나.

匪棘其欲, (비극기욕) : 자신의 욕심을 빨리 이루려고 함이 아니니,

遹追來孝. (휼추래효) : 선조의 효행을 미루어 시행함이라.

王后烝哉. (왕후증재) : 문왕은 참다운 군주로다.

王公伊濯, (왕공이탁) : 천자의 과업이 점점 커지니,

維豐之垣. (유풍지원) : 풍읍에 담장을 두르셨도다.

四方攸同, (사방유동) : 사방에서 마음을 함께 하여 귀의하니,

王后維翰. (왕후유한) : 문왕께서 근간으로 삼으셨도다.

王后烝哉. (왕후증재) : 문왕은 참다운 군주로다.

豐水東注, (풍수동주) : 풍수(豐水)가 동쪽으로 흘러가니,

維禹之績. (유우지적) : 우임금의 공적이로다.

四方攸同, (사방유동) : 사방에서 마음을 함께 하여 귀의하니,

皇王維辟. (황왕유벽) : 무왕께서 군주가 되시도다.

皇王烝哉. (황왕증재) : 무왕은 참다운 군주로다.

鎬京辟廱, (호경벽옹) : 호경에 벽옹(辟廱)7)을 세우시니,

自西自東. (자서자동) : 서에서 오며 동에서 오도다.

自南自北, (자남자북) : 남에서 오며 북에서 오니,

無思不服. (무사불복) : 마음에 감복하지 않는 자가 없도다.

皇王烝哉. (황왕증재) : 문왕은 참다운 군주로다.

考卜維王, (고복유왕) : 서약하여 거북점을 치는 자는 무왕이로니,

宅是鎬京. (택시호경) : 호경에 도읍을 정하시는구나.

維龜正之, (유귀정지) : 거북점이 길한 점괘를 내놓으니,

武王成之. (무왕성지) : 무왕께서 도읍을 정하셨도다.

---

7) 벽옹(辟廱)은 벽옹(辟雍)과 같은 말이다. 천자의 국성(國城)에 있는 태학(太學)을 지칭한다. '벽(辟)'자는 밝다는 뜻이고, '옹(雍)'자는 조화롭다는 뜻이다. '벽옹'은 천자가 이곳을 통해 천하의 모든 사람들을 밝고 조화롭게 만든다는 뜻이다. 참고로 제후국에 있는 태학을 반궁(頖宮: =泮宮)이라고 부른다.

武王烝哉. (무왕증재) : 무왕은 참다운 군주로다.

豐水有芑, (풍수유기) : 풍수가에 작물이 잘 자라나니,
武王豈不仕. (무왕기불사) : 무왕이 어찌 일삼지 않으리오.
詒厥孫謀, (이궐손모) : 천하를 순종시키는 계책을 자손들에게 전해주시니,
以燕翼子. (이연익자) : 공손한 자속들을 편안케 하시는구나.
武王烝哉. (무왕증재) : 무왕은 참다운 군주로다.

毛序 文王有聲, 繼伐也. 武王, 能廣文王之聲, 卒其伐功也.

모서 「문왕유성(文王有聲)」편은 무왕이 문왕의 뒤를 이어 은나라를 정벌했던 일을 읊은 시이다. 무왕은 문왕의 명성을 크게 넓힐 수 있었고, 마침내 정벌의 공적을 이룩하였다.

그림 10-2 ■ 벽옹(辟雍: =辟廱)

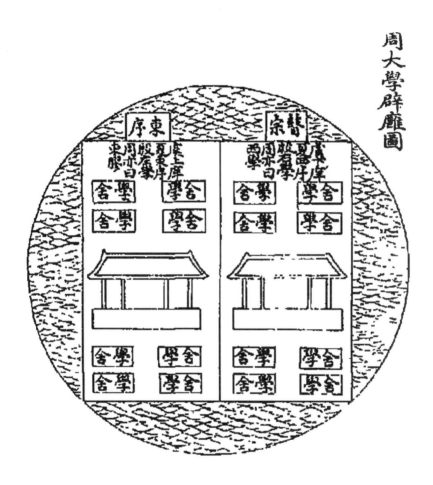

※ 출처: 『주례도설(周禮圖說)』 하권

【614b】

子云, "善則稱君, 過則稱己, 則民作忠. 君陳曰, '爾有嘉謀嘉猷, 入告爾君于內, 女乃順之于外, 曰此謀此猷, 惟我君之德. 於乎, 是惟良顯哉.'"

직역 子가 云, "善이라면 君을 稱하고, 過라면 己를 稱하면, 民은 忠을 作이라. 君陳에서 曰, '爾에게 嘉謀嘉猷가 有하면, 入하여 內에서 爾의 君에게 告하고, 女는 外에서 順하며, 曰 此謀와 此猷는 惟히 我君의 德이라. 於乎라, 是는 惟히 良이 顯이로다.'"

의역 공자가 말하길, "선한 일을 군주에게 돌리고 잘못된 일을 자신에게 돌린다면, 백성들은 충(忠)을 일으킬 것이다. 『서』「군진(君陳)」편에서는 '너에게 좋은 계책과 좋은 꾀가 있다면, 들어가 안에서 너의 군주에게 아뢰고, 너는 밖에서 그것을 가르치며 다음과 같이 말한다. 이러한 계책과 꾀는 모두 우리 군주의 덕으로 인해 나타난 것이다. 오호라! 이처럼 해야만 어짊이 드러날 것이다.'"라고 했다.

集說 君陳, 周書, 與今書文小異, 引以證善則稱君之義.

번역 '군진(君陳)'은 『서』「주서(周書)」편으로,[8] 현재의 『서』와는 문장이 조금 차이를 보이는데, 이것을 인용하여 선한 일이라면 군주에게 돌린다는 뜻을 증명하였다.

大全 臨川吳氏曰: 言人臣善稱君過稱己, 則民化之, 皆興起而盡忠於君. 引書君陳, 證歸美於君之事. 於乎, 歎辭, 是, 謂如此也. 言臣能如此, 則是良臣而君之名亦顯也.

---

8) 『서』「주서(周書)・군진(君陳)」: 爾有嘉謀嘉猷, 則入告爾后于內, 爾乃順之于外, 曰, 斯謀斯猷, 惟我后之德. 嗚呼. 臣人咸若時, 惟良顯哉.

번역 임천오씨가 말하길, 신하가 선한 일을 군주에게 돌리고 잘못된 일을 자신에게 돌린다면, 백성들이 모두 감화되어, 모두들 흥기하여 군주에게 충심을 다하게 된다는 뜻이다. 『서』「군진(君陳)」편을 인용하여, 아름다운 것을 군주에게 돌리는 사안을 증명하였다. '오호(於乎)'는 감탄사이며, '시(是)'자는 "이와 같다."는 뜻이다. 즉 신하가 이처럼 할 수 있다면, 이는 어진 신하이고 군주의 명성 또한 드러나게 된다는 의미이다.

鄭注 君陳, 蓋周公之子·伯禽弟也, 名篇在尙書, 今亡. 嘉, 善也. 猷, 道也. "於乎是惟良顯哉", 美君之德.

번역 '군진(君陳)'은 아마도 주공의 자식이자 백금의 동생일 것인데, 그의 이름을 편명으로 정하여 『상서』에 수록하였으나 현재는 망실되어 없다. '가(嘉)'자는 "좋다[善]."는 뜻이다. '유(猷)'자는 도(道)를 뜻한다. "오호라! 이에 어짊이 드러나는구나."라고 한 말은 군주의 덕을 미화하는 말이다.

釋文 於音烏, 下火吳反, 注同.

번역 '於'자의 음은 '烏(오)'이며, '乎'자는 '火(화)'자와 '吳(오)'자의 반절음이고, 정현의 주에 나오는 글자도 그 음이 이와 같다.

孔疏 ●"君陳曰: 爾有嘉謀嘉猷, 入告爾君于內"者, 嘉, 善也; 猷, 道也. 言爾有善謀善道, 則入告爾君於內.

번역 ●經文: "君陳曰: 爾有嘉謀嘉猷, 入告爾君于內". ○'가(嘉)'자는 "좋다[善]."는 뜻이며, '유(猷)'자는 도(道)를 뜻한다. 즉 너에게 좋은 계책과 좋은 도가 있다면, 들어가 안에서 너의 군주에게 아뢰라는 뜻이다.

孔疏 ●"女乃順之於外"者, 言先告君於內, 乃順行之於外.

번역 ●經文: "女乃順之於外". ○먼저 안에서 군주에게 아뢰고, 그런 뒤에 밖에서 그에 따라 시행한다는 뜻이다.

孔疏 ●"曰此謀此猷, 惟我君之德"者, 言此善謀善道, 惟是我君之德也.

번역 ●經文: "曰此謀此猷, 惟我君之德". ○이러한 좋은 계책과 좋은 도
는 우리 군주의 덕에 해당한다는 뜻이다.

孔疏 ●"於乎是惟良顯哉"者, 旣推德於君, 又歎美君德. 云於乎是君德, 惟
良善顯明哉.

번역 ●經文: "於乎是惟良顯哉". ○이미 군주에게 그 덕을 돌리고, 재차
군주의 덕을 찬미한 것이다. 즉 오호라! 이것은 군주의 덕이니 어질고 좋음
이 밝게 드러나리라는 의미이다.

孔疏 ◎注"君陳蓋周公之子伯禽弟也". ○正義曰: 知"君陳蓋周公子"者,
以書序云: "周公旣沒, 命君陳分正東郊成周." 似若蔡仲之命, 書序云"蔡叔旣
卒, 王命蔡仲踐諸侯位", 相似, 皆是父卒命子, 故疑周公子. 以伯禽周公元子,
旣封於魯, 命君陳令居東郊, 故知伯禽弟也.

번역 ◎鄭注: "君陳蓋周公之子伯禽弟也". ○정현이 "군진은 주공의 자
식이다."라고 했는데, 『서』의 「소서(小序)」에서는 "주공이 죽자 군진에게
명령하여 동교(東郊)인 성주(成周)를 나누어 다스리게 했다."[9]라고 했으
니, 이것은 마치 『서』「채중지명(蔡仲之命)」편의 「소서」에서 "채숙이 죽자
천자는 채중에게 명령하여 제후의 지위에 오르게 했다."[10]라고 한 말과 유
사하니, 이 모두는 부친이 죽어서 자식에게 명령하는 것에 해당한다. 그렇
기 때문에 주공의 자식이라고 의심했던 것이다. 그리고 백금은 주공의 장
자이며, 이미 노나라에 분봉했고, 군진에게 명령하여 동교에 머물도록 했기

---

9) 『서』「주서(周書)·군진(君陳)」: 周公旣沒, 命君陳, 分正東郊成周, 作君陳.
10) 『서』「주서(周書)·채중지명(蔡仲之命)」: 蔡叔旣沒, 王命蔡仲踐諸侯位, 作蔡
    仲之命.

때문에, 그가 백금의 동생이라는 사실을 알 수 있다.

訓纂 春秋襄十九年, "晉士匄帥師侵齊, 至穀, 聞齊侯卒, 乃還." 穀梁傳, "君不尸小事, 臣不專大名. 善則稱君, 過則稱己, 則民作讓矣. 士匄外專君命, 故非之也. 然則爲士匄者宜奈何? 宜墠帷而歸命乎介."

번역 『춘추』양공(襄公) 19년에서는 "진(晉)나라 사개가 군대를 이끌고 제(齊)나라를 침공했는데, 곡(穀) 땅에 이르러 제나라 후작이 죽었다는 소식을 듣고 되돌아왔다."11)라고 했고, 『곡량전』에서는 "군주는 작은 일을 주관하지 않고, 신하는 큰 명성을 자기만의 것으로 하지 않는다. 선한 일을 군주에게 돌리고 잘못된 일을 자신에게 돌린다면 백성들은 겸양의 덕을 일으킬 것이다. 사개는 겉으로만 군주의 명령을 따랐기 때문에 그를 비난한 것이다. 그렇다면 사개와 같은 경우에 처하면 마땅히 어떻게 해야 하는가? 마땅히 제단을 쌓고 휘장을 두른 뒤에 부관에게 명령을 돌려보내야 한다."12)라고 했다.

訓纂 釋詁: 猷, 言也.

번역 『이아』「석고(釋詁)」편에서 말하길, '유(猷)'자는 말[言]이다.13)

참고 『서』「주서(周書)·군진(君陳)」

經文 爾有嘉謀嘉猷, 則入告爾后于內, 爾乃順之于外.

11) 『춘추』「양공(襄公) 19년」: 晉士匄帥師侵齊, 至穀, 聞齊侯卒, 乃還.
12) 『춘추곡량전』「양공(襄公) 19년」: 受命而誅生, 死無所加其怒, 不伐喪, 善之也, 善之則何爲未畢也, 君不尸小事, 臣不專大名, 善則稱君, 過則稱己, 則民作讓矣, 士匄外專君命, 故非之也, 然則爲士匄者宜奈何, 宜墠帷而歸命乎介.
13) 『이아』「석고(釋詁)」: 話·猷·載·行·訛, 言也.

번역 너에게 선한 계책과 선한 도가 있다면, 들어가 안에서 너의 군주에게 아뢰고, 너는 밖에서 그것에 따라라.

孔傳 汝有善謀善道, 則入告汝君於內, 汝乃順行之於外.

번역 너에게 선한 계책과 선한 도가 있다면, 들어가 안에서 너의 군주에게 아뢰고, 너는 밖에서 그것에 따라 시행하라는 뜻이다.

經文 曰, "斯謀斯猷, 惟我后之德."

번역 말하길, "이러한 계책과 이러한 도는 오직 우리 군주의 덕에서 나온 것이다."

孔傳 此善謀此善道, 惟我君之德. 善則稱君, 人臣之義.

번역 이러한 선한 계책과 이러한 선한 도는 오직 우리 군주의 덕에서 나온 것이다. 선한 것을 군주에게 돌리는 것이 신하의 도리이다.

經文 嗚呼! 臣人咸若時, 惟良顯哉!

번역 오호라! 신하가 모두 이처럼 해야만 어질고 드러날 것이니라!

孔傳 歎而美之曰, "臣於人者皆順此道, 是惟良臣, 則君顯明於世."

번역 찬미하며 말하길, "신하는 남들에 대해서 모두 이러한 도리에 따라야 하니, 이처럼 할 수 있는 자는 오직 어진 신하이며, 이처럼 한다면 군주의 명성이 세상에 드날리게 된다."라고 한 것이다.

蔡傳 言切於事, 謂之謀, 言合於道, 謂之猷. 道與事非二也, 各擧其甚者言之. 良, 以德言, 顯, 以名言. 或曰, 成王擧君陳前日已陳之善, 而歎息以美之也.

번역 말 중에서도 일에 대해 긴요한 것을 '모(謀)'라고 부르며, 말 중에서도 도에 합치되는 것을 '유(猷)'라고 부른다. 도와 일은 두 가지가 아니며, 각각 비중이 있는 것을 기준으로 말한 것이다. '양(良)'은 덕을 기준으로 말한 것이고, '현(顯)'은 명성을 기준으로 말한 것이다. 혹자는 "성왕(成王)이 이전에 군진이 진술했던 선한 말을 거론하여 탄식하며 찬미한 글이다."라고도 주장한다.

蔡傳 葛氏曰: 成王殆失斯言矣. 欲其臣善則稱君, 人臣之細行也. 然君既有是心, 至於有過, 則將使誰執哉? 禹聞善言則拜, 湯改過不吝, 端不爲此言矣. 嗚呼, 此其所以爲成王歟.

번역 갈씨가 말하길, 성왕(成王)이 한 이 말은 자못 실수를 한 것이다. 신하가 선한 것을 군주에게 돌리게끔 하려고 하는 것은 신하의 행실 중에서도 작은 것이다. 그러나 군주가 이미 이러한 마음이 있다면 잘못이 발생하게 될 때 누구로 하여금 잘못의 책임을 지우겠는가? 우임금은 선한 말을 들으면 절을 했고, 탕임금은 잘못을 고치는데 인색하지 않았으니, 결코 이러한 말을 하지 않았을 것이다. 오호라! 이것이 바로 성왕밖에 되지 못한 이유일 것이다.

참고 구문비교

출 처	내 용
『禮記』「坊記」	善則稱君, 過則稱己, 則民作忠.
『春秋穀梁傳』「襄公 19」	善則稱君, 過則稱己, 則民作讓矣.
『韓詩外傳』「3권」	善則稱君, 過則稱己, 臣下之義也.

그림 10-3 ▣ 주공(周公)의 가계도(家系圖)

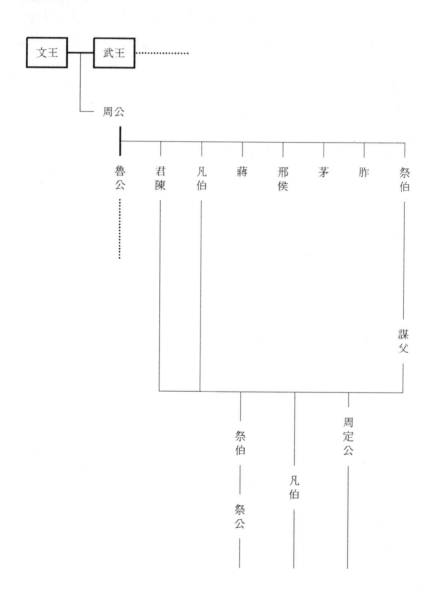

※ 출처:『역사(繹史)』1권「역사세계도(繹史世系圖)」

그림 10-4 ▣ 가모입고도(嘉謀入告圖)

※ **출처:** 『흠정서경도설(欽定書經圖說)』 41권 「가모입고도(嘉謀入告圖)」

【614b~c】

子云, "善則稱親, 過則稱己, 則民作孝. 大誓曰, '予克紂, 非予武, 惟朕文考無罪. 紂克予, 非朕文考有罪, 惟予小子無良.'"

직역 子가 云, "善이라면 親을 稱하고, 過라면 己를 稱하면, 民은 孝를 作한다. 大誓에서 曰, '予가 紂를 克하게 되면, 予武가 非이며, 惟히 朕의 文考께 罪가 無라. 紂가 予를 克하게 되면, 朕의 文考께 罪가 有함이 非이며, 惟히 予인 小子가 良이 無라.'"

의역 공자가 말하길, "좋은 일을 부모에게 돌리고 잘못된 일을 자신에게 돌린다면, 백성들은 효를 시행할 것이다. 「태서(泰誓)」편에서는 '내가 주임금을 이기게 된다면, 이것은 나의 무용 때문이 아니며, 오직 나의 부친인 문왕께 죄가 없으셨기 때문이다. 만약 주임금이 나를 이기게 된다면, 이것은 나의 부친인 문왕께 죄가 있으셨기 때문이 아니며, 오직 나에게 어짊이 없기 때문이다.'"라고 했다.

集說 泰誓, 周書, 引以證善則稱親之義.

번역 '태서(泰誓)'는 『서』「주서(周書)」편으로,[14] 이 기록을 인용하여 선한 일이라면 부모에게 돌린다는 뜻을 증명하였다.

大全 臨川吳氏曰: 言人子善稱親過稱己, 則民化之, 皆興起而孝於親. 引書泰誓, 證歸美於親之事.

번역 임천오씨가 말하길, 자식이 좋은 일을 부모에게 돌리고 잘못된 일을 자신에게 돌린다면, 백성들이 감화되어, 모두 흥기하여 부모에게 효를

---

14) 『서』「주서(周書)・태서하(泰誓下)」: 予克受, 非予武, 惟朕文考無罪. 受克予, 非朕文考有罪, 惟予小子無良.

한다는 뜻이다. 『서』「태서(泰誓)」편을 인용하여, 부모에게 아름다움을 돌리는 일을 증명하였다.

鄭注 大誓, 尙書篇名也. 克, 勝也. "非予武", 非我武功也. "文考", 文王也. "無罪", 則言有德也. "無良", 無功善也. 此武王誓衆以伐紂之辭也. 今大誓無此章, 則其篇散亡.

번역 '대서(大誓)'는 『상서』의 편명이다. '극(克)'자는 "이기다[勝]."는 뜻이다. "나의 무(武)가 아니다."라고 한 말은 나의 무공 때문이 아니라는 의미이다. '문고(文考)'는 문왕을 뜻한다. "죄가 없다."라고 했으니, 덕이 있다는 뜻이다. "어짊이 없다."라고 한 것은 공훈과 선함이 없다는 뜻이다. 이것은 무왕이 군사들에게 맹세를 하며 주임금을 정벌하며 한 말이다. 현재의 「태서」편에는 이러한 문장이 없고, 그 편은 산일되어 망실되었다.

釋文 大音泰, 本亦作泰, 注同.

번역 '大'자의 음은 '泰(태)'이며, 판본에 따라서 또한 '泰'자로 기록하기도 하며, 정현의 주에 나온 글자도 이와 같다.

孔疏 ●"泰誓曰"至"予小子無良"者, 克, 勝也. 武王云: 我之克紂, 非我武, 惟我文考無罪於天, 爲天所佐. 若紂克於我, 非我文考有罪, 惟我小子無良善之德, 故致敗也.

번역 ●經文: "泰誓曰"至"予小子無良". ○'극(克)'자는 "이기다[勝]."는 뜻이다. 무왕은 "내가 주임금을 이기게 된다면, 이것은 나의 무용 때문이 아니며, 오직 나의 부친이신 문왕께서 하늘에 죄를 얻은 것이 없어서, 하늘이 도와주셨기 때문이다. 만약 주임금이 나를 이기게 된다면, 이것은 나의 부친인 문왕께서 죄를 얻어서가 아니며, 오직 나에게 어짊과 선한 덕이 없기 때문이다. 그래서 패배하게 된 것이다."라고 말한 것이다.

孔疏 ◎注“今泰誓無此章, 則其篇散亡”. ○正義曰: 鄭不見古文尙書. 漢時別有尙書逸篇, “四月太子發上祭於畢”以下三篇之事, 鄭謂篇中有此經之語, 但其事散亡.

번역 ◎鄭注: “今泰誓無此章, 則其篇散亡”. ○정현은 『고문상서』를 보지 않았기 때문이다. 한나라 때에는 별도로 『상서』의 일실된 편들이 존재했었는데, “4월 태자 발이 위로는 필(畢)에서 제사를 지냈다.”라고 한 기록으로부터 그 이하로 세 편에 나오는 사안에 대해, 정현은 편중에는 이곳 경문에 기록된 말이 있지만 그 사안에 대한 기록이 산일되어 없어졌다고 한 것이다.

참고 『서』「주서(周書)·태서하(泰誓下)」

經文 予克受, 非予武, 惟朕文考無罪.

번역 내가 수(受)를 이긴다면 나의 무용 때문이 아니며, 나의 문고(文考)께 죄가 없으셨기 때문이다.

孔傳 推功於父, 言文王無罪於天下, 故天佑之, 人盡其用.

번역 부친께 공을 돌리는 것이니, 문왕은 천하에 죄를 짓지 않았기 때문에 하늘이 도왔고 사람들이 모두 자신의 능력을 다 발휘했다는 의미이다.

經文 受克予, 非朕文考有罪, 惟予小子無良.

번역 수(受)가 나를 이긴다면 나의 문고(文考)께 죄가 있으셨기 때문이 아니며, 나에게 어진 마음이 없기 때문이다.

孔傳 若紂克我, 非我父罪, 我之無善之致.

번역 만약 주임금이 나를 이긴다면 나의 부친께 죄가 있어서가 아니며, 내가 선함을 지극히 하지 못했기 때문이다.

孔疏 ◎傳"若紂"至"之致" ○正義曰: 言克受乃是文王之功, 若受克予非是文王之罪. 而言"非我父罪, 我之無善之致"者, 其意言勝非我功, 敗非父咎, 崇孝罪己, 以求衆心耳.

번역 ◎孔傳: "若紂"~"之致" ○수(受)를 이긴다면 문왕의 공 때문이며, 만약 수가 나를 이기나면 문왕의 죄 때문이 아니라는 뜻이다. 공안국이 "나의 부친께 죄가 있어서가 아니며, 내가 선함을 지극히 하지 못했기 때문이다."라고 했는데, 그 의미는 이기는 것은 나의 공덕 때문이 아니며, 패배하는 것은 부친의 허물 때문이 아니라는 의미로, 효를 숭상하고 자신을 탓하여 대중들의 마음을 얻으려고 했던 것일 뿐이다.

蔡傳 無罪, 猶言無過也. 無良, 猶言無善也. 商周之不敵久矣, 武王猶有勝負之慮, 恐爲文王羞者, 聖人臨事而懼也如此.

번역 '무죄(無罪)'는 과실이 없다는 말과 같다. '무량(無良)'은 선함이 없다는 말과 같다. 은나라와 주나라는 대등하게 양립할 수 없는 상태가 오래 지속되었는데, 무왕은 여전히 승패에 대해 염려했으니, 문왕께 누를 끼치게 될까를 염려한 것이다. 이것은 성인이 어떤 일에 임할 때 이처럼 두려워하게 됨을 나타낸다.

그림 10-5 ▣ 주(周)나라 문왕(文王)

王　文　周

※ 출처: 『삼재도회(三才圖會)』「인물(人物)」1권

그림 10-6 ▣ 주(周)나라 무왕(武王)

王　　武　　周

※ 출처: 『삼재도회(三才圖會)』「인물(人物)」 1권

• 제 11 절 •

부모에 대한 효

【614c】

子云, "君子弛其親之過, 而敬其美. 論語曰, '三年無改於父
之道, 可謂孝矣.' 高宗云, '三年其惟不言, 言乃讙.'"

직역 子가 云, "君子는 그 親의 過를 弛하고, 그 美를 敬한다. 論語에서 曰,
'三年동안 父의 道에서 改가 無라야, 可히 孝라 謂한다.' 高宗에서 云, '三年동안
그 惟히 不言하니, 言하자 讙이라.'"

의역 공자가 말하길, "군자는 부모의 잘못을 잊어버리고 아름다운 점만을 공경
한다. 『논어』에서는 '3년 동안 부친의 도에서 고친 점이 없어야만 효라고 할 수
있다.'[1]라고 했고, 「고종」에서는 '3년 동안 말을 하지 않았는데, 이윽고 말을 하자
백성들이 기뻐하였다.'"라고 했다.

集說 弛, 猶棄忘也. 三年不言, 見商書說命篇. 讙, 今周書無逸篇作雍. 讙,
與歡同, 言天下喜悅之也. 此條引論語近之, 引書義不協.

번역 '이(弛)'자는 버리고 잊는다는 뜻이다. 3년 동안 말을 하지 않았다
는 것은 『서』「상서(商書)·열명(說命)」편에 나온다.[2] '환(讙)'자를 현재의
『서』「주서(周書)·무일(無逸)」편에서는 '옹(雍)'자로 기록했다.[3] '환(讙)'

---

1) 『논어』「학이(學而)」 : 子曰, "父在觀其志, 父沒觀其行, <u>三年無改於父之道, 可</u>
<u>謂孝矣.</u>"
2) 『서』「상서(商書)·열명상(說命上)」 : 王宅憂, 亮陰三祀. 旣免喪, 其惟弗言.
3) 『서』「주서(周書)·무일(無逸)」 : 其在高宗時, 舊勞于外, 爰暨小人, 作其卽位,

자는 환(歡)자와 동일하니, 천하 사람들이 기뻐했다는 뜻이다. 이곳 조목에
서는 『논어』를 인용했는데, 그 내용이 문장의 뜻에 가깝고, 『서』를 인용한
것은 그 의미가 합치되지 않는다.

集說 石梁王氏曰: 既有子云, 又引論語曰, 不應孔子自言, 因知皆後人爲
之, 且不應孔子發言段段引證如此齊同.

번역 석량왕씨가 말하길, 이미 '자운(子云)'이라고 했는데 또 '논어왈(論
語曰)'이라고 하여 『논어』의 기록을 인용했으니, 이것은 공자가 스스로 한
말에 해당하지 않는다. 따라서 이를 통해 이 모든 기록들이 후세 사람들이
지어냈다는 사실을 알 수 있고, 또 공자가 말을 할 때 매번 인용문을 가져다
가 이처럼 통일성 있게 증명하지는 않았을 것이다.

大全 嚴陵方氏曰: 子爲父隱, 所謂弛其過也. 善則稱親, 所謂敬其美也.

번역 엄릉방씨가 말하길, 자식이 부친을 위하여 숨겨주는 것4)이 바로
"잘못을 잊어버린다."는 뜻이다. 좋은 일이라면 부모에게 돌린다는 것이 바
로 "아름다운 점을 공경한다."는 뜻이다.

大全 石林葉氏曰: 親之亡也, 三年無改, 以終其憂. 三年不言, 以思其孝.
然書言乃雍, 此言乃讙. 讙則樂之至也, 雍則和之至也.

번역 석림섭씨가 말하길, 부모가 돌아가셨을 때 3년 동안 고침이 없는
것은 근심이 가득한 상사(喪事)를 잘 마무리하기 위해서이다. 3년 동안 말
을 하지 않는 것은 효를 생각해서이다. 그런데 『서』에서는 "말하자 조화로
웠다."라고 했고, 이곳에서는 "말하자 기뻐하였다."라고 했다. 환(讙)은 즐
거움이 지극한 것이며, '옹(雍)'은 조화로움이 지극한 것이다.

─────
乃或亮陰, 三年不言. 其惟不言, 言乃雍, 不敢荒寧, 嘉靖殷邦.
4) 『논어』「자로(子路)」: 葉公語孔子曰, "吾黨有直躬者, 其父攘羊, 而子證之." 孔
子曰, "吾黨之直者異於是, 父爲子隱, 子爲父隱. 直在其中矣."

鄭注 弛猶棄忘也, 孝子不藏識父母之過. 不以己善駮親之過. 高宗, 殷王武丁也, 名篇在尙書. 三年不言, 有父小乙喪之時也. 讙, 當爲"歡", 聲之誤也. 其旣言, 天下皆歡喜, 樂其政敎也.

번역 '이(弛)'자는 버리고 잊는다는 뜻이니, 자식은 부모의 잘못에 대해서 기억하지 않는다. 자신의 좋은 점을 부모의 잘못과 비교하지 않는다. '고종(高宗)'은 은나라의 천자인 무정(武丁)인데, 그의 이름을 딴 편명이 『상서』에 수록되어 있다. 3년 동안 말을 하지 않은 것은 그의 부친인 소을(小乙)의 상사를 치른 기간에 해당한다. '환(讙)'자는 마땅히 '환(歡)'자가 되어야 하니, 소리가 비슷해서 생긴 잘못이다. 그가 말을 하자 천하의 백성들이 모두 기뻐하였으니, 그의 정치와 교화를 즐거워했던 것이다.

釋文 駮, 邦角反. 弛, 式氏反, 注同. 讙, 依注音歡, 火官反. 樂音洛.

번역 '駮'자는 '邦(방)'자와 '角(각)'자의 반절음이다. '弛'자는 '式(식)'자와 '氏(씨)'자의 반절음이며, 정현의 주에 나오는 글자도 그 음이 이와 같다. '讙'자는 정현의 주에 따르면 그 음이 '歡'이니, '火(화)'자와 '官(관)'자의 반절음이다. '樂'자의 음은 '洛(낙)'이다.

孔疏 ●"子云"至"其親". ○正義曰: 上文承"善則稱親", "則民作孝", 故此一節廣明爲孝之道以坊於民, 民猶有忘孝之事, 各依文解之.

번역 ●經文: "子云"~"其親". ○앞의 문장에서 "좋은 일이라면 부모에게 돌린다."라고 했고, "백성들이 효를 시행한다."라고 했는데, 이 문장의 내용을 이었기 때문에, 이곳 문단에서는 효의 도리를 실천하여 백성들이 잘못을 저지르지 않도록 방지하는데, 백성들 중에는 오히려 효를 잊어버리는 일이 발생한다고 폭넓게 설명하고 있으니, 각각의 문장에 따라서 풀이하겠다.

孔疏 ●"君子弛其親之過"者, 弛謂棄忘, 若親有過失, 孝子棄忘之, 不藏記在心也.

번역 ●經文: "君子弛其親之過". ○'이(弛)'자는 버리고 잊는다는 뜻이니, 만약 부모에게 잘못이 있다면, 자식은 그것을 잊어버리며 마음에 담아두거나 기억하지 않는다.

孔疏 ●"高宗云"者, 此尙書·說命之篇, 論高宗之事, 故言"高宗云", 高宗非書篇之名.

번역 ●經文: "高宗云". ○이것은 『상서』「열명(說命)」편인데, 고종의 일화를 논의하였기 때문에 '고종운(高宗云)'이라고 한 것이니, '고종(高宗)'은 『서』의 편명이 아니다.

孔疏 ●"三年其惟不言"者, 在父喪三年之內, 其惟不言政敎.

번역 ●經文: "三年其惟不言". ○부모의 상을 치르는 3년 동안 정치와 교화에 대해서 언급하지 않았다는 뜻이다.

孔疏 ●"言乃讙"者, 謂三年服畢之後, 言論政敎, 天下皆歡樂也.

번역 ●經文: "言乃讙". ○3년의 복상기간이 끝난 이후 정치와 교화에 대해 논의하자 천하의 백성들이 모두 기뻐하였다는 뜻이다.

孔疏 ◎注"高宗, 殷王武丁也, 名篇在尙書". ○正義曰: 按"其惟不言"之文在尙書·說命之篇, "言乃讙"在無逸之篇, 而鄭云"名篇在尙書", 則是高宗篇上有此二言, 與書之文不同者, 鄭不見古文尙書序有高宗之訓, 此經有"高宗云", 謂是高宗之訓篇有此語, 故云"名篇在尙書".

번역 ◎鄭注: "高宗, 殷王武丁也, 名篇在尙書". ○살펴보니, "말을 하지

않았다."는 문장은 『상서』「열명(說命)」편에 수록되어 있고, "말하자 기뻐하였다."는 말은 『상서』「무일(無逸)」편에 수록되어 있는데도, 정현은 "그의 이름을 딴 편명이 『상서』에 수록되어 있다."라고 했다. 이것은 「고종」편에는 이러한 두 기록이 수록되어 있다는 뜻인데, 『서』의 문장과 동일하지 않은 것은 정현이 『고문상서』의 「소서(小序)」에 「고종지훈(高宗之訓)」이라는 편이 있는 것을 보지 못했기 때문이며,5) 이곳 경문에 '고종운(高宗云)'이라고 기록되어 있으니, 이것은 「고종지훈」편에 이러한 말들이 수록되어 있음을 뜻한다. 그렇기 때문에 "그의 이름을 딴 편명이 『상서』에 수록되어 있다."라고 했다.

訓纂 釋詁: 弛, 易也.

번역 『이아』「석고(釋詁)」편에서 말하길, '이(弛)'자는 편안하다는 뜻이다.6)

集解 愚謂: 引高宗者, 周書無逸篇述殷高宗之事也. 不言, 謂不出敎令也. 讙, 書作"雍", 喜悅也. 言高宗居喪三年不言, 不欲遽出敎令以改父之所行, 是以旣言而人喜悅之也.

번역 내가 생각하기에, '고종(高宗)'이라고 인용을 한 것은 『서』「주서(周書)・무일(無逸)」편에서 은나라 고종의 일화를 조술하였기 때문이다. "말을 하지 않았다."는 말은 교령을 내리지 않았다는 뜻이다. '환(讙)'자를 『서』에서는 '옹(雍)'자로 기록했으니, 기뻐했다는 뜻이다. 즉 고종은 상을 치르는 3년 동안 말을 하지 않았으니, 갑자기 교령을 내려서 부친이 시행했던 것을 고치고 싶지 않았던 것으로, 이것이 바로 말을 하게 되자 사람들이 기뻐했던 이유이다.

---

5) 『서』「상서(商書)・고종융일(高宗肜日)」 : 高宗祭成湯, 有飛雉升鼎耳而雊, 祖己訓諸王, 作高宗肜日, 高宗之訓.
6) 『이아』「석고(釋詁)」 : 矢, 弛也. 弛, 易也.

참고 『논어』「학이(學而)」

經文 子曰: 父在觀其志, 父沒觀其行.

번역 공자가 말하길, 부친이 생존해 계실 때에는 자식의 뜻을 살피고, 부친이 돌아가시면 자식의 행실을 살핀다.

何注 孔曰: "父在, 子不得自專, 故觀其志而已. 父沒乃觀其行."

번역 공씨가 말하길, "부친이 생존해 계실 때 자식은 자기 마음대로 할 수 없다. 그렇기 때문에 그 뜻을 살펴볼 따름이다. 부친이 돌아가시게 되면 그 행실을 살핀다."라고 했다.

邢疏 ●"子曰"至"孝矣". ○正義曰: 此章論孝子之行.

번역 ●經文: "子曰"~"孝矣". ○이곳 문장은 자식의 행실에 대해서 논의하였다.

邢疏 ●"父在觀其志"者, 在心爲志. 父在, 子不得自專, 故觀其志而已.

번역 ●經文: "父在觀其志". ○마음에 있는 것이 뜻[志]이 된다. 부친이 생존해 계실 때 자식은 자기 마음대로 할 수 없다. 그렇기 때문에 그 뜻을 살펴볼 따름이다.

邢疏 ●"父沒觀其行"者, 父沒可以自專, 乃觀其行也.

번역 ●經文: "父沒觀其行". ○부친이 돌아가시게 되면 자기 마음대로 할 수 있으니, 그 행실을 살핀다.

經文 三年無改於父之道, 可謂孝矣.

번역 3년 동안 부친의 도에서 고침이 없어야만 효라고 할 수 있다.

何注 孔曰: "孝子在喪, 哀慕猶若父存, 無所改於父之道."

번역 공씨가 말하길, "자식이 상을 치르고 있을 때의 애통함과 사모함은 마치 부친이 생존해계실 때처럼 여기게 되어, 부친의 도에서 고치는 점이 없게 된다."라고 했다.

邢疏 ●"三年無改於父之道, 可謂孝矣"者, 言孝子在喪三年, 哀慕猶若父存, 無所改於父之道, 可謂爲孝也.

번역 ●經文: "三年無改於父之道, 可謂孝矣". ○자식은 상을 치르는 3년 동안 애통함과 사모함이 마치 부친이 생존해 계실 때와 같은데, 부친의 도에서 고치는 점이 없다면, 효라고 할 수 있다.

集註 父在, 子不得自專, 而志則可知, 父沒然後其行可見, 故觀此, 足以知其人之善惡. 然又必能三年無改於父之道, 乃見其孝, 不然則所行雖善, 亦不得爲孝矣.

번역 부친이 생존해 계실 때 자식은 자기 마음대로 할 수 없으니 뜻에 대해서는 알 수 있고, 부친이 돌아가신 뒤에야 그의 행실을 살펴볼 수 있다. 그렇기 때문에 이러한 점을 살펴본다면 그 사람의 선악을 충분히 알 수 있다. 그러나 또한 3년 동안 부친의 도에서 고치는 점이 없어야만 그의 효를 볼 수 있다. 그렇지 않다면 비록 행동한 것이 선하더라도 또한 효라고 할 수 없다.

集註 尹氏曰: 如其道, 雖終身無改, 可也, 如其非道, 何待三年? 然則三年無改者, 孝子之心, 有所不忍故也.

번역 윤씨가 말하길, 만약 그 도에 맞는 것이라면 비록 종신토록 고치지 않아도 괜찮지만, 만약 도가 아니라면 어찌 3년까지 기다릴 수 있겠는가? 그러므로 3년 동안 고치지 않는다는 것은 자식의 마음에 차마 하지 못하는 점이 있기 때문이다.

集註 游氏曰: 三年無改, 亦謂在所當改而可以未改者耳.

번역 유씨가 말하길, 3년 동안 고치지 않는다는 것 또한 마땅히 고쳐야 하는 것에 해당하지만 아직 고치지 않아도 되는 것을 뜻할 따름이다.

참고 『서』「상서(商書)·열명상(說命上)」

經文 王宅憂, 亮陰三祀.

번역 천자께서 부친의 상을 치르고 계셔, 말을 하지 않으신 것이 3년이다.

孔傳 陰, 默也. 居憂, 信默三年不言.

번역 '음(陰)'자는 침묵하다는 뜻이다. 상을 치르고 있어서, 총재에게 일을 맡기고 묵묵히 3년 동안 말을 하지 않았다.

孔疏 ●"王宅憂, 亮陰三祀". ○正義曰: 言王居父憂, 信任冢宰, 默而不言已三年矣. 三年不言, 自是常事, 史錄此句於首者, 謂旣免喪事, 可以言而猶不言, 故述此以發端也.

번역 ●經文: "王宅憂, 亮陰三祀". ○천자가 부친의 상을 치르고 있어서, 총재에게 일을 맡기고 묵묵히 말을 하지 않은 것이 이미 3년을 경과했다는 뜻이다. 3년 동안 말을 하지 않은 것은 일상적인 일인데, 사관이 첫 부분에 이 구문을 기록한 것은 이미 상사를 끝냈으므로, 말을 할 수 있었지만 여전히 말을 하지 않은 것이다. 그렇기 때문에 이 구문을 조술하여 단서를 드러 낸 것이다.

孔疏 ◎傳"陰默"至"不言". ○正義曰: "陰"者, 幽闇之義, "默", 亦闇義, 故 爲默也. 易稱"君子之道, 或默或語", 則"默"者, 不言之謂也. 無逸傳云"乃有 信默, 三年不言", 有此"信默", 則"信", 謂信任冢宰也.

번역 ◎孔傳: "陰默"~"不言". ○'음(陰)'자는 그윽하고 어둡다는 뜻이 며, '묵(默)'자 또한 어둡다는 뜻이다. 그렇기 때문에 묵묵히 있었다는 의미 가 된다. 『역』에서는 "군자의 도는 어떤 때에는 침묵하고 어떤 때에는 말한 다."7)라고 했으니, '묵(默)'자는 말을 하지 않는다는 뜻이다. 『서』「무일(無 逸)」편에 대한 전문에서는 "믿고 침묵하여 3년 동안 말을 하지 않았다."8)라 고 했고, 이곳에서는 '신묵(信默)'이라고 했으니, '신(信)'자는 총재를 신임 하여 그에게 정사를 맡긴다는 뜻이다.

經文 旣免喪, 其惟弗言.

번역 이미 탈상을 했는데, 말을 하지 않으셨다.

孔傳 除喪, 猶不言政.

번역 상을 끝냈음에도 여전히 정사에 대해 언급하지 않았다는 뜻이다.

---

7) 『역』「계사상(繫辭上)」: 子曰, "君子之道, 或出或處, 或默或語. 二人同心, 其 利斷金, 同心之言, 其臭如蘭."
8) 이 문장은 『서』「주서(周書)·무일(無逸)」편의 "作其卽位, 乃或亮陰, 三年不 言."이라는 기록에 대한 공안국(孔安國)의 전문(傳文)이다.

참고 『서』「주서(周書)·무일(無逸)」

經文 其在高宗時, 舊勞于外, 爰暨小人.

번역 고종 때에는 밖에 대한 일에 오래도록 수고로움을 다하시어, 이에 소인들과 하셨습니다.

孔傳 武丁, 其父小乙使之久居民間, 勞是稼穡, 與小人出入同事.

번역 무정(武丁)은 그의 부친인 소을(小乙)이 그로 하여금 오랜 기간 동안 민가에 머물도록 하시어, 농사일에 힘쓰도록 했고, 소인들과 출입하며 일을 함께 하도록 했다.

孔疏 ●"其在"至"九年". ○正義曰: 其殷王高宗, 父在之時, 久勞於外, 於時與小人同其事. 後爲太子, 起其卽王之位, 乃有信默, 三年不言. 在喪其惟不言, 喪畢發言, 言得其道, 乃天下大和. 不敢荒怠自安, 善謀殷國, 至於小大之政, 莫不得所. 其時之人, 無是有怨恨之者. 故高宗之享殷國五十有九年. 亦言不逸得長壽也.

번역 ●經文: "其在"~"九年". ○은나라 천자인 고종은 부친이 생존해 계실 때, 밖에 대한 일에 오래도록 수고로움을 다하였고, 이 시기에 소인들과 같은 일에 참하였다. 이후 태자가 되었고, 천자의 지위에 올랐는데, 이에 곧 총재를 신임하고 침묵하여 3년 동안 말을 하지 않았다. 상을 치르는 중에는 말을 하지 않았는데, 상을 끝내고 말을 하자 그 말이 도리에 합치되어 천하가 크게 조화롭게 되었다. 감히 제멋대로 하거나 나태하지 않았으며 자신만 편안하고자 하지 않았고, 은나라의 정사에 대해 잘 도모하여 크고 작은 정사에 있어서도 제자리를 찾지 못하는 것이 없었다. 당시 사람들은 원망하는 자가 없었다. 그렇기 때문에 고종은 은나라를 59년이나 통치한 것이다. 이것은 또한 안주하지 않고 장수를 누렸음을 의미한다.

孔疏 ◎傳"武丁其"至"同事". ○正義曰: "舊", 久也. 在卽位之前, 而言久勞於外, 知是其父小乙使之久居民間, 勞是稼穡, 與小人出入同爲農役, 小人之艱難事也. 太子使與小人同勞, 此乃非常之事, 不可以非常怪之. 於時蓋未爲太子也, 殷道雖質, 不可旣爲太子, 更得與小人雜居也.

번역 ◎孔傳: "武丁其"~"同事". ○'구(舊)'자는 오랜 기간을 뜻한다. 즉위하기 이전에 밖에 대해서 오랜 기간 동안 수고로움을 다했다는 뜻이니, 부친인 소을이 그로 하여금 오랜 기간 동안 민가에 머물도록 하여 농사에 힘쓰도록 해서, 소인들과 출입하며 함께 농사에 참여하였는데, 이것은 소인들도 어려워했던 일에 함께 종사했던 것이다. 태자로 하여금 소인들과 함께 농사에 힘쓰게 한 것은 일상적인 일이 아니지만, 일상적이지 않다는 이유로 괴이하게 여겨서는 안 된다. 당시 아직 태자에 오르지 않은 상태이고, 은나라의 도는 비록 질박하였지만, 아직 태자의 신분이 아니었으므로, 소인들과 함께 기거할 수 있었다.

經文 作其卽位, 乃或亮陰, 三年不言.

번역 일어나 즉위를 하였는데, 총재에게 일을 맡기고 침묵하여 3년 동안 말을 하지 않으셨다.

孔傳 武丁起其卽王位, 則小乙死, 乃有信默, 三年不言. 言孝行著.

번역 무정이 천자의 지위에 올랐는데, 곧 부친인 소을이 죽어서 총재에게 일을 맡기고 침묵하여 3년 동안 말을 하지 않았다. 이것은 효행이 드러났다는 뜻이다.

孔疏 ◎傳"武丁起"至"行著". ○正義曰: 以上言久勞於外, 爲父在時事, 故言"起其卽王位, 則小乙死"也. "亮", 信也. "陰", 默也. 三年不言, 以舊無功,

而今有, 故言. 乃有說此事者, 言其孝行著也. 禮記·喪服四制引書云: "高宗
諒闇, 三年不言', 善之也. 王者莫不行此禮, 何以獨善之也? 曰, 高宗者, 武丁.
武丁者, 殷之賢王也. 繼世卽位, 而慈良於喪. 當此之時, 殷衰而復興, 禮廢而
復起, 故載之於書中而高之, 故謂之高宗. 三年之喪, 君不言也", 是說此經"不
言"之意也.

번역 ◎孔傳: "武丁起"~"行著". ○앞에서는 밖에 대해서 오랜 기간 동
안 수고로움을 다했다고 했는데, 이것은 부친이 생존해 계실 때 했던 일이
다. 그렇기 때문에 "천자의 지위에 올랐는데, 곧 부친인 소을이 죽었다."라
고 말한 것이다. '양(亮)'자는 신임한다는 뜻이다. '음(陰)'자는 침묵한다는
뜻이다. 3년 동안 말을 하지 않았는데, 오랜 기간 동안 공적을 쌓음이 없었
지만 현재는 발생했기 때문에 말을 한 것이다. 이러한 일화를 기록한 것은
그의 효행을 드러내기 위해서라는 뜻이다. 『예기』「상복사제(喪服四制)」편
에서는 『서』의 문장을 인용하여, "'고종은 햇볕이 들지 않는 임시 막사에서,
3년 동은 말을 하지 않았다.'라고 했는데, 이것은 그의 행위를 칭찬한 기록
이다. 천자 중에는 이러한 예법을 시행하지 않았던 자가 없었는데, 어찌하
여 유독 고종만을 칭찬했는가? 대답해보자면 고종(高宗)은 무정(武丁)이
다. 무정은 은(殷)나라 때의 현명한 천자였다. 대를 이어서 지위에 올랐는
데, 상 치르는 일에 대해서 매우 잘 했다. 당시에 은나라는 쇠약해졌었으나
고종으로 인해 재차 부흥하게 되었고, 예법도 쇠락해졌었으나 고종으로 인
해 재차 시행되었다. 그렇기 때문에 『서』에 그 사실을 기록하여 높인 것이
다. 그래서 그를 '고종(高宗)'이라고 부른 것이다. 삼년상을 치를 때 군주는
말을 하지 않는다."9)라고 했다. 이것은 이곳 경문에서 "말을 하지 않았다."

---

9) 『예기』「상복사제(喪服四制)」【722c~723a】: 始死, 三日不怠, 三月不解, 期悲
   哀, 三年憂, 恩之殺也. 聖人因殺以制節, 此喪之所以三年, 賢者不得過, 不肖者
   不得不及. 此喪之中庸也, 王者之所常行也. 書曰: "高宗諒闇, 三年不言." 善
   也. 王者莫不行此禮, 何以獨善之也? 曰: 高宗者武丁, 武丁者殷之賢王也, 繼世
   卽位, 而慈良於喪. 當此之時, 殷衰而復興, 禮廢而復起, 故善之. 善之, 故載之
   書中而高之, 故謂之高宗. 三年之喪, 君不言, 書云: "高宗諒闇, 三年不言", 此之
   謂也. 然而曰"言不文"者, 謂臣下也.

라고 했던 뜻을 풀이한 말이다.

經文 其惟不言, 言乃雍, 不敢荒寧.

번역 말을 하지 않았는데, 말을 하자 천하가 조화롭게 되었고, 감히 제 멋대로 하거나 자신만 편하고자 하지 않았다.

孔傳 在喪則其惟不言, 喪畢發言, 則天下和. 亦法中宗, 不敢荒怠自安.

번역 상을 치르는 중에는 말을 하지 않았고, 상을 끝내고서 말을 하자 천하가 조화롭게 되었다. 이 또한 중종(中宗)을 본받은 것이니, 감히 제멋대로 하거나 나태하지 않았으며 자신만 편안하고자 하지 않았다.

孔疏 ◎傳"在喪"至"自安". ○正義曰: 鄭玄云, "其不言之時, 時有所言, 則群臣皆和諧." 鄭玄意謂此"言乃雍"者, 在三年之內, 時有所言也. 孔意則爲出言在三年之外, 故云"在喪其惟不言, 喪畢發言, 則天下大和". 知者, 說命云, "王宅憂, 亮陰三祀. 旣免喪, 其惟不言." 除喪猶尙不言, 在喪必無言矣, 故知喪畢乃發言也. 高宗不敢荒寧, 與中宗正同, 故云"亦法中宗, 不敢荒怠自安". 殷家之王, 皆是明王, 所爲善事, 計應略同, 但古文辭有差異, 傳因其文同, 故言"法中宗"也.

번역 ◎孔傳: "在喪"~"自安". ○정현은 "말을 하지 않았을 때, 때에 따라 말을 하게 되면 뭇 신하들이 모두 조화롭고 화목하게 되었다."라고 했다. 정현의 의도는 이곳에서 "말을 하자 조화롭게 되었다."라고 한 것이 삼년상을 치르는 도중에 간혹 때에 따라 말을 하게 된 것이라고 여긴 것이다. 공안국의 의도는 말을 한 것은 삼년상을 치른 이후에 해당한다고 여겼다. 그렇기 때문에 "상을 치르는 중에는 말을 하지 않았고, 상을 끝내고서 말을 하자 천하가 조화롭게 되었다."라고 말한 것이다. 이러한 사실을 알 수 있는 이유는 『서』「열명(說命)」편에서 "천자께서 부친의 상을 치르고 계셔, 말을 하지 않으신 것이 3년이다. 이미 탈상을 했는데, 말을 하지 않으셨다."라고 했기 때문이다. 상을 끝냈는데도 여전히 말을 하지 않았다면, 상을 치르는 도중에는 분명 말을 하지 않았던 것이다. 그렇기 때문에 상을 끝내고서야 말을 했다는 사실을 알 수 있다. 고종(高宗)은 감히 제멋대로 하거나 자신만 편하고자 하지 않았는데, 이것은 중종(中宗)이 한 것과 합치된다. 그렇기 때문에 "또한 중종을 본받은 것이니, 감히 제멋대로 하거나 나태하지 않았으며 자신만 편안하고자 하지 않았다."라고 했다. 은나라 때의 천자는 모두 성왕들이었으므로, 그들이 시행한 선한 정사는 대체적으로 동일했다. 다만 고문으로 전해져오는 기록에는 차이가 있으므로, 전문에서는 그 문장에 따라 동일하다고 여겼다. 그렇기 때문에 "중종을 본받았다."라고 했다.

蔡傳 高宗, 武丁也. 未卽位之時, 其父小乙使久居民間, 與小民出入同事, 故於小民稼穡艱難, 備嘗知之也. 雍, 和也. 發言和順, 當於理也.

번역 '고종(高宗)'은 무정(武丁)이다. 아직 즉위하지 않았을 때, 그의 부친인 소을이 오랜 기간 동안 민가에 거주하게 하여, 백성들과 출입하며 같은 일에 종사하도록 시켰다. 그렇기 때문에 백성들이 농사를 지으며 겪는 어려움에 대해서 두루 알고 있었다. '옹(雍)'자는 조화롭다는 뜻이다. 말을 한 것이 조화롭고 온순하여 이치에 마땅했다는 의미이다.

그림 11-1 ◨ 은(殷)나라 고종(高宗)

※ **출처:**『삼재도회(三才圖會)』「인물(人物)」1권

그림 11-2 ▣ 은(殷)나라 세계도(世系圖)

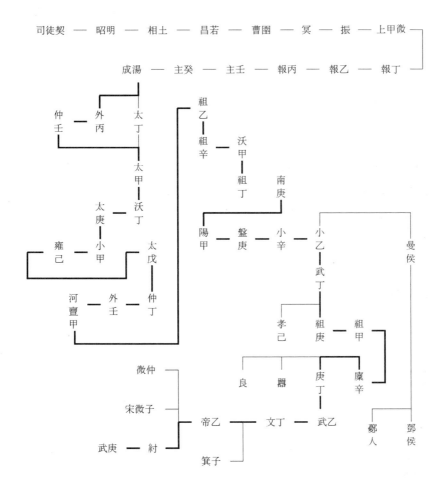

※ **출처:**『역사(繹史)』1권「역사세계도(繹史世系圖)」

【614d】

子云, "從命不忿, 微諫不倦, 勞而不怨, 可謂孝矣. 詩云, '孝子不匱.'"

직역 子가 云, "命에 從하며 不忿하고, 微히 諫하며 不倦하고, 勞하되 不怨하면, 可히 孝라 謂한다. 詩에서 云, '孝子는 不匱이라.'"

의역 공자가 말하길, "부모의 명령에 따르며 성내지 않고, 은미하게 간언을 올리며 게으름을 피우지 않으며, 수고롭게 일하되 원망하지 않는다면, 효라 할 수 있다. 『시』에서는 '자식이 부모를 섬길 때에는 부족하거나 그치는 때가 없다.'"라고 했다.

集說 從命不忿, 謂承受父母命令之時, 不可有忿戾之色, 蓋或以他事致忿, 而其色未平也. 一說, 忿, 當作怠, 亦通. 詩, 大雅旣醉之篇, 言孝子事親無乏止之時.

번역 "명령에 따르며 화를 내지 않는다."는 말은 부모의 명령을 받들어 시행할 때에는 성난 기색을 낼 수 없다는 뜻이니, 간혹 다른 일로 인해 화를 내게 되어, 그 안색이 평온치 못한 경우가 있기 때문일 것이다. 일설에 '분(忿)'자는 마땅히 게으르다는 뜻의 '태(怠)'자가 되어야 한다고 했는데, 그 또한 통한다. 이 시는 『시』「대아(大雅)·기취(旣醉)」편으로,10) 자식의 부모를 섬길 때에는 부족하거나 그치는 때가 없다는 뜻이다.

大全 馬氏曰: 從命不忿, 愛也. 微諫不倦, 敬也.

번역 마씨가 말하길, "명령에 따르며 화를 내지 않는다."는 친애함에 해

---

10) 『시』「대아(大雅)·기취(旣醉)」: 威儀孔時, 君子有孝子. 孝子不匱, 永錫爾類.

당한다. "은미하게 간언을 올리며 게으름을 피우지 않는다."는 공경함에 해
당한다.

鄭注 "微諫不倦"者, 子於父母尙和順, 不用鄂鄂. 論語曰: "事父母幾諫, 見
志不從, 又敬不違." 內則曰: "父母有過, 下氣怡色, 柔聲以諫. 諫若不入, 起敬
起孝. 說則復諫." 此所謂"不倦". 匱, 乏也. 孝子無乏止之時.

번역 "은미하게 간언을 올리며 게으름을 피우지 않는다."라고 했는데,
자식은 부모에 대해서 항상 온화하게 순종해야 하며, 직언으로 잘잘못을
따지는 방법을 쓰지 않는다. 『논어』에서는 "부모를 섬길 때에는 조심스럽
게 간언을 올려야 하며, 부모가 내 뜻에 따르지 않는 것을 보아도 더욱 공경
하며 어기지 않아야 한다."11)라고 했고, 『예기』「내칙(內則)」편에서는 "부
모에게 과실이 있다면, 숨소리를 낮추고 얼굴빛을 평온하게 하며, 목소리를
유순하게 하여 간언을 한다. 간언을 했는데도 만약 받아들이지 않는다면,
공경함과 효도를 더욱 발휘하고, 부모가 기뻐하면 재차 간언을 한다."12)라
고 했으니, 이곳에서 말한 "게으름을 피우지 않는다."라고 한 말에 해당한
다. '궤(匱)'자는 "모자라다[乏]."는 뜻이다. 자식은 부족하거나 그치는 때가
없다는 의미이다.

釋文 鄂, 五各反, 本又作"諤". 說音悅. 復, 扶又反. 匱, 其愧反.

번역 '鄂'자는 '五(오)'자와 '各(각)'자의 반절음이며, 판본에 따라서는 또
한 '諤'자로도 기록한다. '說'자의 음은 '悅(열)'이다. '復'자는 '扶(부)'자와
'又(우)'자의 반절음이다. '匱'자는 '其(기)'자와 '愧(괴)'자의 반절음이다.

---

11) 『논어』「이인(里仁)」 : 子曰, "事父母幾諫, 見志不從, 又敬不違, 勞而不怨."
12) 『예기』「내칙(內則)」【351d~352a】 : 父母有過, 下氣怡色柔聲以諫. 諫若不入,
起敬起孝, 說則復諫. 不說, 與其得罪於鄕黨州閭, 寧孰諫. 父母怒不說, 而撻之
流血, 不敢疾怨, 起敬起孝.

184 譯註 禮記集說大全 坊記 附『正義』・『訓纂』・『集解』

孔疏 ●"子云"至"不匱". ○正義曰: "詩云孝子不匱"者, 是大雅・既醉之篇, 美成王之時告大平之詩. 言孝子行其孝道, 不有匱乏之時.

번역 ●經文: "子云"~"不匱". ○경문의 "詩云孝子不匱"에 대하여. 이것은『시』「대아(大雅)・기취(旣醉)」편으로, 성왕(成王) 때 태평하게 되었음을 아뢰었던 일을 찬미한 시이다. 즉 자식이 효도를 시행할 때에는 부족할 때가 없다는 의미이다.

訓纂 王氏念孫曰: 一說是也. 怠與倦, 義相近, 謂久而不衰也. 大戴禮曾子立孝篇曰, "微諫而不倦, 聽從而不怠", 語意正與此同. 內則, "子婦孝者敬者, 父母舅姑之命勿逆勿怠." 若從命而不忿戾, 未得爲孝也.

번역 왕념손이 말하길,『집설』의 기록 중 일설의 주장이 옳다. '태(怠)'자는 권(倦)자와 의미가 서로 비슷한데, 오래되더라도 쇠락해지지 않는다는 의미이다.『대대례기』「증자입효(曾子立孝)」편에서는 "은미하게 간언을 올리며 권(倦)하지 않고, 명령을 따르며 태(怠)하지 않는다."[13]라고 했는데, 말과 뜻이 이곳과 일치한다.『예기』「내칙(內則)」편에서는 "자식과 며느리 중 효도를 하고 공경하는 자는 부모와 시부모의 명령을 거역해서는 안 되고 태만하게 굴어서도 안 된다."[14]라고 했는데, 만약 명령을 따르면서도 화를 내거나 어그러트리지 않는 경우라면, 아직 효라고 할 수 없다.

訓纂 王氏引之曰: 高誘注淮南精神篇, "勞, 憂也." 此承上"微諫不倦"而言, 言諫而不入, 恐其得罪於鄕黨州閭, 孝子但心憂之, 而不怨其親也.

번역 왕인지가 말하길,『회남자』「정신(精神)」편에 대한 고유[15]의 주에

---

13)『대대례기(大戴禮記)』「증자입효(曾子立孝)」 : 君子之孝也, 忠愛以敬; 反是, 亂也. 盡力而有禮, 莊敬而安之; <u>微諫不倦, 聽從而不怠</u>, 懽欣忠信, 咎故不生, 可謂孝矣.
14)『예기』「내칙(內則)」【350d】 : 子婦孝者敬者, 父母舅姑之命, 勿逆勿怠.
15) 고유(高誘, ?~?) : 후한(後漢) 때의 경학자(經學者)이다. 어려서부터 노식(盧植)에게서 수학하였다고 전해진다.

서는 "노(勞)자는 근심한다는 뜻이다."16)라고 했다. 이곳 문장은 앞에서
"은미하게 간언을 올리며 게으름을 피우지 않는다."라고 한 말을 이어서
말한 것이니, 간언을 했는데도 받아들여지지 않는다면, 마을과 이웃에서
부모가 죄를 얻게 될까 염려된다.17) 따라서 자식은 단지 마음으로만 근심
하며, 부모를 원망하지 않는 것이다.

集解 愚謂: 父母之命雖不合於理, 爲人子者且當從之, 而不可遽有忿怒之
心. 又當幾微以諫, 而不可怠倦, 雖父母不悅, 至於勞之而不可以怨也. 孝子不
匱, 言人子之諫父母, 雖不見從, 而不敢乏止也.

번역 내가 생각하기에, 부모의 명령이 비록 이치에 맞지 않더라도 자식
된 자는 또한 마땅히 그에 따라야 하며 갑작스럽게 분노하는 마음을 가져
서는 안 된다. 또 마땅히 조심스럽고 은미하게 간언을 올리며 게으름을 피
워서는 안 되며, 비록 부모가 기뻐하지 않고 자신을 수고롭게 만들더라도
원망해서는 안 된다. '효자불궤(孝子不匱)'는 자식이 부모에게 간언을 올렸
을 때, 비록 부모가 자신의 뜻에 따르지 않는 것을 보더라도 감히 부모를
섬기는데 부족하거나 효를 그치지 않는다는 뜻이다.

참고 『시』「대아(大雅)・기취(旣醉)」

旣醉以酒, (기취이주) : 관련 예법을 다하여 술로써 취하게 하며,
旣飽以德. (기포이덕) : 관련 일을 마무리하여 덕으로써 배부르게 하노라.
君子萬年, (군자만년) : 군자가 만년을 누리리니,
介爾景福. (개이경복) : 네가 큰 복을 받도록 돕는구나.

---

16) 이 문장은 『회남자(淮南子)』「범론훈(氾論訓)」편의 "以勞天下之民."이라는 기
록에 대한 고유(高誘)의 주이다.
17) 『예기』「내칙(內則)」【351d~352a】: 父母有過, 下氣怡色柔聲以諫. 諫若不入,
起敬起孝, 說則復諫. 不說, 與其得罪於鄕黨州閭, 寧孰諫. 父母怒不說, 而撻之
流血, 不敢疾怨, 起敬起孝.

旣醉以酒, (기취이주) : 관련 예법을 다하여 술로써 취하게 하며,
爾殽旣將. (이효기장) : 네가 술안주를 차려주노라.
君子萬年, (군자만년) : 군자가 만년을 누리리니,
介爾昭明. (개이소명) : 네가 밝게 빛나도록 돕는구나.

昭明有融, (소명유용) : 밝게 빛남이 지속되니,
高朗令終. (고랑령종) : 높고도 밝은 명예로 마침을 아름답게 하는구나.
令終有俶, (영종유숙) : 마침을 잘하여 두터움이 있으니,
公尸嘉告. (공시가고) : 공시(公尸)18)가 좋은 말을 일러주는구나.

其告維何, (기고유하) : 공시가 좋은 말을 고해줌은 무엇을 말하는가?
籩豆靜嘉. (변두정가) : 변(籩)과 두(豆)에 차려내는 음식이 정결하면서도
　　　　　　　　좋기 때문이니라.
朋友攸攝, (붕우유섭) : 뜻을 함께 하여 도와주는 신하들은,
攝以威儀. (섭이위의) : 위엄을 갖춘 예법으로 도와주느니라.

威儀孔時, (위의공시) : 위엄스러운 예법이 매우 합당하거늘,
君子有孝子. (군자유효자) : 군자는 효자의 행실을 지녔도다.
孝子不匱, (효자불궤) : 자식은 그치고 다하지 않으니,
永錫爾類. (영석이류) : 길이 너의 친족들과 함께 하리라.

其類維何, (기류유하) : 너의 친족들과 함께 하는 것은 무엇을 말함인가?
室家之壺. (실가지호) : 우선 너의 집안을 치르게 함이라.
君子萬年, (군자만년) : 군자가 만년을 누리리니,
永錫祚胤. (영석조윤) : 길이 복을 내려 자손에게까지 미치리라.

其胤維何, (기윤유하) : 너의 자손에게까지 미치는 것은 무엇을 말함인가?
天被爾祿. (천피이록) : 하늘이 너의 녹봉과 지위를 덮어줌이니라.
君子萬年, (군자만년) : 군자가 만년을 누리리니,

---

18) 공시(公尸)는 천자의 제사 때 신령 대신 제사를 받는 시동을 뜻한다. 천자의
　　제사에서는 경(卿)을 시동으로 세웠기 때문에, '공(公)'자를 붙여서 '공시'라
　　고 부른 것이다.

景命有僕. (경명유복) : 하늘이 명을 내려 정사와 교화를 시행케 하리라.

其僕維何, (기복유하) : 하늘이 정사와 교화를 시행케 함은 무엇을 말함인가?

釐爾女士. (이이여사) : 너에게 훌륭한 배필을 내려줌이리라.

釐爾女士, (이이여사) : 너에게 훌륭한 배필을 내려주리니,

從以孫子. (종이손자) : 현명한 자손을 낳아 뒤를 이으리라.

毛序 旣醉, 大平也, 醉酒飽德, 人有士君子之行焉.

모서 「기취(旣醉)」편은 태평성세를 읊은 시이니, 술에 취하고 덕으로 배가 불러서, 사람들마다 선비다운 군자의 행실이 갖춰졌다는 뜻이다.

참고 구문비교

출 처	내 용
『禮記』「坊記」	從命不忿, 微諫不倦.
『荀子』「臣道」	從命而不拂, 微諫而不倦.
『大戴禮記』「曾子立孝」	微諫不倦, 聽從而不怠.

■ 그림 11-3 ◼ 주(周)나라 성왕(成王)

周 成 王

※ 출처: 『삼재도회(三才圖會)』「인물(人物)」 1권

효(孝)와 목(睦)

【615a】

> 子云, "睦於父母之黨, 可謂孝矣. 故君子因睦以合族, 詩云, '此令兄弟, 綽綽有裕. 不令兄弟, 交相爲瘉.'"

직역 子가 云, "父母의 黨에 睦하면, 可히 孝라 謂한다. 故로 君子는 睦에 因하여 族을 合하니, 詩에서 云, '此히 兄弟를 令함에는 綽綽하여 裕가 有한다. 兄弟를 不令하면, 交히 相히 瘉를 爲한다.'"

의역 공자가 말하길, "부모의 친족과 화목하게 지내면 효라 할 수 있다. 그러므로 군자는 화목함에 따라서 종족을 화합시키니, 『시』에서는 '이 형제들에게 착하게 한다면 너그러워 여유가 있도다. 형제들을 착하게 하지 않는다면 서로 헐뜯는다.'"라고 했다.

集說 因睦以合族, 謂會聚宗族爲燕食之禮, 因以致其和睦之情也. 詩, 小雅角弓之篇. 令, 善也. 綽綽, 寬容之貌. 瘉, 病也.

번역 "화목함으로 인해 종족을 화합시킨다."는 말은 종족들을 모아서 연례(燕禮)[1]나 사례(食禮)[2] 등을 시행하고, 이를 통해 화목한 정감을 이룬

---

1) 연례(燕禮)는 본래 빈객(賓客)을 접대하는 연회의 한 종류를 뜻한다. 각종 연회들을 두루 지칭하기도 하며, 연회에서 사용되는 의례절차들을 두루 지칭하기도 한다. 본래의 '연례'는 연회를 시작할 때, 첫잔을 따라 바치는 절차 끝나면, 모두 자리에 앉아서 술을 마시는데, 취할 때까지 마시는 연회의 한 종류를 뜻한다. '연례' 때에는 희생물로 개[狗]를 사용했으며, 유우씨(有虞氏)

다는 뜻이다. 시는 『시』「소아(小雅)·각궁(角弓)」편이다.[3] '영(令)'자는 "착하게 하다[善]."는 뜻이다. '작작(綽綽)'은 관대하게 포용하는 모습을 뜻한다. '유(瘉)'자는 "헐뜯다[病]."는 뜻이다.

大全 慶源輔氏曰: 因孝以睦父母之黨, 因睦以合遠近之族. 未能孝於其親, 安能睦其黨乎? 故曰可謂孝矣. 綽綽有裕, 故能合族也, 交相爲瘉, 豈能合族乎?

번역 경원보씨가 말하길, 효에 따라서 부모의 친족을 화목하게 만들며, 화목함에 따라서 관계가 멀거나 가까운 종족들을 화합하게 만든다. 자신의 부모에게 효를 할 수 없다면, 어떻게 친족을 화목하게 만들 수 있겠는가? 그러므로 "효라고 할 수 있다."라고 했다. 너그러워 여유가 있기 때문에 종족을 화합시킬 수 있으니, 서로 헐뜯는다면 어떻게 종족을 화합시킬 수 있겠는가?

大全 嚴陵方氏曰: 於父母之黨, 猶且睦之, 況父母乎? 故可謂孝矣.

번역 엄릉방씨가 말하길, 부모의 친족에 대해서도 오히려 화목하게 대하는데, 하물며 자신의 부모에 대해서는 어떻게 하겠는가? 그러므로 효라고 할 수 있다.

때 시행되었던 제도라고 설명되기도 한다. 『예기』「왕제(王制)」편에는 "有虞氏以燕禮."라는 기록이 있고, 이에 대한 진호(陳澔)의 『집설(集說)』에서는 "燕禮者, 一獻之禮旣畢, 皆坐而飮酒, 以至於醉, 其牲用狗."라고 풀이했다.

2) 사례(食禮)는 연회의 한 종류이다. '사례'는 그 행사에 밥이 있고 반찬이 있는 것이니, 비록 술도 두었지만 마시지는 않았다. 그 예법에서는 밥을 위주로 한 것이기 때문에, '사례'라고 부른 것이다. 『예기』「왕제(王制)」편에는 "殷人以食禮."라는 기록이 있고, 이에 대한 진호(陳澔)의 주에서는 "食禮者, 有飯有殽, 雖設酒而不飮, 其禮以飯爲主, 故曰食也."라고 풀이했다. 또한 연회를 범칭하는 말로도 사용된다.

3) 『시』「소아(小雅)·각궁(角弓)」: 此令兄弟, 綽綽有裕. 不令兄弟, 交相爲瘉.

鄭注 睦, 厚也. 黨, 猶親也. 合族, 謂與族人燕, 與族人食. 令, 善也. 綽綽, 寬容貌也. 交猶更. 瘉, 病也.

번역 '목(睦)'자는 "두텁게 하다[厚]."는 뜻이다. '당(黨)'자는 친족[親]을 뜻한다. '합족(合族)'은 족인들과 함께 연례(燕禮)를 하고, 족인들과 함께 사례(食禮)를 한다는 뜻이다. '영(令)'자는 "착하게 하다[善]."는 뜻이다. '작작(綽綽)'은 관대하게 포용하는 모습을 뜻한다. '교(交)'자는 번갈아[更]라는 뜻이다. '유(瘉)'자는 "헐뜯다[病]."는 뜻이다.

釋文 綽, 昌灼反. 裕, 羊樹反. 瘉, 羊主反. 更, 古衡反.

번역 '綽'자는 '昌(창)'자와 '灼(작)'자의 반절음이다. '裕'자는 '羊(양)'자와 '樹(수)'자의 반절음이다. '瘉'자는 '羊(양)'자와 '主(주)'자의 반절음이다. '更'자는 '古(고)'자와 '衡(형)'자의 반절음이다.

孔疏 ●"子云"至"爲瘉". ○正義曰: "故君子因睦以合族"者, 言親睦於父母之黨, 乃得爲孝, 故君子因此親睦之道, 以會聚宗族爲燕食之禮.

번역 ●經文: "子云"~"爲瘉". ○경문의 "故君子因睦以合族"에 대하여. 부모의 친족에게 친근하게 대하고 화목하게 한다면 효라 할 수 있다. 그렇기 때문에 군자는 이러한 화목의 도리에 따라서 종족들을 모아서 연례(燕禮)나 사례(食禮) 등을 시행한다는 뜻이다.

孔疏 ●"詩云此令兄弟, 綽綽有裕"者, 此詩·小雅·角弓之篇, 刺幽王之詩. 幽王不親宗族, 故父兄刺之. 令, 善也. 言此有德之人, 善於兄弟, 故綽綽然而有寬裕.

번역 ●經文: "詩云此令兄弟, 綽綽有裕". ○이것은 『시』「소아(小雅)·각궁(角弓)」편으로, 유왕(幽王)을 풍자한 시이다. 유왕은 종족을 친애하지 않았기 때문에 부형들이 그를 비판한 것이다. '영(令)'자는 "착하게 하다

[善].”는 뜻이다. 즉 이처럼 덕을 갖춘 사람은 형제들에게 착하게 대하기
때문에, 너그럽고 관대하여 여유가 있다는 의미이다.

孔疏 ●“不令兄弟, 交相爲瘉”者, 瘉, 病也. 言無德小人不善兄弟, 交相爲
病害.

번역 ●經文: “不令兄弟, 交相爲瘉”. ○‘유(瘉)’자는 “헐뜯다[病].”는 뜻
이다. 즉 덕이 없는 소인은 형제들에게 착하게 대하지 않아서 서로 헐뜯게
된다는 뜻이다.

효(孝)와 경(敬)

【615a~b】

子云, "於父之執, 可以乘其車, 不可以衣其衣. 君子以廣孝
也." 子云, "小人皆能養其親, 君子不敬, 何以辨?" 子云, "父
子不同位, 以厚敬也. 書云, '厥辟不辟, 忝厥祖.'"

직역 子가 云, "父의 執에 대해서는 可히 그 車는 乘이나, 그 衣를 衣는 不可하
다. 君子는 이로써 孝를 廣한다." 子가 云, "小人도 皆히 能히 그 親을 養한데, 君子
가 不敬하면, 何히 辨이리오?" 子가 云, "父子는 位를 不同하니, 이로써 敬을 厚한
다. 書에서 云, '厥辟을 不辟하면, 厥祖에 忝이라.'"

의역 공자가 말하길, "부친과 뜻을 함께 하는 자라면 그의 수레를 탈 수 있지만,
그의 의복은 입을 수가 없다. 군자는 이를 통해 효를 넓힌다."라고 했다. 공자가
말하길, "소인들도 모두 자신의 부모를 봉양할 수 있으니, 군자가 공경하지 않는다
면 무엇으로 구별하겠는가?"라고 했다. 공자가 말하길, "부친과 자식은 같은 자리
에 앉지 않으니, 이를 통해 공경의 도리를 두텁게 한다. 『서』에서는 '군주가 군주노
릇을 못하면 자신의 조상을 욕보이게 된다.'"라고 했다.

集說 父之執, 與父執志同者也. 車所同, 衣所獨, 故車可乘, 衣不可衣. 廣
孝, 謂敬之同於父, 亦錫類之義也. 辨, 別也. 同位則尊卑相等, 是不敬也, 故不
同位者, 所以厚敬親之道. 書, 商書太甲篇, 今書文無上厥字. 言君不君而與臣
相褻, 則辱其先祖, 以喩父不自尊而與卑者同位, 亦爲忝祖也.

번역 '부지집(父之執)'은 뜻을 지닌 것이 부친과 동일한 자를 뜻한다. 수레는 함께 사용하는 것이고 의복은 자신만 사용하는 것이다. 그렇기 때문에 수레는 탈 수 있지만 의복은 입을 수 없다. '광효(廣孝)'는 공경함이 부친에 대한 경우와 동일하다는 뜻이니, 이 또한 족인들에게 잘한다는 의미이다. '변(辨)'자는 "구별하다[別]."는 뜻이다. 같은 자리에 앉는다면, 신분의 차이가 대등하게 되니, 공경하지 않는 것이 된다. 그렇기 때문에 같은 자리에 앉지 않는 것은 부모를 공경하는 도를 두텁게 하는 방법이다. 『서』의 기록은 『서』「상서(商書)·태갑(太甲)」편인데,[1] 현재의 『서』 기록에는 앞의 궐(厥)자가 기록되어 있지 않다. 즉 군주가 군주 노릇을 하지 못하여 신하와 더불어 서로 욕되게 한다면, 자신의 선조까지도 욕되게 한다는 뜻이니, 이를 통해 부친이 스스로를 존귀하게 여기지 않고 미천한 자와 자리를 함께 한다면, 이 또한 조상을 욕보이는 꼴이 됨을 비유하였다.

大全 嚴陵方氏曰: 衣於身最密, 前言君與異姓同車不同服, 亦以是而已. 夫孝所以事父也, 於父之執, 猶且如此, 則孝之所及廣矣, 故曰君子以廣孝也. 論語曰, 今之孝者, 是謂能養, 至於犬馬, 皆能有養, 不敬何以別乎? 此言父子不同位, 曲禮言父子不同席. 席言所坐之席, 位言所立之位. 坐立雖不同, 其所以辨尊卑之義, 則一而已.

번역 엄릉방씨가 말하길, 의복은 몸에 가장 밀착하는 것이니, 앞에서 "군주는 이성인 자와는 수레에 함께 타더라도 의복을 동일하게 입지 않는다."[2]라고 한 말 또한 바로 이러한 이유 때문이다. 무릇 효라는 것은 부모를 섬기는 방법인데, 부친과 뜻을 함께 하는 자에 대해서도 오히려 이처럼 한다면, 효가 미치는 범위가 넓은 것이다. 그렇기 때문에 "군자는 이를 통해

---

1) 『서』「상서(商書)·태갑상(太甲上)」: 嗣王戒哉, 祗爾厥辟. 辟不辟, 忝厥祖.
2) 『예기』「방기」【611c~d】: 子云, "天無二日, 土無二王, 家無二主, 尊無二上, 示民有君臣之別也. 春秋, 不稱楚·越之王喪, 禮, 君不稱天, 大夫不稱君, 恐民之惑也. 詩云, '相彼盍旦, 尙猶患之.'" 子云, "君不與同姓同車, 與異姓同車不同服, 示民不嫌也. 以此坊民, 民猶得同姓以弒其君."

효를 넓힌다.”라고 했다. 『논어』에서는 “오늘날 효라고 하는 것들은 잘 봉
양하는 것을 뜻하는데, 개나 말에게 있어서도 모두 봉양할 수 있으니, 공경
하지 않는다면 무엇으로 구별하겠는가?”3)라고 했다. 이곳에서는 부친과
자식이 위(位)를 함께 하지 않는다고 했고, 『예기』「곡례(曲禮)」편에서는
“부친과 자식은 석(席)을 함께 하지 않는다.”4)라고 했다. 석(席)은 앉을 때
까는 자리이고, 위(位)는 서 있는 자리를 뜻한다. 앉거나 서는 것이 비록
동일하지 않더라도, 신분을 구별한다는 뜻에서는 동일할 따름이다.

鄭注 “父之執”, 與父執志同者也. “可以乘其車”, 車於身差遠也, 謂今與己
位等. 辨, 別也. 同位尊卑等, 爲其相褻. 厥, 其也. 辟, 君也. 忝, 辱也. 爲君不
君, 與臣子相褻, 則辱先祖矣. 君父之道宜尊嚴.

번역 ‘부지집(父之執)’은 뜻을 지닌 것이 부친과 동일한 자를 뜻한다.
“그 수레에 탈 수 있다.”라고 했는데, 수레는 자신의 몸과 비교적 관계가
먼 것인데, 현재 그의 지위가 자신과 동등한 경우를 뜻한다. ‘변(辨)’자는
“구별하다[別].”는 뜻이다. 자리를 함께 하는 것은 신분이 동등한 경우이니,
서로를 욕보이게 된다. ‘궐(厥)’자는 그[其]라는 뜻이다. ‘벽(辟)’자는 군주
[君]를 뜻한다. ‘첨(忝)’자는 “욕보인다[辱].”는 뜻이다. 군주가 되어서 군주
노릇을 못하여, 신하와 서로 욕되게 한다면, 선조를 욕보이게 된다. 군주와
부친의 도는 마땅히 존엄해야 한다.

釋文 衣, 於旣反. 差, 初賣反. 養, 羊尙反. 爲, 于僞反, 下“專爲”同. 褻, 息
列反. 厥辟不辟, 並必亦反, 注同.

번역 ‘衣’자는 ‘於(어)’자와 ‘旣(기)’자의 반절음이다. ‘差’자는 ‘初(초)’자
와 ‘賣(매)’자의 반절음이다. ‘養’자는 ‘羊(양)’자와 ‘尙(상)’자의 반절음이다.

---

3) 『논어』「위정(爲政)」: 子游問孝. 子曰, “今之孝者, 是謂能養. 至於犬馬, 皆能
有養, 不敬, 何以別乎?”
4) 『예기』「곡례상(曲禮上)」【24b】: 父子不同席.

'爲'자는 '于(우)'자와 '僞(위)'자의 반절음이며, 아래문장에 나오는 '專爲'에
서의 '爲'자도 그 음이 이와 같다. '藝'자는 '息(식)'자와 '列(렬)'자의 반절음이
다. '厥辟不辟'에서의 '辟'자는 모두 '必(필)'자와 '亦(역)'자의 반절음이며,
정현의 주에 나오는 글자도 그 음이 이와 같다.

孔疏 ◎注"車於"至"位等". ○正義曰: 以父之執友得乘其車, 不得衣其衣.
以衣在身, 車比衣稍遠, 故可以乘其車. 知"今與己位等"者, 若尊卑懸絶, 假非
執友, 不可傳通車服, 故知"與己位等". 但是父之執, 故不可衣其衣也.

번역 ◎鄭注: "車於"~"位等". ○부친과 뜻을 함께 했던 친우에 대해서
는 그의 수레에 탈 수 있지만, 그의 의복은 입을 수가 없다. 의복은 몸에
입는 것인데, 수레는 의복에 비해 자신과 거리가 상대적으로 멀기 때문에,
그 수레에 탈 수 있다. 정현이 "현재 자신과 지위가 동등한 경우이다."라고
했는데, 이 말이 사실임을 알 수 있는 이유는 신분의 차이가 현격히 난다면
부친의 친우가 아니더라도 수레나 의복을 함께 할 수 없다. 그렇기 때문에
"자신과 지위가 동등한 경우이다."라는 말이 사실임을 알 수 있다. 다만 부
친의 친우이기 때문에, 그의 의복은 입을 수가 없다.

孔疏 ●"書云厥辟不辟, 忝厥祖". ○正義曰: 此尙書·太甲三篇, 伊尹戒
太甲之辭. 厥, 其也. 辟, 君也. 忝, 辱也. 言爲君不自尊高, 而與臣子相藝, 則辱
其先祖也. 若爲人父, 不自尊嚴, 而與卑下相瀆, 亦辱累其先祖, 故鄭注云"君
父之道, 宜尊嚴"也. 此則因君見父耳.

번역 ●經文: "書云厥辟不辟, 忝厥祖". ○이것은『상서』「태갑(太甲)」의
세 편에 해당하니, 이윤이 태갑에게 경계하는 말이다. '궐(厥)'자는 그[其]라
는 뜻이다. '벽(辟)'자는 군주[君]를 뜻한다. '첨(忝)'자는 "욕보인다[辱]."는
뜻이다. 즉 군주가 스스로를 존귀하게 높이지 않고, 신하와 서로 욕되게
한다면, 자신의 선조를 욕보이게 된다는 뜻이다. 만약 부친인 자가 스스로
존엄하게 행동하지 않아서 미천한 자와 서로 욕되게 한다면, 자신의 선조

또한 욕보이게 된다. 그렇기 때문에 정현의 주에서는 "군주와 부친의 도는 마땅히 존엄해야 한다."라고 한 것이다. 이것은 군주의 경우에 근거하여 부친의 경우까지도 드러낸 것이다.

集解 何以辨者, 言何以別於小人也.

번역 '하이변(何以辨)'은 무엇으로 소인과 구별하겠느냐는 뜻이다.

참고 『서』「상서(商書)·태갑상(太甲上)」

經文 肆嗣王丕承基緖.

번역 그러므로 왕위를 계승한 천자께서는 선조께서 쌓으신 기틀과 왕업을 크게 받드셔야 합니다.

孔傳 肆, 故也. 言先祖勤德, 致有天下, 故子孫得大承基業, 宜念祖修德.

번역 '사(肆)'자는 고(故)자의 뜻이다. 선조가 덕을 닦는데 노력하여 천하를 소유하게 되었다. 그렇기 때문에 자손들이 기틀과 왕업을 크게 받들 수 있었으니, 마땅히 선조가 덕을 닦았던 일을 유념해야 한다는 뜻이다.

經文 惟尹躬先見于西邑夏, 自周有終, 相亦惟終.

번역 제가 직접 서읍인 하나라의 도읍에 찾아가서 살펴보았는데, 충심과 신의를 갖춰 제대로 끝맺게 되자, 보필하는 신하들 또한 끝맺을 수 있었습니다.

孔傳 周, 忠信也. 言身先見夏君臣用忠信有終. 夏都在亳西.

번역 '주(周)'자는 충심과 신의를 뜻한다. 자신이 이전에 하나라에서 군주와 신하가 충심과 신의에 따라 제대로 끝맺음을 갖출 수 있었음을 보았다는 뜻이다. 하나라의 도읍은 박(亳) 땅의 서쪽에 있다.

蔡傳 夏都安邑, 在亳之西, 故曰西邑夏. 周, 忠信也. 國語曰忠信爲周.

번역 하나라는 안읍(安邑)에 도읍을 세웠는데, 박(亳) 땅의 서쪽에 해당한다. 그렇기 때문에 '서읍인 하나라'라고 말했다. '주(周)'자는 충심과 신의를 뜻한다. 『국어』에서는 "충심과 신의는 주(周)가 된다."[5]라고 했다.

經文 其後嗣王, 罔克有終, 相亦罔終.

번역 그러나 후대에 왕위를 계승한 천자가 제대로 끝맺을 수 없어서, 보필하는 신하들 또한 끝맺을 수 없었습니다.

孔傳 言桀君臣滅先人之道德, 不能終其業, 以取亡.

번역 걸임금 때 군주와 신하가 선대 조상들의 도와 덕을 없애서, 왕업을 끝맺지 못해 결국 망하게 되었다는 뜻이다.

經文 嗣王戒哉! 祗爾厥辟, 辟不辟, 忝厥祖.

번역 왕위를 계승한 천자시여 경계하소서! 그대가 군주노릇 함을 공경할지니, 군주가 군주답지 못하다면 조상을 욕보이게 됩니다.

孔傳 以不終爲戒愼之至, 敬其君道, 則能終. 忝, 辱也. 爲君不君, 則辱其祖.

---

5) 『국어(國語)』「노어하(魯語下)」: 懷和爲每懷, 咨才爲諏, 咨事爲謀, 咨義爲度, 咨親爲詢, <u>忠信爲周</u>.

번역　제대로 마치지 못한다는 것으로 경계하고 신중히 함을 지극히 나타낸 것이니, 군주의 도를 공경한다면 제대로 마칠 수 있다. '첨(忝)'자는 욕보인다는 뜻이다. 군주가 되어서 군주답지 못하다면 조상을 욕보이게 된다.

蔡傳　施氏曰: 作僞心勞日拙, 則缺露而不周, 忠信則無僞, 故能周而無缺. 夏之先王, 以忠信有終, 故其輔相者, 亦能有終. 其後夏桀, 不能有終, 故其輔相者, 亦不能有終. 嗣王其以夏桀爲戒哉, 當敬爾所以爲君之道, 君而不君, 則忝辱成湯矣. 太甲之意, 必謂伊尹, 足以任天下之重, 我雖縱欲, 未必遽至危亡, 故伊尹以相亦罔終之言, 深折其私, 而破其所恃也.

번역　사씨가 말하길, 거짓을 시행하여 마음이 수고롭고 날로 졸렬해지면, 결점이 드러나서 충심과 신의를 지키지 못하는데, 충심과 신의를 지킨다면 거짓됨이 없다. 그렇기 때문에 충심과 신의를 지켜서 결점이 없을 수 있다. 하나라의 선왕은 충심과 신의를 통해 제대로 마무리를 지을 수 있었다. 그렇기 때문에 보필하는 신하들 또한 마무리를 지을 수 있었다. 그러나 그 이후 하나라의 걸왕은 제대로 마무리를 지을 수 없었기 때문에 보필하는 신하들 또한 마무리를 지을 수 없었다. 왕위를 계승한 천자는 하나라의 걸왕을 경계로 삼아야 하니, 마땅히 그대가 군주가 된 도를 공경해야 하며, 군주가 되었음에도 군주노릇을 할 수 없다면, 탕임금을 욕보이게 된다는 뜻이다. 태갑의 의중은 분명 이윤은 충분히 천하의 중책을 맡을 수 있으니, 내가 비록 욕심대로 행동하더라도 갑작스럽게 패망하는 지경에는 반드시 이르지 않을 것이라고 여겼다. 그렇기 때문에 이윤은 보필하는 신하 또한 제대로 마칠 수 없었다는 말로 사사로운 뜻을 단호하게 꺾고, 그가 맹신했던 것을 깨뜨린 것이다.

효(孝)와 자(慈)

【615c】

子云, "父母在, 不稱老, 言孝不言慈. 閨門之內, 戲而不歎. 君子以此坊民, 民猶薄於孝而厚於慈.'"

직역 子가 云, "父母가 在하면, 老를 不稱하고, 孝를 言하며 慈를 不言한다. 閨門의 內에서는 戲하고 不歎한다. 君子가 此로써 民을 坊한데, 民은 猶히 孝에 薄하고 慈에 厚하다."

의역 공자가 말하길, "부모가 생존해 계시다면 늙었다거나 노인이라는 말을 쓰지 않고, 효만을 말하며 자식에 대한 자애는 언급하지 않는다. 부모의 곁에서라면 부모를 즐겁게 만드는 것은 괜찮지만 근심하도록 만들어서는 안 된다. 군자는 이를 통해 백성들의 잘못을 방지했는데도, 백성들은 여전히 효에 대해서는 박하게 하며 자애에 대해서는 두텁게 한다."라고 했다.

集說 曲禮云, "恒言不稱老", 與此意同. 孝所以事親, 慈所以畜子, 言孝不言慈者, 慮其厚於子而薄於親故也. 可以娛人而使之樂者, 戲也; 可以感人而使之傷者, 歎也. 閨門之內, 謂父母之側, 戲而不歎, 非專事於戲也, 謂爲孺子之容止, 或足以娛親, 猶云可爾, 恨歎之聲則傷親, 故不爲也.

번역 『예기』「곡례(曲禮)」편에서는 "평상시 쓰는 말에서 자신을 지칭하며, 늙었다거나 노인이라는 말을 쓰지 않는다."[1]라고 했는데, 이곳의 뜻과

---

1) 『예기』「곡례상(曲禮上)」【14d】: 恒言不稱老.

동일하다. 효는 부모를 섬기는 방법이고, 자애는 자식을 기르는 방법이다. 효만 말하고 자애를 언급하지 않는 것은 자식에게 정을 두텁게 펼치고 부모에게 박하게 됨을 염려했기 때문이다. 남을 즐겁게 하여 그로 하여금 기쁘게 만드는 것을 '희(戲)'라고 한다. 남을 감응시켜 그로 하여금 근심하도록 만드는 것을 '탄(歎)'이라고 한다. '규문지내(閨門之內)'는 부모의 곁을 뜻하니, 즐겁게 만들며 탄식하도록 만들지 않는다는 것은 전적으로 즐겁게 만드는 것에만 일삼는다는 뜻이 아니니, 어린아이의 행동거지는 간혹 부모를 즐겁게 만들기도 하므로, 이러한 것은 가능할 따름이지만, 탄식하는 소리는 부모를 근심하게 만들기 때문에 해서는 안 된다는 뜻이다.

大全 慶源輔氏曰: 孝慈, 一心也. 然人情多薄於孝而厚於慈者, 私而已.

번역 경원보씨가 말하길, 효와 자애는 동일한 마음이다. 그런데 사람의 정감에 있어서 효에는 박하게 하면서도 자애를 두텁게 하는 경우가 많은 것은 사사롭게 대하기 때문이다.

鄭注 孝上施, 言慈則嫌下流也. 戲, 謂孺子言笑者也. 孟子曰: "舜年五十而不失其孺子之心." 歎, 謂有憂戚之聲也.

번역 효는 위로 시행하는 것이니, 자애를 언급한다면 신경이 밑으로만 쏠린다는 혐의를 받는다. '희(戲)'는 어린아이가 말하고 웃는 것을 뜻한다. 『맹자』에서는 "순임금은 50세가 되어서도 어린아이 때의 마음을 잃지 않았다."라고 했다. '탄(歎)'자는 근심하고 슬퍼하며 내는 소리를 뜻한다.

釋文 孺, 而注反.

번역 '孺'자는 '而(이)'자와 '注(주)'자의 반절음이다.

集解 石經"猶"下有"有"字.

번역 『석경』 판본에는 '유(猶)'자 뒤에 '유(有)'자가 기록되어 있다.

集解 不稱老, 爲其感動親也. 不言慈, 嫌以恩望其親也.

번역 늙었다거나 노인이라고 일컫지 않는 것은 그것이 부모의 마음을 동하게 만들기 때문이다. 자애를 언급하지 않는 것은 부모에 대해 자신에게 은정을 베풀어주기를 바란다는 혐의를 받기 때문이다.

【615d】

> 子云, "長民者, 朝廷敬老, 則民作孝." 子云, "祭祀之有尸也,
> 宗廟之有主也, 示民有事也. 修宗廟, 敬祀事, 敎民追孝也. 以
> 此坊民, 民猶忘其親.'"

직역 子가 云, "民을 長하는 者가 朝廷에서 老를 敬한다면, 民은 孝를 作한다."
子가 云, "祭祀에 尸가 有하고, 宗廟에 主가 有함은 民에게 事가 有함을 示함이다.
宗廟를 修하고, 祀事를 敬함은 民에게 追孝를 敎함이다. 此로써 民을 坊한데, 民은
猶히 그 親을 忘이라."

의역 공자가 말하길, "백성들을 통솔하는 자가 조정에서 노인을 공경한다면,
백성들은 효를 시행할 것이다."라고 했다. 공자가 말하길, "제사에 시동이 있고,
종묘에 신주가 있는 것은 백성들에게 섬기는 대상이 있음을 보여주는 것이다. 종묘
를 수리하고, 제사를 공경스럽게 지내는 것은 백성들에게 죽은 자에게도 효를 미루
어 시행해야 함을 가르치는 것이다. 이를 통해 백성들의 잘못을 방지했는데도, 백
성들은 여전히 자신의 부모를 잊어버린다."라고 했다.

集說 方氏曰: 爲親之死, 故爲尸以象其生; 爲神之亡, 故爲主以寓其存. 經
曰, "事死如事生, 事亡如事存", 此所以言示民有事也. 追孝, 與祭統言追養繼
孝同義.

번역 방씨가 말하길, 부모가 돌아가셨기 때문에, 시동을 세워서 부모가

살아계실 때를 형상화한다. 신령은 보이지 않기 때문에 신주를 세워서 존재하는 신령을 깃들게 한다. 경문에서는 "돌아가신 자를 마치 산 자를 섬기듯 하고, 없는 자를 마치 있는 자를 섬기듯이 한다."[1]라고 했는데, 이것이 바로 백성들에게 섬김이 있음을 보여준다고 말한 이유이다. '추효(追孝)'는 『예기』「제통(祭統)」편에서 "봉양의 도리를 미루어 시행하고 효의 뜻을 지속적으로 시행하는 것이다."[2]라고 했던 뜻과 동일하다.

大全 石林葉氏曰: 老, 近於親者也. 近者, 猶敬於上, 則親者, 民必知孝於下. 尸則斯須之謹也, 故祭祀則言尸, 主者庸謹也, 故宗廟則言主, 此特見於有事而已. 若夫宗廟久而廢壞則修之, 祭祀立尸以敬之, 乃所以敎民送終也, 故曰追孝.

번역 석림섭씨가 말하길, 노인은 자신의 부모와 나이가 비슷한 자이다. 나이가 비슷한 자에게도 오히려 조정에서 공경을 한다면, 부모에 대해서 백성들은 반드시 민가에서 효를 시행해야 함을 알게 된다. 시동은 잠시 동안 행동을 삼간다. 그렇기 때문에 제사에 대해서는 시동을 언급했다. 제주는 항상 삼가는 자이다. 그렇기 때문에 종묘에 대해서는 제주를 언급했다. 이것은 단지 섬김이 있다는 것을 드러낸 것일 뿐이다. 만약 종묘가 오래되어 부서지게 된다면 수리를 하며, 제사를 지내게 되면 시동을 세워서 공경하니, 이처럼 하는 것은 백성들에게 죽은 자를 잘 전송해야 함을 가르치는 것이다. 그렇기 때문에 "미루어 효를 한다."라고 했다.

大全 程子曰: 祭非主則無依, 非尸則無享.

번역 정자가 말하길, 제사에서 신주가 없다면 신령은 의탁할 곳이 없고, 시동이 아니라면 흠향을 못한다.

---

1) 『중용』「19장」: 踐其位, 行其禮, 奏其樂, 敬其所尊, 愛其所親, 事死如事生, 事亡如事存, 孝之至也.
2) 『예기』「제통(祭統)」【575a】: 祭者, 所以追養繼孝也. 孝者畜也, 順於道, 不逆於倫, 是之謂畜.

鄭注 長民, 謂天子·諸侯也. 有事, 有所尊事.

번역 '장민(長民)'은 천자와 제후를 뜻한다. '유사(有事)'는 존귀하게 섬기는 바가 있다는 뜻이다.

釋文 長, 丁丈反, 注及下"事長"同.

번역 '長'자는 '丁(정)'자와 '丈(장)'자의 반절음이며, 정현의 주 및 아래 문장에 나오는 '事長'에서의 '長'자도 그 음이 이와 같다.

孔疏 ●"子云"至"其親". ○正義曰: "示民有事也"者, 言所以祭祀有尸, 宗廟有主者, 下示於民, 有所尊事故也.

번역 ●經文: "子云"~"其親". ○경문의 "示民有事也"에 대하여. 제사에 시동을 세우고 종묘에 신주를 두는 것은 밑으로 백성들에게 존귀하게 섬겨야 할 대상이 있음을 보여주기 때문이라는 뜻이다.

孔疏 ●"脩宗廟, 敬祀事, 教民追孝也"者, 言人君脩立宗廟恭敬祀事者, 下教於民, 追孝於親也.

번역 ●經文: "脩宗廟, 敬祀事, 教民追孝也". ○군주가 종묘를 수리하거나 세우며 제사를 공경스럽게 지내는 것은 밑으로 백성들에게 부모에게 효를 미루어 시행해야 함을 가르치는 방법이라는 뜻이다.

訓纂 方性夫曰: 尸設於祭祀之時, 主藏於宗廟之內, 故於祭祀言有尸, 宗廟言有主也.

번역 방성부가 말하길, 시동은 제사를 지낼 때 잠시 세우고, 신주는 종묘 안에 보관한다. 그렇기 때문에 제사에 대해서는 시동이 있다고 말했고, 종묘에 대해서는 신주가 있다고 말했다.

경(敬)과 예(禮)

【616a】

子云, "敬則用祭器, 故君子不以菲廢禮, 不以美沒禮. 故食禮, 主人親饋則客祭, 主人不親饋則客不祭. 故君子苟無禮, 雖美不食焉. 易曰, '東鄰殺牛, 不如西鄰之禴祭, 實受其福.' 詩云, '旣醉以酒, 旣飽以德.' 以此示民, 民猶爭利而忘義.'"

직역 子가 云, "敬하면 祭器를 用하니, 故로 君子는 菲로써 禮를 廢함을 不하고, 美로써 禮를 沒하길 不한다. 故로 食禮에서, 主人인 親히 饋하면 客은 祭하고, 主人이 親히 饋하길 不하면 客은 不祭한다. 故로 君子는 苟히 禮가 無라면, 雖히 美라도 不食한다. 易에서 曰, '東鄰이 牛를 殺함은 西鄰의 禴祭가 實로 그 福을 受함과는 不如하다.' 詩에서 云, '旣히 醉하며 酒로써 하고, 旣히 飽하며 德으로써 한다.' 此로써 民에게 示한데, 民은 猶히 利를 爭하고 義를 忘한다."

의역 공자가 말하길, "공경한다면 빈객을 대접하며 제기를 사용한다. 그렇기 때문에 군자는 음식이 변변치 못하다고 하여 예를 폐지하지 않고, 맛있다고 하여 예를 없애지 않는다. 그러므로 사례(食禮)에 있어서 주인이 직접 음식을 건네면 빈객은 그것으로 제사를 지내고, 주인이 직접 음식을 건네지 않는다면 빈객은 제사를 지내지 않는다. 그러므로 군자는 진실로 예가 없다면 비록 맛있는 음식이라 하더라도 먹지 않는다. 『역』에서는 '동쪽 이웃이 소를 잡아 제사를 지내는 것은 서쪽 이웃이 검소하게 제사를 지내어 실제로 복을 받는 것만 못하다.'라고 했고, 『시』에서는 '이미 취하길 술로써 하고, 이미 배부르길 덕으로써 한다.'라고 했다. 이를 통해 백성들에게 보여주더라도, 백성들은 여전히 이로움을 다투고 의로움을 잊는다."라고 했다.

集說 籩豆簋鉶之屬皆祭器, 用之賓客, 以寓敬也. 菲薄而廢禮, 與過文而沒禮, 皆不得爲敬. 主人親饋, 是敬客也; 客祭其饌, 是敬主也. 易, 旣濟九五爻辭. 禴, 薄也. 詩, 大雅旣醉之篇.

번역 변(籩)·두(豆)·궤(簋)·형(鉶)은 모두 제기인데, 이것을 빈객에게 사용하는 것은 공경함을 드러내기 위해서이다. 변변치 못하여 예를 폐지하는 것과 격식을 지나치게 해서 예를 없애는 것은 모두 공경스러움이 되지 못한다. 주인이 직접 음식을 건네는 것은 빈객을 공경하는 것이다. 빈객이 그 음식으로 제사를 지내는 것은 주인을 공경하는 것이다.『역』은 『역』「기제괘(旣濟卦)」구오의 효사이다.[1] '약(禴)'자는 "박하다[薄]."는 뜻이다. 시는『시』「대아(大雅)·기취(旣醉)」편이다.[2]

集說 方氏曰: 食者, 利之所存, 禮, 則義之所出, 故言爭利以忘義.

번역 방씨가 말하길, 음식은 이로움이 있는 대상이고, 예는 의로움이 도출되는 대상이다. 그렇기 때문에 이로움을 다투게 되어 의로움을 잊게 된다고 말했다.

大全 石林葉氏曰: 祭器, 所以事神, 非同於所安也. 致敬於賓客, 則用之, 亦所以神事之也, 故大饗諸侯, 同於禮五帝. 少之爲貴, 以其內心也, 故不以菲廢禮, 多之爲貴, 以其外心也, 故不以美沒禮. 惟其不必美也, 故饋而後食, 旣醉而飽以德, 唯其不必菲也, 故殺牛而祭, 不如夏禴. 蓋君子無意於菲美者, 示其遠利, 有志於飽德者, 示其思義. 民之反此, 乃至於爭利而忘義, 故不言坊者, 以其事示之而已矣.

번역 석림섭씨가 말하길, 제기는 신을 섬기는 도구이니, 편안하게 사용하는 기구와 동일하게 취급하는 것이 아니다. 빈객에게 공경을 지극히 나

---

1)『역』「기제괘(旣濟卦)」: 九五, 東鄰殺牛, 不如西鄰之禴祭, 實受其福.
2)『시』「대아(大雅)·기취(旣醉)」: 旣醉以酒, 旣飽以德. 君子萬年, 介爾景福.

타낸다면 제기를 사용하니, 이 또한 신처럼 그를 섬기기 때문이다. 그러므로 제후에게 대향(大饗)3)을 베풀게 되면, 오제(五帝)를 예로 대우함과 동일하게 따른다. 적은 것을 귀한 것으로 삼는 이유는 그것들에 대해서는 마음을 내부에 두어야 하기 때문이다.4) 그러므로 음식이 박하다고 하여 예를 폐지하지 않는다. 많은 것을 귀한 것으로 삼는 이유는 그것들에 대해서는 마음을 외부에 두어야 하기 때문이다.5) 그러므로 음식이 아름답다고 하여 예를 없애지 않는다. 음식은 반드시 맛있을 필요가 없기 때문에, 음식을 건넨 이후에 먹고 이미 술에 취했는데 덕으로 배를 불리는 것이다. 음식은 반드시 박하게만 할 필요가 없기 때문에, 소를 잡아서 성대하게 제사를 지내는 것이 여름의 약(禴)6)제사만 못한 것이다. 무릇 군자는 음식을 박하게

---

3) 대향(大饗)은 큰 연회를 뜻한다. 본래는 천자가 조회로 찾아온 제후들에게 베풀었던 성대한 연회를 가리킨다. 『예기』「중니연거(仲尼燕居)」편에는 "大饗有四焉."이라는 기록이 있고, 이에 대한 정현의 주에서는 "大饗, 謂饗諸侯來朝者也."라고 풀이했다.

4) 『예기』「예기(禮器)」【303a】 : 禮之以少爲貴者, 以其內心也. 德産之致也精微, 觀天下之物無可以稱其德者, 如此則得不以少爲貴乎? 是故君子愼其獨也.

5) 『예기』「예기(禮器)」【302d~303a】 : 禮之以多爲貴者, 以其外心者也. 德發揚, 詡萬物, 大理物博, 如此則得不以多爲貴乎? 故君子樂其發也.

6) 약(禴)은 약(禴)이라고도 부른다. 하(夏)나라와 은(殷)나라 때에는 봄에 종묘(宗廟)에서 지내는 제사를 뜻하는 용어로 사용하였지만, 주(周)나라 때에는 명칭을 고쳐서, 여름에 지내는 제사의 명칭으로 삼았다. '약(禴)'이 봄 제사를 뜻하는 용어로 사용될 때에는 적다[薄]라는 뜻으로, 봄에는 만물이 아직 성숙하지 않았으므로, 제사 때 차려내는 제수(祭需)들이 적게 된다. 그렇기 때문에 그 제사를 '약(禴)'이라고 부르는 것이다. 『예기』「왕제(王制)」편에는 "天子諸侯宗廟之祭, 春曰礿, 夏曰禘, 秋曰嘗, 冬曰烝."이라는 기록이 있고, 이에 대한 정현의 주에서는 "此蓋夏殷之祭名. 周則春曰祠, 夏曰礿, 以禘爲殷祭."라고 풀이했고, 진호(陳澔)의 『집설(集說)』에서는 "礿, 薄也. 春物未成, 祭品鮮薄也."라고 풀이했다. 한편 '약(礿)'자가 여름 제사를 뜻하는 용어로 사용될 때에는 삶다[汋=礿]의 뜻으로, 여름 4월에는 보리가 익어서, 삶아서 밥을 지을 수가 있다. 여름 제사 때에는 이처럼 보리밥을 헌상하기 때문에, 그 제사를 '약(礿)'이라고 부르는 것이다. 『춘추공양전』「환공(桓公) 8년」편에는 "夏曰礿."이라는 기록이 있는데, 이에 대한 하휴(何休)의 주에서는 "薦尙麥苗, 麥始熟可祈, 故曰礿."이라고 풀이했다. 그리고 『주례』「춘관(春官)·사준이(司尊彝)」편에서는 "春祠夏禴, 祼用雞彝·鳥彝, 皆有舟."라고 하여, 약(礿)을 '약(禴)'자로 기록하고 있다.

하거나 맛있게 하는 것에는 뜻을 두지 않으니, 이것은 이로움을 멀리한다는 뜻을 드러내는 것이며, 덕으로 배를 불리는데 뜻을 두니, 이것은 의로움을 생각한다는 뜻을 드러내는 것이다. 백성들은 이와 반대로 하여, 마침내 이로움을 다투고 의로움을 잊어버리는 지경에 이른다. 그러므로 "방지한다."라고 말하지 않은 것은 그 사안을 통해서 보여주기 때문이다.

鄭注 祭器, 籩·豆·簋·鉶之屬也. 有敬事於賓客則用之, 謂饗食也. 盤·盂之屬爲燕器. 言不可以其薄不及禮而不行禮, 亦不可以其美過禮而去禮. 禮主敬, 廢滅之是不敬. 東鄰, 謂紂國中也. 西鄰, 謂文王國中也. 此辭在旣濟. 旣濟, 離下坎上, 離爲牛, 坎爲豕. 西鄰禴祭則用豕與. 言殺牛而凶, 不如殺豕受福, 喻奢而慢不如儉而敬也. 春秋傳曰"黍稷非馨, 明德惟馨", 信矣. 言君子饗燕, 非專爲酒肴, 亦以觀威儀, 講德美.

번역 제기는 변(籩)·두(豆)·궤(簋)·형(鉶) 등의 부류를 뜻한다. 빈객을 공경스럽게 섬기게 된다면 이것을 사용하니, 향례(饗禮)[7]와 사례(食禮) 등을 뜻한다. 반(盤)이나 우(盂) 등의 부류는 연회를 할 때 사용하는 기물이다. 즉 그것이 박하여 예의 기준에 미치지 못한다고 해서 예를 시행하지 않아서는 안 되며, 또 그것이 아름다워서 예의 기준을 초과했다고 하여 예를 제거해서는 안 된다는 뜻이다. 예는 공경함을 위주로 하니, 그것을 폐지하거나 없애는 것은 불경함에 해당한다. '동린(東鄰)'은 주임금이 통치하는 나라를 뜻한다. '서린(西鄰)'은 문왕이 통치하는 나라를 뜻한다. 이 말은 『역』「기제괘(旣濟卦)」에 수록되어 있다. 기제괘(旣濟卦䷾)는 리괘(離卦☲)가 아래에 있고 감괘(坎卦☵)가 위에 있는데, 리괘는 소가 되고, 감괘는 돼

---

7) 향례(饗禮)는 연회의 한 종류이다. 또한 연회를 범칭하는 용어로도 사용된다. 본래 '향례'를 시행할 때에는 희생물을 통째로 바치지만, 그것을 먹지는 않는다. 또 술잔을 가득 채우지만, 마시지는 않으며, 자리에 서 있기만 하고, 앉지는 않는다. 또한 신분의 존비(尊卑)에 의거해서 술잔을 바치게 되는데, 정해진 술잔 바치는 회수가 끝나면, 의식을 끝낸다. 다만 숙위(宿衛)들과 기로(耆老) 및 고아들에게 향례를 할 때에는 술을 취할 때까지 마시게 하는 것을 법도로 삼았다.

지가 된다. 서쪽 이웃이 지내는 약(禴)제사는 희생물로 돼지를 사용했을
것이다. 즉 소를 잡아서 흉하게 되는 것은 돼지를 잡아서 복을 받는 것만
못하다는 뜻이니, 사치를 하지만 태만하게 구는 것은 검소하지만 공경스러
운 것만 못하다는 사실을 비유한다. 『춘추전』에서는 "서직이 향기로운 것
이 아니라 밝은 덕이 향기로운 것이다."[8]라고 했으니, 그 말이 진실되다.
군자가 향연이나 연회를 하는 것은 전적으로 술과 고기를 먹기 위해서가
아니니, 또한 이를 통해 위엄스러운 예절을 살피고, 덕의 아름다움을 강론
한다는 뜻이다.

釋文 簋音軌. 鉶音刑. 食音嗣, 下文"食禮"同. 盤, 步于反. 盂音于. 菲, 芳
鬼反, 薄也. 去, 起呂反. 饋, 其位反. 禴音藥. 寔, 時力反, 易作實. 與音餘. 肴,
戶交反.

번역 '簋'자의 음은 '軌(궤)'이다. '鉶'자의 음은 '刑(형)'이다. '食'자의 음
은 '嗣(사)'이며, 아래문장에 나오는 '食禮'에서의 '食'자도 그 음이 이와 같
다. '盤'자는 '步(보)'자와 '于(우)'자의 반절음이다. '盂'자의 음은 '于(우)'이
다. '菲'자는 '芳(방)'자와 '鬼(귀)'자의 반절음이며, 박하다는 뜻이다. '去'자
는 '起(기)'자와 '呂(려)'자의 반절음이다. '饋'자는 '其(기)'자와 '位(위)'자의
반절음이다. '禴'자의 음은 '藥(약)'이다. '寔'자는 '時(시)'자와 '力(력)'자의
반절음이며, 『역』에서는 '實'자로 기록했다. '與'자의 음은 '餘(여)'이다. '肴'
자는 '戶(호)'자와 '交(교)'자의 반절음이다.

孔疏 ●"子云"至"忘義". ○正義曰: 前經坊民以爲孝之道, 此經敎民以爲
敬行義之事.

번역 ●經文: "子云"~"忘義". ○앞의 경문에서는 백성들을 방지하여
효를 시행하는 도를 설명하였는데, 이곳 경문에서는 백성들에게 공경을 실

---

8) 『춘추좌씨전』「희공(僖公) 5년」: 故周書曰, '皇天無親, 惟德是輔.' 又曰, '黍稷
非馨, 明德惟馨.' 又曰, '民不易物, 惟德繄物.' 如是, 則非德, 民不和, 神不享矣.

천하고 의로움을 시행하도록 가르치는 사안을 나타내었다.

孔疏　●"故君子不以菲廢禮"者, 菲, 薄也. 言君子不以貧窶菲薄, 廢禮不行.

번역　●經文: "故君子不以菲廢禮". ○'비(菲)'자는 "박하다[薄]."는 뜻이다. 즉 군자는 가난하거나 보잘것없는 것이라고 하여 예를 폐지하여 시행하지 않는 경우가 없다는 뜻이다.

孔疏　●"不以美沒禮", 沒, 過也. 不可以財物豐多, 華美其事, 沒過於禮也.

번역　●經文: "不以美沒禮". ○'몰(沒)'자는 "지나치다[過]."는 뜻이다. 재물을 풍부하고 많게 하여 그 사안을 지나치게 화려하고 보기 좋게 꾸며서 예의 규정을 넘기지 않는다는 뜻이다.

孔疏　●"易曰: 東鄰殺牛, 不如西鄰之禴祭. 寔受其福"者, 東鄰謂紂, 西鄰謂文王也. 紂之國中奢而慢禮, 雖殺牛以祭, 不如西鄰文王國中以爲禴祭, 但殺豕而已. 以其祭儉而恭敬故也.

번역　●經文: "易曰: 東鄰殺牛, 不如西鄰之禴祭. 寔受其福". ○동쪽 이웃은 주임금을 뜻하며, 서쪽 이웃은 문왕을 뜻한다. 주임금이 통치하는 나라에서는 사치를 부렸으나 예에는 태만하게 시행했으니, 비록 소를 잡아서 제사를 지내더라도, 서쪽 이웃인 문왕이 통치하는 나라에서 약(禴)제사를 지내며, 단지 돼지를 희생물로 잡았던 것만 못하다는 뜻이다. 즉 그 제사는 검소했지만 공경스럽게 치렀기 때문이다.

孔疏　●"寔受其福", 寔, 實也, 言寔爲神所加福祐.

번역　●經文: "寔受其福". ○'식(寔)'자는 진실로[實]라는 뜻이다. 진실로 신으로부터 복과 가호를 받는다는 뜻이다.

孔疏 ●"詩云: 旣醉以酒, 旣飽以德"者, 此大雅・旣醉之篇, 言成王祭祀, 合於禮儀. 旣, 盡也, 言君臣上下盡醉以酒, 至於祭之末, 觀十倫之義, 盡飽以德.

번역 ●經文: "詩云: 旣醉以酒, 旣飽以德". ○이것은 『시』「대아(大雅)・기취(旣醉)」편으로, 성왕(成王)이 제사를 지낸 것이 예의에 합치되었다는 뜻이다. '기(旣)'자는 모두[盡]라는 뜻이니, 군주와 신하 및 상하계층이 모두 술을 마셔 취했는데, 제사 말미가 되자 십륜(十倫)9)의 뜻을 살피고, 모두 덕으로 배가 부르게 되었다는 뜻이다.

孔疏 ◎注"東鄰"至"信矣". ○正義曰: 東鄰謂紂國中也, 旣云東鄰西鄰, 總據一國之辭, 非唯紂・文王一身而已, 故云"國中", 言一國皆然也. 云"此辭在旣濟"者, 是旣濟九五爻辭也. 鄭注易九五曰: "互體爲坎也, 又互體爲離. 離爲日, 坎爲月. 日出東方, 東鄰象也. 月出西方, 西鄰象也." 此注坎爲豕, 西鄰禴祭則用豕, 與此文異. 又注云"離爲牛", 是東鄰之祭殺牛也. 則鄭之易注九五一爻, 有坎有離. 此注總論旣濟之卦, 下體爲離, 上體爲坎, 與易注不同者, 但易含萬象, 俱得明義也. 此據一國風俗奢儉, 故擧豕・牛以言之. 不得以天子諸侯俱用大牢爲妨.

번역 ◎鄭注: "東鄰"~"信矣". ○동쪽 이웃은 주임금이 다스리는 나라를 뜻하는데, 이미 동쪽 이웃과 서쪽 이웃이라고 했으니, 나라 전체를 통괄적으로 제시한 말이지, 단지 주임금이나 문왕 개인만을 가리키는 뜻이 아니다. 그렇기 때문에 '국중(國中)'이라고 말한 것으로, 한 나라 전체가 모두

―――――――――

9) 십륜(十倫)은 제사 때 드러내게 되는 10개의 도리(道理)를 뜻한다. 귀신(鬼神)을 섬기는 도(道), 군신(君臣)의 의(義), 귀천(貴賤)의 등급[等], 친소(親疏)에 따른 차별[殺], 작위[爵]와 상[賞]의 베풂[施], 부부(夫婦)의 유별[別], 정사(政事)의 균평[均], 장유(長幼)의 질서[序], 상하(上下)의 조화[際]를 뜻한다. 『예기』「제통(祭統)」편에는 "夫祭有十倫焉. 見事鬼神之道焉, 見君臣之義焉, 見父子之倫焉, 見貴賤之等焉, 見親疏之殺焉, 見爵賞之施焉, 見夫婦之別焉, 見政事之均焉, 見長幼之序焉, 見上下之際焉. 此之謂十倫."이라는 기록이 있다.

그렇다는 의미이다. 정현이 "이 말은『역』「기제괘(旣濟卦)」에 수록되어 있다."라고 했는데, 기제괘 구오의 효사를 뜻한다.『역』에 대한 정현의 주에서 구오에 대해서는 "호체는 감괘가 되고 또 호체는 리괘가 된다. 리괘는 해가 되고 감괘는 달이 된다. 해는 동쪽에서 솟으니, 동쪽 이웃을 상징한다. 달은 서쪽에서 나타나니, 서쪽 이웃을 상징한다."라고 했다. 그리고 이곳 주석에 서는 감괘가 돼지가 된다고 하여 서쪽 이웃이 지낸 약(禴)제사에서는 돼지를 사용했다고 했으니,『역』의 주석과 이곳 주석이 차이를 보인다. 또 정현의 주에서는 "리괘는 소가 된다."라고 했는데, 이것은 동쪽 이웃에서 제사를 지내며 소를 희생물로 잡은 것을 뜻한다. 그 이유는『역』에 대한 정현의 주는 구오 한 효를 논의하며 감괘와 리괘가 있다고 했기 때문이다. 또 이곳의 주는 기제괘를 총괄적으로 논의한 것인데, 하체는 리괘가 되고 상체는 감괘가 된다. 그러므로『역』의 주석과 차이를 보이는 것인데, 다만『역』은 모든 상을 포함하고 있고, 모두 그 뜻을 드러낼 수 있다. 또 이곳 주석은 한 나라의 풍속에 있어서 사치를 부리거나 검소하게 치른다는 것에 근거했기 때문에 돼지와 소를 제시해서 말한 것이다. 그러므로 이것은 천자와 제후가 태뢰(太牢)[10]를 사용하는 것에는 저해되지 않는다.

訓纂 方性夫曰: 儀禮曰, "幣美則沒禮", 曲禮曰, "主人親饋, 則拜而食, 主人不親饋, 則不拜而食", 與此同意. 君子苟無禮, 雖美不食者, 則以在禮而不在物故也.

번역 방성부가 말하길,『의례』에서는 "폐물이 아름답다면 예에서 지나친다."[11]라고 했고,『예기』「곡례(曲禮)」편에서는 "주인이 직접 음식을 차려서 내오면 절을 하고서 음식을 먹으며, 주인이 직접 음식을 차려 내오지 않으면 절을 하지 않고 음식을 먹는다."[12]라고 했으니, 이곳의 내용과 그

---

10) 태뢰(太牢)는 제사에서 소[牛], 양(羊), 돼지[豕] 3가지 희생물을 갖춘 것을 뜻한다.『장자』「지악(至樂)」편에는 "其太牢以爲膳."이라는 기록이 있는데, 이에 대한 성현영(成玄英)의 소(疏)에서는 "太牢, 牛羊豕也."라고 풀이하였다.
11)『의례』「빙례(聘禮)」: 幣美則沒禮.

의미가 같다. 군자는 만약 예가 없다면 비록 맛있는 것이라도 먹지 않으니, 그것은 예에 달려 있고 사물에 달려 있지 않기 때문이다.

集解 愚謂: 食有宜於菲而薄者, 有宜於美而豐者, 而莫不以禮爲重焉. 食薄而禮不行, 則禮廢而不存矣. 食美而禮不逮, 則禮沒而不見矣. 食者利之所在, 禮者義之所出, 君子於飮食之際, 務於行禮, 而不惟其物之厚薄, 凡以重義而輕利而已.

번역 내가 생각하기에, 음식 중에는 박하여 보잘것없이 차리는 것이 마땅한 경우도 있고, 아름답고 풍부하게 차리는 것이 마땅한 경우도 있지만, 예를 중시하지 않으면 안 된다. 음식이 박하다고 하여 예를 시행하지 않는다면, 예를 폐지하여 보존하지 않는 것이다. 음식이 맛있다고 하여 예가 그 수위에 미치지 않는다면, 예가 없어져서 드러나지 않는 것이다. 음식은 이로움이 있는 대상이고, 예는 의로움이 도출되는 대상이니, 군자는 음식을 먹을 때에도 예를 시행하는데 힘쓰고, 대상이 많거나 적은 것은 신경 쓰지 않으니, 의로움을 중시하고 이로움을 경시하기 때문이다.

참고 『역』「기제괘(旣濟卦)·구오(九五)」

爻辭 九五, 東鄰殺牛, 不如西鄰之禴祭, 實受其福.

번역 구오는 동쪽 이웃의 소를 잡는 제사는 서쪽 이웃의 약소한 제사가 실제로 복을 받는 것만 못하다.

王注 牛, 祭之盛者也. 禴, 祭之薄者也. 居旣濟之時, 而處尊位, 物皆盛矣, 將何爲焉? 其所務者, 祭祀而已. 祭祀之盛, 莫盛脩德, 故沼沚之毛, 蘋蘩之菜,

---

12) 『예기』「곡례상(曲禮上)」【27d】: 侍食於長者, <u>主人親饋, 則拜而食, 主人不親饋, 則不拜而食</u>.

可羞於鬼神, 故"黍稷非馨, 明德惟馨", 是以"東鄰殺牛, 不如西鄰之禴祭, 實受其福"也

번역　소[牛]를 사용하는 제사는 제사 중에서도 융성한 것에 해당한다. '약(禴)'은 제사 중에서도 박한 제사이다. 기제괘의 때에 처하여 존귀한 자리에 있다면 사물들도 모두 융성한데 앞으로 무엇을 시행해야 하는가? 힘써야 하는 것은 제사일 따름이다. 제사 중에서도 융성한 것은 덕 닦는 일보다 융성하게 높일 것이 없다. 그렇기 때문에 연못이나 저수지에서 자라나는 풀이나 빈(蘋)이나 번(蘩)과 같은 채소로도 귀신에게 음식으로 바칠 수 있다. 그렇기 때문에 "서직이 향기로운 것이 아니라 밝은 덕이 향기로운 것이다."[13]라고 했다. 이러한 까닭으로 "동쪽 이웃의 소를 잡는 제사는 서쪽 이웃의 약소한 제사가 실제로 복을 받는 것만 못하다."라고 했다.

孔疏　●"九五東鄰"至"受其福". ○正義曰: 牛, 祭之盛者也. 禴, 殷春祭之名, 祭之薄者也. 九五居旣濟之時, 而處尊位, 物旣濟矣, 將何爲焉? 其所務者, 祭祀而已. 祭祀之盛, 莫盛脩德. 九五履正居中, 動不爲妄, 脩德者也. 苟能脩德, 雖薄可饗. 假有東鄰不能脩德, 雖復殺牛至盛, 不爲鬼神歆饗; 不如我西鄰禴祭雖薄, 能脩其德, 故神明降福, 故曰"東鄰殺牛, 不如西鄰之禴祭, 實受其福"也.

번역　●經文: "九五東鄰"~"受其福". ○소[牛]를 사용하는 제사는 제사 중에서도 융성한 것에 해당한다. '약(禴)'은 은나라 때 봄에 지냈던 제사의 명칭이니, 제사 중에서도 박한 제사이다. 구오는 기제괘의 때에 처하여, 존귀한 자리에 있으니, 사물들도 이미 구제된 상태인데, 앞으로 무엇을 시행해야 하는가? 힘써야 하는 것은 제사일 따름이다. 제사 중에서도 융성한 것은 덕 닦는 일보다 융성하게 높일 것이 없다. 구오는 바름을 밟고 가운데 머물러 있어서 행동함이 망령스럽게 되지 않아서 덕을 닦는 자에 해당한다.

---

13) 『춘추좌씨전』「희공(僖公) 5년」: 故周書曰, '皇天無親, 惟德是輔.' 又曰, '黍稷非馨, 明德惟馨.' 又曰, '民不易物, 惟德緊物.' 如是, 則非德, 民不和, 神不享矣.

만약 덕을 닦을 수 있다면 비록 박하게 하더라도 흠향을 드릴 수 있다. 가령
동쪽 이웃은 덕을 닦을 수 없었으니, 비록 소를 잡아서 지극히 융성하게
제수를 차려냈더라도 귀신을 흠향시킬 수 없는데, 이것은 우리 서쪽 이웃
이 약제사를 지내 비록 박한 제사를 지내지만 덕을 닦을 수 있기 때문에
신명이 복을 내려주는 것만 못하다. 그렇기 때문에 "동쪽 이웃의 소를 잡는
제사는 서쪽 이웃의 약소한 제사가 실제로 복을 받는 것만 못하다."라고
했다.

孔疏 ◎注"沼沚之毛"至"鬼神". ○正義曰: "沼沚之毛, 蘋蘩之菜, 可羞於
鬼神"者, 並略左傳之文也.

번역 ◎王注: "沼沚之毛"~"鬼神". ○왕필[14]이 "연못이나 저수지에서
자라나는 풀이나 빈(蘋)이나 번(蘩)과 같은 채소로도 귀신에게 음식으로
바칠 수 있다."라고 했는데, 이것은 모두『좌전』의 문장을 약술한 것이
다.[15]

程傳 五中實, 孚也; 二虛中, 誠也, 故皆取祭祀爲義. 東隣, 陽也, 謂五. 西
隣, 陰也, 謂二. 殺牛, 盛祭也; 禴, 薄祭也, 盛不如薄者, 時不同也. 二五皆有孚
誠中正之德, 二在濟下, 尙有進也, 故受福. 五處濟極, 无所進矣, 以至誠中正
守之, 苟未至於反耳. 理无極而終不反者也, 已至於極, 雖善處, 无如之何矣,
故爻象, 唯言其時也.

번역 오효는 가운데가 채워져 있으니 믿음에 해당하고, 이효의 가운데
가 비어있음은 진실됨에 해당한다. 그렇기 때문에 둘 모두 제사에서 의미

---

14) 왕필(王弼, A.D.226~A.D.249): =왕보사(王輔嗣). 삼국시대 위(魏)나라의 학
자이다. 자(字)는 보사(輔嗣)이다. 저서로는『노자주(老子注)』·『주역주(周易
注)』 등이 있다.
15)『춘추좌씨전』「은공(隱公) 3년」: 苟有明信, 澗·溪·沼·沚之毛, 蘋·蘩·薀
藻之菜, 筐·筥·錡·釜之器, 潢·汙·行潦之水, 可薦於鬼神, 可羞於王公, 而
況君子結二國之信, 行之以禮, 又焉用質?

를 취하여 뜻으로 삼았다. 동쪽 이웃은 양(陽)을 뜻하니, 오효를 가리킨다.
서쪽 이웃은 음(陰)을 뜻하니, 이효를 가리킨다. 소를 도축한 것은 성대한
제사를 뜻하며, '약(禴)'은 제사를 박하게 지낸 것을 뜻한다. 성대한 것이
박한 것만 못한 것은 때가 같지 않기 때문이다. 이효와 오효는 모두 믿음과
진실되며 중정한 덕을 가지고 있는데, 이효는 기제괘의 아래에 있으니, 여
전히 나아갈 곳이 있기 때문에 복을 받는다. 오효는 기제괘의 극에 처하여
나아갈 곳이 없으니, 지극한 진실됨과 중정함으로 지키면 진실로 뒤집히는
지경에는 이르지 않을 따름이다. 이치에 따르면 극에 처하여 끝내 뒤집히
지 않는 것이 없는데, 이미 극에 이르렀다면 비록 잘 대처하더라도 어찌할
수가 없다. 그렇기 때문에 효와 상에서 오직 그 때를 말한 것일 뿐이다.

本義 東, 陽, 西, 陰, 言九五居尊而時已過, 不如六二之在下而始得時也.
又當文王與紂之事, 故其象占如此. 象辭初吉終亂, 亦此意也.

번역 동쪽은 양(陽)에 해당하고 서쪽은 음(陰)에 해당한다. 즉 구오는
존귀한 자리에 있지만 때가 이미 지났으니, 육이가 아래에 있으면서 처음
으로 때를 얻은 것만 못하다는 뜻이다. 또 문왕과 주임금의 일에도 해당하
기 때문에 그 상과 점이 이와 같다. 괘사(卦辭)에서 처음에는 길하고 끝에
는 어지럽다고 한 것16)도 이러한 의미에 해당한다.

象辭 象曰, "東鄰殺牛", 不如西鄰之時也, "實受其福", 吉大來也.

번역 「상전」에서 말하길, "동쪽 이웃이 소를 잡는다."는 말은 서쪽 이웃
이 때에 맞게 지내는 제사만 못하다는 뜻이고, "실제로 복을 받는다."는 말
은 길함이 크게 온다는 뜻이다.

王注 在於合時, 不在於豐也.

---

16) 『역』「기제괘(旣濟卦)」: 旣濟, 亨小, 利貞, <u>初吉終亂</u>.

번역 시기에 합치되느냐에 달려 있는 것이며, 풍요롭게 지내는데 달려 있지 않기 때문이다.

孔疏 ○正義曰: "不如西鄰之時"者, 神明饗德, 能脩德致敬, 合於祭祀之時, 雖薄降福, 故曰時也.

번역 ○"서쪽 이웃이 때에 맞게 지내는 제사만 못하다"라고 했는데, 신명은 덕을 흠향하니, 덕을 닦고 공경을 지극히 하여, 제사를 지내는 시기에 합치시킬 수 있다면, 비록 제수가 박하더라도 복을 내려준다. 그렇기 때문에 '시(時)'라고 말했다.

孔疏 ◎注"在於合時". ○正義曰: "在於合時"者, 詩云, "威儀孔時". 言周王廟中, 群臣助祭, 並皆威儀肅敬, 甚得其時. 此合時之義, 亦當如彼也.

번역 ◎王注: "在於合時". ○왕필이 "시기에 합치되느냐에 달려 있다."라고 했는데,『시』에서는 "위엄스러운 예법이 매우 때에 맞는다."[17]라고 했다. 즉 주나라 왕이 종묘에서 제사를 지낼 때, 뭇 신하들이 제사를 도왔는데, 모두들 위엄스러운 거동을 보이고 엄숙하며 공경스러워서, 매우 그 시의에 적합했다는 뜻이다. 이것은 시기에 합치된다는 뜻으로, 또한 마땅히 그처럼 해야 함을 의미한다.

孔疏 ○正義曰: "吉大來"者, 非惟當身, 福流後世.

번역 ○「상전」에서 "길함이 크게 온다는 뜻이다."라고 했는데, 단지 자기에게만 해당한다는 뜻이 아니며, 복이 흘러 후세까지 미친다는 뜻이다.

程傳 五之才德, 非不善, 不如二之時也. 二在下, 有進之時, 故中正而孚, 則其吉大來, 所謂受福也. 吉大來者, 在旣濟之時, 爲大來也, 亨小初吉, 是也.

---

17)『시』「대아(大雅)·기취(旣醉)」: 威儀孔時, 君子有孝子. 孝子不匱, 永錫爾類.

번역 오효의 재질과 덕은 선하지 않은 것이 없지만 이효가 때에 맞는 것만 못하다. 이효는 아래에 있어서 나아감이 있는 때이기 때문에, 중정하면서도 믿음을 가지고 있다면 길함이 크게 오니, 이른바 복을 받는다는 의미이다. 길함이 크게 온다는 것은 기제괘의 때에 있어서 크게 오는 것으로, "형통함이 작고 처음에는 길하다."[18)는 말이 바로 이것을 가리킨다.

참고 구문비교

출 처	내 용
『禮記』「坊記」	子云, 敬則用祭器
『禮記』「表記」	子曰, 君子敬則用祭器

참고 구문비교

출 처	내 용
『禮記』「坊記」	主人親饋則客祭, 主人不親饋則客不祭.
『禮記』「曲禮上」	主人親饋則拜而食, 主人不親饋則不拜而食.

---

18) 『역』「기제괘(旣濟卦)」: 旣濟, 亨小, 利貞, 初吉終亂.

그림 16-1 ◼ 궤(簋)

※ 출처: 상좌-『삼례도집주(三禮圖集注)』13권 ; 상우-『삼례도(三禮圖)』4권
　　하좌-『육경도(六經圖)』6권 ; 하우-『삼재도회(三才圖會)』「기용(器用)」1권

그림 16-2 ■ 형(鉶)

※ 출처: 좌-『삼례도집주(三禮圖集注)』13권
       우-『삼재도회(三才圖會)』「기용(器用)」2권

그림 16-3 ◼ 반(盤)과 우(盂)

盤

盂

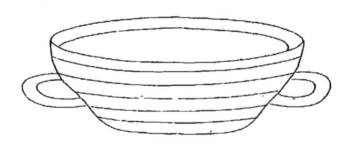

※ **출처:**『삼례도(三禮圖)』4권

• 제 17 절 •

제례(祭禮)와 교화

【616b~c】

子云, "七日戒, 三日齊, 承一人焉以爲尸, 過之者趨走, 以敎敬也. 醴酒在室, 醍酒在堂, 澄酒在下, 示民不淫也. 尸飮三, 衆賓飮一, 示民有上下也. 因其酒肉, 聚其宗族, 以敎民睦也. 故堂上觀乎室, 堂下觀乎上. 詩云, '禮儀卒度, 笑語卒獲.'"

직역 子가 云, "七日을 戒하고, 三日을 齊하여, 一人을 承하여 尸로 爲하며, 之를 過하는 者가 趨走하여, 이로써 敬을 敎한다. 醴酒는 室에 在하고, 醍酒는 堂에 在하며, 澄酒는 下에 在하니, 民에게 不淫을 示함이다. 尸가 三을 飮하면, 衆賓은 一을 飮하니, 民에게 上下가 有함을 示함이다. 그 酒肉에 因하여, 그 宗族을 聚하여, 이로써 民에게 睦을 敎한다. 故로 堂上에서는 室을 觀하고, 堂下에서는 上을 觀한다. 詩에서 云, '禮儀가 卒히 度하니, 笑語가 卒히 獲이라.'"

의역 공자가 말하길, "7일 동안 산제(散齊)¹⁾를 하고 3일 동안 치제(致齊)²⁾를

---

1) 산제(散齊)는 산재(散齋)라고도 부른다. '산제'는 제사를 지낼 때 제사보다 앞서 7일 동안 수레도 몰지 않고, 음악도 연주하지 않으며, 조문도 하지 않으면서, 재계를 하는 것이다. 『예기』「제의(祭義)」편에는 "致齊於內, 散齊於外."라는 기록이 있고, 이에 대한 정현의 주에서는 "散齊, 七日不御不樂不弔耳."라고 풀이했다. 또한 『예기』「제통(祭統)」편에도 "散齊七日以定之, 致齊三日以齊之."라는 기록이 있다.

2) 치제(致齊)는 치재(致齋)라고도 부른다. '치제'는 제사를 지내기 이전 3일 동안 몸과 마음을 정숙하게 재계하는 의식이다. '치제' 이전에는 '산제(散齊)'를 하여 7일 동안 정숙하게 한다. '치제'는 그 이후 3일 동안 몸과 마음을 더욱 정숙하게 재계하여, 신과 소통할 수 있도록 준비하는 것이다. 『예기』「제통(祭統)」편에는 "故散齊七日以定之, 致齊三日以齊之. 定之之謂齊, 齊者精明之

하여, 한 사람을 받들어 시동으로 여기고, 그를 지나칠 때 빠른 걸음으로 가니, 이를 통해 공경함을 가르친다. 예주는 방안에 두고, 제주는 당상에 두며 징주는 당하에 두니, 백성들에게 맛을 음란하게 탐하지 않음을 보여주는 것이다. 시동이 세 차례 술을 마시고, 빈객 무리가 한 차례 술을 마시는 것은 백성들에게 상하계층의 구분이 있음을 보여주는 것이다. 술과 고기를 차린 것에 연유하여 종족들을 모으고 소목(昭穆)의 질서에 따라 술을 권하고 마셔서, 이를 통해 백성들에게 화목함을 가르친다. 그러므로 당상에 있는 자들은 방안에서 시행되는 의례를 살피고, 당하에 있는 자들은 당상에서 시행되는 의례를 살핀다. 『시』에서는 '예의가 모두 법도에 맞으니, 웃고 말하는 것들이 모두 마땅하도다.'"라고 했다.

集說 承, 奉事之也. 醴齊・醍齊・澄酒, 此三酒, 味薄者在上, 味厚者在下, 貴薄而賤厚, 是示民以不貪淫於味也. 尸飮三, 主人・主婦・賓長各一獻也, 然後主人獻賓, 是衆賓飮一也. 尊上者得酒多, 卑下者得酒少, 是示民以上下之等也. 祭禮之末, 序昭穆相獻酬, 此以和睦之道敎民也. 堂上者觀室中之禮儀, 堂下者又觀堂上之禮儀, 其容有不肅者乎? 詩, 小雅楚茨之篇. 卒, 盡也, 言禮儀盡合於法度, 笑語盡得其宜也.

번역 '승(承)'자는 받들어 섬긴다는 뜻이다. 예제(醴齊)[3]・제제(醍齊)[4]・징주(澄酒)[5]라는 세 술 중에 맛이 옅은 것은 위에 있고 맛이 진한 것은 아래에 있으니, 옅은 것을 귀하게 여기고 진한 것을 천하게 여기는 것으로,

---

至也, 然後可以交于神明也."라는 기록이 있다.
3) 예제(醴齊)는 오제(五齊) 중 하나이다. 비교적 탁한 술에 해당한다. 술이 익고 나서 앙금을 한 차례 걸러낸 것으로 염주(恬酒)와 같은 술이다.
4) 제제(緹齊)는 제제(醍齊)라고도 부른다. 오제(五齊) 중 하나이다. 비교적 맑은 술에 해당한다. 술이 익고 나서 붉은 빛깔을 보이는 것으로 하주(下酒)와 같은 술이다.
5) 징주(澄酒)는 청주(淸酒)라고도 부른다. 삼주(三酒) 중 하나이다. 정사농(鄭司農)의 주장에 따르면, '청주'는 제사를 지낼 때 쓰는 술을 뜻한다. 정현의 주장에 따르면, '청주'는 중산(中山) 지역에서 겨울에 술을 담가서 여름쯤 다 익은 술을 뜻한다. 손이양(孫詒讓)의 주장에 따르면, '청주'는 더욱 맑은 술이며, 겨울에 빚어서 여름쯤에 익는 술을 뜻한다.

백성들에게 맛을 지나치게 낸 것을 탐하지 않도록 보여주는 것이다. 시동
이 세 차례 술을 마신다고 했는데, 주인·주부·빈객들의 수장이 각각 한
차례씩 술을 따라서 바치고, 그런 뒤에 주인은 빈객에게 술을 따라서 주니,
이것이 여러 빈객무리가 한 차례 술을 마신다는 뜻이다. 존귀한 자는 술을
받는 것이 많고 미천한 자는 술을 받는 것이 적으니, 이것은 백성들에게
상하의 등급을 보여주는 것이다. 제례의 말미에는 소목(昭穆)에 따라 서열
을 정하여 서로에게 술을 따라서 권하니, 이것은 화목의 도로 백성들을 가
르치는 것이다. 당상에 있는 자들은 방안에서 시행되는 의례를 살펴보고,
당하에 있는 자들은 또한 당상에서 시행되는 의례를 살펴보니, 그 태도가
엄숙하지 않은 자가 있겠는가? 시는 『시』「소아(小雅)·초자(楚茨)」편이
다.6) '졸(卒)'자는 모두[盡]라는 뜻이니, 예의가 법도에 모두 합치되고, 웃고
말하는 것이 모두 그 마땅함을 얻었다는 의미이다.

大全 嚴陵方氏曰: 七日戒, 三日齊, 並見禮器郊特牲解. 曲禮曰, 爲君尸者,
大夫士見之, 則下之, 君知所以爲尸者, 則自下之, 故云過之者趨走也. 夫齊戒
以承之, 趨走以避之, 則敬之至矣, 故曰以敎敬也. 自水言之, 則淡者爲精, 甘
者爲粗, 若郊特牲所謂, 酒醴之美, 玄酒明水之尙, 是也. 自酒言之, 則濁者爲
質, 淸者爲文, 若此所謂, 醴酒在室, 澄酒在下, 是也. 其質在上, 其文在下, 則
先王之所尙固可知矣. 示民以此, 豈有沈湎之禍哉? 故曰示民不淫也, 亦見禮
運玄酒在室解. 尸飮三, 衆賓飮一, 謂祭祀獻酬之時也. 尊者飮多, 而卑者飮
少, 故曰示民有上下也. 因其酒肉者, 因祭祀之酒肉也. 聚其宗族者, 謂群昭群
穆咸在也. 聚其宗族, 則交相親矣, 故曰敎民睦也.

번역 엄릉방씨가 말하길, 7일 동안 재계하고 3일 동안 재계하는 것에
대해서는 모두 『예기』「예기(禮器)」 및 「교특생(郊特牲)」편의 주석에 나온
다. 『예기』「곡례(曲禮)」편에서는 "군주의 시동이 된 자를 만약 대부와 사가

---

6) 『시』「소아(小雅)·초자(楚茨)」: 執爨踖踖, 爲俎孔碩, 或燔或炙. 君婦莫莫, 爲
豆孔庶. 爲賓爲客, 獻酬交錯. <u>禮儀卒度, 笑語卒獲</u>. 神保是格. 報以介福, 萬壽
攸酢.

보게 된다면, 자신들이 타고 있던 수레에서 내리게 된다. 군주도 시동으로 삼은 자임을 알아보게 된다면, 직접 수레에서 내린다."7)라고 했다. 그러므로 "그를 지나칠 때에는 빠른 걸음으로 이동한다."라고 말한 것이다. 무릇 재계를 하여 받들고 빠른 걸음으로 가서 그를 피해준다면, 공경함이 지극한 것이다. 그렇기 때문에 "이로써 공경함을 가르친다."라고 했다. 물을 기준으로 말을 한다면, 담박한 것은 맑고 감미로운 것은 탁하니, 마치 「교특생」편에서 "술과 단술을 맛좋은 것으로 여기지만, 현주(玄酒)8)와 명수(明水)9)를 숭상한다."10)라고 한 말이 이러한 경우에 해당한다. 술을 기준으로 말을 한다면, 탁한 것은 질박하고 맑은 것은 화려하니, 이곳에서 "예주는 방안에 있고, 징주는 당하에 있다."라고 한 말이 이러한 경우에 해당한다. 질박한 것이 위에 있고 화려한 것이 아래에 있다면, 선왕이 숭상했던 대상을 진실로 알 수 있다. 백성들에게 이러한 것들을 보여주었는데, 어찌 술에 빠지는 화근이 발생하겠는가? 그러므로 "백성들에게 지나치지 않음을 보여준다."라고 한 것이니, 이 또한 『예기』 「예운(禮運)」편에서 "현주를 방안에 둔다."11)라고 했던 말의 주석에 나온다. 시동이 세 차례 술을 마시고

---

7) 『예기』 「곡례상(曲禮上)」 【35a】 : 禮曰: 君子抱孫不抱子. 此言孫可以爲王父尸, 子不可以爲父尸. 爲君尸者, 大夫士見之則下之. 君知所以爲尸者則自下之, 尸必式. 乘必以几.

8) 현주(玄酒)는 고대의 제례(祭禮)에서 술 대신 사용한 물[水]을 뜻한다. '현주'의 '현(玄)'자는 물은 흑색을 상징하므로, 붙여진 글자이다. '현주'의 '주(酒)'자의 경우, 태고시대 때에는 아직 술이 없었기 때문에, 물을 술 대신 사용했다. 따라서 후대에는 이 물을 가리키며 '주'자를 붙이게 된 것이다. '현주'를 사용하는 것은 가장 오래된 예법 중 하나이므로, 후대에도 이러한 예법을 존숭하여, 제사 때 '현주' 또한 사용했던 것이며, '현주'를 술 중에서도 가장 귀한 것으로 여겼다. 『예기』 「예운(禮運)」편에는 "故玄酒在室, 醴醆在戶."라는 기록이 있는데, 이에 대한 공영달(孔穎達)의 소(疏)에서는 "玄酒, 謂水也. 以其色黑, 謂之玄. 而太古無酒, 此水當酒所用, 故謂之玄酒."라고 풀이했다.

9) 명수(明水)는 제사 때 사용하는 깨끗한 물을 뜻한다. 현주(玄酒)를 뜻하기도 하며, '현주'와 구분해서 별도로 '명수'를 진설하기도 한다.

10) 『예기』 「교특생(郊特牲)」 【334a~b】 : 酒醴之美, 玄酒明水之尚, 貴五味之本也. 黼黻文繡之美, 疏布之尚, 反女功之始也. 莞簟之安, 而蒲越槀鞂之尚, 明之也. 大羹不和, 貴其質也. 大圭不琢, 美其質也. 丹漆雕幾之美, 素車之乘, 尊其樸也. 貴其質而已矣. 所以交於神明者, 不可同於所安褻之甚也. 如是而后宜.

빈객 무리가 한 차례 술을 마신다는 말은 제사를 지내며 술을 바치고 권하는 때를 뜻한다. 존귀한 자는 많이 마시고 미천한 자는 적게 마신다. 그렇기 때문에 "백성들에게 상하의 계층이 있음을 보여준다."라고 했다. '인기주육(因其酒肉)'은 제사를 지내며 술과 고기를 차린 것에 따른다는 뜻이다. '취기종족(聚其宗族)'은 소목(昭穆)에 해당하는 자들이 모두 모여 있다는 뜻이다. 종족들을 모았다면 서로 친애하게 된다. 그렇기 때문에 "백성들에게 화목함을 가르친다."라고 했다.

鄭注 戒, 謂散齊也. 承猶事也. 淫猶貪也. 澄酒, 清酒也. 三酒尙質不尙味. "上下"猶尊卑也. 主人主婦上賓獻尸, 乃後主人降, 洗爵獻賓. 言祭有酒肉, 群昭群穆皆至而獻酬之, 咸有薦俎. 謂祭時肅敬之威儀也. 卒, 盡也. 獲, 得也. 言在廟中者, 不失其禮儀, 皆歡喜得其節也.

번역 '계(戒)'자는 산제(散齊)를 뜻한다. '승(承)'자는 "섬긴다[事]."는 뜻이다. '음(淫)'자는 "탐한다[貪]."는 뜻이다. '징주(澄酒)'는 청주(淸酒)이다. 세 가지 술에 대해서는 질박함을 숭상하며 맛을 숭상하지 않는다. '상하(上下)'는 존비(尊卑)를 뜻한다. 주인·주부·빈객들의 수장이 시동에게 술을 따라서 바친 뒤에야 주인이 내려와서 잔을 씻어 빈객에게 술을 따라서 준다. 제사에는 술과 고기를 차리니, 뭇 소목(昭穆)에 해당하는 친족들이 모두 찾아와서 서로 술을 따라 주고 권하며, 모두에게 고기를 올린 도마가 차려지게 된다는 뜻이다. 제사를 지낼 때 엄숙하고 공경스럽게 의례를 진행한다는 뜻이다. '졸(卒)'자는 모두[盡]라는 뜻이다. '획(獲)'자는 "얻다[得]."는 뜻이다. 종묘 안에 있는 자들이 예의를 실추시키지 않아서, 모두가 기뻐하며 그 절도에 맞는다는 뜻이다.

釋文 齊, 側皆反, 注同. 散, 悉但反. 醴音體. 昭, 常遙反. 度, 如字, 法度也,

---

11) 『예기』「예운(禮運)」【270b】: 故玄酒在室, 醴醆在戶, 粢醍在堂, 澄酒在下, 陳其犧牲, 備其鼎俎, 列其琴瑟管磬鐘鼓, 脩其祝嘏, 以降上神與其先祖, 以正君臣, 以篤父子, 以睦兄弟, 以齊上下, 夫婦有所, 是謂承天之祜.

徐涂洛反.

번역 '齊'자는 '側(측)'자와 '皆(개)'자의 반절음이며, 정현의 주에 나오는 글자도 그 음이 이와 같다. '散'자는 '悉(실)'자와 '但(단)'자의 반절음이다. '醍'자의 음은 '體(체)'이다. '昭'자는 '常(상)'자와 '遙(요)'자의 반절음이다. '度'자는 글자대로 읽으며, 법도를 뜻하고, 서음(徐音)은 '涂(도)'자와 '洛(낙)'자의 반절음이다.

孔疏 ●"子云"至"卒獲". ○正義曰: 此一節明祭祀恭敬之義, 使禮儀各得其所.

번역 ●經文: "子云"~"卒獲". ○이곳 문단은 제사를 지내며 공경스럽게 지내는 뜻을 나타내고, 각각 예의에 맞게 하여 제자리를 얻게끔 한다는 뜻을 설명하였다.

孔疏 ●"七日戒"者, 謂散齊也.

번역 ●經文: "七日戒". ○산제(散齊)를 한다는 뜻이다.

孔疏 ●"三日齋"者, 謂致齊也.

번역 ●經文: "三日齋". ○치제(致齊)를 한다는 뜻이다.

孔疏 ●"承一人焉以爲尸"者, 謂承奉一人焉, 尊之爲尸也.

번역 ●經文: "承一人焉以爲尸". ○한 사람을 받들어 그를 존귀하게 높여서 시동으로 삼는다는 뜻이다.

孔疏 ●"示民不淫也"者, 淫猶貪也. 然醴齊·醍齊·澄酒, 味薄者在上, 味厚者在下, 貴薄賤厚, 示民不貪淫於味也.

번역 ●經文: “示民不淫也”. ○‘음(淫)’자는 “탐한다[貪].”는 뜻이다. 그런데 예제(醴齊)・제제(醍齊)・징주(澄酒)에 있어서 맛이 옅은 것이 상위에 있고 맛이 진한 것이 하위에 있으니, 옅은 것을 귀하게 여기고 진한 것을 천하게 여겨서, 백성들에게 맛에 대해 탐하지 않아야 함을 보여주는 것이다.

孔疏 ●“尸飮二, 衆賓飮一, 示民有上下也”者, 言尊上者得酒多, 卑下者得酒少, 是“示民有上下也”.

번역 ●經文: “尸飮二, 衆賓飮一, 示民有上下也”. ○존귀한 자는 술을 받는 것이 많고 미천한 자는 술을 받는 것이 적으니, 이것이 “백성들에게 신분의 차이가 있음을 보여주는 것이다.”는 뜻이다.

孔疏 ●“因其酒肉, 聚其宗族, 以敎民睦也”者, 謂因其祭祀之酒肉, 於祭祀之末聚其宗族昭穆相獻酬, 敎民相親睦也.

번역 ●經文: “因其酒肉, 聚其宗族, 以敎民睦也”. ○제사에서 술과 고기를 차리는 것에 따라서, 제사 말미에는 종족들을 모아 소목(昭穆)의 서열에 따라 서로 술을 따라주고 권하여, 백성들에게 서로 친애하고 화목해야 함을 가르친다는 뜻이다.

孔疏 ●“故堂上觀乎室”者, 沈重云: “祭祀之時在堂上者, 觀望在室之人以取法.”

번역 ●經文: “故堂上觀乎室”. ○심중12)은 “제사를 지낼 때 당상에 있는 자들은 제실에 있는 사람들을 관찰하여 법도로 삼는다는 뜻이다.”라고 했다.

---

12) 심중(沈重, A.D.500~A.D.583) : 남북조시대 때 남조 양(梁)나라의 학자이다. 자(字)는 덕후(德厚)・자후(子厚)이다. 저서로는 『예기의(禮記義)』・『의례의(儀禮義)』・『주례의(周禮義)』 등이 있다.

孔疏 ●"堂下觀乎上"者, 謂在堂下之人觀看於堂上之人以爲則, 言上下內外, 更相倣法.

번역 ●經文: "堂下觀乎上". ○당하에 있는 자들은 당상에 있는 사람들을 관찰하여 법도로 삼는다는 뜻이니, 상하 및 내외에 있는 자들이 서로 상대를 따라하며 법도로 삼는다는 의미이다.

孔疏 ●"詩云: 禮儀卒度, 笑語卒獲"者, 此小雅·楚茨之篇, 刺幽王之詩. 言古之祭祀, 禮儀盡合其法度, 笑語盡得其節制.

번역 ●經文: "詩云: 禮儀卒度, 笑語卒獲". ○이것은『시』「소아(小雅)·초자(楚茨)」편으로, 유왕(幽王)을 풍자한 시이다. 즉 고대의 제사에서는 예의가 모두 법도에 맞아서, 웃고 말하는 것들이 그 절도에 알맞았다는 뜻이다.

孔疏 ◎注"澄酒"至"尙味". ○正義曰: 澄酒, 淸酒也, 謂澄齊也. 以其淸於醴齊·醍齊, 故云"淸酒"也. 以此三齊皆云酒, 故知"澄酒"惟"澄齊"也. 禮運云: "玄酒在室, 醴醆在戶, 粢醍在堂, 澄酒在下." 彼陳酒事, 故鄭分釋澄爲沈齊, 酒爲三酒也. 以此云"示民不淫", 故知非三酒, 以三酒味厚美故也. 禮運云"醴醆在戶", 此云"在室", 不同者, 在戶之內, 則是在室也. 但禮運有"玄酒在室"之文, 故云"醴醆在戶"爾.

번역 ◎鄭注: "澄酒"~"尙味". ○'징주(澄酒)'는 청주(淸酒)이니, 징제(澄齊)를 가리킨다. 예제(醴齊)나 제제(醍齊)보다 맑기 때문에 '청주(淸酒)'라고 했다. 여기에 나온 오제(五齊)[13] 중 세 가지 제(齊)에 대해 모두 주(酒)

---

13) 오제(五齊)는 술의 맑고 탁한 정도에 따라서 다섯 가지 등급으로 분류한 술을 뜻한다. 또한 술을 범칭하는 용어로도 사용된다. 다섯 가지 술은 범제(泛齊), 례제(醴齊), 앙제(盎齊), 제제(緹齊), 침제(沈齊)를 가리킨다.『주례』「천관(天官)·주정(酒正)」편에는 "辨五齊之名, 一曰泛齊, 二曰醴齊, 三曰盎齊, 四曰緹齊, 五曰沈齊."라는 기록이 있다. 각 술들에 대해 설명하자면, 위의 기

자를 붙여서 불렀기 때문에, 징주(澄酒)가 징제(澄齊)에 해당함을 알 수 있
다. 『예기』「예운(禮運)」편에서는 "현주(玄酒)를 제실 안쪽에서도 가장 북
쪽 끝에 두고, 예(醴)와 잔(盞)이라는 술은 문 쪽에 두며, 자제(粢醍)는 당상
(堂上)에 두고, 징주(澄酒)는 당하에 둔다."[14]라고 했다. 「예운」편의 기록
은 술을 진설하는 사안에 해당한다. 그렇기 때문에 정현은 징(澄)자를 침제
(沈齊)라고 풀이하였고, 주(酒)는 삼주(三酒)[15]라고 풀이하였다. 이곳에서

록에 대한 정현의 주에서는 "泛者, 成而滓浮泛泛然, 如今宜成醪矣. 醴猶體也,
成而汁滓相將, 如今恬酒矣. 盎猶翁也, 成而翁翁然, 蔥白色, 如今酇白矣. 緹者,
成而紅赤, 如今下酒矣. 沈者, 成而滓沈, 如今造淸矣. 自醴以上尤濁, 縮酌者.
盎以下差淸. 其象類則然, 古之法式未可盡聞. 杜子春讀齊皆爲粢. 又禮器曰,
'緹酒之用, 玄酒之尙.' 玄謂齊者, 每有祭祀, 以度量節作之."라고 풀이했다. 즉
'범제'는 술이 익고 나서 앙금이 둥둥 떠 있는 것으로 정현 시대의 의성료(宜
成醪)와 같은 술이고, '례주'는 술이 익고 나서 앙금을 한 차례 걸러낸 것으
로 염주(恬酒)와 같은 것이며, '앙제'는 술이 익고 나서 새파란 빛깔을 보이
는 것으로 찬백(酇白)과 같은 술이고, '제제'는 술이 익고 나서 붉은 빛깔을
보이는 것으로 하주(下酒)와 같은 술이며, '침제'는 술이 익고 나서 앙금이
모두 가라앉아 있는 것으로 조청(造淸)과 같은 술이다. '범주'는 가장 탁한
술이며, '례주'는 그 다음으로 탁한 술이고, '앙제'부터는 뒤로 갈수록 맑은 술
에 해당한다.
14) 『예기』「예운(禮運)」【270b】: 故玄酒在室, 醴酸在戶, 粢醍在堂, 澄酒在下, 陳
其犧牲, 備其鼎俎, 列其琴瑟管磬鐘鼓, 脩其祝嘏, 以降上神與其先祖, 以正君臣,
以篤父子, 以睦兄弟, 以齊上下, 夫婦有所, 是謂承天之祜.
15) 삼주(三酒)는 상황에 따라 사용되는 세 가지 술을 뜻한다. 세 가지 술은 사주
(事酒), 석주(昔酒), 청주(淸酒)를 가리킨다. 『주례』「천관(天官)·주정(酒正)」
편에는 "辨三酒之物, 一曰事酒, 二曰昔酒, 三曰淸酒."라는 기록이 있다. 각 술
들에 설명은 주석마다 약간의 차이를 보인다. 위의 기록에 대해서 정현의 주
에서는 "鄭司農云, '事酒, 有事而飮也, 昔酒, 無事而飮也, 淸酒, 祭祀之酒.' 玄
謂事酒, 酌有事者之酒, 其酒則今之醳酒也. 昔酒, 今之酋久白酒, 所謂舊醳者
也. 淸酒, 今中山冬釀接夏而成."이라고 풀이했다. 즉 정사농(鄭司農)의 주장
에 따르면, '사주'는 어떤 사안이 있어서 마시게 되는 술을 뜻하고, '석주'는
특별한 일이 없을 때 마시는 술을 뜻하며, '청주'는 제사를 지낼 때 쓰는 술
을 뜻한다. 한편 정현의 주장에 따르면, '사주'는 일을 맡아본 자에게 따라주
는 술을 뜻하는데, 그 술은 정현 시대의 역주(醳酒)에 해당하고, '석주'는 오
래 숙성시킨 술로 백주(白酒)와 같은 것이며, '청주'는 중산(中山) 지역에서
겨울에 술을 담가서 여름쯤 다 익은 술을 뜻한다. 그리고 위의 기록에 대해
서 손이양(孫詒讓)의 『정의(正義)』에서는 "三酒之中, 事酒較濁, 亦隨時釀之,

는 "백성들에게 탐하지 않음을 보여준다."라고 했기 때문에, 여기에 나온 술들이 삼주에 해당하지 않는다는 사실을 알 수 있으니, 삼주는 맛이 진하고 좋은 것들이기 때문이다. 「예운」편에서는 "예(醴)와 잔(醆)이라는 술은 문 쪽에 둔다."라고 했는데, 이곳에서는 "방안에 둔다."라고 하여 차이를 보인다. 그 이유는 방문의 안쪽이라면 이것은 방안에 해당하기 때문이다. 다만 「예운」편에서는 "현주를 제실 안쪽에서도 가장 북쪽 끝에 둔다."라는 문장이 기록되어 있기 때문에, "예(醴)와 잔(醆)이라는 술은 문 쪽에 둔다."라고 말한 것일 뿐이다.

孔疏 ◎注"主人"至"獻賓". ○正義曰: 知主人主婦上[16]賓獻尸, 乃後主人降, 洗爵獻賓者, 儀禮·特牲文也.

번역 ◎鄭注: "主人"~"獻賓". ○주인·주부·빈객들의 수장이 시동에게 술을 따라준 뒤에야 주인이 내려와서 술잔을 씻어 빈객에게 따라준다는 사실을 알 수 있는 것은『의례』「특생궤식례(特牲饋食禮)」편의 문장에 나오기 때문이다.

訓纂 方氏苞曰: 事尸於室中者, 主人主婦也. 待事於堂上者, 長賓長兄弟也. 觀禮於堂下者, 衆賓衆兄弟也. 賓長長兄弟有加爵, 皆獻尸於室中.

번역 방포[17]가 말하길, 방안에서 시동을 섬기는 자는 주인과 주부이다.

酓醳卽孰. 昔酒較清, 則冬釀春孰. 清酒尤清, 則冬釀夏孰."이라고 풀이했다. 즉 손이양의 주장에 따르면, '사주'는 비교적 탁한 술이며, 또한 수시로 빚은 술을 말하는데, 술독을 열어두어서 곧바로 숙성시키는 술을 뜻한다. '석주'는 비교적 맑은 술이며, 겨울에 빚어서 봄쯤에 다 익는 술을 뜻한다. '청주'는 더욱 맑은 술이며, 겨울에 빚어서 여름쯤에 익는 술을 뜻한다.

16) '상(上)'자에 대하여. '상'자는 본래 없던 글자인데, 완원(阮元)의『교감기(校勘記)』에서는 "『모본(毛本)』에는 '빈(賓)'자 앞에 '상'자가 기록되어 있다."라고 했다.

17) 방포(方苞, A.D.1668~A.D.1749): 청대(清代)의 학자이다. 자(字)는 영고(靈皐)이고, 호(號)는 망계(望溪)이다. 송대(宋代)의 학문과 고문(古文)을 추종하였다.

시동을 당상에서 모시고 섬기는 자는 빈객들의 수장과 형제들의 수장이다. 당하에서 예를 살펴보는 자들은 빈객들과 형제들이다. 빈객들의 수장과 형제들의 수장은 가작(加爵)[18]이 있으니, 모두 방안에서 시동에게 술을 따라 주게 된다.

集解 戒, 謂散齊也. 承, 事也. 過之者趨走, 謂爲君尸者, 大夫士見之則下車而趨走也. 蓋尸乃神象, 故齊戒以承之, 趨走以避之, 敎民以敬事其祖考也. 醴酒, 醴齊也. 醍酒, 醍齊也. 澄, 清也. 澄酒, 三酒也. 醴齊·醍齊味薄而在室堂, 三酒味厚而在堂下, 示民以不淫於味也. 尸飮三, 謂大夫士祭禮饋食之後, 主人·主婦·賓長各酳尸而爲三也. 衆賓飮一, 謂主人於衆賓唯一獻之也. 尸尊, 故得獻多, 賓客卑, 故得獻少, 示民以上下之分也. 因祭祀之酒肉, 聚其宗族於宗廟而獻酬之, 敎民以和睦也. 堂上觀乎室, 言堂上之人觀乎在室之人以爲法也. 堂下觀乎上, 言堂下之人觀乎堂上之人以爲法也. 卒, 盡也. 引小雅楚茨之詩, 以證祭祀之禮無不盡得其度也.

번역 '계(戒)'자는 산제(散齊)를 뜻한다. '승(承)'자는 "섬긴다[事]."는 뜻이다. '과지자추주(過之者趨走)'는 군주의 시동이 된 자가 있는데, 대부와 사가 그를 보게 된다면, 수레에서 내려와 빠른 걸음으로 피해준다는 뜻이다. 무릇 시동은 신을 형상화하는 자이기 때문에 재계를 하여 그를 섬기는 것이고, 빠른 걸음으로 그 길을 피해주니, 백성들에게 돌아가신 조상을 공경스럽게 섬겨야 함을 가르치는 것이다. 예주(醴酒)는 예제(醴齊)이다. 제주(醍酒)는 제제(醍齊)이다. '징(澄)'자는 청(清)자의 뜻이다. 따라서 징주(澄酒)는 삼주(三酒)에 해당한다. 예제와 제제는 맛이 옅은데 방이나 당상에 있고, 삼주에 해당하는 술은 맛이 진한데도 당하에 있으니, 백성들에게 맛에 대해 탐하지 않음을 보여주는 것이다. '시음삼(尸飮三)'은 대부와 사가 제사를 지내며 궤식(饋食)[19]을 한 이후, 주인·주부·빈객들의 수장은 각

---

18) 가작(加爵)은 술을 따라서 권한다는 뜻이다.
19) 궤식(饋食)은 음식을 바친다는 뜻이다. 고대에는 천자 및 제후들이 매월 초하루마다 종묘(宗廟)에서 음식을 바치는 의식을 치렀는데, 이것을 '궤식'이라

각 시동에게 입가심하는 술을 따라서 세 차례 마시게 된다는 뜻이다. '중빈
음일(衆賓飮一)'은 주인이 빈객 무리들에 대해서는 단지 한 차례 술을 따라
서 준다는 뜻이다. 시동은 존귀하기 때문에 술을 받는 것이 많고, 빈객은
상대적으로 미천하기 때문에 술을 받는 것이 적으니, 백성들에게 상하의
구분이 있음을 보여주는 것이다. 제사를 지내며 술과 고기를 차린 것에 따
라서 종묘 안에 종족들을 모으고 그들에게 술을 따라주고 권하니, 백성들
에게 화목함을 가르치는 것이다. '당상관호실(堂上觀乎室)'은 당상에 있는
자들은 제실 안에 있는 자들을 살펴서 법도로 삼는다는 뜻이다. '당하관호
상(堂下觀乎上)'은 당하에 있는 자들은 당상에 있는 자들을 살펴서 법도로
삼는다는 뜻이다. '졸(卒)'자는 모두[盡]라는 뜻이다.『시』「소아(小雅)・초
자(楚茨)」편을 인용하여 제사의 예법이 그 법도를 얻지 못한 것이 없음을
증명한 것이다.

集解 愚謂: 特牲禮"尊於戶東", 少牢禮"尊於房戶之間", 以禮運及此記推
之, 天子諸侯之祭, 其盎齊之尊蓋當特牲・少牢禮設尊之處, 在室・戶外之東,
泛齊・醴齊設於室內, 而在盎齊之北. 禮運云"醴酸在戶", 則醴齊在室・戶內
之東, 而泛齊又在其北也. 醍齊・沈齊設於堂上, 而在盎齊之南. 醍齊之尊, 蓋
當燕禮設尊之處, 在東楹之西, 而沈齊又在其南也. 五齊之上, 又有鬱鬯. 禮運
云"玄酒在室", 謂鬱鬯也. 鬱鬯又當在泛齊之北, 則在北墉下也.

번역 내가 생각하기에,『의례』「특생궤식례(特牲饋食禮)」편에서는 "방
문의 동쪽에 술동이를 둔다."[20]라고 했고,『의례』「소뢰궤식례(少牢饋食禮)」
편에서는 "방과 방문 사이에 술동이를 둔다."[21]라고 했는데,『예기』「예운

고도 부른다.『주례』「춘관(春官)・대종백(大宗伯)」편에는 "以饋食享先王."이
라는 기록이 있다. 한편 조사(朝事)를 시행할 때, 조천(朝踐)을 끝낸 뒤, 생고
기를 삶아서 재차 바치는 의식을 가리키기도 한다.
20)『의례』「특생궤식례(特牲饋食禮)」: 尊于戶東, 玄酒在西. 實豆・籩・鉶, 陳于
房中如初.
21)『의례』「소뢰궤식례(少牢饋食禮)」: 司宮尊兩甒于房戶之間, 同棜, 皆有冪, 甒
有玄酒.

(禮運)」편과 이곳의 기록으로 추론해보면, 천자와 제후가 지내는 제사에서
앙제(盎齊)를 담은 술동이는 마땅히 「특생궤식례」와 「소뢰궤식례」편에서
술동이를 진설한다고 했던 장소에 두어야 할 것이니, 제실과 방문 밖의 동쪽
에 해당하고, 범제(泛齊)와 예제(醴齊)는 제실 안에 두어 앙제의 북쪽에 놓
았을 것이다. 「예운」편에서는 "예(醴)와 잔(醆)은 방문에 둔다."라고 했으니,
예제는 제실과 방문 안의 동쪽에 두었고, 범제는 또한 그 북쪽에 두었을
것이다. 예제와 침제는 당상에 진설하여 앙제의 남쪽에 있게 된다. 예제를
담은 술동이는 『의례』「연례(燕禮)」편에서 술동이를 진설한다고 했던 곳에
두었을 것이니, 동쪽 기둥의 서쪽에 두었고, 침제는 또한 그 남쪽에 두었을
것이다. 오제보다 위에 있는 것으로는 또한 울창주가 있다. 「예운」편에서는
"현주는 방에 있다."라고 했는데, 이것은 울창주를 뜻한다. 따라서 울창주는
또한 범제의 북쪽에 두었을 것이니, 북쪽 들창 아래에 해당한다.

참고 『시』「소아(小雅)·초자(楚茨)」

楚楚者茨, (초초자자) : 무성한 남가새밭에,
言抽其棘. (언추기극) : 그 남가새와 가시를 제거함은.
自昔何爲? (자석하위) : 예로부터 어째서 시행했는가?
我蓺黍稷. (아예서직) : 우리들이 서직을 심기위해서이다.
我黍與與, (아서여여) : 우리의 서(黍)가 무성하고,
我稷翼翼. (아직익익) : 우리의 직(稷)이 무성하구나.
我倉旣盈, (아창기영) : 우리 창고가 이미 가득하고,
我庾維億. (아유유억) : 우리가 길가에 쌓아둔 것들이 무수히 많구나.
以爲酒食, (이위주사) : 이것으로 술과 밥을 짓고,
以享以祀. (이향이사) : 이것으로 흠향을 드리며 제사를 지낸다.
以妥以侑, (이타이유) : 이것으로 편안히 모시고 권유를 하며,
以介景福. (이개경복) : 이것으로 큰 복을 얻게끔 돕는다.

濟濟蹌蹌, (제제창창) : 단정하고 절도가 있으니,

絜爾牛羊, (혈이우양) : 너의 소와 양을 정갈하게 하여,

以往烝嘗. (이왕증상) : 이로써 가서 증상(烝嘗)[22]의 제사를 지내라.

或剝或亨, (혹박혹형) : 혹은 희생의 가죽을 벗기고 혹은 고기를 삶고,

或肆或將. (혹사혹장) : 혹은 진설하고 혹은 정돈을 하는구나.

祝祭于祊, (축제우팽) : 축관이 팽(祊)[23]에서 제사를 지내니,

祀事孔明. (사사공명) : 제사의 일들이 매우 갖춰졌구나.

先祖是皇, (선조시황) : 선조가 크게 강림하시어,

神保是饗. (신보시향) : 신령이 편안히 흠향을 하시는구나.

孝孫有慶, (효손유경) : 효손에게 경사가 생겨,

報以介福, (보이개복) : 큰 복으로 보답을 하시니,

萬壽無疆! (만수무강) : 만수무강하리라!

執爨踖踖, (집찬적적) : 부엌이 단정하고 정갈하여,

爲俎孔碩, (위조공석) : 도마에 올린 고기가 매우 크며,

或燔或炙. (혹번혹적) : 혹은 고기의 지방을 취하고 혹은 적을 만드는구나.

君婦莫莫, (군부막막) : 왕후가 정숙하고 공경스러워,

爲豆孔庶, (위두공서) : 두(豆)에 올린 음식이 매우 많으며,

爲賓爲客. (위빈위객) : 역제(繹祭)를 올려서 시동과 빈객을 대접하는구나.

獻酬交錯, (헌수교착) : 술을 따라 주고받음이 교차하니,

禮儀卒度, (예의졸도) : 예의가 법도에 맞으며,

笑語卒獲. (소어졸획) : 웃음소리와 말들이 모두 들어 맞구나.

---

22) 증상(烝嘗)은 종묘(宗廟)에서 지내는 가을 제사와 겨울 제사를 가리킨다. 또한 '증상'은 종묘에 대한 제사를 총칭하는 용어로도 사용된다. 사계절마다 큰 제사를 지내게 되는데, 계절별 제사 명칭이 다르며, 문헌마다 조금씩 차이를 보인다. 예를 들어 『춘추번로(春秋繁露)』「사제(四祭)」편에는 "四祭者, 因四時之所生孰而祭其先祖父母也. 故春曰祠, 夏曰礿, 秋曰嘗, 冬曰烝."이라고 하여, 봄 제사를 사(祠), 여름 제사를 약(礿), 가을 제사를 상(嘗), 겨울 제사를 증(烝)이라고 설명했다. 한편 『예기』「왕제(王制)」편에는 "天子諸侯宗廟之祭, 春曰礿, 夏曰禘, 秋曰嘗, 冬曰烝."이라고 하여, 봄 제사를 약(礿), 여름 제사를 체(禘), 가을 제사를 상(嘗), 겨울 제사를 증(烝)이라고 설명했다.

23) 팽(祊)은 제사의 명칭이다. 정규 제사를 끝낸 뒤에, 시행하는 역제(繹祭)를 가리킨다. 또한 팽에 대한 제사를 지낼 때, 그 장소는 묘문(廟門) 안쪽이 되므로, '팽'은 종묘의 문(門)을 가리키는 용어로도 사용되었고, 묘문 안쪽 제사를 지내는 장소를 뜻하기도 한다.

神保是格, (신보시격) : 신령이 편안히 이르셔서,
報以介福, (보이개복) : 큰 복으로 보답을 하시니,
萬壽攸酢! (만수유초) : 만수로 보답을 하도다.

我孔熯矣, (아공한의) : 우리 효손들이 매우 공경스러우니,
式禮莫愆. (식례막건) : 예법을 본받아 과실이 없구나.
工祝致告, (공축치고) : 공축(工祝)[24]이 신령의 뜻을 아뢰니,
徂賚孝孫, (조뢰효손) : 가서 효손에게 주어라.
苾芬孝祀, (필분효사) : 향기로운 제수에 효성스러운 제사여,
神嗜飲食. (신기음식) : 신이 기꺼이 너의 음식을 흠향하노라.
卜爾百福, (복이백복) : 너에게 모든 복을 줄 것이니,
如幾如式. (여기여식) : 기약에 따르고 법도에 따르라.
旣齊旣稷, (기제기직) : 이미 가지런하고 이미 재빠르며,
旣匡旣敕. (기광기칙) : 이미 바르고 이미 굳건하도다.
永錫爾極, (영석이극) : 길이 너에게 알맞고 조화로운 복을 내리니,
時萬時億. (시만시억) : 만억으로 하노라.

禮儀旣備, (예의기비) : 예의가 이미 갖춰져 있고,
鍾鼓旣戒. (종고기계) : 종과 북이 이미 울리니.
孝孫徂位, (효손조위) : 효손이 가서 자리하여,
工祝致告. (공축치고) : 공축이 신령의 뜻을 아뢰는구나.
神具醉止, (신구취지) : 신령이 모두 취하여 그치니,
皇尸載起. (황시재기) : 황시가 곧 일어나도다.
鼓鍾送尸, (고종송시) : 북과 종을 쳐서 황시를 전송하니,
神保聿歸. (신보율귀) : 신령이 편안히 돌아가도다.
諸宰君婦, (제재군부) : 여러 담당자들과 왕후가,
廢徹不遲. (폐철불지) : 상 치우기를 더디게 하지 않는구나.
諸父兄弟, (제부형제) : 제부들과 형제들이,
備言燕私. (비언연사) : 연회를 열어 은정을 다하는구나.

---

24) 공축(工祝)은 축관(祝官)을 지칭하는 말이다. 『시』「소아(小雅)·초자(楚茨)」편에는 "工祝致告, 徂賚孝孫."이라는 기록이 있고, 이에 대한 고형(高亨)의 주에서는 "工祝卽祝官."이라고 풀이했다.

樂具入奏, (악구입주) : 악공들이 모두 들어와 연주하니,
以綏後祿. (이수후록) : 이로써 편안히 이후의 복을 누리는구나.
爾殽既將, (이효기장) : 네가 음식을 올리니,
莫怨具慶. (막원구경) : 원망하는 자가 없고 모두 경하하는구나.
既醉既飽, (기취기포) : 이미 취하고 이미 배부르니,
小大稽首. (소대계수) : 모든 계층의 사람들이 머리를 조아리는구나.
神嗜飲食, (신기음식) : 신이 기꺼이 너의 음식을 흠향하노니,
使君壽考. (사군수고) : 군주로 하여금 장수토록 하는구나.
孔惠孔時, (공혜공시) : 크게 은혜롭고 크게 때에 맞으니,
維其盡之. (유기진지) : 지극히 다하는구나.
子子孫孫, (자자손손) : 자자손손으로,
勿替引之. (물체인지) : 폐지하지 말고 오래도록 지속하여라.

毛序 楚茨, 刺幽王也. 政煩賦重, 田萊多荒, 饑饉降喪, 民卒流亡, 祭祀不饗, 故君子思古焉.

모서 「초자(楚茨)」편은 유왕(幽王)을 풍자한 시이다. 정사가 번잡스럽고 부역이 무거워졌으며, 토지가 대부분 황폐해져서, 기근이 들고 재앙이 덮치니, 백성들이 끝내 유망하여 제사를 지내도 신령이 흠향하지 않았다. 그렇기 때문에 군자가 옛 일들을 그리워한 것이다.

참고 구문비교

출 처	내 용
『禮記』「坊記」	七日戒, 三日齊.
『禮記』「禮器」	七日戒, 三日宿.

참고 구문비교

출 처	내 용
『禮記』「坊記」	醴酒在室, 醍酒在堂, 澄酒在下.
『禮記』「禮運」	玄酒在室, 醴醆在戶, 粢醍在堂, 澄酒在下.
『孔子家語』「問禮」	玄酒在室, 醴醆在戶, 粢醍在堂, 澄酒在下.

빈례(賓禮)·상례(喪禮)와 교화

【617a】

> 子云, "賓禮每進以讓, 喪禮每加以遠. 浴於中霤, 飯於牖下, 小斂於戶內, 大斂於阼, 殯於客位, 祖於庭, 葬於墓, 所以示遠也. 殷人弔於壙, 周人弔於家, 示民不偝也." 子云, "死, 民之卒事也, 吾從周. 以此坊民, 諸侯猶有薨而不葬者.'"

직역 子가 云, "賓禮는 每히 進하며 讓하고, 喪禮는 每히 加하며 遠한다. 中霤에서 浴하고, 牖下에서 飯하며, 戶內에서 小斂하고, 阼에서 大斂하며, 客位에서 殯하고, 庭에서 祖하며, 墓에서 葬하니, 遠함을 示하는 所以이다. 殷人은 壙에서 弔하고, 周人은 家에서 弔하니, 民에게 不偝함을 示함이다." 子가 云, "死는 民의 卒事이니, 吾는 周를 從라. 此로써 民을 坊한데, 諸侯는 猶히 薨이나 不葬하는 者가 有하다."

의역 공자가 말하길, "빈객이 따르는 예법에서는 매번 나아갈 때마다 사양을 하고, 상례에서는 매번 절차가 더해질 때마다 점차 멀어진다. 중류(中霤)에서 시신에게 목욕을 시키고, 들창 아래에서 반(飯)[1]을 하며, 방문 안쪽에서 소렴(小斂)[2]을 하고, 동쪽 계단 위에서 대렴(大斂)[3]을 하며, 빈객의 자리에서 빈소를 차리고, 마당에서 조전(祖奠)[4]을 하며, 묘에서 장례를 치르니, 점차 멀어지게 됨을 보여주는

---

1) 반(飯)은 반함(飯含)이라고도 부른다. 상례를 치를 때 시신의 입에 옥·구슬·쌀·화폐 등을 넣는 것이다.
2) 소렴(小斂)은 상례(喪禮) 절차 중 하나이다. 죽은 자의 시신을 목욕시키고, 의복을 착용시키며, 그 위에 이불 등으로 감싸는 절차를 뜻한다.
3) 대렴(大斂)은 상례(喪禮) 절차 중 하나이다. 소렴(小斂)을 끝낸 뒤에, 시신을 관에 안치하는 절차이다.

것이다. 은나라 때에는 무덤구덩이에서 조문을 받았고, 주나라 때에는 집에서 조문을 받았으니, 백성들에게 죽은 자를 배반하지 않음을 보여주는 것이다."라고 했다. 공자가 말하길, "죽음은 백성들에게 있어서 생을 마감하는 일이므로, 나는 주나라 때의 예법에 따르겠다. 이를 통해 백성들의 잘못을 방지했는데도, 제후 중에는 오히려 죽었는데도 장례를 치르지 않는 자가 있다."라고 했다.

集說 賓自外而入, 其禮不可以不讓; 喪自內而出, 其禮不容於不遠. 其進其加, 皆以漸致, 禮之道也. 章首賓喪並言, 下獨言喪禮者, 重卒葬而言. 餘說見檀弓.

번역 빈객은 밖으로부터 안으로 들어오니, 그 예법에서는 사양하지 않음으로 진행할 수 없고, 상례는 안으로부터 밖으로 나가게 되니, 그 예법에서는 멀어지지 않는 것을 받아들이지 않을 수 없다. 나아가거나 절차가 더해지는 것은 모두 점진적으로 이루는 것이니, 예의 도에 해당한다. 이곳 문장의 첫 부분에서는 빈례(賓禮)와 상례(喪禮)를 함께 언급했는데, 뒤에서는 유독 상례만을 언급했다. 그 이유는 사람이 죽어 장례를 치르는 것을 중시해서 말했기 때문이다. 나머지 설명은 『예기』「단궁(檀弓)」편에 나온다.[5]

---

4) 조전(祖奠)은 발인 하루 전에 올리는 전제(奠祭)를 가리킨다.
5) 『예기』「단궁상(檀弓上)」【88a】에는 "從者又問諸子游曰, '禮與?' 子游曰, '飯於牖下, 小斂於戶內, 大斂於阼, 殯於客位, 祖於庭, 葬於墓, 所以卽遠也. 故喪事有進而無退.' 曾子聞之曰, '多矣乎予出祖者!'"라는 기록이 있다. 즉 "종자(從者)는 증자가 한 말에 의구심이 들어서, 되돌아와서 자유에게 증자가 조문을 갔을 때 일어났던 상황을 설명하고, 재차 묻기를 '이처럼 하는 것이 정말로 예(禮)에 맞는 것입니까?'라고 했다. 그러자 자유가 대답하길, '들창 아래에서 시신의 입에 반(飯)을 하고, 그보다 밖인 호(戶)의 안쪽에서 소렴(小斂)을 하며, 그보다 밖인 동쪽 계단 위에서 대렴(大斂)을 하고, 그보다 밖인 빈객이 서는 위치에서 빈(殯)을 하며, 그보다 밖인 마당에서 조(祖)를 하고, 그보다 밖인 묘(墓)에서 장례(葬禮)를 치르니, 이것은 곧 단계가 진행될수록 멀리 나아가는 것을 뜻한다. 그러므로 상사(喪事)에 있어서 나아가는 일은 있어도 물러나는 일은 없는 것이다.'라고 설명했다. 증자가 이 말을 듣고는 '내가 출조(出祖)에 대해 설명한 것보다 낫구나!'라고 평가했다."라는 뜻이다.

大全 嚴陵方氏曰: 每進以讓, 每加以遠, 皆所以示遠, 遠則所以崇敬也. 自浴於中霤而下, 皆喪禮, 示遠之事. 弔於壙, 卽檀弓所謂殷旣封而弔是也. 弔於家, 卽所謂反哭而弔是也. 所弔雖異, 所以不偝死之意則一. 然而民至於死, 則其事盡於此矣, 人之於此, 其可以不盡乎? 故子云死民之卒事也, 吾從周. 從周者, 以其弔於家爲盡故也. 檀弓又曰, 反而亡焉, 失之矣, 則弔於家爲盡可知.

번역 엄릉방씨가 말하길, 매번 나아갈 때마다 사양을 하고 매번 절차가 더해질 때마다 멀어지는 것은 모두 멀어지는 것을 보여주는 것이니, 멀어지는 것은 존숭하고 공경하는 방법이다. "중류(中霤)에서 목욕을 시킨다."

또 이에 대해 진호(陳澔)의 『집설(集說)』에서는 "飯於牖下者, 尸沐浴之後, 以米及貝, 實尸之口中也, 時尸在西室牖下南首也. 士喪禮, '小斂衣十九稱, 大斂三十稱.' 斂者, 包裹斂藏之也. 小斂在戶之內, 大斂出東階, 未忍離其爲主之位也. 主人奉尸斂於棺, 則在西階矣. 掘肂於西階之上, 肂, 陳也, 謂陳尸於坎也. 置棺於肂中而塗之, 謂之殯. 及啓而將葬, 則設祖奠於祖廟之中庭而後行. 自牖下而戶內, 而阼, 而客位, 而庭, 而墓, 皆一節遠於一節, 此謂有進而往, 無退而還也, 豈可推柩而反之乎?"라고 풀이했다. 즉 "'들창 아래에서 반(飯)을 한다.'는 말은 시신을 목욕시킨 이후에, 쌀과 돈을 시신의 입에 채우는 것을 뜻하니, 당시 시신은 서쪽 실(室)의 들창 아래에서 남쪽으로 머리를 두게 된다. 『의례』「사상례(士喪禮)」편에서는 '소렴(小斂)을 할 때에는 의복을 19칭(稱)으로 하고, 대렴(大斂)을 할 때에는 의복을 30칭(稱)으로 한다.'라고 했다. '염(斂)'이라는 것은 시신을 감싸서 함께 매장하는 것을 뜻한다. '소렴(小斂)'은 호(戶)의 안쪽에서 시행하고, '대렴(大斂)'은 밖으로 나와서 동쪽 계단에서 시행하니, 아직까지는 시신을 주인의 자리에서 차마 떨어트릴 수가 없기 때문이다. 상주(喪主)가 시신을 받들어서 관(棺)에 안치하게 되면, 그 장소는 서쪽 계단에 해당한다. 서쪽 계단 위에 구덩이를 파고 안치를 하게 되는데, '사(肂)'자는 '늘어놓다[陳].'는 뜻으로, 구덩이에 시신을 늘어놓는다는 뜻이다. 시신을 늘어놓는 곳에서 관(棺)에 안치를 하고, 흙으로 채우니, 이것을 '빈(殯)'이라고 부른다. 그곳을 계빈하여 장례(葬禮)를 치르려고 하면, 조묘(祖廟)에 있는 중정(中庭)에서 조전(祖奠)을 진설한 이후에 시행을 한다. 들창 아래로부터 호(戶)의 안쪽, 동쪽 계단, 빈객이 서는 위치, 마당, 묘(墓)에 이르기까지, 이 모든 절차에 있어서, 하나의 절차에서는 그 이전 절차보다도 장소가 멀어지게 되니, 이것이 바로 나아가서 밖으로 가게 되는 경우는 있지만, 물러나서 되돌아오는 경우가 없다는 뜻이니, 어찌 영구(靈柩)를 끌어내서 본래의 자리로 되돌릴 수 있겠는가?"라는 뜻이다.

라고 한 구문으로부터 그 이하의 내용들은 모두 상례에 해당하니, 멀어지는 것을 보여주는 사안이다. 무덤구덩이에서 조문을 받는 것은 『예기』「단궁(檀弓)」편에서 "은나라의 예법에 따르면, 흙으로 묻는 일이 끝나게 되면 묘(墓)에서 직접 조문을 했다."라고 한 말에 해당한다. 집에서 조문을 받는다는 것은 「단궁」편에서 "주나라의 예법에 따르면, 상주가 반곡(反哭)[6]을 끝낼 때까지 기다린 뒤에 조문을 했다."라고 한 말에 해당한다.[7] 조문하는 장소가 비록 다르지만, 죽은 자에 대해서 배반하지 않는 뜻이 됨은 동일하다. 그런데 백성에게 있어서 죽음에 이르게 되면, 관련 사안은 여기에서 모두 다하게 되니, 사람은 이러한 예법에 대해서 다하지 않을 수가 있겠는가? 그러므로 공자는 "죽음은 백성들에게 있어서 모든 일을 마치는 것이니, 나는 주나라의 예법에 따르겠다."라고 한 것이다. 주나라의 예법에 따르겠다는 것은 집에서 조문하는 것을 다하는 것으로 여겼기 때문이다. 「단궁」편에서는 또한 "상주가 장례를 마치고 되돌아왔는데, 부친이 이미 없어졌고, 그 모습을 다시는 볼 수 없게 되었다."[8]라고 했으니, 집에서 조문하는 것이 다함이 됨을 알 수 있다.

鄭注 遠之所以崇敬也. 阼, 或爲"堂". 旣葬, 哀而哭踊, 於是弔之. 周於送死尤備.

번역 멀어지게 하는 것은 존숭하고 공경하는 것이다. '조(阼)'자를 다른 판본에서는 '당(堂)'자로 기록하기도 한다. 이미 장례를 끝냈다면 애통함에 곡(哭)을 하고 용(踊)[9]을 하니, 이 시기에 조문을 한다. 주나라 때에는 죽은

---

6) 반곡(反哭)은 장례(葬禮) 절차 중 하나이다. 장지(葬地)에 시신을 안치한 이후, 상주(喪主)는 신주(神主)를 받들고 되돌아와서 곡(哭)을 하는데, 이것을 '반곡'이라고 부른다.
7) 『예기』「단궁하(檀弓下)」【115b】: 殷旣封而弔, 周反哭而弔, 孔子曰: "殷已慤, 吾從周."
8) 『예기』「단궁하(檀弓下)」【115a】: 反哭之弔也, 哀之至也. 反而亡焉, 失之矣, 於是爲甚.
9) 용(踊)은 상중(喪中)에 취하는 행동으로, 곡(哭)에 맞춰서 발을 구르는 행위이다.

자를 전송하는 일에 대해서 그 절차를 더욱 상세히 갖췄다.

釋文 霤, 力救反. 飯, 扶晚反. 牖音酉. 壙, 苦晃反.

번역 '霤'자는 '力(력)'자와 '救(구)'자의 반절음이다. '飯'자는 '扶(부)'자와 '晚(만)'자의 반절음이다. '牖'자의 음은 '酉(유)'이다. '壙'자는 '苦(고)'자와 '晃(황)'자의 반절음이다.

孔疏 ●"子云"至"葬者". ○正義曰: 此一節明送喪漸遠, 弔哭有節, 示民不偝之事.

번역 ●經文: "子云"~"葬者". ○이곳 문단은 죽은 자를 전송하며 점차 멀어지게 되고, 조문을 하고 곡(哭)을 함에도 절도가 있어서 백성들에게 죽은 자를 배반하지 않음을 보여주는 사안을 나타내었다.

孔疏 ●"賓禮每進以讓"者, 按鄕飮酒禮, 主人迎賓, 至門三辭, 至階三讓, 皆主人先入先登, 是"賓禮每進以讓".

번역 ●經文: "賓禮每進以讓". ○『의례』「향음주례(鄕飮酒禮)」편을 살펴보면, 주인이 빈객을 맞이할 때 문에 이르면 세 차례 사양을 하고, 계단에 이르러서도 세 차례 사양을 하니, 모든 경우 주인이 먼저 들어가고 먼저 올라간다. 이것은 "빈객의 예법에서는 매번 나아갈 때마다 사양을 한다."는 뜻이다.

孔疏 ●"死, 民之卒[10]事也, 吾從周"者, 上旣云殷·周弔節不同, 孔子明言所從之事, 故更言"子云: 死, 民之卒事也, 吾從周", 言死是民之終卒之事, 宜須送終備具. 若殷人弔於壙, 情猶未盡, 卽壙上而弔, 於送死大簡. 周人孝子

---

10) '졸(卒)'자에 대하여. 『십삼경주소(十三經注疏)』 북경대 출판본에서는 "'졸'자는 본래 없던 글자인데, 경문에 근거해서 글자를 보충하였다."라고 했다.

反哭至家, 乃後始弔, 於送死殷勤, 是情禮備具, 故云"吾從周"也.

번역 ●經文: "死, 民之卒事也, 吾從周". ○앞에서는 이미 은나라와 주나라 때 조문하는 절차가 달랐다고 했는데, 공자는 자신이 따르는 대상에 대해서 나타내었다. 그렇기 때문에 재차 "공자가 말하길, 죽음은 백성들에게 있어서 생을 마감하는 일이니, 나는 주나라의 예법에 따르겠다."라고 말한 것이다. 즉 죽음은 백성들에게 있어서 생을 마감하는 일에 해당하니, 마땅히 죽은 자를 전송함에 있어서는 그 절차를 상세히 갖춰야 한다. 은나라 때처럼 무덤구덩이에서 조문을 한다면 그 정감에는 여전히 다하지 못한 점이 있으니, 무덤구덩이에서 조문을 하는 것은 죽은 자를 전송하는 일에 대해 너무 간략히 하는 것이다. 주나라의 경우 자식이 반곡(反哭)을 하기 위해 집으로 되돌아오면, 그 이후에야 비로소 조문을 하니, 죽은 자를 전송하는 일에 있어서 더욱 삼가는 것이며, 정감과 예법이 모두 갖춰진 것이다. 그렇기 때문에 "나는 주나라의 예법에 따르겠다."라고 했다.

集解 喪至葬而送死之事乃畢, 故自內而外, 每加以遠, 所以爲卽事之漸也. 殷人弔於壙, 旣窆而弔也. 周人弔於家, 反哭而弔也. 蓋以尸柩旣藏, 孝子哀慕迫切, 故從而弔之, 所以示民不偝其親也. 卒, 終也. 死爲人之終事, 反而亡焉失之矣, 哀痛之情, 於是爲甚, 故弔於壙者, 不如弔於家者之情文爲尤盡也. 諸侯五月而葬, 蕆而不葬, 謂不能如期而葬也.

번역 상례를 치를 때 장례(葬禮)의 절차에 도달하면 죽은 자를 전송하는 일이 모두 끝난다. 그렇기 때문에 안으로부터 밖으로 나가며, 매 절차가 더해질 때마다 멀어지니, 곧 그 사안을 처리할 때 점진적으로 하기 위해서이다. 은나라 때에는 무덤구덩이에서 조문을 했으니, 하관을 하고 흙으로 덮는 일이 끝나면 조문을 했던 것이다. 주나라 때에는 집에서 조문을 했으니, 반곡(反哭)을 한 뒤에 조문을 했던 것이다. 무릇 시신을 안치한 관을 이미 매장하였다면, 자식의 애통하고 사모하는 마음이 더욱 간절하게 된다. 그렇기 때문에 그에 따라 조문을 했던 것으로, 백성들에게 죽은 부모를 배반하지 않음을 보여주는 것이다. '졸(卒)'자는 "마치다[終]."는 뜻이다. 죽음은 사람에게 있어서 끝마치는 사안이 되는데, 집으로 되돌아왔지만 부친이 이미 없어졌고 그 모습을 다시는 볼 수 없게 되었으니, 애통한 정감은 이 시기에 매우 깊게 된다. 그렇기 때문에 무덤구덩이에서 조문을 하는 것은 집에서 조문을 하여 정감과 격식이 더욱 갖춰지는 것만 못하다. 제후는 죽은 후 5개월이 지나서 장례를 치르는데, "죽었는데도 장례를 치르지 않는다."는 말은 그 기한에 맞춰서 제사를 지내지 못한다는 뜻이다.

集解 趙氏汸曰: 周末文繁禮備, 葬或有缺, 則不敢以葬期告諸侯. 坊記云 "諸侯猶有薨而不葬者", 謂不成喪也. 是故諸侯不書"葬", 非皆由魯不會, 苟 其國葬不以禮, 而不以葬期來告, 亦無由往會之爾.

번역 조방[11]이 말하길, 주나라 말기에는 격식이 번잡해지고 예법도 너무 상세해져서 장례를 치를 때 간혹 잘못을 저지르는 점이 있다면, 감히 장례를 치르는 기일에 대해서 제후에게 아뢸 수 없었다. 「방기」편에서는 "제후 중에는 오히려 죽었는데도 장례를 치르지 않는 자가 있다."라고 했는데, 상사를 제대로 마치지 못했다는 뜻이다. 이러한 까닭으로 제후는 역사를 기록하며 '장(葬)'이라고 기록하지 않았으니, 이 모두가 노나라에서 취합하지 못한 데에서 비롯된 것은 아니다. 만약 어느 제후국에서 국장을 치르며 예법에 따라 하지 않았고, 장례를 치르는 시기에 대해서 사신을 보내 알리지 않았다면, 이러한 경우에도 또한 찾아와서 그 기록을 취합함이 없었을 것이다.

---

11) 조방(趙汸, A.D.1319~A.D.1369) : 원(元)나라 때의 학자이다. 자(字)는 자상(子常)이다. 은둔하며 저술활동에 전념하였다. 『원사(元史)』의 편찬 작업에 초빙되었으나, 출사하는 것을 원치 않아서 산으로 옮겨서 살았고, 얼마 지나지 않아 죽었다. 이러한 일화 때문에 학자들은 그를 동산선생(東山先生)이라고 불렀다. 저서로는 『동산존고(東山存稿)』, 『주역문전(周易文詮)』, 『좌씨보주(左氏補注)』 등이 있다.

참고 구문비교

출 처	내 용
『禮記』「坊記」	飯於牖下, 小斂於戶內, 大斂於阼, 殯於客位, 祖於庭, 葬於墓, 所以示遠也.
『禮記』「檀弓上」	飯於牖下, 小斂於戶內, 大斂於阼, 殯於客位, 祖於庭, 葬於墓, 所以卽遠也.
『禮記』「喪大記」	小斂於戶內, 大斂於阼.

【617b】

子云, "升自客階, 受弔於賓位, 教民追孝也. 未沒喪, 不稱君, 示民不爭也. 故魯春秋記晉喪曰, '殺其君之子奚齊, 及其君卓.' 以此坊民, 子猶有弑其父者.' "

직역 子가 云, "升에 客階로 自하고, 賓位에서 弔를 受하니, 民에게 追孝를 教함이다. 喪을 未沒하면, 君이라 不稱하니, 民에게 不爭함을 示함이다. 故로 魯春秋에는 晉喪을 記하며 曰, '그 君의 子인 奚齊와 그 君인 卓을 殺라.' 此로써 民을 坊한데, 子는 猶히 그 父를 弑하는 者가 有라."

의역 공자가 말하길, "당상(堂上)으로 올라갈 때 빈객이 이용하는 서쪽 계단을 통하고, 빈객의 자리에서 조문을 받는 것은 백성들에게 효를 미루어 시행해야 함을 가르치는 것이다. 세자가 상사(喪事)를 아직 끝내지 않았다면, 군(君)이라는 칭호로 자신을 지칭하지 않으니, 백성들에게 다투지 않음을 보여주는 것이다. 그렇기 때문에 노(魯)나라『춘추』에서는 진(晉)나라에서 발생한 상사를 기록하며, '그 군(君)의 아들 해제와 그 군(君)인 탁(卓)을 시해했다.'라고 했다. 이를 통해 백성들의 잘못을 방지했는데도, 자식 중에는 오히려 자신의 부친을 시해하는 자가 있다."라고 했다.

集說 魯僖公九年, 晉侯詭諸卒. 冬, 里克弑其君之子奚齊. 十年, 里克弑其君卓子.

번역 노(魯)나라 희공(僖公) 9년에 진(晉)나라 후작인 궤제(詭諸)가 죽었다.12) 겨울에 이극(里克)이 그 군주의 아들인 해제(奚齊)를 시해했다.13) 희공 10년에는 이극이 그 군주인 탁자(卓子)를 시해했다.14)

集說 方氏曰: 升自客階, 而不敢由於主人之階; 受弔於賓位, 而不敢居於主人之位, 所以避父之尊, 盡爲子之孝而已. 父旣往而猶未忍升其階·居其位焉, 故曰敎民追孝也. 居君之位而未敢稱君之號, 則推讓之心固可見矣, 故曰示民不爭也.

번역 방씨가 말하길, 올라갈 때 빈객이 사용하는 계단을 이용하는 것은 감히 주인이 사용하는 계단을 올라갈 수 없기 때문이며, 빈객의 자리에서 조문을 받는 것은 감히 주인이 위치하는 자리에 있을 수 없기 때문이니, 부친의 존귀함에 버금가는 것을 피하고 자식의 도리인 효를 다하기 위해서일 따름이다. 부친이 이미 세상을 떠났더라도 아직까지 차마 부친이 사용하던 계단을 오를 수 없고 그 자리에 위치하지 못한다. 그렇기 때문에 "백성들에게 효를 미루어 시행해야 함을 가르치는 것이다."라고 했다. 군주의 자리에 올랐더라도, 아직까지 감히 군(君)이라는 칭호를 사용하지 않는다면, 겸손히 낮춰서 사양하는 마음을 진실로 확인할 수 있다. 그렇기 때문에 "백성들에게 다투지 않음을 보여주는 것이다."라고 했다.

大全 石林葉氏曰: 升客階, 不敢代父也. 受弔於賓位, 不敢爲主也. 不敢代父而爲主者, 不忘親也, 故曰追孝. 古者, 君薨, 百官總己以聽冢宰三年, 則是君不言而冢宰攝之也. 以其不言, 故未終喪, 止稱曰子.

---

12) 『춘추』「희공(僖公) 9년」: 甲子, 晉侯詭諸卒.
13) 『춘추』「희공(僖公) 9년」: 冬, 晉里克弑其君之子奚齊.
14) 『춘추』「희공(僖公) 10년」: 晉里克弑其君卓子及其大夫荀息.

번역 석림섭씨가 말하길, 빈객의 계단으로 올라가는 것은 감히 부친을 대신할 수 없기 때문이다. 빈객의 자리에서 조문을 받는 것은 감히 주인행세를 할 수 없기 때문이다. 감히 부친을 대신하거나 주인행세를 하지 않는 것은 부친을 잊지 않기 때문이다. 그렇기 때문에 "효를 미루어 시행한다."라고 했다. 고대에 군주가 죽게 되면 모든 관리들은 자신의 직책을 총괄하여 3년 동안 총재에게 명령을 들었다고 했으니,[15] 이것은 군주가 상사(喪事)를 치르는 기간 동안 말을 하지 않아서 총재가 섭정하는 것을 뜻한다. 군주가 말을 하지 않기 때문에, 아직 상사를 마치지 않았다면 단지 '자(子)'라고만 부른다.

鄭注 謂反哭時也. 旣葬矣, 猶不由阼階, 不忍卽父位也. 沒, 終也. 春秋傳曰: "諸侯於其封內三年稱子", 至其臣子踰年則謂之君矣. 奚齊與卓子皆獻公之子也, 獻公卒, 其年奚齊殺, 明年而卓子殺矣. 弑父, 不子之甚.

번역 반곡(反哭)하는 시기를 뜻한다. 이미 장례(葬禮)를 마쳤지만, 여전히 동쪽 계단을 이용하지 않는 것은 차마 부친의 자리로 나아갈 수 없기 때문이다. '몰(沒)'자는 "마치다[終]."는 뜻이다. 『춘추전』에서는 "제후는 자신의 봉지 안에서 3년 동안 '자(子)'라고 지칭한다."[16]라고 했으니, 그의 신하들은 그 해를 넘겨야만 그를 '군(君)'이라 지칭하게 된다. 해제(奚齊)와 탁자(卓子)는 모두 헌공(獻公)의 아들인데, 헌공이 죽자 그 해에 해제는 시해를 당했고, 그 다음해에 탁자도 시해를 당했다. 부친을 시해하는 것은 자식으로서 절대 할 수 없는 일이다.

釋文 爭, 爭鬪之爭, 下"民爭"同. 殺音試, 注及下同, 一音如字. 卓, 敕角反,

---

15) 『논어』「헌문(憲問)」 : 子張曰, "書云, '高宗諒陰, 三年不言.' 何謂也?" 子曰, "何必高宗, 古之人皆然. 君薨, 百官總己以聽於冢宰三年."
16) 『춘추공양전』「문공(文公) 9년」 : 以天子三年然後稱王, 亦知諸侯於其封內三年稱子也. 踰年稱公矣, 則曷爲於其封內三年稱子, 緣民臣之心, 不可一日無君, 緣終始之義, 一年不二君.

注同.

번역 '爭'자는 '쟁투(爭鬪)'라고 할 때의 '爭'자이며, 아래문장에 나오는 '民爭'에서의 '爭'자도 그 음이 이와 같다. '殺'자의 음은 '試(시)'이며, 정현의 주와 아래문장에 나오는 글자도 그 음이 이와 같고, 다른 음은 글자대로 읽기도 한다. '卓'자는 '敕(칙)'자와 '角(각)'자의 반절음이며, 정현의 주에 나오는 글자도 그 음이 이와 같다.

孔疏 ●"子云"至"父者". ○正義曰: 此節明民追孝於親, 諸侯未終喪之前, 不得稱君, 示民不爭之事也.

번역 ●經文: "子云"~"父者". ○이곳 문단은 백성들이 부모에 대해 효를 미루어 시행하고, 제후는 상사(喪事)를 완전히 끝내기 이전에는 군(君)이라고 지칭할 수 없는데, 이것은 백성들에게 다투지 않음을 보여주는 일이라는 것을 나타내었다.

孔疏 ●"升自客階, 受弔於賓位"者, 謂旣葬反哭之時, 孝子升自客階, 受弔於堂上西方賓位之處, 不敢在東方以卽父位, 示民追孝之心也.

번역 ●經文: "升自客階, 受弔於賓位". ○이미 장례(葬禮)를 마쳐서 반곡(反哭)을 시행하는 때, 자식은 당상(堂上)으로 올라가며 빈객이 이용하는 서쪽 계단을 통하고, 당상에서도 서쪽에 있는 빈객의 자리에서 조문을 받으니, 감히 동쪽에 위치하여 부친의 자리로 나아갈 수 없기 때문이며, 이것은 백성들에게 효를 미루어 시행하는 마음을 보여주는 것이다.

孔疏 ●"未沒喪, 不稱君"者, 沒, 終也, 謂未終三年之喪, 嗣子不合稱君, 所以然者, 示民不令父子相爭也.

번역 ●經文: "未沒喪, 不稱君". ○'몰(沒)'자는 "마치다[終]."는 뜻이다. 즉 아직 3년이라는 상기를 끝내지 않았다면, 후계자는 군(君)이라고 지칭

해서는 안 된다는 뜻이다. 군(君)이라고 부르지 않는 것은 백성들에게 부친
과 자식이 서로 타두지 않게끔 보여주기 위해서이다.

孔疏 ●"殺其君之子奚齊及其君卓"者, 按僖九年秋九月, 晉侯詭諸卒. 冬,
晉里克弑其君之子奚齊. 十年, 里克弑其君卓子. 公羊云: 其年奚齊殺, 明年卓
子弑. 是踰年稱君.

번역 ●經文: "殺其君之子奚齊及其君卓". ○희공(僖公) 9년 가을 9월 기
록을 살펴보면, 진(晉)나라 후작인 궤제(詭諸)가 죽었다고 했다. 그리고 겨
울에는 진나라 이극(里克)이 그의 군주 자식인 해제(奚齊)를 시해했다. 그
리고 희공 10년에 이극은 그의 군주 탁자(卓子)를 시해했다. 『공양전』에서
는 그 해에 해제를 시해했고, 그 다음 해에 탁자를 시해했다. 이것은 군주가
죽은 그 해를 넘기게 되면 세자에 대해서 군(君)이라 지칭함을 뜻한다고
했다.17)

孔疏 ◎注云"謂反哭時也". ○正義曰: 知"反哭時"者, 以承上文"葬於墓",
又云"殯而不葬"者, 卽云"升自客階", 承葬文之下, 故知"反哭時". 又旣夕禮云
"乃反哭, 入, 主人升自西階", 是也.

번역 ◎鄭注: "謂反哭時也". ○정현이 "반곡(反哭)하는 시기이다."라고
했는데, 이 말이 사실임을 알 수 있는 이유는 앞 문장에서 "묘에서 장례를
치른다."라고 했고, "죽었는데 장례를 치르지 않는다."라고 했는데, 이 말을
뒤이어서 "올라갈 때 빈객의 계단을 통한다."라고 했으니, 이것은 장례를
치른다는 문장 뒤에 이어진 것이다. 그렇기 때문에 "반곡하는 시기이다."라
는 말이 사실임을 알 수 있다. 또 『의례』「기석례(旣夕禮)」편에서는 "반곡을
하게 되면, 들어가니, 주인은 올라갈 때 서쪽 계단을 이용한다."18)라고 했다.

---

17) 『춘추공양전』「희공(僖公) 9년」: 冬, 晉里克弑其君之子奚齊, 此未踰年之君,
其言弑其君之子奚齊何? 殺未踰年君之號也.
18) 『의례』「기석례(旣夕禮)」: 乃反哭. 入, 升自西階, 東面. 衆主人堂下, 東面, 北
上.

孔疏 ◎注"春秋"至"君矣". ○正義曰: "諸侯於其封內三年稱子"者, 此文九年公羊傳文. "其臣子踰年則謂之君"者, 此卓子踰年弒而經書"弒其君", 是史之策書臣子稱君也.

번역 ◎鄭注: "春秋"~"君矣". ○정현이 "제후는 자신의 봉지 안에서 3년 동안 '자(子)'라고 지칭한다."라고 했는데, 이것은 문공(文公) 9년에 대한 『공양전』의 기록이다. 정현이 "그의 신하들은 그 해를 넘겨야만 그를 '군(君)'이라 지칭하게 된다."라고 했는데, 탁자(卓子)는 부친이 죽은 그 해를 넘기고 시해를 당했으므로, 『춘추』 경문에서는 "그 군주를 시해했다."라고 기록했다. 이것은 사관이 역사서를 기록하며 신하들이 군(君)으로 지칭했음을 나타낸다.

集解 愚謂: 居喪之禮, 升降不由阼階, 至反哭猶然. 受弔之禮, 皆在阼階下, 惟反哭受弔則在西階上. 蓋西階之上, 殯之所在, 今上堂而不見, 孝子之哀於是爲甚, 故不忍離其所而於此受弔也. 此二者, 皆所以追孝於其親也. 未沒喪, 不稱君, 謂史冊所書也. 以下文引春秋推之, 當云"未踰年, 不稱君", 記者之誤爾. 蓋一歲不二君, 未踰年而稱君, 則是急於受國而有爭奪其父之心矣. 奚齊及卓, 皆晉獻公之子. 春秋僖公九年秋九月, "晉侯佹諸卒", "冬, 晉里克弒其君之子奚齊", 奚齊不稱君, 立未踰年也. 十年春正月, "里克弒其君卓", 卓稱君, 已踰年也.

번역 내가 생각하기에, 상을 치르는 예법에서 당상에 올라가거나 내려갈 때에는 동쪽 계단을 이용하지 않으니, 반곡(反哭)을 하는 시기에도 여전히 이처럼 한다. 조문을 받는 예에서는 모두 동쪽 계단 아래에서 하는데, 오직 반곡을 하며 조문을 받는 경우에만 서쪽 계단 위에서 한다. 무릇 서쪽 계단 위는 빈소를 마련하는 장소이고, 현재 당상으로 올라갔는데 그 모습을 볼 수 없으니, 자식의 애통한 마음은 이 시기에 심해진다. 그렇기 때문에 차마 그 장소를 떠나지 못하여, 이곳에서 조문을 받는다. 이 두 가지 경우는 모두 부모에 대해서 효를 미루어 시행하는 것이다. "아직 상을 끝내지 않았다면 군(君)이라 지칭하지 않는다."는 말은 사관이 역사서에 기록하는 말에 해당한다. 아래문장에서 인용한『춘추』의 내용에 따라 추론해보면, 마땅히 "군주가 죽은 그 해를 넘기지 않았다면, 세자에 대해서 군(君)이라고 지칭하지 않는다."라고 해야 하니,『예기』를 기록한 자가 잘못 기록한 것일 뿐이다. 무릇 한 해에 두 명의 군주가 있을 수 없으니, 이전 군주가 죽은 해를 넘기지 않았는데도 세자를 군(君)이라고 지칭한다면, 이것은 나라를 물려받는데 급급하여, 자신의 부친과 다투려는 마음이 있는 것이 된다. 해제(奚齊)와 탁(卓)은 모두 진(晉)나라 헌공(獻公)의 자식이다.『춘추』희공(僖公) 9년 가을 9월 기록에서는 "진나라 후작 궤제(佹諸)가 죽었다."라고 했고, "겨울, 진나라 이극(里克)이 그의 군주 아들인 해제를 시해했다."라고 했는데, 해제에 대해서는 군(君)이라고 지칭하지 않았으니, 그가 후계자에 올랐지만 선왕이 죽은 그 해를 아직 넘기지 못했기 때문이다. 또 희공 10년 봄 1월에는 "이극이 그의 군주 탁을 시해했다."라고 했는데, 탁에 대해서는 군(君)이라고 지칭했으니, 이미 선왕이 죽은 해를 넘겼기 때문이다.

참고 『춘추』「희공(僖公) 9년」

左傳-經文 甲子, 晉侯佹諸卒.

번역 갑자일에 진(晉)나라 후작 궤제(佹諸)가 죽었다.

杜注 未同盟而赴以名. 甲子, 九月十一日, 戊辰, 十五日也. 書在盟後, 從赴.

번역 아직 동맹을 맺지 않았는데 이름으로 부고를 알려왔다. '갑자(甲子)'는 9월 11일이며, '무진(戊辰)'은 15일이다. 죽은 것이 먼저인데도 동맹을 맺은 이후에 기록한 것은 부고를 알려온 시점에 따랐기 때문이다.

左傳 九月, 晉獻公卒. 里克·丕鄭欲納文公, 故以三公子之徒作亂①. 初,獻公使荀息傅奚齊. 公疾, 召之, 曰, "以是藐諸孤②辱在大夫, 其若之何③?"
稽首而對曰, "臣竭其股肱之力, 加之以忠·貞. 其濟, 君之靈也; 不濟, 則以死
繼之." 公曰, "何謂忠·貞?" 對曰, "公家之利, 知無不爲, 忠也; 送往事居, 耦
俱無猜, 貞也④." 及里克將殺奚齊, 先告荀息曰, "三怨將作⑤, 秦·晉輔之,
子將何如?" 荀息曰, "將死之." 里克曰, "無益也." 荀叔曰, "吾與先君言矣, 不
可以貳. 能欲復言而愛身乎⑥? 雖無益也, 將焉辟之? 且人之欲善, 誰不如我?
我欲無貳, 而能謂人已乎⑦?"

번역 9월에 진(晉)나라 헌공(獻公)이 죽었다. 이극(里克)과 비정(丕鄭)
은 문공(文公)을 받아들여 군주로 세우고자 했다. 그렇기 때문에 세 공자의
무리로 난리를 일으켰다. 애초에 헌공은 순식(荀息)을 해제(奚齊)의 사부로
삼았다. 헌공이 중병에 들자 순식을 불러서 말하길, "해제는 나머지 자식들
에 비해 너무 어려서 그대에게 맡기니 어떻게 보좌할 것인가?"라고 했다.
순식이 머리를 조아리며 대답하길, "신은 혼신의 힘을 다하고 충심과 곧음
을 더하겠습니다. 일을 성공하는 것은 군주 신령의 도움에 따른 것인데,
성공하지 못하면 뒤따라 죽겠습니다."라고 했다. 헌공이 말하길, "무엇을
충심과 곧음이라 하는가?" 순식이 대답하길, "공가(公家)[19]의 이익에 관한
일에 알면서 하지 않음이 없는 것이 충심이고, 돌아가신 군주에 대해 장례
를 치르고 살아계신 군주 섬기는 일에 여한이 없도록 하는 것이 곧음입니
다."라고 했다. 이극이 해제를 죽이려고 할 때 먼저 순식에게 이 사실을
알리며, "세 공자의 무리가 난리를 일으키려고 하며 진(秦)나라와 진(晉)나
라가 그들을 도우려고 하는데, 그대는 앞으로 어찌하겠는가?"라고 했다.
순식은 "앞으로 그를 위해 목숨을 바칠 것이다."라고 했다. 이극은 "무익한
일이다."라고 했다. 순숙은 "나는 선군과 약속을 했으니, 두 마음을 품을
수 없다. 그 말을 지키려고 하면서 내 목숨을 아까워할 수 있겠는가? 비록

---

19) 공가(公家)는 일반적으로 제후의 공실(公室)을 뜻한다. 즉 군주의 집안이라
는 뜻이다. 또한 '공가'는 조정(朝廷), 국가(國家) 또는 관부(官府)를 가리키
기도 하며, 공경(公卿)들의 집을 뜻하기도 한다. 뿐만 아니라 개인과 구별되
는 말로 사용되어, 국가 및 정부라는 의미로 사용되기도 한다.

무익한 일이라고 하지만 어찌 피할 수 있겠는가? 또 사람이 선을 시행하려고 함에 그 누가 나만 못하겠는가? 내가 두 마음을 품지 않고자 하면서 남에게는 그만두라고 할 수 있겠는가?"라고 했다.

杜注-① 丕鄭, 晉大夫. 三公子, 申生·重耳·夷吾.

번역 '비정(丕鄭)'은 진(晉)나라의 대부이다. 세 공자는 신생(申生)·중이(重耳)·이오(夷吾)이다.

杜注-② 言其幼賤, 與諸子縣藐.

번역 어리고 천하여 나머지 자식들에 비해 너무 어리다는 뜻이다.

孔疏 ◎注"言其"至"縣藐". ○正義曰: 藐者, 縣遠之言. 諸子皆長, 而奚齊獨幼, 是小大相去縣藐也. 藐諸孤者, 言年旣幼稚, 縣藐於諸子之孤.

번역 ◎杜注: "言其"~"縣藐". ○'막(藐)'자는 현격하게 멀다는 뜻이다. 나머지 자식들은 모두 장성하였지만, 해제만이 어렸으니, 이것은 나이가 서로 현격히 차이나는 것을 뜻한다. '막저고(藐諸孤)'라는 말은 나이가 이미 너무 어려서 나머지 자식들보다 현격하게 차이가 난다는 뜻이다.

杜注-③ 欲屈辱荀息, 使保護之.

번역 순식을 굴복시켜 그로 하여금 보호하도록 하고자 했던 것이다.

杜注-④ 往, 死者, 居, 生者. 耦, 兩也. 送死事生, 兩無疑恨, 所謂正也.

번역 '왕(往)'자는 죽은 자를 뜻하며, '거(居)'자는 살아있는 자를 뜻한다. '우(耦)'자는 둘을 뜻한다. 죽은 자를 전송하고 산 자를 섬김에 있어서 두 곳 모두에 여한이 없도록 하는 것이 바로 '정(正)'이다.

杜注-⑤ 三公子之徒.

번역 세 공자의 무리들을 뜻한다.

杜注-⑥ 荀叔, 荀息也. 復言, 言可復也.

번역 '순숙(荀叔)'은 순식을 뜻한다. '복언(復言)'은 말을 실천할 수 있다는 뜻이다.

孔疏 ●"能欲復言而愛身乎". ○正義曰: 意能欲使前言可反復而行之, 得愛惜身命不死乎?

번역 ●經文: "能欲復言而愛身乎". ○이전에 했던 말을 돌이켜 실천하고자 하는데, 자신의 목숨을 아까워하여 죽지 않을 수 있겠느냐는 뜻이다.

杜注-⑦ 言不能止里克, 使不忠於申生等.

번역 이극이 신생 등에게 충성을 다하지 못하도록 막을 수 없다는 뜻이다.

公羊傳-經文 甲戌, 晉侯詭諸卒.

번역 갑술일에 진(晉)나라 후작 궤제(詭諸)가 죽었다.

何注 不書葬者, 殺世子也.

번역 '장(葬)'이라고 기록하지 않은 것은 세자를 죽였기 때문이다.

徐疏 ◎注"不書葬者, 殺世子也". ○解云: 在上五年春. 凡君殺無罪大夫, 例去其葬以絶之.

번역 ◎何注: "不書葬者, 殺世子也". ○앞의 희공(僖公) 5년 봄에 기록되어 있다.20) 군주가 무고한 대부를 죽였을 때에는 장례를 치른다는 기록을 삭제하여 관계를 끊어버린다.

穀梁傳-經文 甲子, 晉侯詭諸卒.

번역 갑자일에 진(晉)나라 후작 궤제(詭諸)가 죽었다.

范注 獻公也. 枉殺世子申生, 失德不葬.

번역 진나라 헌공(獻公)을 뜻한다. 세자 신생이 무고한데도 죽였으니, 덕을 잃은 것이므로 장례를 치렀다고 기록하지 않았다.

楊疏 ◎注"失德不葬". ○釋曰: 宋桓亦不葬, 至此言失德者, 今獻公枉殺申生, 卽是失德之例. 宋桓無罪之狀, 故范不得言之也. 公羊以爲桓公不書葬者, 爲宋襄公背殯出會. 不書葬, 若非背殯然也? 穀梁旣譏宋子, 卽不是爲諱, 蓋魯不會故也.

번역 ◎范注: "失德不葬". ○송(宋)나라 환공(桓公) 또한 장례를 치렀다고 기록하지 않았는데, 이곳 기록에 이르러서 덕을 잃었다고 말한 것은 현재 헌공(獻公)은 신생이 무고한데도 죽였으니, 덕을 잃은 용례에 해당한다. 송나라 환공의 경우는 무고한 상황이었기 때문에 범녕21)이 설명할 수 없었다. 『공양전』에서는 환공에 대해 장례를 치렀다고 기록하지 않은 것은 송나라 양공(襄公)이 상기간을 끝내지 않고 출병하여 회맹을 했기 때문이라고 했다. 장례라고 기록하지 않은 경우, 상기간을 끝내지 않은 경우가 아닌

---

20) 『춘추』「희공(僖公) 5년」: 五年, 春, 晉侯殺其世子申生.
21) 범녕(范甯, A.D.339~A.D.401): 동진(東晉) 때의 학자이다. 자(字)는 무자(武子)이다. 정현(鄭玄)의 영향력을 많이 받았으며, 『춘추곡량전집해(春秋穀梁傳集解)』 등을 지었다.

데도 그처럼 하는가?『곡량전』에서는 이미 송나라 자작을 기록했으니, 곧 이로 인해 피휘를 한 것이 아니며, 아마도 노나라에서 회맹을 하지 않았기 때문일 것이다.

참고 『춘추』「희공(僖公) 9년」

左傳-經文 冬, 晉里克殺其君之子奚齊.

번역 겨울, 진(晉)나라 이극(里克)이 자기 군주의 아들 해제(奚齊)를 시해했다.

杜注 獻公未葬, 奚齊未成君, 故稱君之子奚齊. 受命繼位無罪, 故里克稱名.

번역 헌공에 대해 장례를 치르지 않았으니, 해제는 아직 정식 제후가 되지 않았다. 그렇기 때문에 군주의 아들 해제라고 기록했다. 선대 군주의 명령을 받아 지위를 계승하였고 죄가 없었기 때문에 이극에 대해서 이름을 기록했다.

左傳 冬十月, 里克殺奚齊于次①. 書曰"殺其君之子", 未葬也. 荀息將死之, 人曰, "不如立卓子而輔之." 荀息立公子卓以葬. 十一月, 里克殺公子卓于朝. 荀息死之. 君子曰, "詩所謂'白圭之玷, 尙可磨也; 斯言之玷, 不可爲也②', 荀息有焉③."

번역 겨울 10월에 이극이 차(次)에서 해제를 시해했다. 경문에서 "그 군주의 아들을 시해했다."라고 말한 것은 군주에 대해 아직 장례를 치르지 않았기 때문이다. 순식이 따라서 죽으려고 하자, 어떤 사람이 말하길, "공자 탁(卓)을 세우고 그를 보좌하는 것만 못하다."라고 했다. 순식이 공자 탁을 세우고서 장례를 지냈다. 겨울 11월 이극이 공자 탁을 조정에서 시해했다.

순식도 뒤따라 죽었다. 군자가 말하길, "『시』에서는 '백색 옥의 티는 오히려 갈아서 없앨 수 있지만, 말의 티는 그렇게 할 수 없다.'22)라고 했는데, 순식에게는 그러한 점이 있다."라고 했다.

杜注-① 次, 喪寢.

번역 '차(次)'는 상을 치를 때 머무는 임시숙소를 뜻한다.

杜注-② 詩 · 大雅. 言此言之缺, 難治甚於白圭.

번역 이 시는 『시』「대아(大雅)」편이다. 이러한 말의 결점은 백색 옥보다 다듬기가 매우 어렵다는 뜻이다.

杜注-③ 有此詩人重言之義.

번역 이러한 시를 지은 사람처럼 말을 중요하게 여기는 뜻이 있다는 의미이다.

公羊傳-經文 冬, 晉里克弑其君之子奚齊.

번역 겨울, 진(晉)나라 이극(里克)이 자기 군주의 아들 해제(奚齊)를 시해했다.

公羊傳 此未踰年之君, 其言弑其君之子奚齊何①? 殺未踰年君之號也②.

번역 해제는 선대 군주가 죽은 그 해를 넘기지 않은 상태의 군주인데, "그 군주의 아들 해제를 시해했다."라고 말한 것은 어째서인가? "시해했다[殺]."라는 말은 선대 군주가 죽은 그 해를 넘기지 않은 상태의 군주를 죽였

---

22) 『시』「대아(大雅) · 억(抑)」: 質爾人民, 謹爾侯度, 用戒不虞. 愼爾出話, 敬爾威儀. 無不柔嘉. 白圭之玷, 尙可磨也. 斯言之玷, 不可爲也.

을 때 붙이는 말이다.

何注-① 據弑其君舍, 不連先君. 連名者, 上不書葬子某, 弑君名未明也.

번역 "그의 군주 사(舍)를 시해했다."라는 말에 근거해보면, 선대 군주의 뒤를 이어 정식 군주로 즉위한 것은 아니다. 이름을 연이어 기술한 것은 앞에서 "자식 아무개를 장례지냈다."라고 기록하지 않았으니, 시해당한 군주의 이름을 드러내지 않기 위해서이다.

徐疏 ◎注"據弑"至"先君". ○解云: 卽文十四年"齊公子商人弑其君舍", 是也.

번역 ◎何注: "據弑"~"先君". ○문공(文公) 14년에 "제(齊)나라 공자 상인(商人)이 그의 군주 사(舍)를 시해했다."[23]라고 한 말이 그 기록에 해당한다.

徐疏 ◎注"連名"至"未明也". ○解云: 言名未明者, 弟子本意, 正欲問弑其君之子, 而連奚齊何之者, 恐人不知奚齊之名, 爲是先君未葬稱子某, 似若子般·子野之屬是也; 爲是被弑之故稱名, 似若諸兒·卓子之屬是也, 是以將名連弑問之, 欲使後人知其稱名之義.

번역 ◎何注: "連名"~"未明也". ○이름을 드러내지 않았다고 했는데, 본래의 의도는 그 군주의 아들을 시해했다는 것을 묻고자 함이지만, 연이어 '해제(奚齊)'라고 기록한 것은 어째서인가? 사람들이 해제라는 이름을 모르게 될까를 염려했기 때문이니, 선대 군주에 대해 아직 장례를 마치지 못했다면 '자식 아무개'라고 지칭하니, 자반(子般)이나 자야(子野)라고 부르는 부류가 이러한 경우에 해당한다. 또 시해를 당했기 때문에 이름을 지칭하니, 제아(諸兒)나 탁자(卓子)라고 부르는 부류가 이러한 경우에 해당한다. 이러한 까닭으로 이름을 시해를 당했다는 말 뒤에 기록하여 묻고자 한

---

23) 『춘추』「문공(文公) 14년」: 齊公子商人弑其君舍.

것은 바로 후세 사람들로 하여금 이름을 지칭하는 의미를 알게끔 하고자
해서이다.

何注-② 欲言弑其子奚齊, 嫌無君文, 與殺大夫同; 欲言弑其君, 又嫌與弑
成君同, 故引先君冠子之上, 則弑未踰年君之號定, 而坐之輕重見矣. 加之者,
起先君之子. 不解名者, 解言殺, 從弑名可知也. 弑未踰年君, 例當月, 不月者,
不正遇禍, 終始惡明, 故略之.

번역 "그의 자식 해제(奚齊)를 시해했다."라고 말하고자 했다면, 군(君)
이라는 글자가 없어서, 대부를 죽인 것과 동등하게 여긴다는 혐의가 생긴
다. "그 군주를 시해했다."라고 말하고자 했다면, 또한 정식 군주를 시해한
것과 동일하게 여긴다는 혐의가 생긴다. 그렇기 때문에 선대 군주의 칭호
인 '군(君)'자를 끌어다가 자식을 뜻하는 '자(子)'자 앞에 기록을 했으니, 아
직 선대 군주가 죽은 해를 넘기지 않았을 때 지위를 계승한 자를 시해하는
칭호가 확정되어, 죄의 경중이 드러나게 된다. '지(之)'자를 덧붙인 것은 선
대 군주의 자식임을 드러내기 위해서이다. 이름을 쓴 이유에 대해 풀이를
하지 않은 것은 '시(殺)'자를 쓴 의미를 풀이했으니, 시해를 했다는 뜻에
따라서 이름을 쓴 이유도 알 수 있기 때문이다. 선대 군주가 죽은 해를 넘기
지 않았을 때 지위 계승자를 시해하게 되면 해당 월을 나열해야 하는데,
해당 월을 기록하지 않은 것은 재앙을 당한 것을 바르게 여기지 않아서
악행을 드러냈기 때문에 생략한 것이다.

徐疏 ◎注"則弑"至"見矣". ○解云: 言罪差於成君, 與殺大夫異矣.

번역 ◎何注: "則弑"~"見矣". ○그 죄는 정식 군주에 비해서 차이가 있
으니, 대부를 죽인 것과는 다르다는 의미이다.

徐疏 ◎注"加之"至"之子". ○解云: 若不加之, 嫌是君子爲一人故.

번역 ◎何注: "加之"~"之子". ○만약 '지(之)'자를 덧붙이지 않았다면, 군주와 자식이 한 사람처럼 여겨지는 혐의를 받기 때문이다.

徐疏 ◎注"不解名"至"知也". ○解云: 正以傳云"弑未踰年君之號", 止答上云"其言弑其君之子何"之文, 故云不解名矣. 旣解言弑, 則書奚齊之名, 由弑之故明矣, 是以不復答之.

번역 ◎何注: "不解名"~"知也". ○전문에서 "선대 군주가 죽은 그 해를 넘기지 않은 상태의 군주를 죽였을 때 붙이는 말이다."라고 했는데, 이것은 단지 앞에서 "그 군주의 아들 해제를 시해했다고 말한 것은 어째서인가?"라고 한 문장에 대해 대답한 것이다. 그렇기 때문에 "이름을 쓴 이유에 대해 풀이하지 않았다."라고 했다. 이미 시해했다고 말한 이유를 설명했다면, '해제(奚齊)'라는 이름을 쓴 이유도 시해를 한 연유로 인해 드러나게 되니, 이러한 까닭으로 재차 풀이하지 않은 것이다.

徐疏 ◎注"弑未踰"至"略之". ○解云: 正以隱四年春, "戊申, 衛州吁弑其君完", 注云"日者, 從外赴辭, 以賊聞例". 然則弑成君者, 例書日, 卽莊八年冬十一月"癸未, 齊無知弑其君諸兒"之屬是. 弑成君者例旣書日, 知弑未踰年君當月明矣. 今此不月, 故須解之.

번역 ◎何注: "弑未踰"~"略之". ○은공(隱公) 4년 봄에는 "무신일에 위(衛)나라 주우(州吁)가 그의 군주 완(完)을 시해했다."[24]라고 했고, 하휴의 주에서는 "날짜를 기록한 것은 외지에서 부고로 알려온 말에 따른 것으로, 도적이 시해했다고 알리는 용례이다."라고 했다. 그렇다면 정식 군주를 시해한 경우에는 날짜를 함께 기술하게 되니, 장공(莊公) 8년 겨울 11월에 "계미일에 제(齊)나라 무지(無知)가 그의 군주 제아(諸兒)를 시해했다."[25]라고 한 부류가 이러한 경우에 해당한다. 정식 군주를 시해한 경우 이미

---

24)『춘추』「은공(隱公) 4년」: 戊申, 衛州吁弑其君完.
25)『춘추』「장공(莊公) 8년」: 冬十有一月癸未, 齊無知弑其君諸兒.

그 날짜를 기록한다고 했으니, 선대 군주가 죽은 해를 넘기지 않았을 때 그 지위 계승자를 시해한 경우라면 마땅히 그 달을 기록해야 함도 알 수 있다. 그런데 이곳 기록에서 그 달을 기록하지 않았기 때문에 풀이를 해야만 했다.

穀梁傳-經文 冬, 晉里克殺其君之子奚齊.

번역 겨울, 진(晉)나라 이극(里克)이 자기 군주의 아들 해제(奚齊)를 시해했다.

穀梁傳 其君之子云者, 國人不子也. 國人不子, 何也? 不正其殺世子申生而立之也.

번역 '자기 군주의 아들'이라고 했는데, 진(晉)나라 사람들은 자식으로 여기지 않았기 때문이다. 진나라 사람들이 자식으로 여기지 않은 것은 어째서인가? 세자 신생(申生)을 죽이고 제위에 오른 것을 바르게 여기지 않았기 때문이다.

范注 諸侯在喪稱子, 言國人不君之, 故繫于其君.

번역 제후가 상을 치르고 있을 때에는 '자(子)'라고 지칭하니, 나라 사람들이 정식 군주로 여기지 않았기 때문에 '기군(其君)'이라는 말을 함께 기록했다는 뜻이다.

楊疏 ●"冬晉"至"奚齊". ○釋曰: 范云, "弑君日與不日, 從其君正與不正." 今奚齊書時者, 爲未成君, 且又不正故也.

번역 ●經文: "冬晉"~"奚齊". ○범녕은 "군주를 시해했을 때 날짜를 기록하느냐 기록하지 않느냐는 그 군주가 정식 군주이냐 정식 군주가 아니냐에 따른다.”라고 했다. 현재 해제를 죽였을 때 그 계절을 기록한 것은 아직 정식 군주가 되지 않았기 때문이며, 또한 바르지 못했기 때문이다.

[楊疏] ●“國人不子”. ○釋曰: 舊解諸侯在喪稱子, 今國人不以爲君, 故不直謂之子, 而繫之於君也. 徐邈云, “不子者, 謂不子愛之也”, 非范意. 蓋不子者, 謂不以爲君, 則是不子也.

[번역] ●傳文: “國人不子”. ○옛 해석에서는 제후가 상을 치르는 중에는 ‘자(子)’라고 지칭하며, 현재 나라 사람들이 그를 정식 군주로 여기지 않았기 때문에 직접적으로 ‘자(子)’라고만 지칭할 수 없어서 ‘군(君)’이라는 말과 함께 기록했다고 풀이한다. 서막26)은 “‘자(子)’라고 기록하지 않은 것은 자식처럼 애정을 품지 않았기 때문이다.”라고 했는데, 범녕의 뜻이 아니다. ‘자(子)’라고 지칭하지 않은 것은 정식 군주로 여기지 않아서 ‘자(子)’라고 기록하지 않았다는 의미이다.

[참고] 『춘추』「희공(僖公) 10년」

[左傳-經文] 晉里克弑其君卓及其大夫荀息.

[번역] 진(晉)나라 이극(里克)이 자신의 군주 탁(卓)과 그의 대부 순식(荀息)을 죽였다.

[杜注] 弑卓在前年, 而以今春書者, 從赴也. 獻公旣葬, 卓以免喪, 故稱君也. 荀息稱名者, 雖欲復言, 本無遠謀, 從君於昏.

---

26) 서막(徐邈, A.D.344~A.D.397): 동진(東晋) 때의 학자이다. 자(字)는 선민(仙民)이다. 저서로는 『고문상서음(古文尙書音)』·『곡량전주(穀梁傳注)』·『모시서씨음(毛詩徐氏音)』·『예기서씨음(禮記徐氏音)』·『주례서씨음(周禮徐氏音)』·『주역서씨음(周易徐氏音)』·『춘추서씨음(春秋徐氏音)』 등이 있다.

번역 탁을 시해한 일은 전년에 있었던 것인데, 10년 봄의 기사에 기록한 것은 부고를 알려온 시점에 따랐기 때문이다. 헌공(獻公)에 대해서 장례를 마쳤고 탁이 상복을 벗었기 때문에 '군(君)'이라고 지칭한 것이다. 순식에 대해서 이름을 기록한 것은 그가 비록 자신의 말을 실천하려고 했지만 본래부터 원대한 계획이 없었고, 혼매한 가운데 군주의 명에만 따랐기 때문이다.

孔疏 ◎注"弑卓"至"於昏". ○正義曰: 傳於前年甚詳, 經以今年書之, 明赴以今年弑也. 傳稱"立公子卓以葬", 是免喪始死, 故稱君也. 文七年宋人殺其大夫, 傳曰: "不稱名, 衆也, 且言非其罪也." 死者不稱名, 非其罪, 故知稱名者, 皆有罪也. 荀息稱名者, 不知奚齊 · 卓子之不可立, 又不能誅里克以存君, 是其雖欲復言, 本無遠謀也. 襄十九年齊殺其大夫高厚, 傳稱"從君於昏", 獻公惑於驪姬, 殺適立庶, 荀息知其事, 而爲之傅奚齊, 是其"從君於昏"也.

번역 ◎杜注: "弑卓"~"於昏". ○전문에서는 전년의 기사에서 상세히 기록하였는데, 경문에서는 10년 기사에 기록을 했으니, 부고를 알려올 때 금년에 시해를 당했다고 했음을 나타낸다. 전문에서는 "순식이 공자 탁을 세우고서 장례를 지냈다."라고 했는데, 이것은 이제 막 죽은 선대 군주에 대해서 상복을 벗었다는 사실을 나타낸다. 그렇기 때문에 '군(君)'이라고 지칭한 것이다. 문공(文公) 7년에는 송인(宋人)이 그의 대부를 죽였다고 했는데,[27] 전문에서는 "이름을 기록하지 않은 것은 가담한 자가 많고 또 죽은 자에게 죄가 아니라는 사실을 나타내기 위해서이다."[28]라고 했다. 죽은 자에 대해서 이름을 기록하지 않는 것은 그의 죄가 아니다. 그렇기 때문에 이름을 기록한 경우에는 모두 그에게 죄가 있었음을 알 수 있다. 순식(荀息)에 대해서 이름을 기록한 것은 해제(奚齊)와 공자 탁은 제후로 세울 수 없다는 사실을 몰랐고, 또 이극(里克)을 주살하여 군주를 보호하지 못했기 때문이니, 비록 자신의 말을 실천하고자 했지만 본래부터 원대한 계획이

---

27) 『춘추』 「문공(文公) 7년」 : 宋人殺其大夫.
28) 『춘추좌씨전』 「문공(文公) 7년」 : 書曰"宋人殺其大夫", <u>不稱名, 衆也, 且言非其罪也</u>.

없었던 것이다. 양공(襄公) 19년에는 제(齊)나라가 그 대부 고후(高厚)를 죽였다고 했고,[29] 전문에서는 "혼매한 가운데 군주의 명에만 따랐다."[30]라고 했는데, 헌공(獻公)은 여희(驪姬)에게 미혹되어 적자를 죽이고 서자를 세우려고 했으며, 순식은 그 사실을 알고 있었음에도 해제의 사부가 되었으니, 이것은 "혼매한 가운데 군주의 명에만 따랐다."는 뜻이다.

左傳 夏, 四月, 周公忌父·王子黨會齊隰朋立晉侯①. 晉侯殺里克以說②. 將殺里克, 公使謂之曰: "微子, 則不及此. 雖然, 子弑二君與一大夫, 爲子君者, 不亦難乎?" 對曰: "不有廢也, 君何以興? 欲加之罪, 其無辭乎③? 臣聞命矣", 伏劍而死. 於是丕鄭聘于秦, 且謝緩賂, 故不及④.

번역 여름 4월에 주공(周公) 기보(忌父)와 왕자(王子) 당(黨)이 제(齊)나라 습붕(隰朋)에서 회합하여 진(晉)나라 후작을 세웠다. 진나라 후작은 이극(里克)을 죽여서 해명하였다. 이극을 죽이려고 할 때 진나라 후작은 사신을 보내어, "그대가 아니었다면 내가 제위에 이를 수 없었다. 비록 그렇다고 하지만 그대는 두 군주와 한 명의 대부를 죽였으니, 그대의 군주가 된다는 것 또한 어려운 일이 아니겠는가?"라고 했다. 그러자 이극은 "해제(奚齊)와 공자 탁(卓)을 폐출시키지 않았다면 군주께서 어떻게 제위에 오를 수 있겠습니까? 저에게 죄를 씌우려고 하신다면 핑계 댈 말이 없겠습니까? 신은 명령에 따르겠습니다."라고 대답하고, 칼 위로 몸을 엎어 죽었다. 이 시기에 비정(丕鄭)은 진(秦)나라에 빙문으로 가 있었고 또 뇌물이 늦어진 것을 사과하고 있었기 때문에 화가 이르지 않았다.

杜注-① 周公忌父, 周卿士. 王子黨, 周大夫.

번역 주공(周公) 기보(忌父)는 주(周)나라의 경사(卿士)이다. 왕자(王子) 당(黨)은 주나라의 대부이다.

---

29) 『춘추』「양공(襄公) 19년」: 齊殺其大夫高厚.
30) 『춘추좌씨전』「양공(襄公) 19년」: 書曰, "齊殺其大夫", <u>從君於昏也</u>.

杜注-② 自解說不篡.

번역 스스로 찬탈하지 않았음을 해명한 것이다.

杜注-③ 言欲加己罪, 不患無辭.

번역 자신에게 죄를 씌우려고 한다면 핑계 댈 말이 없음을 걱정할 필요가 없다는 뜻이다.

杜注-④ 丕鄭, 里克黨, 以在秦, 故不及里克俱死.

번역 비정(丕鄭)은 이극(里克)의 무리였었는데, 진(秦)나라에 머물러 있었기 때문에 이극과 함께 죽지 않을 수 있었다.

孔疏 ●"欲加"至"辭乎". ○正義曰: 言君今欲加臣之罪, 其畏無辭以罪臣乎? 言必方便有辭耳.

번역 ●傳文: "欲加"~"辭乎". ○군주가 현재 신에게 죄를 씌우려고 한다면, 신에게 죄를 씌우면서 핑계 댈 말이 없음을 걱정할 필요가 있겠느냐는 뜻이다. 즉 분명 편리에 따라 핑계를 댈 뿐이라는 의미이다.

公羊傳-經文 晉里克弑其君卓子, 及其大夫苟息.

번역 진(晉)나라 이극(里克)이 자신의 군주 탁(卓)과 그의 대부 순식(苟息)을 죽였다.

公羊傳 及者何? 累也. 弑君多矣, 舍此無累者乎? 曰有, 孔父·仇牧皆累也. 舍孔父·仇牧無累者乎? 曰有. 有則此何以書? 賢也. 何賢乎苟息①? 苟息可謂不食其言矣②. 其不食其言奈何? 奚齊·卓子者, 驪姬之子也, 苟息傳

焉③. 驪姬者, 國色也④. 獻公愛之甚, 欲立其子, 於是殺世子申生. 申生者, 里
克傅之. 獻公病將死, 謂荀息曰: “士何如, 則可謂之信矣⑤?” 荀息對曰: “使
死者反生, 生者不愧乎其言, 則可謂信矣⑥.” 獻公死, 奚齊立. 里克謂荀息曰:
“君殺正而立不正, 廢長而立幼⑦, 如之何? 願與子慮之.” 荀息曰: “君嘗訊臣
矣⑧, 臣對曰, ‘使死者反生, 生者不愧乎其言, 則可謂信矣.’” 里克知其不可
與謀, 退, 弒奚齊. 荀息立卓子, 里克弒卓子, 荀息死之. 荀息可謂不食其言矣
⑨.

번역 ‘급(及)’자를 쓴 것은 어째서인가? 연루되었기 때문이다. 군주를
시해하는데 가담한 자는 많은데, 이 자를 제외하면 연루된 자가 없단 말인
가? 대답하길, 있다. 공보(孔父)와 구목(仇牧) 모두 연루된다. 공보와 구목
을 제외하면 연루된 자가 없단 말인가? 대답하길, 있다. 있다면 이곳에서는
어찌하여 순식(荀息)을 기록했는가? 현명하기 때문이다. 어찌하여 순식을
현명하다고 하는가? 순식은 식언을 하지 않았다고 평가할 수 있다. 식언을
하지 않았다고 평가한 것은 어째서인가? 해제(奚齊)와 공자 탁(卓)은 모두
여희(驪姬)의 자식들인데, 순식은 그들의 스승이 되었다. 여희는 경국지색
이었다. 헌공(獻公)이 그녀를 매우 아껴서 그녀의 자식을 제위에 올리려고
했고, 이에 세자였던 신생(申生)을 죽였다. 신생은 이극이 가르쳤다. 헌공의
병이 깊어져 죽음을 앞두고 있을 때, 순식에게 “선비는 어떻게 하면 신의롭
다고 할 수 있는가?”라고 말했고, 순식은 대답하며 “죽은 자를 다시 살아나
게 하더라도 살아있는 자가 자신의 말에 부끄러워하지 않는다면, 신의롭다
고 할 수 있습니다.”라고 했다. 헌공이 죽자 해제가 제위에 올랐다. 이극은
순식에게 “군주가 적장자를 죽이고 적통이 아닌 자를 세웠으며, 장자를 폐
하고 너무 어린 아들을 세웠는데 어찌해야 하는가? 나는 그대와 의논하고
싶다.”라고 하자 순식은 “헌공께서는 일찍이 신하인 저에게 하문하시어, 저
는 ‘죽은 자를 다시 살아나게 하더라도 살아있는 자가 자신의 말에 부끄러
워하지 않는다면, 신의롭다고 할 수 있습니다.’라고 대답했습니다.”라고 했
다. 이극은 그와 함께 도모할 수 없음을 알았고, 물러나 해제를 시해했다.
순식이 공자 탁을 제위에 올리자 이극은 다시 공자 탁을 시해했고 순식은

뒤따라 죽었다. 따라서 순식은 식언을 하지 않았다고 평가할 수 있다.

何注-① 據與孔父同.

번역 공보(孔父)와 했던 일이 동일했음에 기준을 둔 말이다.

何注-② 不食言者, 不如食受之而消亡之, 以奚齊·卓子皆立.

번역 "말을 먹지 않는다."는 말은 밥을 받아먹고서 잊어버리는 것과 같지 않다는 뜻이니, 해제(奚齊)와 공자 탁(卓)을 모두 제위에 올렸기 때문이다.

何注-③ 禮, 諸侯之子八歲受之少傅, 敎之以小學, 業小道焉, 履小節焉; 十五受大傅, 敎之以大學, 業大道焉, 履大節焉.

번역 예법에 따르면 제후의 자식은 8세가 되면 소부(少傅)가 정해지니, 작은 학문을 가르쳐서 작은 도를 일삼게 하며 작은 예절들을 실천토록 한다. 또 15세가 되면 대부(大傅)가 정해지니, 큰 학문을 가르쳐서 큰 도를 일삼게 하며 큰 예절들을 실천토록 한다.

何注-④ 其顏色一國之選.

번역 그녀의 미모는 한 나라 안에서도 가장 빼어났다.

何注-⑤ 獻公自知廢正當有後患, 欲託二子於荀息, 故動之云爾.

번역 헌공(獻公)은 적장자를 폐지하여 후환이 있으리라는 것을 알았으므로, 두 자식을 순식에게 맡기고자 했다. 그렇기 때문에 그를 떠보며 이처럼 말한 것일 뿐이다.

何注-⑥ 荀息察言觀色, 知獻公欲爲奚齊·卓子來動己, 故答之云爾.

번역 순식은 말을 살피고 안색을 살펴서 헌공(獻公)이 해제(奚齊)와 공자 탁(卓)을 위해 자신을 떠보는 것임을 알았다. 그렇기 때문에 이처럼 대답한 것일 뿐이다.

何注-⑦ 長謂重耳.

번역 '장(長)'자는 중이(重耳)를 뜻한다.

何注-⑧ 上問下曰訊. 言臣者, 明君臣相與言不可負.

번역 윗사람이 아랫사람에게 물어보는 것을 '신(訊)'이라고 부른다. '신(臣)'이라고 말한 것은 군주와 신하가 함께 했던 말에 대해서는 배반할 수 없음을 나타내기 위해서이다.

何注-⑨ 起時莫不背死鄉生, 去敗與成. 荀息一受君命, 終身死之, 故言及, 與孔父同義. 不日者, 不正遇禍, 終始惡明, 故略之.

번역 당시에는 죽은 자를 배반하고 살아있는 자를 지향하며 패망한 곳을 떠나 성공한 자와 함께하지 않았던 자가 없었다. 순식은 한 차례 군주의 명령을 받고 종신토록 지키며 목숨을 던졌다. 그렇기 때문에 '급(及)'이라고 하여, 공보(孔父)와 했던 일이 동일하다고 여긴 것이다. 날짜를 기록하지 않은 것은 재앙을 당한 것을 바르게 여기지 않아서 악행을 드러냈기 때문에 생략한 것이다.

徐疏 ●"及者何". ○解云: 君之與臣, 尊卑異等, 今而言及, 故執不知問.

번역 ●傳文: "及者何". ○군주와 신하의 관계는 신분에 따른 차등이 있는데, 현재 '급(及)'이라고 기록하였기 때문에, 의문스러운 점을 질문한 것이다.

徐疏 ●"累也". ○解云: 桓二年注云"累, 累從君而死, 齊人語也", 則彼已有解, 故此處不復注之.

번역 ●傳文: "累也". ○환공(桓公) 2년에 대한 하휴의 주에서는 "'누(累)'자는 연루되어 군주를 뒤따라 죽었다는 뜻이니, 제(齊)나라 지역에서 쓰는 말이다."라고 했으니, 환공 2년의 문장에서 이미 풀이를 했다. 그렇기 때문에 이곳에서는 다시 주석을 달지 않았다.

徐疏 ●"曰有". ○解云: 桓二年注云"叔仲惠伯是也."

번역 ●傳文: "曰有". ○환공(桓公) 2년에 대한 하휴의 주에서는 "숙중혜백(叔仲惠伯)이 바로 그 사람이다."라고 했다.

徐疏 ●"何賢乎", ◎注"據與孔父同". ○解云: 桓二年傳云"何賢乎孔父", 注云"據叔仲惠伯不賢". 然則此言據與孔父同者, 謂與孔父同據叔仲惠伯矣.

번역 ●傳文: "何賢乎", ◎何注: "據與孔父同". ○환공(桓公) 2년에 대한 전문에서는 "어찌하여 공보(孔父)를 현명하다고 하는가?"[31]라고 했고, 하휴의 주에서는 "숙중혜백(叔仲惠伯)이 현명하지 못했다는 것에 기준을 둔 말이다."라고 했다. 그렇다면 이곳에서 "공보와 했던 일이 동일했음에 기준을 둔 말이다."라고 한 것은 공보와 마찬가지로 숙손혜백보다 현명했다는 것에 기준을 두었다는 뜻이다.

徐疏 ◎注"以奚"至"皆立". ○解云: 欲指不食其言之事狀矣.

번역 ◎何注: "以奚"~"皆立". ○식언을 하지 않았던 정황을 나타내고

---

31) 『춘추공양전』「환공(桓公) 2년」: 有則此何以書? 賢也, <u>何賢乎孔父</u>?

자 했기 때문이다.

徐疏 ◎注“禮諸侯”至“節焉”. ○解云: 皆藝文志文也. 注云小道小節, 正謂
始甲典覓師受業; 大道大節, 謂博習盡誠也.

번역 ◎何注: “禮諸侯”~“節焉”. ○이 모두는 「예문지」의 문장이다. 하
휴의 주에서는 작은 도와 작은 예절이라고 했는데, 처음 스승을 찾아 수업
을 받는 것을 뜻한다. 큰 도와 큰 예절이라고 했는데 널리 익히고 성심을
다한다는 뜻이다.

徐疏 ◎注“故言”至“同義”. ○解云: 桓二年“宋督弑其君與夷, 及其大夫孔
父”, 彼注云“言及者, 使上及其君, 若附大國以名通, 明當封爲附庸, 不絶其祀,
所以重社稷之臣”也. 今荀息一受君命, 終身死之, 故言及; 亦使上及其君, 若
附大國以名通, 明當封爲附庸, 不絶其祀, 所以重社稷之臣, 故云與孔父同義.

번역 ◎何注: “故言”~“同義”. ○환공(桓公) 2년에는 “송독(宋督)이 그
의 군주 여이(與夷)와 그 대부 공보(孔父)를 죽였다.”[32]라고 했는데, 그 주
에서는 “‘급(及)’이라고 기록한 것은 위로 올려서 군주에게 미치게 한 것이
니, 대국에 의탁해서 언사를 통한 것은 마땅히 분봉을 받아 부용국이 되어
제사가 끊어지지 않게 한 일은 사직을 중시했던 신하의 표본이 된다.”라고
했다. 현재 순식은 한 차례 군주의 명령을 받고 종신토록 지키며 목숨을
던졌다. 그렇기 때문에 ‘급(及)’이라고 기록한 것이니, 이 또한 위로 올려서
군주에게 미치게 한 것으로, 대국에 의탁해서 언사를 통한 것은 마땅히 분
봉을 받아 부용국이 되어 제사가 끊어지지 않게 한 일이 사직을 중시했던
신하의 표본이 됨과 같다. 그렇기 때문에 “공보(孔父)와 했던 일이 동일했
다.”라고 말한 것이다.

---

32) 『춘추』「환공(桓公) 2년」: 二年, 春, 王正月, 戊申, 宋督弑其君與夷, 及其大夫
孔父.

徐疏 ◎注"不日者"至"故略之". ○解云 : 正以成君見弑者例書日, 今此不日, 故解之

번역 ◎何注: "不日者"~"故略之". ○정식 군주가 시해를 당한 경우에는 날짜를 기록하는데, 이곳에서는 날짜를 기록하지 않았기 때문에 풀이한 말이다.

穀梁傳-經文 晉里克弑其君卓, 及其大夫荀息.

번역 진(晉)나라 이극(里克)이 자신의 군주 탁(卓)과 그의 대부 순식(荀息)을 죽였다.

穀梁傳 以尊及卑也. 荀息閑也.

번역 존귀한 자와 미천한 자를 함께 기록한 것이다. 순식(荀息)은 군주를 수호하였다.

그림 18-1 ◼ 진(晉)나라 세계도(世系圖)

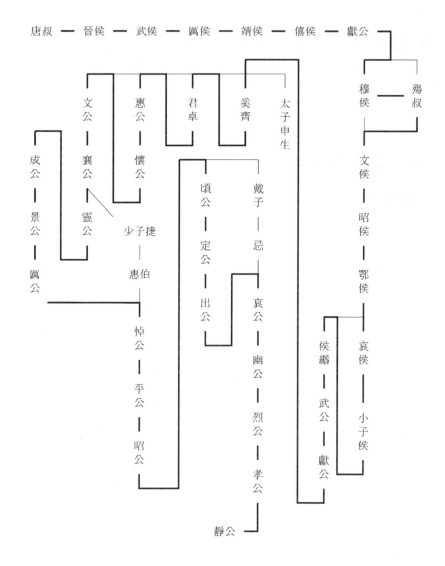

• 제 19 절 •

효제(孝弟)·상례(喪禮)·빈례(賓禮)와 교화

【617c】

子云, "孝以事君, 弟以事長, 示民不貳也. 故君子有君不謀
仕, 唯卜之日稱二君.'"

직역 子가 云, "孝로써 君을 事하고, 弟로써 長을 事하니, 民에게 不貳함을 示
함이라. 故로 君子는 君이 有하면 仕를 不謀하고, 唯히 卜하는 日에만 二君이라
稱한다."

의역 공자가 말하길, "효로써 군주를 섬기고 공손함으로써 연장자를 섬기는
것은 백성들에게 두 마음을 품지 않는 것을 보여줌이다. 그렇기 때문에 군주의 자
식은 군주가 생존해 계실 때 벼슬하기를 도모하지 않고, 오직 거북점을 치는 날에
만 군주를 대신한다고 부른다."라고 했다.

集說 推事父之道以事君, 推事兄之道以事長, 皆誠實之至, 豈敢有副貳其
上之心乎? 欲貳其君, 是與尊者相敵矣, 故云示民不貳也. 君子, 人君之子也.
有君, 君在也. 不謀仕, 嫌欲急於爲政也. 世子他事皆不得稱君貳, 唯命龜之
時, 或君有故而己代之, 則自稱曰君之貳某. 左傳"卜貳圉", 正謂君之貳, 故鄭
引之云, 二當爲貳也.

번역 부친을 섬기는 도리를 미루어서 군주를 섬기고, 형을 섬기는 도리
를 미루어서 연장자를 섬기는 것은 모두 성실함이 지극한 것인데, 어찌 감
히 윗사람에 대해서 버금가려고 하며 두 마음을 품을 수 있겠는가? 자신의

군주에 대해서 두 마음을 품으려고 한다면, 이것은 존귀한 자와 서로 대적하려는 것이다. 그렇기 때문에 "백성들에게 두 마음을 품지 않는 것을 보여준다."라고 했다. '군자(君子)'는 군주의 자식이다. '유군(有君)'은 군주가 생존해 있다는 뜻이다. 벼슬하기를 도모하지 않는 것은 정치를 하는데 급급하다는 혐의를 받기 때문이다. 세자는 다른 일들에 대해서 모두 '군주를 대신하는 자[君貳]'라고 지칭할 수 없는데, 오직 거북껍질에게 명령하여 점치는 시기에 간혹 군주에게 변고가 있어서 자신이 대신하게 된다면, 스스로를 '군주를 대신하는 아무개'라고 부른다. 『좌전』에서는 "거북점에서 어(圉)를 대신 시켜라."[1]라고 했으니, 이것은 바로 군주를 대신하는 자를 뜻한다. 그렇기 때문에 정현은 이 문장을 인용해서, 이(二)자는 마땅히 이(貳)자가 되어야 한다고 했다.

大全 嚴陵方氏曰: 孝以事君者, 推事父之道以事君也. 弟以事長者, 推事兄之道以事長也. 若是則臣不敢貳於其君, 幼不敢貳於其長矣, 故曰示民不貳也.

번역 엄릉방씨가 말하길, 효로 군주를 섬기는 것은 부친을 섬기는 도리를 미루어서 군주를 섬기는 것이다. 공손함으로 연장자를 섬기는 것은 형을 섬기는 도리를 미루어서 연장자를 섬기는 것이다. 이처럼 한다면 신하는 감히 자신의 군주에 대해서 두 마음을 품지 않고, 어린 자는 연장자에 대해서 감히 두 마음을 품지 않는다. 그렇기 때문에 "백성들에게 두 마음을 품지 않는 것을 보여준다."라고 했다.

鄭注 不貳, 不自貳於尊者也. 自貳謂若鄭叔段者也. "君子有君", 謂君之子父在者也. 不謀仕, 嫌遲爲政也. 卜之日, 謂君有故而爲之卜也. 二當爲"貳", 唯卜之時, 辭得曰君之貳某爾. 晉惠公獲於秦, 命其大夫歸擇立君, 曰: "其卜

1)『춘추좌씨전』「희공(僖公) 15년」 : 子金敎之言曰, "朝國入而以君命賞. 且告之曰, '孤雖歸, 辱社稷矣, 其卜貳圉也.'"

貳圉也.”

번역 '불이(不貳)'는 스스로 존장자에 버금간다고 여기지 않는 것이다. 스스로 버금간다고 하는 것은 정(鄭)나라의 숙단(叔段)과 같은 자를 뜻한다. '군자유군(君子有君)'은 군주 자식의 입장에서 부친이 생존해 계신 경우를 뜻한다. 벼슬살이를 도모하지 않는 것은 정치를 시행하고자 기다린다는 혐의를 받기 때문이다. '복지일(卜之日)'은 군주에게 변고가 생겨서 그를 위해 거북점을 친다는 뜻이다. '이(二)'자는 마땅히 '이(貳)'자가 되어야 하니, 오직 거북점을 칠 때 전하는 말에 있어서 군주를 대신하는 아무개라고 말할 수 있을 따름이다. 진(晉)나라 혜공(惠公)이 진(秦)나라에 잡혀 있을 때, 그의 대부에게 명령하여 돌아가서 군주로 세울만한 자를 간별하라고 했는데, "거북점에서는 어(圉)를 군주로 대신 세우라."라고 했다.

釋文 弟音悌. 鄭段, 徒亂反, 本亦云"鄭叔段"也. 遲, 直志反. 而爲, 于僞反. 圉, 魚呂反, 晉惠公太子懷公名.

번역 '弟'자의 음은 '悌(제)'이다. '鄭段'에서의 '段'자는 '徒(도)'자와 '亂(란)'자의 반절음이며, 판본에 따라서는 또한 '鄭叔段'으로도 기록한다. '遲'자는 '直(직)'자와 '志(지)'자의 반절음이다. '而爲'에서의 '爲'자는 '于(우)'자와 '僞(위)'자의 반절음이다. '圉'자는 '魚(어)'자와 '呂(려)'자의 반절음이며, 진(晉)나라 혜공(惠公)의 태자였던 회공(懷公)의 이름이다.

孔疏 ●"子云"至"其君". ○正義曰: 此一節明事君父之道.

번역 ●經文: "子云"~"其君". ○이곳 문단은 군주와 부친을 섬기는 도를 나타내고 있다.

孔疏 ●"孝以事君, 弟以事長, 示民不貳也"者, 用孝以事君, 用弟以事長, 示民以恭敬之情, 不敢自副貳於其君, 謂與尊者相敵, 若鄭叔段貳君於兄也.

번역 ●經文: "孝以事君, 弟以事長, 示民不貳也". ○효에 따라서 군주를 섬기고 공손함에 따라서 연장자를 섬기는 것은 백성들에게 공경함의 정감을 보여주는 것이며, 감히 스스로 자신의 군주에 버금간다고 여기지 않는 것은 존장자와 서로 대등하다고 여겨지기 때문이니, 마치 정(鄭)나라 숙단(叔段)이 자신의 형보다도 군주에 버금간다고 여긴 경우와 같다.

孔疏 ●"故君子有君不謀仕"者, "君子", 謂國君之子[2], 有君在, 不謀欲仕官. 若謀仕官, 似嫌爲政之遲, 故欲速爲仕也.

번역 ●經文: "故君子有君不謀仕". ○'군자(君子)'는 제후의 자식을 뜻하니, 군주가 생존해 계실 때에는 벼슬살이를 하고자 도모하지 않는다. 만약 벼슬살이를 하고자 도모한다면, 정치를 하고자 기다리기 때문에, 하루라도 빨리 벼슬을 하고자 한다는 혐의를 받는다.

孔疏 ●"唯卜之日, 稱二君"者, 二當爲貳, 謂副貳也. 謂君有事故, 不得親臨卜筮, 其嗣子爲君而卜, 其辭得稱"君之貳某", 告龜筮也.

번역 ●經文: "唯卜之日, 稱二君". ○'이(二)'자는 마땅히 이(貳)자가 되어야 하니, 버금간다는 뜻이다. 즉 군주에게 특별한 일이 있어서 직접 거북점이나 시초점을 치는 자리에 임하지 못한다면, 그의 계승자인 세자가 군주를 대신하여 거북점을 치는데, 점을 칠 때 쓰는 말에서는 '군주를 대신하는 아무개'라고 말하며, 거북껍질과 시초에게 명령을 내릴 수 있다는 뜻이다.

孔疏 ◎注"自貳"至"國也". ○正義曰: 按隱元年左傳稱: 鄭莊公弟共叔段封於京邑, 請西鄙·北鄙貳於己, 段又收貳以爲己邑. 公子呂曰: "國不堪貳."

---

2) '자(子)'자에 대하여. '자'자는 본래 없던 글자인데, 완원(阮元)의『교감기(校勘記)』에서는 "혜동(惠棟)의『교송본(校宋本)』에는 '유(有)'자 앞에 '자'자가 기록되어 있고,『민본(閩本)』·『감본(監本)』·『모본(毛本)』에는 '유'자가 누락되었다."라고 했다.

謂除君身之外, 國中不堪更有副貳之君, 是段之自貳於君也. 云"卜之日, 謂君
有故而爲之卜也"者, 言當卜之日, 君應須親臨, 君有事故, 而適子爲君卜也.
云"二當爲貳"者, 小二是一二之二, 大貳是副貳之貳. 此取副貳之貳, 不取一
二之二, 故轉二爲貳也. 云"惟卜之時, 辭得曰君之貳某爾"者, 言嗣子於他餘
事皆不得自稱"君之貳", 惟代君臨卜之時, 得稱"君之貳某". 所以然者, 敬重
卜之神靈, 不敢私顧父子之嫌, 若不稱"君貳", 無緣代君而卜, 辭窮, 不得不稱
君貳故也. 此謂世子對君自稱也. 王肅不曉鄭旨, 乃引傳云太子之貳, 又云子
者身之貳, 又以旁人稱貳而難鄭, 其義非也. 云"晉惠公獲於秦, 命其大夫歸擇
立君, 曰: 其卜貳圉也"者, 鄭以書傳無世子爲君卜稱貳之文, 故引僖公十五年
左傳之文以證君貳之事, 與此經文不正相當, 取其一邊耳. "惠公獲於秦"者,
按僖公十五年傳稱晉惠公被秦伯所納, 旣而背秦, 秦伯伐之, 戰於韓, 被秦所
獲, 命其大夫歸立其子圉爲君, 稱卜副貳之子圉令爲君.

번역 ◎鄭注: "自貳"~"圉也". ○은공(隱公) 1년에 대한 『좌전』의 기록
을 살펴보면, 정(鄭)나라 장공(莊公)의 동생인 공숙단(共叔段)을 경읍(京邑)
에 분봉했고, 서쪽 변방과 북쪽 변방에 대해 자신의 통치를 받게 해달라고
청원했으며, 또 공숙단은 그 두 읍을 거둬들여 자신의 읍으로 삼았다. 그러
자 공자 여(呂)는 "한 나라에서는 두 군주를 감당할 수 없다."라고 했으니,
현재의 군주를 제외하고 나라 안에는 다시 군주에 버금가는 자를 용납할
수 없다는 뜻으로, 공숙단이 스스로 군주에 버금간다고 여긴 것에 해당한
다.3) 정현이 "'복지일(卜之日)'은 군주에게 변고가 생겨서 그를 위해 거북점
을 친다는 뜻이다."라고 했는데, 거북점을 쳐야 하는 날에 군주는 마땅히
직접 그 자리에 임해야 하는데, 군주에게 특별한 사정이 있어서, 그의 적장
자가 군주를 대신하여 거북점을 친다는 뜻이다. 정현이 "'이(二)'자는 마땅히
'이(貳)'자가 되어야 한다."라고 했는데, 자형을 줄인 이(二)자는 1이나 2라

---

3) 『춘추좌씨전』「은공(隱公) 1년」: 初, 鄭武公娶于申, 曰武姜. 生莊公及共叔段.
莊公寤生, 驚姜氏, 故名曰寤生, 遂惡之. 愛共叔段, 欲立之. 亟請於武公, 公弗許.
…… 旣而大叔命西鄙 · 北鄙貳於己. 公子呂曰, "國不堪貳, 君將若之何? 欲與大
叔, 臣請事之; 若弗與, 則請除之, 無生民心." 公曰, "無庸, 將自及." 大叔又收貳以
爲己邑, 至於廩延. 子封曰, "可矣. 厚將得衆." 公曰, "不義, 不暱. 厚將崩."

고 할 때의 이(二)를 뜻하며, 자형을 줄이지 않은 이(貳)자는 버금가고 대신
한다고 할 때의 이(貳)자가 된다. 이곳에서는 버금가고 대신한다고 했을
때의 이(貳)자로 쓴 것이며, 1이나 2라고 할 때의 이(二)자에서 의미를 취한
것이 아니다. 그렇기 때문에 이(二)자는 이(貳)자가 되어야 함을 알 수 있다.
정현이 "오직 거북점을 칠 때 전하는 말에 있어서 군주를 대신하는 아무개라
고 말할 수 있을 따름이다."라고 했는데, 군주의 후계자는 다른 일들에 대해
서 모두 '군주를 대신하는 자'라고 스스로를 지칭할 수 없고, 오직 군주를
대신하여 거북점 치는 일에 임할 때에만 '군주를 대신하는 아무개'라고 부를
수 있다. 이처럼 하는 이유는 거북점괘를 내려주는 신령에 대해서 공경하고
중시하여, 감히 사적으로 부자관계를 따진다는 혐의를 둘 수 없기 때문이니,
만약 '군주를 대신하는 자'라고 지칭하지 않는다면, 아무런 연고도 없이 군
주를 대신하여 거북점을 치는 것이 되어, 그 말이 궁색하게 되므로, 부득이
하게 군주를 대신하는 자라고 부를 수밖에 없다. 이것은 세자가 군주와 대비
하여 스스로를 지칭하는 말이다. 왕숙4)은 정현의 뜻을 깨닫지 못하고, 곧
『좌전』의 기록을 인용하여 대신하는 태자라고 했고, 또 자식은 자신을 대신
할 자라고 했으며, 주변에서 그를 가리켜 대신하는 자라고 지칭한다고 하여,
정현을 비판했는데, 그 주장은 잘못되었다. 정현이 "진(晉)나라 혜공(惠公)
이 진(秦)나라에 잡혀 있을 때, 그의 대부에게 명령하여 돌아가서 군주로
세울만한 자를 간별하라고 했는데, '거북점에서는 어(圉)를 군주로 대신 세
우라.'라고 했다."라고 했는데, 정현은 『상서대전』에 세자가 군주를 위해
거북점을 치며 이(貳)라고 지칭한 기록이 없기 때문에, 희공(僖公) 15년에
대한『좌전』의 기록을 인용하여 '군주를 대신하는 자'라고 지칭하는 일이
있음을 증명하였으니, 이곳 경문의 내용과 완전히 부합하는 것은 아니며,
단지 해당하는 의미만을 취한 것일 뿐이다. 정현이 "혜공이 진나라에 잡혀

---

4) 왕숙(王肅, A.D.195~A.D.256) : =왕자옹(王子雍). 위진남북조(魏晉南北朝)
   때의 위(魏)나라 경학자이다. 자(字)는 자옹(子雍)이다. 출신지는 동해(東海)
   이다. 부친 왕랑(王朗)으로부터 금문학(今文學)을 공부했으나, 고문학(古文
   學)의 고증적인 해석을 따랐다.『상서(尙書)』,『시경(詩經)』,『좌전(左傳)』,『
   논어(論語)』및 삼례(三禮)에 대한 주석을 남겼다.

있었다."라고 했는데, 희공 15년에 대한 『좌전』의 기록을 살펴보면, 진(晉)
나라 혜공은 진(秦)나라 백작에 의해 본국으로 되돌아 왔지만, 다시 진나라
를 배반하였으므로, 진나라 백작이 그를 정벌하여 한(韓)에서 전쟁을 벌였
고, 결국 진나라에게 붙잡혔다. 그래서 그의 대부에게 명령하여 본국으로
되돌아가 자신의 아들 어(圉)를 군주로 삼으라고 했고, 거북점을 칠 때 그
말을 전달하며 나를 대신할 아들 어를 군주로 삼는다고 지칭했다.

集解 孝以事君, 謂以事親之孝事君也. 弟以事長, 謂以事兄之弟事長也.

번역 효로 군주를 섬긴다는 말은 부모를 섬기는 효로 군주를 섬긴다는
뜻이다. 공손함으로 연장자를 섬긴다는 말은 형을 섬기는 공손함으로 연장
자를 섬긴다는 뜻이다.

참고 구문비교

출　　처	내　　용
『禮記』「坊記」	孝以事君,　　　弟以事長.
『大學』「傳 9장」	孝者, 所以事君也. 弟者, 所以事長也.

【617d】

"喪父三年, 喪君三年, 示民不疑也."

직역 "父를 喪함이 三年이고, 君을 喪함이 三年이니, 民에게 不疑함을 示함이다."

의역 공자가 계속하여 말하길, "부친의 상을 치르는 기간은 3년이고, 군주의
상을 치르는 기간도 3년이니, 백성들에게 군주의 존귀함에 대해 의심하지 않음을
보여주는 것이다."라고 했다.

集說 疏曰: 君無骨肉之親, 若不爲重服, 民則疑君不尊; 今與喪父同, 示民不疑於君之尊也.

번역 공영달의 소에서 말하길, 군주와 골육지친의 관계가 없지만, 만약 그를 위해 수위가 높은 상복을 착용하지 않는다면, 백성들은 군주가 존귀하지 않다고 의심을 한다. 또 현재 부친의 상을 치르는 것과 동일하게 한다면, 이것은 백성들에게 군주의 존귀함에 대해 의심하지 않음을 보여주는 것이다.

鄭注 不疑於君之尊也. 君無骨肉之親, 不重其服, 至尊不明.

번역 군주의 존귀함에 대해 의심하지 않는 것이다. 군주와 골육지친의 관계가 없지만, 그의 상복 수위를 무겁게 하지 않는다면, 지극한 존귀함이 드러나지 않는다.

孔疏 ●"示民不疑"者, 君無骨肉之親, 若不爲重服, 民則疑君不尊. 今喪君三年, 與喪父同, 示民不疑於君之尊也.

번역 ●經文: "示民不疑". ○군주와 골육지친의 관계가 없지만, 만약 그를 위해 수위가 높은 상복을 착용하지 않는다면, 백성들은 군주가 존귀하지 않다고 의심을 한다. 현재 군주의 상을 치르며 그 기간을 3년으로 하는 것은 부친의 상을 치르는 기간과 동일하게 하는 것이니, 이것은 백성들에게 군주의 존귀함에 대해 의심하지 않음을 보여주는 것이다.

【6118a】

"父母在, 不敢有其身, 不敢私其財也, 示民有上下也."

직역 "父母가 在하면, 敢히 그 身을 有하길 不하며, 敢히 그 財를 私하길 不하니, 民에게 上下가 有함을 示함이다."

의역 공자가 계속하여 말하길, "부모가 생존해 계시다면, 감히 자기 몸을 제멋대로 할 수 없고, 재물을 사사로이 처리할 수 없으니, 백성들에게 상하계층의 구분이 있음을 보여주는 것이다."라고 했다.

集說 與曲禮"不許友以死, 不有私財"意同. 有上下, 謂卑當統於尊也.

번역 『예기』「곡례(曲禮)」편에서 "친구를 위해서 목숨을 버리지 않으며, 사사롭게 재물을 축적하지 않는다."[5]라고 한 말과 같은 뜻이다. 상하가 있다는 말은 미천한 자는 마땅히 존귀한 자에게 통솔되어야 함을 뜻한다.

大全 嚴陵方氏曰: 不敢有其身者, 傳所謂爲人子者無以有己是也. 不敢私其財者, 經所謂不有私財是也. 若是則上之勢不分於下, 故曰示民有上下也.

번역 엄릉방씨가 말하길, "감히 그 몸을 갖지 않는다."는 말은 전문에서 "자식된 자는 자기 몸을 자기 소유로 삼을 수 없다."[6]고 한 말에 해당한다. "감히 그 재물을 사사로이 하지 않는다."는 말은 경문에서 "사사롭게 재물을 축적하지 않는다."고 한 말에 해당한다. 이처럼 한다면 위정자의 권력이 밑으로 분산되지 않는다. 그렇기 때문에 "백성에게 상하계층의 구분이 있음을 보여준다."라고 했다.

鄭注 身及財皆當統於父母也. 有猶專也.

---

5) 『예기』「곡례상(曲禮上)」【16a】: 父母存, <u>不許友以死, 不有私財</u>.
6) 『공자가어(孔子家語)』「관주(觀周)」: 去周, 老子送之曰, "吾聞富貴者送人以財, 仁者送人以言, 吾雖不能富貴, 而竊仁者之號, 請送子以言乎. 凡當今之士, 聰明深察而近於死者, 好譏議人者也; 博辯閎達而危其身, 好發人之惡者也; <u>無以有己爲人子者</u>, 無以惡己爲人臣者."

번역 자기 몸과 재물은 모두 부모에게 종속되어야 한다. '유(有)'자는 "마음대로 한다[專]."는 뜻이다.

【618a~b】

"故天子四海之內無客禮, 莫敢爲主焉. 故君適其臣, 升自阼階, 卽位於堂, 示民不敢有其室也. 父母在, 饋獻不及車馬, 示民不敢專也. 以此坊民, 民猶忘其親而貳其君."

직역 "故로 天子는 四海의 內에서 客禮가 無하니, 敢히 主가 爲함을 莫한다. 故로 君이 그 臣에게 適함에는 升하길 阼階로 自하여, 堂에서 位에 卽하니, 民에게 敢히 그 室을 有함을 不함을 示함이다. 父母가 在하면, 饋獻은 車馬에 不及하니, 民에게 敢히 專을 不함을 示함이다. 此로써 民을 坊한데, 民은 猶히 그 親을 忘하고 그 君에 貳한다."

의역 공자가 계속하여 말하길, "그러므로 천자는 사해 이내의 땅에서 빈객으로 행동하는 예가 없으니, 나머지 사람들은 감히 자신을 주인으로 여기지 않는다. 그렇기 때문에 군주가 자신의 신하에게 찾아갈 때, 그 집에 도착하여 당상(堂上)에 오르게 되면 주인이 이용하는 동쪽 계단을 사용하여, 당상의 자기 자리로 나아가니, 백성들에게 군주 이외의 사람들은 감히 그 건물을 자기 마음대로 소유할 수 없음을 보여주는 것이다. 부모가 생존해 계실 때 예물을 건넬 때에는 수레나 말까지는 보내지 못하니, 백성들에게 감히 자기마음대로 하지 않음을 보여주는 것이다. 이를 통해 백성들의 잘못을 방지했는데도, 백성 중에는 오히려 자신의 부모를 잊고 자신의 군주에 대해서 두 마음을 품는 자가 있다."라고 했다.

集說 曲禮云, "三賜不及車馬, 故州閭鄉黨稱其孝." 以上四節, 皆明事君·事親之道, 故總結之曰, 忘其親而貳其君.

번역 『예기』「곡례(曲禮)」편에서는 "삼명(三命)의 관리 등급을 받아도 말과 수레는 받지 않기 때문에, 마을사람들은 그의 효성을 칭송하게 된다."[7]라고 했다. 이상의 네 문단은 모두 군주를 섬기고 부모를 섬기는 도를 나타내고 있다. 그렇기 때문에 총괄적으로 결론을 내리며, "자신의 부모를 잊고 군주에 대해서 두 마음을 품는다."라고 했다.

大全 石林葉氏曰: 君則統臣者也, 故天子無客禮, 君適於臣, 則爲主. 父則統子者也, 故父在, 子不敢有其身私其財以爲饋獻.

번역 석림섭씨가 말하길, 군주는 신하를 통솔하는 자이다. 그렇기 때문에 천자에게는 빈객의 예법 자체가 없고, 군주가 신하에게 찾아가면 곧 군주가 그 집의 주인이 된다. 부친은 자식을 통솔하는 자이다. 그렇기 때문에 부친이 생존해 계실 때, 자식은 감히 자기 몸을 사사로이 할 수 없고, 재물을 사사로이 처리하여 예물로 보낼 수 없다.

大全 嚴陵方氏曰: 自無客禮而下, 並見郊特牲解. 曲禮曰, 爲人子者, 三賜不及車馬, 君之所賜, 且不敢受, 況專之以授人乎? 故曰示民不敢專也. 饋, 卽遺也. 自此遺彼則曰饋, 自下獻上則曰獻.

번역 엄릉방씨가 말하길, "빈객의 예법이 없다."라는 구문으로부터 그이하의 문장에 대해서는 모두 그 설명이 『예기』「교특생(郊特牲)」편 주석에 나온다. 『예기』「곡례(曲禮)」편에서는 "자식은 삼명(三命)의 관리 등급을 받아도 말과 수레는 받지 않는다."라고 했는데, 군주의 하사품도 감히 받지 않는데, 하물며 그것을 자기마음대로 처리하여 남에게 줄 수 있겠는가? 그러므로 "백성들에게 감히 마음대로 하지 않음을 보여준다."라고 했다. '궤(饋)'자는 "보내다[遺]."는 뜻이다. 이곳으로부터 저곳으로 보낸다면 '궤(饋)'라고 부르며, 밑으로부터 위로 바친다면 '헌(獻)'이라고 부른다.

---

7) 『예기』「곡례상(曲禮上)」【14a~b】 : 夫爲人子者, <u>三賜不及車馬. 故州閭鄕黨稱其孝也</u>, 兄弟親戚稱其慈也, 僚友稱其弟也, 執友稱其仁也, 交遊稱其信也.

大全 慶源輔氏曰: 子不敢有其身, 臣不敢有其室, 一心也.

번역 경원보씨가 말하길, 자식이 감히 자기 몸을 자기 소유로 여기지 않고, 신하가 감히 자신의 집을 자기 소유로 여기지 않는 것은 동일한 마음이다.

鄭注 臣亦統於君. 車馬, 家物之重者.

번역 신하는 또한 군주에게 통솔된다. 수레와 말은 집안의 재산 중에서도 중대한 것이다.

釋文 饋, 本又作"餽", 音同.

번역 '饋'자는 판본에 따라서 또한 '餽'자로도 기록하는데, 그 음은 동일하다.

참고 구문비교

출 처	내 용
『禮記』「坊記」	故天子四海之內無客禮, 莫敢爲主焉.
『禮記』「郊特牲」	天子無客禮, 莫敢爲主焉.

참고 구문비교

출 처	내 용
『禮記』「坊記」	故君適其臣, 升自阼階, 卽位於堂, 示民不敢有其室也.
『禮記』「郊特牲」	君適其臣, 升自阼階, 不敢有其室也.

그림 19-1 ◼ 명(命) 등급에 따른 하사 항목

	적용 대상	하사 내용
9명(九命)	· 천자의 삼공(三公) 중 1명(命)이 더해져 상공(上公)이 된 경우	· 백(伯)으로 임명
8명(八命)	· 천자의 삼공(三公) · 후작[侯]과 백작[伯] 중 주(州)의 대표로 선발된 경우	· 주목(州牧)으로 임명
7명(七命)	· 후작[侯] · 백작[伯] · 천자의 경(卿)이 제후로 임명된 경우	· 제후국[國] 하사
6명(六命)	· 천자의 경(卿)	· 가신(家臣)을 둘 수 있는 권한 하사
5명(五命)	· 자작[子] · 남작[男] · 천자의 대부(大夫)가 출봉(出封)된 경우	· 작은 봉지(封地) 하사
4명(四命)	· 부용군(附庸君) · 천자의 대부(大夫) · 대국(大國)의 고(孤)	· 제기[器] 하사
3명(三命)	· 천자의 원사(元士) · 대국(大國)의 경(卿) · 차국(次國)의 경(卿)	· 천자의 조정에 설 수 있는 지위[位] 하사
2명(再命)	· 천자의 중사(中士) · 대국(大國)의 대부(大夫) · 차국(次國)의 대부(大夫) · 소국(小國)의 경(卿)	· 의복[服] 하사
1명(一命)	· 천자의 하사(下士) · 대국(大國)의 사(士) · 차국(次國)의 사(士) · 소국(小國)의 대부(大夫)	· 작위[職] 하사

※ **참조:** 『주례』「춘관(春官)·전명(典命)」 및 『주례』「춘관(春官)·대종백(大宗伯)」

예(禮)와 이(利)

【618b~c】

子云, "禮之先幣帛也, 欲民之先事而後祿也. 先財而後禮則民利, 無辭而行情則民爭, 故君子於有饋者弗能見, 則不視其饋. 易曰, '不耕穫, 不菑畬, 凶.' 以此坊民, 民猶貴祿而賤行.'"

직역　子가 云, "禮를 幣帛보다 先함은 民이 事를 先하고 祿을 後하고자 欲함이다. 財를 先하고 禮를 後하면 民이 利하고, 辭가 無하고 情을 行하면 民이 爭이라, 故로 君子는 饋者가 有함에 대해 能히 見을 弗이라면, 그 饋를 不視한다. 易에서 曰, '不耕하고 穫하며, 不菑하고 畬하면, 凶이라.' 此로써 民을 坊한데, 民은 猶히 祿을 貴하고 行을 賤한다."

의역　공자가 말하길, "폐백을 전달하는 것보다 의례의 시행을 먼저 하는 것은 백성들에게 일을 먼저 하고 이후에 녹봉을 받게끔 하기 위해서이다. 재물에 대한 것을 먼저 하고 이후에 예를 시행한다면 백성들이 이로움을 쫓고, 사양함이 없이 자신의 감정대로 시행한다면 백성들은 다투게 된다. 그렇기 때문에 군자는 예물을 보내온 자가 있는데, 자신에게 사정이 있어서 그를 만나보지 못했다면, 예물을 받지 않는다. 『역』에서는 '경작을 하지 않고도 수확을 하고, 1년 된 밭을 만들지 않고서 3년 된 밭이 되는 것은 흉하다.'라고 했다. 이를 통해 백성들의 잘못을 방지했는데도, 백성 중에는 오히려 녹봉을 귀하게 여기고 실천을 천하게 여긴다."라고 했다.

集說　禮之先幣帛, 謂先行相見之禮, 後用幣帛以致其情也. 此是欲教民以先任事而後得祿之義, 若先用財而後行禮, 則民必貪於財利矣. 無辭, 無辭讓之節也. 行情, 直行己情也. 禮略而利行, 民不能無爭奪矣. 人有饋遺於己, 禮也, 己或以他故, 或以疾病, 不能出見其人, 則不視其饋. 視, 猶納也, 此蓋不敢以無禮而當人之禮. 易, 无妄六二爻辭, 今文無凶字. 田一歲曰菑, 三歲曰畬. 不耕而穫, 不菑而畬, 以喩人臣無功而食君之祿, 引之以證不行禮而貪利也.

번역 폐백보다 예(禮)를 먼저 한다는 말은 우선적으로 서로 만나보는 의례를 진행하고 이후에 폐백을 사용해서 그 정감을 전달한다는 뜻이다. 이것은 백성들이 우선적으로 그 일을 맡아서 처리하고 이후에 녹봉을 받도록 하는 뜻을 가르치고자 함이다. 만약 우선적으로 재물을 사용하고 이후에 예를 시행한다면, 백성들은 반드시 재물의 이로움에 대해서 탐하게 된다. '무사(無辭)'는 사양하는 절차가 없다는 뜻이다. '행정(行情)'은 직접적으로 자신의 감정대로 행동한다는 뜻이다. 예를 생략하고 이로움을 추구하기 위해 행동하면, 백성들은 다투거나 빼앗지 않을 수 없다. 어떤 자가 나에게 예물을 보내는 것은 예의 절차에 해당하는데, 자신에게 간혹 다른 사유가 생겼거나 질병이 있어서, 밖으로 나와 그 사람을 볼 수 없다면, 그가 보내온 예물을 받아들이지 않는다. '시(視)'자는 "받아들이다[納]."는 뜻이니, 이것은 아마도 자신이 예를 갖추지 않았으므로, 남이 시행하는 예의 절차를 감히 감당할 수 없기 때문일 것이다. 『역』은 무망괘(无妄卦) 육이의 효사인데,[1] 현재의 문장에는 흉(凶)자가 없다. 밭은 1년이 경과하면 치(菑)라고 부르고, 3년이 경과하면 여(畬)라고 부른다. 경작을 하지 않는데도 수확을 하고, 1년 된 밭을 만들지 않고서 3년 된 밭이 된다고 한 것은 신하에게 공적이 없는데도 군주가 주는 녹봉을 받는 것을 비유한 것이며, 이 문장을 인용하여 예를 시행하지 않고서 이로움을 탐한다는 것을 증명하였다.

大全 嚴陵方氏曰: 幣者, 帛之名, 帛者, 幣之實. 禮之先幣帛, 言物以禮爲先也. 孟子謂恭敬者幣之未將, 是矣. 禮者, 事之象, 幣帛者, 祿之象, 故曰欲民之先事而後祿也. 先財而後禮, 則徇利而忘義, 故曰則民利. 無辭則失取予之

---

1) 『역』「무망괘(无妄卦)」 : 六二, <u>不耕穫, 不菑畬</u>, 則利有攸往.

宜, 行情則失利欲之節, 是非廉讓之道也, 故曰則民爭. 弗能見, 謂主人有故,
而弗能見饋者也. 旣弗能見, 則不視其饋, 凡內物者, 必視其多寡是否, 而後內
之故也. 貴祿而賤行者, 不以行事爲先也.

번역 엄릉방씨가 말하길, 폐(幣)는 비단을 뜻하는 명칭이고, 백(帛)은
폐백의 실질적 물건에 해당한다. '예지선폐백(禮之先幣帛)'이라는 말은 사
물에 있어서 예를 우선으로 삼는다는 뜻이다. 『맹자』에서 "공경함은 폐백
을 받들기 이전에 있다."[2]라고 한 말이 이러한 뜻을 나타낸다. 예는 구체적
인 일을 상징하고, 폐백은 녹봉을 상징한다. 그렇기 때문에 "백성들이 일을
우선적으로 하고 이후에 녹봉을 받게끔 하기 위해서이다."라고 했다. 재물
을 먼저 하고 이후에 예를 한다면, 이로움에만 따르고 의로움을 잊는다.
그렇기 때문에 "백성들이 이로움을 쫓는다."라고 했다. 사양함이 없다면 취
하거나 수여하는 마땅함을 잃게 되고, 감정대로만 행동하면 이로움과 욕망
의 절도를 잃는다. 이것은 염치와 겸양의 도리가 아니다. 그렇기 때문에
"백성들이 다툰다."라고 했다. '불능견(弗能見)'은 주인에게 사정이 생겨서
예물을 보내 온 자를 만나보지 못했다는 뜻이다. 이미 자신이 그를 만나보
지 못했다면, 그가 보내온 예물을 받지 않는다. 무릇 사물을 받아들일 때에
는 반드시 그것의 수량과 옳은지 그른지를 살핀 이후에야 받아들이기 때문
이다. 녹봉을 귀하게 여기고 실천을 천하게 여기는 것은 일의 시행을 우선
으로 삼지 않았기 때문이다.

鄭注 此禮, 謂所執之贄以見者也. 旣相見, 乃奉幣帛以修好也. 或云: 禮之
先辭而後幣帛. 財, 幣帛也. 利, 猶貪也. 辭, 辭讓也. 情主利欲也. 饋, 遺也.
不能見, 謂有疾也. 不視, 猶不內也. 言必先種之乃得穫, 若先菑乃得畬也. 安
有無事而取利者乎? 田一歲曰"菑", 二歲曰"畬", 三歲曰"新田". 行猶事也, 言
務得其祿, 不務其事.

---

2) 『맹자』「진심상(盡心上)」 : 孟子曰, "食而弗愛, 豕交之也, 愛而不敬, 獸畜之也.
恭敬者, 幣之未將者也. 恭敬而無實, 君子不可虛拘."

번역 여기에서 말한 '예(禮)'자는 가져온 예물을 통해 만나보는 것을 뜻한다. 이미 서로 만나보았다면, 폐백을 받들어서 우호를 다진다. 혹자는 예에서는 사양함을 먼저 하고 이후에 폐백을 건넨다고 했다. '재(財)'자는 폐백을 뜻한다. '이(利)'자는 "탐하다[貪]."는 뜻이다. '사(辭)'자는 사양한다는 뜻이다. 정감은 이로움의 추구와 욕망을 위주로 한다. '궤(饋)'자는 "보내다[遺]."는 뜻이다. 볼 수 없다는 것은 질병이 있는 경우를 뜻한다. '불시(不視)'는 받아들이지 않는다는 뜻이다. 반드시 먼저 파종을 한 뒤에야 수확을 할 수 있고, 먼저 1년 된 밭을 만들어야만 2년 된 밭을 얻을 수 있다는 뜻이다. 어찌 시행한 일이 없는데도 이로움을 취할 수 있는가? 밭의 경우 1년이 경과하면 치(菑)라고 부르고, 2년이 경과하면 여(畬)라고 부르며, 3년이 경과하면 신전(新田)이라고 부른다. '행(行)'자는 일[事]을 뜻하니, 자신의 녹봉을 얻는 데에만 힘쓰고, 자신이 맡은 일에는 힘쓰지 않는다는 뜻이다.

釋文 贄音至. 見, 賢遍反. 好, 呼報反. 遺, 于季反, 下"遺民"同. 內音納, 又如字. 穫, 戶郭反. 菑, 側其反. 畬音餘. 行, 下孟反, 注同.

번역 '贄'자의 음은 '至(지)'이다. '見'자는 '賢(현)'자와 '遍(편)'자의 반절음이다. '好'자는 '呼(호)'자와 '報(보)'자의 반절음이다. '遺'자는 '于(우)'자와 '季(계)'자의 반절음이며, 아래문장에 나오는 '遺民'에서의 '遺'자도 그 음이 이와 같다. '內'자의 음은 '納(납)'이며, 또한 글자대로 읽기도 한다. '穫'자는 '戶(호)'자와 '郭(곽)'자의 반절음이다. '菑'자는 '側(측)'자와 '其(기)'자의 반절음이다. '畬'자의 음은 '餘(여)'이다. '行'자는 '下(하)'자와 '孟(맹)'자의 반절음이며, 정현의 주에 나오는 글자도 그 음이 이와 같다.

孔疏 ●"子云"至"賤行". ○正義曰: 此一節明坊民使輕財重禮・貴行賤祿之事.

번역 ●經文: "子云"~"賤行". ○이곳 문단은 백성들을 방지하여 재물을 경시하고 예를 중시하도록 만들고, 또 실천을 귀하게 여기고 녹봉을 천하게 여기도록 하는 사안을 나타내고 있다.

孔疏 ●"禮之先幣帛也", 謂相見之禮先於幣帛, 言先行相見之禮, 乃後用幣帛.

번역 ●經文: "禮之先幣帛也". ○서로 만나보는 예는 폐백보다 먼저 한다는 뜻이니, 우선적으로 서로 만나보는 의례 절차를 시행하고, 그 이후에야 폐백을 전달한다는 의미이다.

孔疏 ●"欲民之先事而後祿也"者, 先相見是"先事", 而後幣帛是"後祿"也.

번역 ●經文: "欲民之先事而後祿也". ○우선적으로 만나보는 것이 "일을 먼저 한다."는 뜻이며, 이후에 폐백을 전달하는 것이 "녹봉을 뒤로 한다."는 뜻이다.

孔疏 ●"先財而後禮則民利"者, 利, 貪也. 若先用財而後行禮, 民則化之貪於財也.

번역 ●經文: "先財而後禮則民利". ○'이(利)'자는 "탐하다[貪]."는 뜻이다. 만약 먼저 재물을 사용하고 이후에 예를 시행한다면, 백성들은 그에 동화되어 재물을 탐하게 된다.

孔疏 ●"無辭而行情則民爭"者, 辭謂辭讓, 言與人相見, 無辭讓之禮, 直行己情, 則有利欲, 故民爲爭.

번역 ●經文: "無辭而行情則民爭". ○'사(辭)'자는 사양한다는 뜻이니, 남과 서로 만나볼 때 사양하는 예가 없이 자신의 감정대로만 시행한다면, 이로움을 추구하는 마음과 욕심이 발생하기 때문에 백성들이 다투게 된다는 뜻이다.

孔疏 ●"故君子於有饋者弗能見, 則不視其饋"者, 饋, 遺也; 視, 納也. 言君子之人, 於有他人饋遺己者, 己若疾病不能見其所饋之人, 則不納其所饋之物也.

번역 ●經文: "故君子於有饋者弗能見, 則不視其饋". ○'궤(饋)'자는 "보내다[遺]."는 뜻이며, '시(視)'자는 "받아들이다[納]."는 뜻이다. 군자는 남이 자신에게 보내온 예물에 대해서, 자신에게 만약 질병 등이 발생하여 예물을 보내온 자를 볼 수 없었다면, 그가 보내온 예물을 받아들이지 않는다는 뜻이다.

孔疏 ●"易曰: 不耕穫, 不菑畬, 凶", 此易·无妄六二爻辭. 无妄, 震下乾上. 六二既在震卦, 居中得位, 宜合仕者, 謂合事九五, 被六三所隔, 不得往仕, 是道之不行; 雖食其祿, 猶不耕穫刈, 不菑畬田, 無功得物, 是其凶. 引之者, 證貪財之事.

번역 ●經文: "易曰: 不耕穫, 不菑畬, 凶". ○이것은 『역』「무망괘(无妄卦)」 육이의 효사이다. 무망괘(无妄卦☰)는 진괘(震卦☳)가 아래에 있고 건괘(乾卦☰)가 위에 있다. 육이는 이미 진괘에 있고, 가운데 자리에 있으며 제자리를 얻었으니, 마땅히 벼슬하는데 합치된다. 즉 구오를 섬기는 것이 마땅한데 육삼에게 가로막혀서 구오에게 찾아가서 벼슬을 할 수 없으니, 이것은 도를 시행하지 못함을 뜻한다. 비록 그가 주는 녹봉을 받더라도 여전히 경작을 하지 않고 수확하는 것과 같으며, 1년이 된 밭을 만들지 않고서 2년이 된 밭을 얻는 것과 같다. 즉 공적이 없는데도 사물을 얻는 것이니, 이러한 까닭으로 흉하게 된다. 이 문장을 인용한 것은 재물을 탐하는 사안을 증명하기 위해서이다.

孔疏 ◎注"田一"至"新田". ○正義曰: 按爾雅·釋地云"田一歲曰菑", 孫炎云"始菑殺其草木". "二歲曰新田", 孫炎云"新成柔田也". "三歲曰畬", 孫炎云"畬, 舒緩". 周頌傳亦云"三歲曰畬". 此云"三歲曰新田"者, 誤也.

번역 ◎鄭注: "田一"~"新田". ○『이아』「석지(釋地)」편을 살펴보면, "밭은 1년이 경과하면 치(菑)라고 부른다."라고 했고, 손염3)은 "처음 치(菑)를 만들 때에는 풀과 나무를 벤다."라고 했다. 그리고 "2년이 경과하면 신전(新田)이라고 부른다."라고 했고, 손염은 "새롭게 토질이 부드러운 밭을 만들었다는 뜻이다."라고 했다. 그리고 "3년이 경과하면 여(畬)라고 부른다."라고 했고, 손염은 "여(畬)자는 무난하고 여유롭다는 뜻이다."라고 했다.4) 『시』「주송(周頌)」편의 전문에서는 또한 "3년 된 밭을 여(畬)라고 부른다."5)라고 했다. 이곳에서 "3년 된 밭을 신전(新田)이라고 부른다."라고 한 것은 잘못된 기록이다.

訓纂 王氏引之曰: 說文, "畬, 二歲治田也." 虞注无妄亦曰, "田在初, 一歲曰菑; 在二, 二歲曰畬." 叔重·仲翔說竝與此注同, 則此注必別有所本, 非誤記爾雅也.

번역 왕인지가 말하길, 『설문』에서는 "여(畬)는 2년 동안 다듬은 밭이다."라고 했고, 무망괘(无妄卦)에 대한 우씨의 주에서는 "밭이 초효에 있다면 1년이 경과한 것으로 치(菑)라고 부른다. 이효에 있다면 2년이 경과한 것이므로 여(畬)라고 부른다."라고 했다. 숙중과 중상의 설명도 모두 이곳의 주석과 동일하니, 이곳 주석은 분명 별도로 근거로 삼은 기록이 있었을 것이며, 『이아』의 문장을 잘못 기록한 것이 아니다.

訓纂 陸農師曰: 弗能見, 非特有疾而已, 若陽貨歸孔子豚, 弗見, 孟子由鄒之任見季子, 由平陸之齊不見儲子, 是也.

---

3) 손염(孫炎, ?~?): 삼국시대(三國時代) 때의 학자이다. 자(字)는 숙연(叔然)이다. 정현의 문도였으며, 『이아음의(爾雅音義)』를 저술하여 반절음을 유행시켰다.
4) 『이아』「석지(釋地)」: 田一歲曰菑, 二歲曰新田, 三歲曰畬.
5) 이 문장은 『시』「주송(周頌)·신공(臣工)」편의 "嗟嗟保介, 維莫之春, 亦又何求, 如何新畬."라는 기록에 대한 전문이다.

번역 육농사가 말하길, 보지 못했다는 것은 단지 질병이 있는 경우만을 뜻하는 것이 아니며, 마치 양화(陽貨)가 공자에게 돼지를 보내왔을 때 보지 않았던 것6)이나 맹자가 추(鄒)로부터 임(任)으로 가서 계자(季子)를 만나보았으나 평륙(平陸)으로부터 제(齊)나라에 가서는 저자(儲子)를 만나보지 않았던 것7)이 이러한 경우이다.

集解 愚謂: 禮之先幣帛, 若聘禮先執圭以聘, 而後用束帛加璧以享也. 辭, 賓主相接之辭. 表記曰"無辭不相接也, 無禮不相見也", 是也. 行情, 謂用幣帛以致其情也. 賓主相接, 先有辭以相通, 然後執贄以相見; 旣相見, 然後用幣帛以致其情. 先財而後禮, 無辭而行情, 則是不務行禮, 而唯以貨財爲尙, 故民化之, 而有貪利爭奪之心也. 君子於有饋者不能見, 則不視其饋者, 爲其不能行禮, 而徒取財也. 易無妄六二爻辭云"不耕穫, 不菑畬, 則利有攸往", 無凶字, 此蓋衍文也. 爾雅曰, "田一歲曰菑, 二歲曰新田, 三歲曰畬." 菑, 謂始墾之而菑殺其草木也. 畬, 謂旣耕之而其土舒緩也. 引易言不耕則不得穫, 不菑則不得畬, 以喩爲其事而後獲其利, 先事而後祿之意也.

번역 내가 생각하기에, '예지선폐백(禮之先幣帛)'이라는 말은 마치 빙례(聘禮)를 시행할 때 먼저 규(圭)를 들고서 빙문을 하고, 이후에 속백(束帛)8)에 벽(璧)을 올려서 바친다는 뜻이다. '사(辭)'자는 빈객과 주인이 서로 교

---

6) 『논어』「양화(陽貨)」: 陽貨欲見孔子, 孔子不見, 歸孔子豚. 孔子時其亡也, 而往拜之. 遇諸塗. 謂孔子曰, "來! 予與爾言." 曰, "懷其寶而迷其邦, 可謂仁乎?" 曰, "不可." "好從事而亟失時, 可謂知乎?" 曰, "不可." "日月逝矣, 歲不我與." 孔子曰, "諾, 吾將仕矣."

7) 『맹자』「고자하(告子下)」: 他日, 由鄒之任, 見季子, 由平陸之齊, 不見儲子. 屋廬子喜曰, "連得間矣."

8) 속백(束帛)은 한 묶음의 비단으로, 그 수량은 다섯 필(匹)이 된다. 빙문(聘問)을 하거나 증여를 할 때 가져가는 예물(禮物) 등으로 사용되었다. '속(束)'은 10단(端)을 뜻하는데, 1단의 길이는 1장(丈) 8척(尺)이 되며, 2단이 합쳐서 1권(卷)이 되므로, 10단은 총 5필이 된다. 『주례』「춘관(春官)·대종백(大宗伯)」편에는 "孤執皮帛."이라는 기록이 있고, 이에 대한 가공언(賈公彦)의 소(疏)에서는 "束者十端, 每端丈八尺, 皆兩端合卷, 總爲五匹, 故云束帛也."라고 풀이했다.

류하며 하는 말이다. 『예기』「표기(表記)」편에서 "전하는 말이 없으면 서로 교류하지 않고, 예가 없으면 서로 만나보지 않는다."9)라고 한 말이 이러한 뜻을 나타낸다. '행정(行情)'은 폐백을 이용해서 정감을 전달한다는 뜻이다. 빈객과 주인이 서로 교류할 때에는 먼저 말을 하여 서로 소통하고, 그런 뒤에 예물을 들고서 서로 만나보게 되며, 이미 서로 만나보았다면, 그런 뒤에는 폐백을 사용하여 정감을 전달한다. 재물을 앞세우고 예를 뒤에 하며, 말이 없고서 정감만을 전달한다면, 이것은 예를 시행하는데 힘쓰지 않고 오직 재물만 숭상하는 것이다. 그렇기 때문에 백성들이 그에 동화되어 이로움을 탐하고 다투며 빼앗는 마음을 갖게 된다. 군자는 예물을 보내온 자가 있는데 직접 보지 못했다면, 그 예물을 받아들이지 않는데, 이것은 예를 시행할 수 없었는데, 단지 재물만을 취하는 것이 되기 때문이다. 『역』「무망괘(无妄卦)」 육이의 효사에서는 "경작을 하지 않았는데도 수확을 하고, 1년이 경과된 밭을 만들지 않았는데도 3년이 경과된 밭이 되니, 가는 것이 이롭다."라고 하여, 흉(凶)자가 없으니, 이것은 아마도 연문으로 들어간 글자인 것 같다. 『이아』에서는 "밭은 1년이 경과하면 치(菑)라고 부르고, 2년이 경과하면 신전(新田)이라고 부르며, 3년이 경과하면 여(畬)라고 부른다."라고 했다. '치(菑)'는 처음 개간을 하여 풀과 나무를 벤다는 뜻이다. '여(畬)'자는 이미 경작을 하여 그 땅이 무난하게 된 것을 뜻한다. 『역』의 문장을 인용했는데, 이것은 경작을 하지 않았다면 수확을 못하고, 1년이 경과된 밭을 만들지 않았다면 3년이 경과된 밭을 얻지 못한다는 뜻으로, 이를 통해 그 일을 시행한 뒤에야 이로움을 얻게 됨을 비유한 것이니, 먼저 일을 하고 이후에 녹봉을 받는다는 의미이다.

---

9) 『예기』「표기(表記)」【624a】: 子曰, "無辭不相接也, 無禮不相見也, 欲民之毋相褻也. 易曰, "初筮告. 再三瀆, 瀆則不告."

참고 『역』「무망괘(无妄卦)·육이(六二)」

爻辭 六二, 不耕穫, 不菑畬, 則利有攸往.

번역 육이는 밭을 경작하지 않고서도 수확하고 1년 된 밭을 만들지 않고서도 3년 된 밭이 되니, 가는 것이 이롭다.

王注 不耕而獲, 不菑而畬, 代終已成而不造也. 不擅其美, 乃盡臣道, 故利有攸往.

번역 밭을 경작하지 않았는데도 수확을 하고 1년 된 밭을 만들지 않았는데도 3년 된 밭이 되는 것은 군주를 대신하여 마무리를 짓는 것이 이미 완성되어 새롭게 만들지 않는 것이다. 그 미덕을 제멋대로 사용하지 않는 것은 곧 신하의 도를 다하는 것이다. 그렇기 때문에 가는 것이 이롭다.

孔疏 ●"象曰"至"利有攸往". ○正義曰: "不耕穫不菑畬"者, 六二處中得位, 盡於臣道, 不敢創首, 唯守其終, 猶若田農不敢發首而耕, 唯在後種刈而已. 不敢菑發新田, 唯治其菑熟之地, 皆是不爲其始而成其末, 猶若爲臣之道, 不爲事始而代君有終也. 則"利有攸往"者, 爲臣如此, 則利有攸往, 若不如此, 則往而無利也.

번역 ●經文: "象曰"~"利有攸往". ○"밭을 경작하지 않고서도 수확하고 1년 된 밭을 만들지 않고서도 3년 된 밭이 된다."라고 했는데, 육이는 가운데에 있으며 제자리를 얻었으니, 신하의 도를 다하여 감히 드러내고 뽐내지 않으며, 오직 그 끝을 고수한다. 이것은 마치 농부가 감히 서두를 열며 경작을 하지 않고 오직 이후에 수확만 하게 됨과 같다. 또 감히 1년 된 밭을 2년 된 밭으로 만들지 않고 오직 1년 된 밭이 무르익도록 다스리는 것과 같다. 이 모두는 시작이 되지 않으면서도 끝을 완성하는 것이니, 마치 신하의 도리에서 시작을 일삼지 않고 군주를 대신하여 마무리를 짓는 것과 같다. 따라서 "가는 것이 이롭다."라고 한 말은 신하가 되어 이처럼 한다면 가는 것이 이롭지만, 이처럼 하지 않는다면 가더라도 이로움이 없다는 뜻이다.

程傳 凡理之所然者, 非妄也, 人所欲爲者, 乃妄也, 故以耕穫菑畬譬之. 六二居中得正, 又應五之中正, 居動體而柔順, 爲動能順乎中正, 乃无妄者也, 故極言无妄之義. 耕, 農之始, 穫, 其成終也. 田一歲曰菑, 三歲曰畬. 不耕而穫, 不菑而畬, 謂不首造其事, 因其事理所當然也. 首造其事, 則是人心所作爲, 乃妄也, 因事之當然, 則是順理應物, 非妄也, 穫與畬是也. 蓋耕則必有穫, 菑則必有畬, 是事理之固然, 非心意之所造作也. 如是則爲无妄, 不妄則所往利而无害也. 或曰, 聖人制作, 以利天下者, 皆造端也, 豈非妄乎? 曰, 聖人隨時制作, 合乎風氣之宜, 未嘗先時而開之也. 若不待時, 則一聖人足以盡爲矣, 豈待累聖繼作也? 時乃事之端, 聖人隨時而爲也.

번역 이치상 당연한 것은 망령된 것이 아니며, 사람이 하고자 하는 것은 망령된 것이다. 그렇기 때문에 경작과 수확, 1년 된 밭과 3년 된 밭으로 비유를 하였다. 육이는 가운데 자리에 있고 바름을 얻었으며 또한 중정한 오효와 호응을 하고, 움직이는 몸체에 있으면서도 유순하니, 움직임에 있어서도 중정함에 순응할 수 있으므로, 망령됨이 없는 자이다. 그렇기 때문에 무망(无妄)의 뜻을 지극히 말한 것이다. 경작을 하는 것은 농사의 시작이며, 수확은 마무리를 이루는 것이다. 밭은 1년이 경과하면 '치(菑)'라고 부르고, 3년이 경과하면 '여(畬)'라고 부른다. 경작을 하지 않고도 수확을 하고, 1년 된 밭을 만들지 않고도 3년 된 밭이 된다는 말은 앞장서서 그 일을 만들지 않고, 사리의 당연함에 따른다는 뜻이다. 앞장서서 그 일을 만든다면 사람의 욕심에 따라 지어낸 것으로 망령됨이 되지만, 사리의 당연함에 따른다면 이치에 순응하고 사물에 호응하는 것으로 망령됨이 아니다. 수확을 하고 3년 된 밭이라는 것이 여기에 해당한다. 경작을 하면 반드시 수확을 하게 되고, 1년 된 밭을 만들게 되면 반드시 3년 된 밭이 되는 것은 바로 사리의 당연함이며, 마음과 뜻이 만들어낸 것이 아니다. 이처럼 한다면 무망의 뜻이 되는데, 망령되지 않다면 가는 바에 해로울 것이 없다. 혹자는 "성인이 제작하여 천하를 이롭게 하는 것은 모두 단서를 만드는 일인데 어찌 망령 됨이 아니겠는가?"라고 했다. 대답하길 "성인은 때에 맞게 제작하여 풍속 과 기운의 마땅함에 합치되도록 했으며, 일찍이 시기보다 앞서서 열어놓지 않았다. 만약 시기를 기다리지 않는다면 한 명의 성인이 모두 만들기에 충 분했을 것인데, 어떻게 여러 성인들이 뒤이어 나타나기를 기다렸겠는가? 때는 일의 단서이니, 성인은 그 시기에 맞게 했던 것일 뿐이다."라고 했다.

本義 柔順中正, 因時順理而无私意期望之心, 故有不耕穫不菑畬之象, 言 其无所爲於前, 无所冀於後也. 占者如是, 則利有所往矣.

번역 유순하고 중정하여 때에 따르고 이치에 순응하여 사사로운 뜻이 나 기대하고 바라는 마음이 없다. 그렇기 때문에 경작이나 수확을 하지 않 으며, 1년 된 밭이나 3년 된 밭을 만들지 않는 상이 있다. 즉 앞에서 시행하 는 것이 없고 뒤에서 기대하는 것도 없다는 뜻이다. 점치는 자가 이와 같다 면 가는 바를 두는 것이 이롭다.

象辭 象曰, "不耕穫", 未富也.

번역 「상전」에서 말하길, "밭을 경작하지 않고서도 수확한다."는 말은 아직 부유하지 않다는 뜻이다.

孔疏 ○正義曰: 釋"不耕而穫"之義. 不敢前耕, 但守後穫者, 未敢以耕, 耕 之與穫, 俱爲己事. 唯爲後穫, 不敢先耕事. 旣闕初, 不擅其美, 故云"未富也."

번역 ○"밭을 경작하지 않았는데도 수확한다."고 한 뜻을 풀이한 말이 다. 감히 앞서서 경작을 하지 않고 단지 이후에 수확할 것만 지키니, 감히 경작을 시행하여 경작하는 것과 수확하는 일을 모두 자신의 일로 여기지 않는 것이다. 단지 이후에 수확만 하게 되고 앞서 경작하는 일을 감히 시행하지 않는다. 이미 그 시작을 생략하고 그 미덕을 제멋대로 사용하지 않았다. 그렇기 때문에 "아직 부유하지 않다는 뜻이다."라고 했다.

程傳 未者, 非必之辭, 臨卦曰未順命, 是也. 不耕而穫, 不菑而畬, 因其事之當然, 旣耕則必有穫, 旣菑則必成畬, 非必以穫畬之富而爲也. 其始耕菑, 乃設心在於求穫畬, 是以其富也, 心有欲而爲者, 則妄也.

번역 '미(未)'자는 기필하지 않는 말이니, 임괘(臨卦)에서 "명령에 순종하려고 해서가 아니다."[10]라고 한 말에 해당한다. 밭을 경작하지 않고서도 수확을 하고, 1년 된 밭을 만들지 않고서도 3년 된 밭이 되는 것은 사리의 당연함에 따르는 것으로, 이미 경작을 했다면 반드시 수확이 생기고, 이미 1년 된 밭을 만들었다면 반드시 3년 된 밭을 이루게 되는 것은 반드시 수확하고 3년 된 밭을 만드는 부유함으로 인해 시행하는 것이 아니다. 처음 밭을 경작하고 1년 된 밭을 만들 때 수확을 하고 3년 된 밭을 이루려는데 마음을 두었다면 이는 부유하게 되고자 해서이다. 따라서 마음에 욕심이 생겨서 하는 것이라면 망령됨이 된다.

本義 富, 如非富天下之富, 言非計其利而爲之也.

번역 '부(富)'자는 "천하를 탐해서가 아니다."[11]라고 할 때의 '부(富)'와 같으니, 이로움을 계산하여 시행한 일이 아니라는 의미이다.

---

10) 『역』「임괘(臨卦)」: 象曰, "咸臨吉无不利", 未順命也.
11) 『맹자』「등문공하(滕文公下)」: 爲其殺是童子而征之, 四海之內皆曰, "非富天下也, 爲匹夫匹婦復讎也." "湯始征, 自葛載," 十一征而無敵於天下.

▶ 그림 20-1   ▣ 오옥(五玉) : 황(璜)·벽(璧)·장(璋)·규(珪)·종(琮)

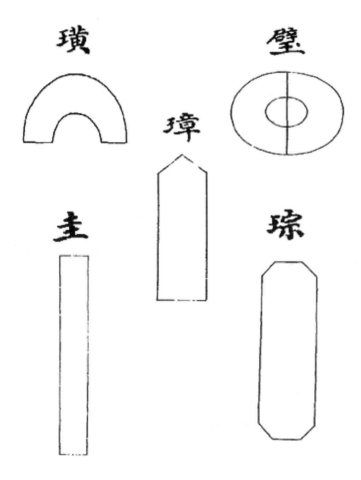

※ **출처:**『주례도설(周禮圖說)』하권

그림 20-2 ▣ 각종 예물: 훈(纁)·현(玄)·황(黃), 고(羔)·안(鴈)·치(雉)

※ 출처: 『삼재도회(三才圖會)』「문사(文史)」 2권

이(利)와 교화

【618d~619a】

子云, “君子不盡利以遺民. 詩云, ‘彼有遺秉, 此有不斂穧, 伊
寡婦之利.’ 故君子仕則不稼, 田則不漁, 食時不力珍, 大夫不
坐羊, 士不坐犬. 詩云, ‘采葑采菲, 無以下體. 德音莫違, 及爾
同死.’ 以此坊民, 民猶忘義而爭利以亡其身.”

직역 子가 云, “君子는 利를 不盡하여 民에게 遺한다. 詩에서 云, ‘彼에는 遺秉
이 有하고, 此에는 不斂한 穧가 有하니, 伊히 寡婦의 利로다.’ 故로 君子는 仕하면
不稼하고, 田하면 不漁하며, 時를 食하며 珍을 不力하고, 大夫는 羊에 不坐하고,
士는 犬에 不坐한다. 詩에서 云, ‘葑을 采하고 菲를 采함은, 下體로써가 無라. 德音
에 違가 莫하니, 爾와 及하여 死를 同하리라.’ 此로써 民을 坊한데, 民은 猶히 義를
忘하고 利를 爭하여 그 身을 亡이라.”

의역 공자가 말하길, “군자는 이로움을 모두 취하지 않음으로써 백성들에게
남겨준다. 『시』에서는 ‘저곳에는 한 움큼의 볏단이 남이 있고, 이곳에는 거둬들이
지 않은 볏단이 쌓여 있으니, 바로 농사를 짓지 못하는 과부의 몫이로다.’라고 했다.
그러므로 군자는 벼슬을 하면 농사를 짓지 않고, 사냥을 하면 물고기를 잡지 않으
며, 사계절마다 때에 맞는 음식을 반찬으로 먹되 맛있는 것을 얻는데 힘쓰지 않고,
대부는 양가죽으로 만든 자리에 앉지 않으며, 사는 개가죽으로 만든 자리에 앉지
않는다. 『시』에서는 ‘순무를 따고 비를 따는 것은 뿌리 때문이 아니로다. 덕을 칭송
하는 소리가 멀리 퍼져 어기는 자가 없으니, 너와 생을 함께 하리라.’라고 했다.
이를 통해 백성들의 잘못을 방지했는데도, 백성 중에는 오히려 의로움을 잊고 이로
움을 다투어 자신을 망치는 자가 있다.”라고 했다.

集說 詩, 小雅大田之篇. 秉, 禾之束爲把者. 穧鋪而未束者, 言彼處有遺餘之秉把, 此處有不收斂之鋪穧, 寡婦之不能耕者, 取之以爲利耳. 伊, 語辭, 與今詩文顚倒不同. 仕則不稼, 祿足以代耕也; 田則不漁, 有禽獸不可再取魚鱉也. 食時, 食四時之膳也. 不力珍, 不更用力務求珍羞也. 坐羊·坐犬, 殺食而坐其皮也, 皆言不盡利之道. 詩, 邶[1]風谷風之篇. 葑, 蔓菁菜也. 菲, 亦菜名. 詩之意與此所引之意不同, 詩意謂如葑菲當食之菜, 不可以其近地黃腐之莖葉, 遂棄其上而不采, 猶夫婦之間, 亦不當以小過而棄其善. 此引以爲不盡利之喩者, 謂采葑·菲者, 但當采取其葉, 不可以其根本之美而幷取之, 如此則人君盛德之聲遠播, 無有違之者, 而人皆知親其上死其長矣, 詩則以及爾同死爲偕老也.

번역 앞의 시는 『시』「소아(小雅)·대전(大田)」편이다.[2] '병(秉)'자는 벼의 묶음을 손으로 움켜잡는다는 뜻이다. 볏단을 포개되 묶어두지 않는 것이 있으니, 즉 저곳에는 손으로 움켜잡을 수 있는 볏단의 묶음이 있고, 이곳에는 거둬들이지 않는 볏단이 쌓여 있는 것은 과부 중 경작을 못하는 자가 그것을 가져다가 생계를 꾸리게 한다는 뜻이다. '이(伊)'자는 어조사이니, 현재의 『시』에서는 그 문장이 뒤집혀 있어서 순서가 동일하지 않다. 벼슬살이를 하면 경작을 하지 않는 것은 녹봉으로도 충분히 경작하는 것을 대체할 수 있기 때문이며, 사냥을 하면 물고기를 잡지 않는 것은 짐승을 포획하면 재차 물고기나 자라 등까지 취할 수 없기 때문이다. '식시(食時)'는 사계절마다 나는 음식으로 반찬을 해서 먹는다는 뜻이다. '불력진(不力珍)'은 재차 힘써 노력하여 맛있는 음식을 구하지 않는다는 뜻이다. 양가죽에 앉지 않고 개가죽에 앉지 않는다는 것은 그 동물을 죽여서 고기를 먹고 그 가죽으로 짠 자리에 앉지 않는다는 뜻이니, 이 모두는 이로움을 모두 취하지 않는 도리를 설명하는 말이다. 뒤의 시는 『시』「패풍(邶風)·곡풍

---

1) '패(邶)'자에 대하여. '패'자는 본래 '위(衛)'자로 기록되어 있었는데, 『시』의 편명에 근거하여 글자를 수정하였다.
2) 『시』「소아(小雅)·대전(大田)」: 有渰萋萋, 興雨祈祈. 雨我公田, 遂及我私. 彼有不穫稚, <u>此有不斂穧, 彼有遺秉</u>, 此有滯穗, <u>伊寡婦之利</u>.

(谷風)」편이다.3) '봉(葑)'자는 순무라는 채소이다. '비(菲)'자 또한 채소의 이름이다. 『시』의 본래 뜻은 이곳에서 인용한 의미와는 다른데, 『시』의 본래 의미는 순무나 비와 같은 것들은 먹기에 적합한 채소인데, 인근에서 캔 것 중 그 줄기와 잎이 썩었다고 하여 그 위를 버리고 뿌리까지도 채취하지 않아서는 안 된다는 뜻으로, 부부 사이에서도 작은 과실 때문에 그의 좋은 점을 내버려서는 안 된다는 것과 같다. 이곳에서 이 시를 인용한 의미는 이로움을 다하지 않는다는 비유로 삼은 것이니, 순무나 비를 채취할 때에는 단지 그 잎을 따야만 하며, 뿌리가 맛있다고 하여 모두 캐서는 안 된다는 뜻으로, 이처럼 한다면 군주의 융성한 덕에 대해서 그 소문이 널리 퍼져 위배하는 자가 없게 되고, 사람들은 모두 위정자를 친애하게 되며 연장자를 위해서 목숨을 던져야 함을 알게 된다는 의미이다. 그런데 『시』에서는 "너와 죽음을 함께 한다."는 말을 함께 늙어가는 뜻으로 여겼다.

大全 嚴陵方氏曰: 君子之於利, 非不取也, 不盡之而已. 若九一以治野外, 什一以治國中; 周官朝士, 凡得獲貨賄·人民·六畜者, 委之于朝, 告于士, 旬而擧之, 大者公之, 小者庶民私之; 澤虞言頒其餘于萬民, 皆此意. 自仕則不稼而下, 亦皆不盡利之事也.

번역 엄릉방씨가 말하길, 군자는 이로움에 대해서 취하지 않는 것은 아니지만, 모두 다하지는 않을 따름이다. 마치 9분의 1만큼 세금을 거둬서 교외를 다스리고, 10분의 1만큼을 거둬서 국성 안을 다스리며,4) 『주례』「조사(朝士)」편에서는 획득한 재화와 노예 및 육축(六畜)5)에 대해서는 관청에

---

3) 『시』「패풍(邶風)·곡풍(谷風)」: 習習谷風, 以陰以雨. 黽勉同心, 不宜有怒. 采葑采菲, 無以下體. 德音莫違, 及爾同死.
4) 『맹자』「등문공상(滕文公上)」: 請野九一而助, 國中什一使自賦. 卿以下必有圭田, 圭田五十畝, 餘夫二十五畝.
5) 육축(六畜)은 여섯 종류의 가축을 뜻한다. 말[馬], 소[牛], 양(羊), 닭[雞], 개[犬], 돼지[豕]를 가리킨다. 『춘추좌씨전』「소공(昭公) 25년」편에는 "爲六畜·五牲·三犧, 以奉五味."라는 기록이 있고, 이에 대한 두예(杜預)의 주에서는 "馬·牛·羊·雞·犬·豕."라고 풀이했다.

맡기고 관리에게 알리며, 10일이 지난 뒤에 그것을 가져다가 큰 것은 공가 (公家)의 소유로 삼고, 작은 것은 서민들이 사적으로 소유한다고 했으며,[6] 『주례』「택우(澤虞)」편에서는 그 나머지 것들을 백성들에게 나눠준다고 했 는데,[7] 이것들은 모두 이곳의 의미를 나타낸다. "벼슬을 하면 농사를 짓지 않는다."라고 한 구문으로부터 그 이하의 내용 또한 모두 이로움을 모두 취하지 않는다는 사안에 해당한다.

大全 石林葉氏曰: 仕則不稼者, 不盡利以遺民也. 食時不力珍者, 盡仁以 愛物也.

번역 석림섭씨가 말하길, 벼슬을 하면 농사를 짓지 않는 것은 이로움을 모두 취하지 않음으로써 백성들에게 남겨주는 것이다. 사계절마다의 음식 을 먹되 맛있는 것을 얻기 위해 노력하지 않는 것은 인(仁)을 다하여 만물 을 사랑하는 것이다.

鄭注 不與民爭利也. 言穫者之遺餘, 捃拾所以爲利. 食時, 謂食四時之膳 也. 力, 猶務也. 天子·諸侯有秩膳. 古者殺牲食其肉, 坐其皮. 不坐犬羊, 是不 無故殺之. 葑, 蔓菁也, 陳·朱之間謂之"葑". 菲, 䒰類也. 下體, 謂其根也. 采 葑菲之菜者, 采其葉而可食, 無以其根美則幷取之, 苦則棄之. 幷取之, 是盡利 也. 此詩故親·今疏者, 言人之交, 當如采葑采菲, 取一善而已. 君子不求備於 一人, 能如此, 則德美之音不離令名, 我願與女同死矣. 論語曰: "故舊無大故, 則不棄也."

번역 백성들과 이로움을 다투지 않기 때문이다. 수확하고 남은 것들을 주워 모아서 자신의 생계로 삼는 것을 뜻한다. '식시(食時)'는 사계절마다 생산되는 것으로 음식을 만들어서 먹는다는 뜻이다. '역(力)'자는 "힘쓰다

---

6) 『주례』「추관(秋官)·조사(朝士)」: 凡得獲貨賄·人民·六畜者, 委于朝, 告于
   士, 旬而擧之, 大者公之, 小者庶民私之.
7) 『주례』「지관(地官)·택우(澤虞)」: 澤虞, 掌國澤之政令, 爲之厲禁. 使其地之
   人守其財物, 以時入之于玉府, <u>頒其餘于萬民</u>.

[務].”는 뜻이다. 천자와 제후에게는 항상 차려지는 정갈하고 맛있는 음식
들이 있다. 고대에는 짐승을 도축하여 그 고기를 먹고 그 가죽을 자리로
짜서 앉았다. 개나 양가죽으로 만든 자리에 앉지 않는 것은 아무런 이유도
없이 가죽을 잡지 않는다는 뜻이다. '봉(葑)'자는 순무인데, 진(陳)과 주(朱)
지역에서는 봉(葑)이라고 불렀다. '비(菲)'는 무[蒠]의 부류이다. '하체(下
體)'는 그 채소의 뿌리를 뜻한다. 순무와 무를 채취하는 자는 그 잎을 취하
여 먹을 수 있지만, 그 뿌리가 맛있다고 하여 모두 캐거나 쓰다고 하여 모두
버리지 않으니, 모두 캔다면 이것은 이로움을 모두 다하는 것이다. 이 시는
예전에는 친했지만 지금은 소원해진 관계를 말한 것인데, 사람이 교류할
때에는 마땅히 순무나 무를 따는 것처럼 하여, 선한 측면만을 취할 따름이
라는 뜻이다. 군자는 한 사람에게 완비되기를 구하지 않는데, 이처럼 할
수 있다면 아름다운 덕의 소리가 훌륭한 명성에서 떠나지 않아, 내가 너와
죽을 때까지 함께 하고자 원하게 된다. 『논어』에서는 "옛 친우에게 큰 잘못
이 없다면 버리지 않는다."8)라고 했다.

釋文 穧, 子賜反, 又才計反. 捃, 君運反. 拾音十. 葑, 芳容反. 菲, 芳尾反.
蔓音萬, 徐音蠻. 菁音精, 又子丁反. 蒠音富, 又音福. 幷, 必政反, 又如字, 下
同. 離, 力智反. 女音汝.

번역 '穧'자는 '子(자)'자와 '賜(사)'자의 반절음이며, 또한 '才(재)'자와
'計(계)'자의 반절음도 된다. '捃'자는 '君(군)'자와 '運(운)'자의 반절음이다.
'拾'자의 음은 '十(십)'이다. '葑'자는 '芳(방)'자와 '容(용)'자의 반절음이다.
'菲'자는 '芳(방)'자와 '尾(미)'자의 반절음이다. '蔓'자의 음은 '萬(만)'이며,
서음(徐音)은 '蠻(만)'이다. '菁'자의 음은 '精(정)'이며, 또한 '子(자)'자와 '丁
(정)'자의 반절음도 된다. '蒠'자의 음은 '富(부)'이고, 또한 그 음은 '福(복)'
도 된다. '幷'자는 '必(필)'자와 '政(정)'자의 반절음이며, 또한 글자대로 읽기
도 하고, 아래문장에 나오는 글자도 이와 같다. '離'자는 '力(력)'자와 '智

---

8) 『논어』「미자(微子)」: 周公謂魯公曰, "君子不施其親, 不使大臣怨乎不以. <u>故舊
無大故, 則不棄也</u>. 無求備於一人!"

(지)'자의 반절음이다. '女'자의 음은 '汝(여)'이다.

孔疏 ●"子云"至"其身". ○正義曰: 此一節明貴義輕利以坊民之事也.

번역 ●經文: "子云"~"其身". ○이곳 문단은 의로움을 귀하게 여기고 이로움을 경시하여 백성들이 잘못을 저지르지 않도록 방지하는 사안을 나타내고 있다.

孔疏 ●"不盡利以遺民"者, 言君子不盡竭其利, 當以餘利遺與民也.

번역 ●經文: "不盡利以遺民". ○군자는 이로움을 모두 추구하지 않으니, 마땅히 이로움을 남겨서 백성들에게 주어야 한다는 뜻이다.

孔疏 ●"詩云: 彼有遺秉, 此有不斂穧, 伊寡婦之利"者, 此詩・小雅・大田之篇, 刺幽王之詩. 言幽王無道, 矜寡不能自存, 故陳明王之時, 陰陽和調, 年歲豐稔, 田稼旣多, 穫刈促遽, 彼處有遺秉把, 此處有不斂之穧束, 與寡婦捃拾以爲利. 引之者, 證以利遺民者也.

번역 ●經文: "詩云: 彼有遺秉, 此有不斂穧, 伊寡婦之利". ○이 시는『시』「소아(小雅)・대전(大田)」편으로 유왕(幽王)을 풍자한 시이다. 유왕은 도가 없어서 홀아비나 과부가 스스로 생존할 수 없었다. 그렇기 때문에 성군이 통치하던 시기에는 음양이 조화를 이루어 그 해의 곡식은 풍년이 들고 잘 여물었으며, 농사를 지은 것이 이미 많아서, 벼를 베며 수확을 함에 다급히 했으니, 저곳에는 움켜 쥘 수 있는 볏단이 남아 있고, 이곳에는 거둬들이지 않은 볏단이 쌓여 있어서, 과부들이 그것들을 주워서 생계를 꾸릴 수 있었다고 진술한 것이다. 이 시를 인용한 것은 이로움을 백성들에게 나눠주어야 함을 증명하기 위한 것이다.

孔疏 ●"食時不力珍"者, 力, 務也. 言人君食四時之膳, 不更用力務求珍羞.

번역 ●經文: "食時不力珍". ○'역(力)'자는 "힘쓰다[務]."는 뜻이다. 군주는 사계절마다 생산되는 것으로 음식을 만들어서 먹으며, 재차 힘써서 맛있는 음식을 구하지 않는다는 뜻이다.

孔疏 ●"大夫不坐羊, 士不坐犬"者, 言大夫無故不得殺羊坐其皮, 士無故不得殺犬坐其皮, 皆謂不貪其利以厚己也.

번역 ●經文: "大夫不坐羊, 士不坐犬". ○대부는 아무런 이유도 없이 양을 도축하여 그 가죽으로 자리를 만들어 앉지 않고, 사는 아무런 이유도 없이 개를 도축하여 그 가죽으로 자리를 만들어 앉지 않는다는 뜻으로, 이것들은 모두 그 이로움을 탐하지 않음으로써 자신을 두텁게 함을 의미이다.

孔疏 ●"詩云: 采葑采菲, 無以下體"者, 此詩·邶風·谷風之篇, 婦人怨夫棄己, 故以此言恨之. 言采其葑菲之菜, 無以下體根莖之惡并棄其葉. 言取妻之時, 無以花落色衰并棄其夫婦之禮.

번역 ●經文: "詩云: 采葑采菲, 無以下體". ○이 시는 『시』「패풍(邶風)·곡풍(谷風)」편으로, 부인이 자신을 버린 남편을 원망하는 시이다. 그렇기 때문에 이러한 말로 한탄을 했다. 순무나 무라는 채소를 채취할 때에는 뿌리나 줄기가 나쁘다고 하여 그 잎마저 모두 버려서는 안 된다는 의미이다. 즉 부인을 들일 때 나이가 들어 미모가 떨어진다고 하여, 부부의 예까지 모두 버려서는 안 된다는 뜻이다.

孔疏 ●"德音莫違, 及爾同死"者, 如此則道德音聲無相乖違, 則可與汝同至於死. 詩之文義, 其理如此. 今此記者引詩斷章爲義, 凡有二意: 一則云采此葑菲之菜, 但采其葉, 無得并采其下體之根莖, 言根莖雖美, 不可并取, 則是不盡取其利, 當遺與於下. 二則云采其葑菲之菜, 無以下體之惡并棄其葉, 據下體有苦惡之時, 言交友之道, 無以一處之惡并棄其遺事之善. 如此則德音莫違, 與汝同至於死. 作記者據其根善, 則無得并取其根, 無盡利也; 據其根惡, 則無得幷棄其葉, 不求備也.

번역 ●經文: "德音莫違, 及爾同死". ○이와 같이 한다면 도덕에 대한 소문이 퍼져서 서로 어긋나는 일이 없으니, 너와 더불어서 죽을 때까지 함께 할 수 있다. 『시』의 본래 의미는 그 이치가 이와 같다는 뜻이다. 현재 이곳 『예기』의 기록에서 『시』를 인용한 것은 단장취의를 한 것인데, 무릇 두 가지 의미가 포함되어 있다. 하나는 순무나 무라는 채소를 채취할 때에는 단지 그 잎만을 채취하며 밑에 있는 뿌리와 줄기까지 모두 채취할 수 없다는 뜻이다. 즉 뿌리와 줄기가 비록 맛있더라도 모두 채취할 수 없다는 의미로, 이것은 그 이로움을 모두 취하지 않고, 마땅히 백성들에게 남겨주어야 한다는 뜻이다. 다른 하나는 순무와 무라는 채소를 채취할 때에는 밑에 있는 부분이 나쁘다고 하여 잎까지 모두 버려서는 안 된다는 뜻으로, 밑에 있는 부분은 쓰고 맛이 좋지 않을 때가 있다는 사실에 기준을 둔 해석이다. 이것은 친우와 사귀는 도에서는 한 부분이 나쁘다고 하여 그가 남긴 좋은 일마저도 모두 버려서는 안 된다는 의미이다. 이처럼 한다면 그의 덕에 대한 소문이 퍼져서 어기지 않게 되니, 너와 함께 죽을 때까지 함께 할 수 있다는 뜻이다. 『예기』를 기록한 자가 뿌리가 좋다는 것에 근거를 했다면, 뿌리까지도 모두 채취해서는 안 된다는 것은 이로움을 모두 취하지 않는다는 뜻으로 여긴 것이며, 뿌리가 좋지 않다는 것에 근거를 했다면, 잎까지도 모두 버려서는 안 되니, 한 사람에게 완전히 갖추는 것을 바라지 않는다는 뜻으로 여긴 것이다.

孔疏 ◎注云"葑蔓"至"棄也". ○正義曰: 按詩傳云: "葑, 須也." 爾雅·釋草云: "須, 葑蓯." 陸機云: "又謂之蓯, 吳人謂葑蓯'蔓菁', 幽州人或謂之芥." 云"芥, 薹類"者, 釋草云: "菲, 薏菜." 郭景純云: "菲草生下溼地, 似蕪菁, 華紫赤色, 可食." 云"采葑菲之菜者, 采其葉而可食, 無以其根美則幷取之, 苦則棄之. 幷取之, 是盡利也"者, 鄭之此注解此記所引, 本明無盡利之事, 則"德音莫違, 及爾同死", 當解云上無盡利於民, 則道德之音無有乖違, 民之及君可同至於死. 今鄭以下所注, 更別主一義, 與記意稍乖. 云"此詩故親·今疏"者, 此鄭別解詩義, 以注記之時, 未見毛傳, 不知夫婦相怨, 謂交友相於, 所以云"故親‧今疏". 云"采葑采菲, 取一善而已"者, 此謂根惡, 但取葉處一善而已, 不棄其根也. 云"君子不求備於一人"者, 謂一人身上旣有善處亦有惡處, 不可以惡處幷棄其善也. 論語云: "故舊無大故, 則不棄也." 鄭引之者, 證交友不以小惡而相棄. 鄭此注前釋正合記文, 鄭之後釋不知何意如此, 今所未詳.

번역 ◎鄭注: "葑蔓"~"棄也". ○『시』의 전문을 살펴보면, "봉(葑)자는 수(須)이다."라고 했다. 『이아』「석초(釋草)」편에서는 "수(須)는 봉총(葑蓯)이다."[9]라고 했고, 육기[10]는 "또한 총(蓯)이라고도 부르니, 오(吳)지역 사람들은 봉총(葑蓯)을 만청(蔓菁)이라고 부르고, 유주(幽州)지역 사람들은 간혹 개(芥)라고 부르기도 한다."라고 했다. 정현이 "'비(菲)'는 무[葍]의 부류이다."라고 했는데, 「석초」편에서는 "비(菲)는 식채(蒠菜)이다."[11]라고 했고, 곽경순[12]은 "비(菲)라는 식물은 지대가 낮고 습한 지형에서 생겨나니, 무청(蕪菁)과 유사한데 꽃이 자주색이며, 먹을 수 있다."라고 했다. 정현이 "순무와 무를 채취하는 자는 그 잎을 취하여 먹을 수 있지만, 그 뿌리가 맛있다고 하여 모두 캐거나 쓰다고 하여 모두 버리지 않으니, 모두 캔다면 이것은 이로움을 모두 다하는 것이다."라고 했는데, 정현의 이곳 주석은 이곳 『예기』의 문장에서 인용한 시가 본래 이로움을 모두 취하지 않는 사안을 나타낸 것이니, "덕음이 멀리 퍼져서 어기지 않고, 너와 함께 죽을 때까지 함께 한다."라고 한 말은 마땅히 앞에서 백성들에 대해 이로움을 모두 빼앗지 않는다고 한 말을 풀이해야 하니, 도덕을 칭송하는 소리에 어기는 자가 없어서 백성이 군주와 함께 죽을 때까지 함께 할 수 있는 것이다. 현재 정현은 그 문장에 대한 주에서 별도로 한 가지 의미를 드러냈으니,

---

9) 『이아』「석초(釋草)」: 須, 葑蓯.
10) 육기(陸機, A.D.261~A.D.303): 서진(西晉) 때의 학자이다. 자(字)는 사형(士衡)이다. 저서로는 『변망론(辯亡論)』‧『육사형집(陸士衡集)』 등이 있다.
11) 『이아』「석초(釋草)」: 菲, 蒠菜.
12) 곽박(郭璞, A.D.276~A.D.324): =곽경순(郭景純). 진(晉)나라 때의 학자이다. 자(字)는 경순(景純)이다. 저서로는 『이아주(爾雅注)』, 『방언주(方言注)』, 『산해경주(山海經注)』 등이 있다.

『예기』에서 의도한 뜻과는 조금 어긋난다. 정현이 "예전에는 친했지만 지금은 소원해진 관계를 말한다."라고 했는데, 이것은 정현이 시의 의미를 별도로 풀이한 것으로, 『예기』의 주를 작성할 당시에는 아직까지 「모전」을 보지 못해서, 부부가 서로 원망하는 뜻임을 알지 못한 것으로, 친우가 서로 사귀는 경우라고 여겼으니, "예전에는 친했지만 지금은 소원해진 관계를 말한다."라고 풀이하게 되었다. 정현이 "순무나 무를 따는 것처럼 하여, 선한 측면만을 취할 따름이라는 뜻이다."라고 했는데, 이것은 뿌리가 나쁘다면 단지 잎 부분의 좋은 것을 채취할 따름이며, 그 뿌리까지 버리지 않는다는 뜻이다. 정현이 "군자는 한 사람에게 완비되기를 구하지 않는다."라고 했는데, 한 사람에게는 이미 선한 점도 있고 또 악한 점도 있는데, 악한 것을 빌미로 선한 부분까지도 모두 버려서는 안 된다는 뜻이다. 『논어』에서 "옛 친우에게 큰 잘못이 없다면 버리지 않는다."라고 했는데, 정현이 이 문장을 인용한 것은 벗과 사귈 때 작은 악행으로 인해 서로 등져서는 안 된다는 뜻을 증명하기 위한 것이다. 정현의 이곳 주석에서 앞의 풀이는 『예기』에 기록된 문장 내용과 합치하는데, 정현이 뒤에 별도로 풀이한 것은 무슨 의도에서 이처럼 했던 것인지 현재로서는 알 수가 없다.

集解 愚謂: 仕則不稼者, 仕而受祿, 則不得復稼穡也. 田則不漁者, 田獵取禽, 則不得復漁, 故魯隱矢魚, 臧僖伯諫之. 食時不力珍者, 食四時之利, 則不得力求珍羞. 周禮"王珍用八物", 王制"八十常珍", 蓋珍物唯天子及養老用之, 士大夫不得常食也. 大夫得食羊, 士得食犬, 則不得復坐其皮. 然則古者燕居之席, 蓋有以皮爲之者與. 葑, 蔓菁也. 菲, 蔔類也. 下體, 根也. 引邶風谷風之詩, 言采葑菲者旣取其葉, 無得兼取其根, 以證不盡利之義. 此與詩之本義不同, 亦斷章之法爾.

번역 내가 생각하기에, "벼슬살이를 하면 농사를 짓지 않는다."는 말은 벼슬을 하여 녹봉을 받는다면, 재차 농사를 지을 수 없다는 뜻이다. "사냥을 하면 물고기를 잡지 않는다."는 말은 사냥을 하여 짐승을 포획했다면, 다시 물고기를 잡을 수 없다는 뜻이다. 그렇기 때문에 노(魯)나라 은공(隱公)이

물고기 잡는 것을 구경하자 장희백(臧僖伯)이 간언을 했던 것이다.13) '식시
불력진자(食時不力珍者)'는 사계절마다 생산되는 음식을 먹게 되면, 맛있
는 음식을 구하기 위해 애쓸 수 없다는 뜻이다. 『주례』에는 "천자를 위해서
음식을 만들 때에는 여덟 가지 재료를 사용한다."14)라고 했고, 『예기』「왕
제(王制)」편에서는 "80세가 된 자에게는 항상 맛좋고 귀한 음식이 있어야
한다."15)라고 했으니, 무릇 맛있고 귀한 음식은 오직 천자나 노인을 봉양할
때에만 사용하는 것이며, 사와 대부는 평상시에 먹을 수 없다. 대부는 양고
기를 먹을 수 있고 사는 개고기를 먹을 수 있지만, 그렇다고 하여 그 동물의
가죽으로 자리를 만들어서 앉을 수 없다. 그렇다면 고대에는 한가롭게 머
물 때 깔았던 자리 중에 아마도 이러한 동물의 가죽으로 만든 자리도 있었
을 것이다. '봉(葑)'은 순무이다. '비(菲)'는 무의 부류이다. '하체(下體)'는
뿌리이다. 『시』「패풍(邶風)·곡풍(谷風)」편을 인용한 것은 순무나 무를 채
취하는 자가 이미 그 잎을 채취했다면 그 뿌리까지 함께 취할 수 없다는
뜻으로, 이를 통해 이로움을 다하지 않는다는 뜻을 증명하였다. 이곳의 내
용은 『시』에 나타난 본래의 의미와 다르니, 이 또한 단장취의하여 문장을
쓰는 방법일 따름이다.

---

13) 『춘추공양전』「은공(隱公) 5년」: 五年春, 公將如棠觀魚者. 臧僖伯諫曰, "凡物
不足以講大事, 其材不足以備器用, 則君不擧焉. 君, 將納民於軌·物者也. 故講
事以度軌量謂之軌, 取材以章物采謂之物. 不軌不物, 謂之亂政. 亂政亟行, 所以
敗也. 故春蒐·夏苗·秋獮·冬狩, 皆於農隙以講事也. 三年而治兵, 入而振旅.
歸而飲至, 以數軍實. 昭文章, 明貴賤, 辨等列, 順少長, 習威儀也. 鳥獸之肉不
登於俎, 皮革·齒牙·骨角·毛羽不登於器, 則公不射, 古之制也. 若夫山林·
川澤之實, 器用之資, 皂隸之事, 官司之守, 非君所及也."
14) 『주례』「천관(天官)·선부(膳夫)」: 凡王之饋, 食用六穀, 膳用六牲, 飲用六淸,
羞用百二十品, 珍用八物, 醬用百有二十罋.
15) 『예기』「왕제(王制)」【177a】: 五十異粻, 六十宿肉, 七十貳膳, 八十常珍, 九十
飲食不離寢, 膳飲從於遊, 可也.

참고 『시』「소아(小雅)・대전(大田)」

大田多稼, (대전다가) : 비옥한 토양에 농사를 지을 것이 많아,
旣種旣戒, (기종기계) : 파종할 종자를 고르고 파종할 연장을 준비하니,
旣備乃事. (기비내사) : 준비가 끝났으니 경작을 하니라.
以我覃耜, (이아담사) : 나의 날카로운 보습으로,
俶載南畝. (숙재남무) : 남쪽 밭에서 일하니라.
播厥百穀, (파궐백곡) : 모든 곡식을 파종하니,
旣庭且碩, (기정차석) : 곧고도 무성하게 자라는지라,
曾孫是若. (증손시약) : 증손인 성왕(成王)도 이 시기에 이처럼 힘쓰느니라.

旣方旣皁, (기방기조) : 껍질이 생기고 알곡이 들어차며,
旣堅旣好, (기견기호) : 단단해지고 잘 여무니,
不稂不莠. (불랑불유) : 강아지풀이 나지 않고 가라지가 나지 않느니라.
去其螟螣, (거기명등) : 명(螟)이나 등(螣) 등의 해충을 제거하고,
及其蟊賊, (급기모적) : 모(蟊)나 적(賊) 등의 해충을 제거하여,
無害我田稚. (무해아전치) : 우리 밭의 어린 벼를 해치지 말지어다.
田祖有神, (전조유신) : 전조(田祖)[16]에는 신령이 있으니,
秉畀炎火. (병비염화) : 이를 잡아 불속에 던지리라.

有渰萋萋, (유엄처처) : 구름이 뭉게뭉게 일어나 유유히 움직이니,
興雨祈祈. (흥우기기) : 그 비가 서서히 내리는구나.
雨我公田, (우아공전) : 비가 우리 공전(公田)에 내리나니,
遂及我私. (수급아사) : 마침내 우리 사전(私田)에도 내리는구나.
彼有不穫稚, (피유불확치) : 저기에는 베지 않은 어린 벼가 있고,
此有不斂穧, (차유불렴제) : 여기에는 거두지 않은 벼 묶음이 있으며,
彼有遺秉, (피유유병) : 저기에는 버려진 볏단이 있고,

---

16) 전조(田祖)는 전설 속의 인물로, 처음 농경지를 경작한 자이다. 신농씨(神農氏)를 가리킨다. 『시』「소아(小雅)・보전(甫田)」편에는 "琴瑟擊鼓, 以御田祖." 라는 기록이 있는데, 주자의 『집전(集傳)』에서는 "謂始耕田者, 卽神農也."라고 풀이했다.

此有滯穗, (차유체수) : 여기에는 버려진 이삭이 있나니,
伊寡婦之利. (이과부지리) : 과부의 몫이로다.

曾孫來止, (증손래지) : 증손인 성왕(成王)이 찾아와 살피나니,
以其婦子, (이기부자) : 농부의 처와 자식으로,
饁彼南畝, (엽피남무) : 저 남쪽 밭에 들밥을 내놓으니,
田畯至喜. (전준지희) : 전준(田畯)[17]이 도착하여 기뻐하도다.
來方禋祀, (내방인사) : 성왕이 와서 사방의 신들에게 제사를 지내니,
以其騂黑, (이기성흑) : 붉은 소와 검은 소를 사용하며,
與其黍稷. (여기서직) : 서직을 함께 바치는구나.
以享以祀, (이향이사) : 이로써 흠향을 시키고 이로써 제사를 지내니,
以介景福. (이개경복) : 큰 복을 크게 하여 보답하리라.

毛序 大田, 刺幽王也, 言矜寡不能自存焉.

모서 「대전(大田)」편은 유왕(幽王)을 풍자한 시이니, 홀아비와 과부는 홀로 생계를 유지할 수 없음을 뜻한다.

참고 『시』「패풍(邶風)·곡풍(谷風)」

習習谷風, (습습곡풍) : 온화하고 쾌적한 곡풍(谷風)[18]이여,

---

17) 전준(田畯)은 지방의 하급관리를 뜻한다. 농사와 관련된 세금 및 요역 징발 등의 일을 담당했다. '전준'은 농사에 대한 일을 담당하였기 때문에, 경작과 파종을 뜻하는 글자들이 가미되어, '전준'을 전색부(田嗇夫), 사색(司嗇) 등으로 부르기도 했다. 그리고 '전준'은 한(漢)나라 때 색부(嗇夫)로 칭해졌다. 『시』「소아(小雅)·보전(甫田)」편에는 "饁彼南畝, 田畯至喜."라는 기록이 있는데, 이에 대한 정현의 전(箋)에서는 "田畯, 司嗇, 今之嗇夫也."라고 풀이했으며, 공영달(孔穎達)의 소(疏)에서는 "田畯, 田家, 在田司主稼穡, 故謂司嗇. 漢世亦有此官, 謂之嗇夫."라고 풀이했다.
18) 곡풍(谷風)은 동쪽에서 불어오는 바람을 뜻한다. 『이아』「석천(釋天)」편에는 "東風謂之谷風."이라는 기록이 있고, 이에 대한 형병(邢昺)의 소에서는 손염

以陰以雨. (이음이우) : 흐려져 비가 내리는구나.

黽勉同心, (민면동심) : 힘쓰고 노력하여 마음을 함께 하니,

不宜有怒. (불의유노) : 노여움을 두어서는 안 되느니라.

采葑采菲, (채봉채비) : 봉(葑)을 캐고 비(菲)를 캐는 것은,

無以下體. (무이하체) : 뿌리줄기 때문이 아니니라.

德音莫違, (덕음막위) : 덕음은 어긋남이 없으니,

及爾同死. (급이동사) : 그대와 죽을 때까지 함께 하리라.

行道遲遲, (행도지지) : 길을 감에 더디고 더디니,

中心有違. (중심유위) : 마음에 배회함이 있도다.

不遠伊邇, (불원이이) : 멀리 가지 않고 가까이에서 하니,

薄送我畿. (박송아기) : 나를 전송함에 박하여 문안에서 하는구나.

誰謂荼苦, (수위도고) : 그 누가 씀바귀를 쓰다고 하는가,

其甘如薺. (기감여제) : 달기가 냉이와 같구나.

宴爾新昏, (연이신혼) : 네가 새로운 혼사를 편안하게 여기니,

如兄如弟. (여형여제) : 마치 형제와 같구나.

涇以渭濁, (경이위탁) : 경수(涇水)는 위수(渭水)로 인해 탁해졌는데,

湜湜其沚. (식식기지) : 물가는 고요하고 정지되어 있구나.

宴爾新昏, (연이신혼) : 네가 새로운 혼사를 편안하게 여기니,

不我屑以. (불아설이) : 나를 다시 데려가지 않는구나.

毋逝我梁, (무서아량) : 나의 어량(魚梁)에 가지 말아라,

毋發我笱. (무발아구) : 나의 통발을 꺼내지 말아라.

我躬不閱, (아궁불열) : 내 몸 조차 포용할 수 없거늘,

遑恤我後. (황휼아후) : 내 후손을 어느 겨를에 근심하랴.

就其深矣, (취기심의) : 깊은 곳에 나아가니,

方之舟之. (방지주지) : 뗏목을 타고 배를 타는구나.

(孫炎)의 주장을 인용하여, "谷之言穀. 穀, 生也; 谷風者, 生長之風也."라고 풀
이했다. 즉 '곡풍'의 '곡(谷)'자는 '곡(穀)'자의 뜻이 되는데, '곡(穀)'즌 생장시
킨다는 뜻이다. 따라서 '곡풍'은 동쪽에서 불어와서 만물을 생장시키는 바람
을 뜻한다.

就其淺矣, (취기천의) : 얕은 곳에 나아가니,
泳之游之. (영지유지) : 헤엄을 치는구나.
何有何亡, (하유하망) : 무엇이 있고 무엇이 없는가,
黽勉求之. (민면구지) : 힘쓰고 노력하여 구하는구나.
凡民有喪, (범민유상) : 백성에게 상사가 발상하니,
匍匐救之. (포복구지) : 다급히 달려가 도와주는구나.

不我能慉, (불아능휵) : 나를 길들이지 못하거늘,
反以我爲讎. (반이아위수) : 도리어 나를 원수로 여기는구나.
旣阻我德, (기조아덕) : 내 덕을 은폐하니,
賈用不售. (가용불수) : 장사꾼이 물건을 팔지 못하는구나.
昔育恐育鞠, (석육공육국) : 예전 어렸을 때에는 늙어서도 궁핍할까 걱정
　　하여,
及爾顚覆. (급이전복) : 너와 함께 가사에 혼심을 다하였도다.
旣生旣育, (기생기육) : 살만해지고 나이가 들자,
比予于毒. (비여우독) : 나를 독충처럼 여기는구나.

我有旨蓄, (아유지축) : 내가 맛있는 채소를 모아두는 것은,
亦以御冬. (역이어동) : 또한 겨울을 대비하기 위해서라.
宴爾新昏, (연이신혼) : 네가 새로운 혼사를 편안하게 여기니,
以我御窮, (이아어궁) : 나를 곤궁함을 막는 수단으로 여겼구나.
有洸有潰, (유광유궤) : 펄쩍펄쩍 뒤꼬 노기를 내니,
旣詒我肄. (기이아이) : 나에게 수고로움을 떠넘기는구나.
不念昔者, (불념석자) : 그 옛날
伊余來塈. (이여래기) : 내가 와서 안식을 주었던 것을 생각하지 않는구나.

毛序 谷風, 刺夫婦失道也. 衛人化其上, 淫於新昏而棄其舊室, 夫婦離絶,
國俗傷敗焉.

모서 「곡풍(谷風)」편은 부부사이에서 도리를 잃어버린 것을 풍자한 시
이다. 위(衛)나라 사람들은 군주에게 동화되어 새로 부인을 맞이하는 것에

빠지고 이전 부인을 내버리니, 부부의 도리가 끊어지고 나라의 풍속이 무너졌다.

참고 구문비교

출 처	내 용
『禮記』「坊記」	子云, "君子不盡利以遺民. 詩云, '彼有遺秉, 此有不斂穧, 伊寡婦之利.' 故君子仕則不稼, 田則不漁, 食時不力珍, 大夫不坐羊, 士不坐犬. 詩云, '采葑采菲, 無以下體. 德音莫違, 及爾同死.' 以此坊民, 民猶忘義而爭利以亡其身."
『春秋繁露』「度制」	孔子曰, "君子不盡利以遺民. 詩云, '彼其遺秉, 此有不斂穧, 伊寡婦之利.' 故君子仕則不稼, 田則不漁, 食時不力珍, 大夫不坐羊, 士不坐犬. 詩曰, '采葑采菲, 無以下體, 德音莫違, 及爾同死.' 以此防民, 民猶忘義而爭利以亡其身."

예(禮)와 남녀유별(男女有別)

【619c】

子云, "夫禮, 坊民所淫, 章民之別, 使民無嫌, 以爲民紀者也. 故男女無媒不交, 無幣不相見, 恐男女之無別也. 詩云, '伐柯如之何? 匪斧不克. 取妻如之何? 匪媒不得. 蓺麻如之何? 橫從其畝. 取妻如之何? 必告父母.' 以此坊民, 民猶有自獻其身.'"

직역 子가 云, "夫히 禮는 民의 淫한 所를 坊하고, 民의 別을 章하며, 民으로 使하여 嫌을 無하여, 이로써 民의 紀로 爲하는 者이다. 故로 男女는 媒가 無하면 不交하고, 幣가 無하면 相見을 不하니, 男女에 別이 無함을 恐함이다. 詩에서 云, '柯를 伐함에 之와 如함을 何오? 斧가 匪라면 不克이라. 妻를 取함에 之와 如함을 何오? 媒가 匪라면 不得이라. 麻를 蓺함에 之와 如함을 何오? 그 畝를 橫從이라. 妻를 取함에 之와 如함을 何오? 必히 父母에게 告라.' 此로써 民을 坊한데, 民은 猶히 自히 그 身을 獻함이 有라."

의역 공자가 말하길, "무릇 예라는 것은 백성들이 음란하게 되는 것을 방지하고, 백성들의 유별함을 드러내며, 백성으로 하여금 혐의스러운 행동을 하지 않게끔 하여, 이를 통해 백성들이 따라야 할 기강으로 삼는 것이다. 그렇기 때문에 남녀는 중매가 없으면 사귀지 않고, 예물이 없으면 서로 만나보지 않으니, 남녀사이에 구별이 없게 됨을 염려하기 때문이다. 『시』에서는 '자루를 베려면 어찌해야 하는가? 도끼가 아니라면 벨 수 없다. 아내를 얻으려면 어찌해야 하는가? 중매가 아니라면 얻을 수 없다. 삼을 심으려면 어찌해야 하는가? 종횡으로 이랑을 내고 경작해야 한다. 아내를 얻으려면 어찌해야 하는가? 반드시 부모에게 아뢰어야 한다.'라고 했다. 이를 통해 백성들의 잘못을 방지했는데도, 백성 중에는 오히려 스스로 자신을 갖다 바치는 자가 있다."라고 했다.

集說 章, 明也. 無嫌, 無可嫌之行也. 詩, 齊風南山之篇, 今詩作"析薪如之何", 而豳風伐柯篇言"伐柯如何, 匪斧不克". 克, 能也. 橫從其畝, 言從橫耕治其田畝也. 自獻其身, 謂女自進其身於男子也. 以此坊民以下十一字, 舊本在"詩云"之上, 今以類推之, 當在所引詩下.

번역 '장(章)'자는 "밝히다[明]."는 뜻이다. '무혐(無嫌)'은 혐의로 삼을 만한 행동이 없게 한다는 뜻이다. 이 시는 『시』「제풍(齊風)·남산(南山)」편인데,[1] 현재의 『시』에는 "땔감을 베려면 어찌해야 하는가?"라고 기록하고 있고, 『시』「빈풍(豳風)·벌가(伐柯)」편에는 "자루를 베려면 어째해야 하는가? 도끼가 아니라면 벨 수 없다."[2]라고 했다. '극(克)'자는 "능하다[能]."는 뜻이다. '횡종기무(橫從其畝)'는 세로나 가로의 방향에 따라서 밭을 경작하고 이랑을 낸다는 뜻이다. '자헌기신(自獻其身)'은 여자 스스로 자신의 몸을 남자에게 바친다는 뜻이다. '이차방민(以此坊民)'으로부터 그 이하의 11개 글자를 옛 판본에서는 '시운(詩云)' 앞에 기록하였는데, 현재 앞의 예시를 통해 미루어보니, 마땅히 인용한 시 뒤에 두어야 한다.

大全 嚴陵方氏曰: 恐民之或淫, 故禮坊之, 使有限. 恐民之無別, 故禮章之, 使自明. 若是則天下之情, 無可嫌者, 足以爲之紀矣. 禮器曰, 君子之行禮, 不可不愼也, 衆之紀也, 紀散而衆亂, 非謂是歟? 媒, 所以通相交之情, 幣, 所以將相見之禮. 自獻其身, 則無俟乎媒幣矣.

번역 엄릉방씨가 말하길, 백성들이 혹여 음란하게 될 것을 염려했기 때

---

1) 『시』「제풍(齊風)·남산(南山)」: 蓺麻如之何, 衡從其畝. 取妻如之何, 必告父母. 既曰告止, 曷又鞠止. 析薪如之何, 匪斧不克. 取妻如之何, 匪媒不得. 既曰得止, 曷又極止.
2) 『시』「빈풍(豳風)·벌가(伐柯)」: 伐柯如何, 匪斧不克. 取妻如何, 匪媒不得.

문에 예를 통해 방지하여, 그들로 하여금 한계를 지니도록 했다. 백성들에게 구별이 없게 됨을 염려했기 때문에 예를 통해 드러내어, 그들로 하여금 스스로 구별을 밝히도록 했다. 이처럼 한다면 백성들의 정감에는 혐의로 삼을 것이 없어서, 충분히 그들의 기강으로 삼을 수 있다. 『예기』「예기(禮器)」편에서는 "군자가 예를 시행할 때에는 신중하지 않을 수가 없으니, 이러한 예는 백성들의 기강이 되기 때문이다. 기강이 흐트러지게 되면, 백성들은 문란해진다."3)라고 했는데, 바로 이러한 뜻을 말하는 것이 아니겠는가? 중매는 서로 사귀는 정감을 통하게 하는 자이며, 예물은 서로 만나보는 예를 시행토록 하는 것이다. 스스로 자신을 바치게 된다면, 중매나 예물을 거치지 않는 것이다.

大全　慶源輔氏曰: 不曰綱而曰紀, 紀之事衆也.

번역　경원보씨가 말하길, 강(綱)이라고 하지 않고 기(紀)라고 말한 것은 기(紀)에 대한 사안이 많기 때문이다.

鄭注　淫, 猶貪也. 章, 明也. 嫌, 嫌疑也. 重男女之會, 所以遠別之於禽獸也. 有幣者必有媒, 有媒者不必有幣. 仲春之月, 會男女之時, 不必待幣. 獻猶進也. 伐柯, 代木以爲柯也. 克, 能也. 藝, 猶樹也. 橫從, 橫行治其田也. 言取妻之法, 必有媒, 如伐柯之必須斧也; 取妻之道必告父母, 如樹麻當先易治其田.

번역　'음(淫)'자는 "탐하다[貪]."는 뜻이다. '장(章)'자는 "밝히다[明]."는 뜻이다. '혐(嫌)'자는 혐의를 둔다는 뜻이다. 남녀의 만남을 중시하는 것은 인간을 금수와 구별 짓는 것이기 때문이다. 예물이 있는 경우에는 반드시 중매가 있지만, 중매가 있는 경우에는 반드시 예물이 있는 것은 아니다. 중춘(仲春)의 달에 남녀를 회합시킬 때라면, 반드시 예물을 갖출 필요는 없다.4) '헌(獻)'자는 "바친다[進]."는 뜻이다. '벌가(伐柯)'는 나무를 베어서

---

3) 『예기』「예기(禮器)」【304b~c】 : 是故, 君子之行禮也, 不可不愼也, 衆之紀也. 紀散而衆亂.

자루로 삼는다는 뜻이다. '극(克)'자는 "능하다[能]."는 뜻이다. '예(蓺)'자는 "심다[樹]."는 뜻이다. '횡종(橫從)'은 가로 방향으로 밭을 다듬는다는 뜻이다. 아내를 들이는 법도에는 반드시 중매가 있어야 하니, 이것은 자루를 벨 때 반드시 도끼가 있어야만 하는 경우와 같고, 아내를 들이는 도리에서는 반드시 부모에게 아뢰니, 이것은 삼을 심을 때 마땅히 우선적으로 그 밭을 다듬어야 하는 것과 같다는 뜻이다.

釋文 媒音梅, 注同. 柯, 古何反, 斧柄. 取, 七樹反, 後皆同. 從, 子容反, 注同. 橫行治其田, 本亦作"遊行治其田". 易, 以豉反.

번역 '媒'자의 음은 '梅(매)'이며, 정현의 주에 나오는 글자도 그 음이 이와 같다. '柯'자는 '古(고)'자와 '何(하)'자의 반절음이며, 도끼자루를 뜻한다. '取'자는 '七(칠)'자와 '樹(수)'자의 반절음이며, 이후에 나오는 이 글자는 모두 그 음이 이와 같다. '從'자는 '子(자)'자와 '容(용)'자의 반절음이며, 정현의 주에 나오는 글자도 그 음이 이와 같다. '橫行治其田'을 다른 판본에서는 '遊行治其田'이라고도 기록한다. '易'자는 '以(이)'자와 '豉(시)'자의 반절음이다.

孔疏 ●"子云"至"父母". ○正義曰: 自此以下終於篇末, 總坊男女奔淫之事, 夫婦重愼之義也. 此節明男女非媒非幣不相交見.

번역 ●經文: "子云"~"父母". ○이곳 구문으로부터 「방기」편 끝가지는 남녀가 절차를 무시하거나 음란하게 하는 일을 방지하는 사안에 대해서 총괄적으로 나타내니, 부부 사이에서 신중을 기하는 뜻에 해당한다. 이곳 문단은 남녀는 중매나 예물이 없다면 서로 사귀거나 볼 수 없다는 뜻을 나타낸다.

孔疏 ●"夫禮, 坊民所淫"者, 淫, 貪也. 言禮者, 坊民所貪欲之事, 知非直

---

4) 『주례』「지관(地官)·매씨(媒氏)」: 中春之月, 令會男女. 於是時也, 奔者不禁.

是坊民淫洗, 而云“貪”者, 以文云“所淫”, 稱“所”, 是“所貪”也. 若其淫洗, 則當云“坊民淫”, 不須云“所”也.

번역 ●經文: “夫禮, 坊民所淫”. ○‘음(淫)’자는 “탐하다[貪].”는 뜻이다. 즉 예라는 것은 백성들이 탐하는 것을 방지하는 방안인데, 이것은 단지 백성들이 음란하고 방탕하게 되는 것만을 방지하는 것이 아님을 알면서도 ‘탐(貪)’이라고 풀이했다. 그 이유는 문장에서 ‘소음(所淫)’이라고 하여, ‘소(所)’자를 기록했으니, 이것은 탐하는 바를 뜻한다. 만약 음란하고 방탕한 것이라면 마땅히 ‘방민음(坊民淫)’이라고 기록해야 하며, ‘소(所)’자를 기록할 필요가 없다.

孔疏 ●“章民之別”者, 章, 明也. 明民之男女, 令相分別, 使民無嫌.

번역 ●經文: “章民之別”. ○‘장(章)’자는 “밝히다[明].”는 뜻이다. 백성들 중 남녀의 도의를 밝혀서 서로 구분을 하도록 하여, 백성들로 하여금 혐의스러운 일이 없게끔 한 것이다.

孔疏 ●“以爲民紀者也”, 謂使民無色欲之嫌疑, 以爲民之綱紀也.

번역 ●經文: “以爲民紀者也”. ○백성들로 하여금 여색을 밝히거나 욕심을 부린다는 혐의가 없게끔 만들어서, 백성들의 기강으로 삼는다는 뜻이다.

孔疏 ●“民猶有自獻其身”, 謂民之女人猶有自進其身以求男者也.

번역 ●經文: “民猶有自獻其身”. ○백성들 중 여자는 오히려 스스로 자신의 몸을 바쳐서 남자를 구하는 경우가 있다는 뜻이다.

孔疏 ●“詩云: 代柯如之何, 匪斧不克”者, 此詩・齊風・南山之篇, 刺齊襄公與妹文姜姦淫之事.

번역 ●經文: "詩云: 代柯如之何, 匪斧不克". ○이 시는 『시』「제풍(齊風)·남산(南山)」편으로, 제(齊)나라 양공(襄公)이 여동생 문강(文姜)과 간통했던 일을 풍자한 시이다.

孔疏 ●"藝麻如之何, 橫從其畝"者, 藝, 種也; 橫, 行也. 言將種麻如之何, 必須橫行耕治其田, 然後得麻.

번역 ●經文: "藝麻如之何, 橫從其畝". ○'예(藝)'자는 "파종하다[種]."는 뜻이며, '횡(橫)'자는 "행렬을 내다[行]."는 뜻이다. 즉 장차 삼을 파종하려면 어찌해야 하는가? 반드시 가로로 행렬을 내며 밭을 다듬은 뒤에야 삼을 심을 수 있다는 뜻이다.

訓纂 劉氏台拱曰: 以下六章, 言刑以防淫.

번역 유태공이 말하길, 아래의 여섯 장은 형벌로 음란함을 방지하는 것을 나타낸다.

集解 按: 伐柯, 詩作析薪.

번역 살펴보니, '벌가(伐柯)'를 『시』에서는 '석신(析薪)'으로 기록했다.

集解 愚謂: 淫, 貪也, 謂貪於色. 男女無別, 則族姓不明, 故嫌疑生也. 無媒不交, 男女行媒, 然後交相知名也. 幣, 納徵之幣也. 納徵而昏禮成, 然後行親迎之禮, 執贄以相見也. 自獻其身, 謂不待媒妁·幣聘而奔人者. 詩, 齊風南山之篇. 引之, 以證昏姻之禮必待媒妁之言, 父母之命也.

번역 내가 생각하기에, '음(淫)'자는 "탐하다[貪]."는 뜻이니, 여색을 탐한다는 의미이다. 남녀사이에 유별함이 없다면, 종족과 성(姓)이 불분명하게 된다. 그렇기 때문에 혐의가 발생한다. 중매가 없으면 사귀지 않으니, 남녀는 중매를 거친 뒤에야 서로 교류하여 상대의 이름을 알 수 있다. '폐

(幣)'자는 납징(納徵)[5]에 사용되는 예물이다. 납징을 하고 혼사가 성사된 뒤에야 친영(親迎)[6]의 의례를 시행하고, 이 시기에 예물을 가지고 찾아가서 서로 만나보게 된다. "스스로 자신을 바친다."는 말은 중매와 예물을 통해 만나보는 것을 거치지 않고 상대에게 찾아간 경우를 뜻한다. 시는 『시』「제풍(齊風)·남산(南山)」편이다. 이 시를 인용하여 혼례에는 반드시 중매의 말을 거쳐야 하고, 부모의 명령이 있어야 함을 증명하였다.

참고 『시』「제풍(齊風)·남산(南山)」

南山崔崔, (남산최최) : 제나라 남산은 높고도 크거늘,
雄狐綏綏. (웅호수수) : 수컷 여우들이 서로 따르며 문란하구나.
魯道有蕩, (노도유탕) : 노나라 길이 평탄하거늘,
齊子由歸. (제자유귀) : 문강(文姜)이 이 길을 따라 시집을 왔구나.
旣曰歸止, (기왈귀지) : 이미 시집을 왔거늘,
曷又懷止. (갈우회지) : 또 어찌 그리워하는가.

葛屨五兩, (갈구오양) : 칡을 엮은 신발은 다섯 켤레거늘,
冠綏雙止. (관수쌍지) : 갓끈은 한 쌍이로구나.
魯道有蕩, (노도유탕) : 노나라 길이 평탄하거늘,
齊子庸止. (제자용지) : 문강(文姜)이 이 길을 따라 시집을 왔구나.
旣曰庸止, (기왈용지) : 이미 이 길을 따라 시집을 왔거늘,
曷又從止. (갈우종지) : 양공은 또 어찌 재차 전송하며 따르는가.

蓺麻如之何, (예마여지하) : 마를 심을 때에는 어찌하는가,
衡從其畝. (형종기무) : 이랑을 가로로 하고 세로로 해야 하느니라.

5) 납징(納徵)은 납폐(納幣)라고도 부른다. 혼인과 관련된 육례(六禮) 중 하나이다. 혼인 약속을 증명하기 위해, 여자 집안에 폐백을 보내는 일을 뜻한다.
6) 친영(親迎)은 혼례(婚禮)에서 시행하는 여섯 가지 예식(禮式) 중 하나이다. 사위될 자가 여자 집에 가서 혼례를 치르고, 자신의 집으로 데려오는 예식을 뜻한다.

取妻如之何, (취처여지하) : 아내를 취할 때에는 어찌하는가.
必告父母. (필고부모) : 반드시 부모에게 아뢰어야 하느니라.
旣曰告止, (기왈고지) : 이미 부모에게 아뢰었거늘,
曷又鞠止. (갈우국지) : 또 어찌 용심이 차는가.

析薪如之何, (석신여지하) : 땔감을 베려면 어찌하는가.
匪斧不克. (비부불극) : 도끼가 아니라면 할 수 없느니라.
取妻如之何, (취처여지하) : 아내를 취할 때에는 어찌하는가.
匪媒不得. (비매부득) : 중매가 아니라면 얻지 못하느니라.
旣曰得止, (기왈득지) : 이미 중매를 통해 얻었거늘,
曷又極止. (갈우극지) : 또 어찌 용심을 다하는가.

毛序 南山, 刺襄公也. 鳥獸之行, 淫乎其妹, 大夫遇是惡, 作詩而去之.

모서 「남산(南山)」편은 양공(襄公)을 풍자한 시이다. 금수처럼 행동하여 자신의 누이와 음란한 짓을 하니, 대부가 이러한 악행을 접하여, 시를 짓고 떠난 것이다.

참고 『시』「빈풍(豳風)·벌가(伐柯)」

伐柯如何, (벌가여하) : 도끼자루를 베려면 어찌해야 하는가,
匪斧不克. (비부불극) : 도끼가 아니라면 벨 수가 없느니라.
取妻如何, (취처여하) : 아내를 들이려면 어찌해야 하는가,
匪媒不得. (비매불득) : 중매가 아니라면 들일 수가 없느니라.

伐柯伐柯, (벌가벌가) : 도끼자루를 베고 도끼자루를 벰이여,
其則不遠. (기칙불원) : 그 법칙은 멀리 있지 않느니라.
我觀之子, (아구지자) : 내 이 사람을 만나보니,
籩豆有踐. (변두유천) : 변(籩)과 두(豆)에 음식을 차려내어 향연을 시행하도다.

毛序　伐柯, 美周公也, 周大夫刺朝廷之不知也.

모서　「벌가(伐柯)」편은 주공(周公)을 찬미한 시이니, 주나라 대부가 조정의 신하들이 주공을 알아보지 못함을 풍자한 것이다.

【619d~620a】

> 子云, "取妻不取同姓, 以厚別也, 故買妾不知其姓則卜之. 以此坊民, 魯春秋猶去夫人之姓曰吳, 其死曰孟子卒."

직역　子가 云, "妻를 取함에는 同姓을 不取하니, 이로써 別을 厚함이라, 故로 妾을 買함에 그 姓을 不知라면 卜한다. 此로써 民을 坊한데, 魯春秋에는 猶히 夫人의 姓을 去하여 吳라 曰하고, 그 死에는 孟子卒이라 曰이라."

의역　공자가 말하길, "아내를 들일 때에는 동성인 여자를 들이지 않으니, 이를 통해 남녀유별의 예를 두텁게 한다. 그러므로 첩을 들일 때 만약 그녀의 성을 알 수 없다면 길흉을 판별하기 위해 거북점을 친다. 이를 통해 백성들의 잘못을 방지했는데도, 노(魯)나라 『춘추』에서는 소공의 부인 성을 삭제하여 '오(吳)'라고 했고, 그녀가 죽었을 때에는 '맹자졸(孟子卒)'이라고 기록했다."라고 했다.

集說　厚別, 厚其有別之禮也. 卜之, 卜其吉凶也. 吳, 大伯之後, 魯同姓也. 昭公取吳女, 又見論語.

번역　'후별(厚別)'은 유별의 예법을 두텁게 한다는 뜻이다. '복지(卜之)'는 그녀의 길흉에 대해서 거북점을 쳤다는 뜻이다. 오(吳)나라는 태백의 후손이니, 노(魯)나라와 동성이다. 노나라 소공(昭公)은 오나라의 여식을 아내로 들였으니, 이것은 또한 『논어』에 보인다.[7]

---

　7) 『논어』「술이(述而)」: 陳司敗問昭公知禮乎, 孔子曰, "知禮." 孔子退, 揖巫馬期

鄭注 厚, 猶遠也. 妾言"買"者, 以其賤, 同之於衆物也. 士庶之妾, 恒多凡庸, 有不知其姓者. 吳, 大伯之後, 魯同姓也. 昭公取焉, 去"姬"曰"吳"而已, 至其死, 亦略云"孟子卒", 不書夫人某氏薨. "孟子"蓋其且字.

번역 '후(厚)'자는 "원대하게 하다[遠]."는 뜻이다. 첩에 대해서 "사다[買]."라고 한 것은 그녀의 신분이 미천하여 사물과 동일하게 여겼기 때문이다. 사나 서인의 집에서 들이는 첩은 그 수가 많고 평범한 여자들이므로, 그녀의 성을 모르는 경우도 있다. 오(吳)나라는 태백의 후손이니, 노(魯)나라와 동성이다. 노나라 소공(昭公)이 오나라에서 아내를 들이며, 그녀의 성인 '희(姬)'를 삭제하고 '오(吳)'라고 기록했을 뿐이고, 그녀가 죽었을 때에도 또한 간략히 "맹자(孟子)가 졸(卒)했다."라고만 하여, "부인 아무개 씨(氏)가 홍(薨)했다."라고 기록하지 않았다. '맹자(孟子)'는 아마도 그녀의 차자(且字)[8]였을 것이다.

釋文 不取, 如字, 又七樹反. 去, 起呂反, 注同. 大音泰.

번역 '不取'에서의 '取'자는 글자대로 읽으며, 또한 그 음은 '七(칠)'자와 '樹(수)'자의 반절음도 된다. '去'자는 '起(기)'자와 '呂(려)'자의 반절음이며, 정현의 주에 나오는 글자도 그 음이 이와 같다. '大'자의 음은 '泰(태)'이다.

孔疏 ●"子云"至"子卒". ○正義曰: 此一節坊民取同姓爲妻之事.

번역 ●經文: "子云"~"子卒". ○이곳 문단은 백성들이 동성인 여자를 아내로 들이는 것을 방지하는 사안에 해당한다.

而進之, 曰, "吾聞君子不黨, 君子亦黨乎? 君取於吳爲同姓, 謂之吳孟子. 君而知禮, 孰不知禮?" 巫馬期以告. 子曰, "丘也幸, 苟有過, 人必知之."

8) 차자(且字)는 자(字)의 일종이다. 남자의 경우 관례(冠禮)를 치른 뒤에 자(字)를 받게 되는데, 주(周)나라의 제도에 따르면 20세로부터 50세까지는 이름 대신 자(字)를 붙여서 '아무개 보(甫)'라고 불렸으니, 이것을 '차자'라고 부른다. 50세를 넘기게 되면 형제서열에 따라서 '아무개 백(伯)'이나 '아무개 중(仲)' 등으로 부르게 된다.

孔疏 ●“買妾不知其姓, 則卜之”者, 妾旣卑賤, 不可盡知其所生本姓, 但避其凶害, 唯卜其姓, 吉乃取之.

번역 ●經文: “買妾不知其姓, 則卜之”. ○첩은 신분이 미천하여 그녀가 출생한 가문의 본래 성(姓)을 모두 알 수 없으니, 단지 흉함만을 피할 따름인데, 그 성에 대해서 거북점을 쳐서 길하다는 점괘가 나오면 첩으로 들인다.

孔疏 ●“魯春秋猶去夫人之姓曰吳”者, 依春秋之例, 如夫人齊女, 卽云“姜氏至自齊”. 以例言之, 此吳女亦當云“夫人姬氏至自吳”, 魯則諱其姬姓, 而不稱夫人姬氏至自吳, 是“去夫人之姓, 曰吳”也. 但春秋經文不載其事, 其春秋簡牘雜記則有之, 故論語云: “謂之吳孟子.” 是當時之言, 有稱“吳”也.

번역 ●經文: “魯春秋猶去夫人之姓曰吳”. ○『춘추』의 용례에 의거해보면, 만약 부인이 제(齊)나라 여식이라면 곧 “강씨(姜氏)가 제나라로부터 왔다.”라고 해야 한다. 이러한 용례에 따라 말을 해본다면, 여기에서 말한 오(吳)나라의 여식에 대해서도 마땅히 “부인 희씨(姬氏)가 오나라로부터 왔다.”라고 해야 하는데, 노(魯)나라에서는 희성을 감추기 위해서 부인 희씨가 오나라로부터 왔다고 말하지 않았으니, 이것은 “부인의 성을 제거하여 오(吳)라고 불렀다.”는 뜻에 해당한다. 다만 『춘추』의 경문에는 그 사안을 기록하지 않았고, 『춘추』에 대한 간략한 기록과 이런저런 기록들에 그 사안이 기록되어 있다. 그렇기 때문에 『논어』에서는 “그녀를 오맹자(吳孟子)라고 불렀다.”라고 한 것이니, 이것은 당시의 기록 중에는 오(吳)라고 지칭했던 경우가 있음을 나타낸다.

孔疏 ●“其死, 曰孟子卒”者, 哀十二年稱“孟子卒”. 若其不諱, 當云“夫人姬氏薨”, 以諱取同姓, 而云“孟子卒”. 孟子是夫人之且字. 沒其氏, 書其且字, 又沒其薨而略言“卒”而已, 皆爲同姓諱之. 鄭與何休皆以諱取同姓, 而書“卒”; 左氏則以不成喪, 故稱“卒”, 與鄭·何異也.

번역　●經文: "其死, 曰孟子卒". ○애공(哀公) 12년에는 "맹자(孟子)가 졸(卒)했다."9)라고 했다. 만약 숨기지 않았다면 마땅히 "부인 희씨(姬氏)가 훙(薨)했다."라고 기록해야 하는데, 노나라에서 동성인 여자를 아내로 들였다는 것을 숨기기 위해서 "맹자가 졸했다."라고 기록한 것이다. '맹자(孟子)'는 부인의 차자(且字)이다. 그 성을 숨겼으므로, 그녀의 차자를 기록하고, 또 훙(薨)이라는 말을 숨기고 간략하게 졸(卒)이라고만 기록했으니, 이 모두는 동성인 사실을 숨기고자 했기 때문이다. 정현과 하휴10)는 모두 동성인 여자를 아내로 들인 사실을 숨기고자 해서 '졸(卒)'이라고 기록했다고 여겼는데, 『좌전』에서는 제대로 상을 치르지 않았기 때문에 '졸(卒)'이라고 기록했다고 하여,11) 정현 및 하휴의 견해와 차이를 보인다.

孔疏　◎注"孟子"至"且字". ○正義曰: 若旣笄而字, 當云伯叔季, 若伯姬·季姬. 今云孟子, 故知"且字"也.

번역　◎鄭注: "孟子"~"且字". ○이미 계례를 치렀다면 자(字)를 부여받으니, 마땅히 백(伯)·숙(叔)·계(季) 등을 붙여서 백희(伯姬)나 계희(季姬) 등으로 불러야 한다. 현재 '맹자(孟子)'라고 불렀으므로, 이것이 차자(且字)에 해당함을 알 수 있다.

訓纂　春秋哀十二年左傳: 夏五月, 昭夫人孟子卒. 昭公娶于吳, 故不書姓; 死不赴, 故不稱夫人, 不反哭, 故不言葬小君.

번역　『춘추』 애공(哀公) 12년의 기록에 대해 『좌전』에서 말하길, 여름

---

9)　『춘추』「애공(哀公) 12년」: 夏, 五月, 甲辰, 孟子卒.
10)　하휴(何休, A.D.129~A.D.182): 전한(前漢) 때의 금문경학자(今文經學者)이다. 자(字)는 소공(邵公)이다. 『춘추공양전해고(春秋公羊傳解詁)』를 지었으며, 『효경(孝經)』, 『논어(論語)』 등에 대해서도 주를 달았고, 『춘추한의(春秋漢議)』를 짓기도 하였다.
11)　『춘추좌씨전』「애공(哀公) 12년」: 夏五月, 昭夫人孟子卒. 昭公娶于吳, 故不書姓. 死不赴, 故不稱夫人. 不反哭, 故不言葬小君. 孔子與弔, 適季氏. 季氏不絻, 放絰而拜.

5월에 소공(昭公)의 부인 맹자(孟子)가 졸(卒)했다. 소공은 오(吳)나라에서 아내를 들였으므로 그녀의 성을 기록하지 않았다. 그녀가 죽었는데 제후들에게 부고를 알리지 않았으므로 부인(夫人)이라고 기록하지 않았다. 반곡(反哭)을 하지 않았기 때문에 "소군(小君)12)을 장례지냈다."라고 기록하지 않았다.

集解 去夫人之姓曰吳者, 春秋於取夫人皆書其姓, 如取齊女則曰"夫人姜氏至自齊", 是也. 昭公取於吳爲同姓, 故諱書其姓, 但云"夫人至自吳"也. 然今春秋無此文, 此所引蓋魯史之舊文, 而孔子已刪之者也. 其卒曰"孟子卒"者, 孟, 字; 子, 宋姓也. 凡春秋於夫人之喪曰"夫人某氏薨." 昭公諱取同姓, 謂之吳孟子, 使若宋女者然. 故哀十二年昭夫人薨, 經但書"孟子卒", 蓋因昭公之所稱者而書之也.

번역 부인의 성(姓)을 삭제하고 오(吳)라고 불렀다고 했는데, 『춘추』에서는 부인을 들이게 되면 모두 그녀의 성을 기록했으니, 만약 제(齊)나라의 여식을 아내로 들인 경우라면, "부인 강씨(姜氏)가 제나라로부터 왔다."라고 한다. 소공(昭公)은 오나라에서 아내를 들였으니 동성관계가 된다. 그렇기 때문에 그녀의 성을 숨겨서 기록하지 않고, 단지 "부인이 오나라로부터 왔다."라고 했다. 그런데 현재의 『춘추』에는 이 문장이 없으니, 이곳에서 인용한 기록은 아마도 노(魯)나라 사관이 역사를 기록했던 옛 판본에 따른 것이며, 공자가 그 이후에 이 기록을 삭제했던 것이다. 그녀가 죽었을 때 "맹자(孟子)가 졸(卒)했다."라고 했는데, '맹(孟)'자는 그녀의 자(字)에 해당하고, '자(子)'자는 본래 송(宋)나라의 성(姓)에 해당한다. 무릇 『춘추』에서는 부인의 상을 기록하며, "부인 아무개 씨(氏)가 훙(薨)했다."라고 하는데, 소공은 동성인 여자를 아내로 들인 사실을 숨기고자 하여 '오맹자(吳孟子)'라고 했으니, 마치 송나라의 여자인 것처럼 꾸민 것이다. 그래서 애공(哀公) 12년에는 소공의 부인이 죽었는데도, 경문에서는 단지 "맹자가 졸(卒)

12) 소군(小君)은 주대(周代)에 제후의 부인을 지칭하던 용어이다. 『춘추』「희공(僖公) 2년」편에는 "夏五月辛巳, 葬我小君哀姜."이라는 용례가 있다.

했다."라고만 기록했으니, 아마도 소공이 부르던 명칭에 따라서 기록을 했던 것 같다.

참고 『춘추』「애공(哀公) 12년」

左傳-經文 夏, 五月, 甲辰, 孟子卒.

번역 여름 5월 갑진일에 맹자(孟子)가 졸(卒)했다.

杜注 魯人諱娶同姓, 謂之孟子, 春秋不改, 所以順時.

번역 노(魯)나라에서는 동성(同姓)인 여자를 아내로 들였다는 사실을 숨겨서 '맹자(孟子)'라고만 말한 것이며, 『춘추』에서 이 기록을 고치지 않은 것은 당시의 상황에 따른 것이다.

孔疏 ◎注"魯人"至"順時". ○正義曰: 論語云, "君取於吳爲同姓, 謂之吳孟子", 是魯人常言稱孟子也. 坊記云, "魯春秋去夫人之姓曰吳, 其死曰孟子卒", 是舊史書爲"孟子卒". 及仲尼修春秋, 以魯人已知其非, 諱而不稱姬氏, 諱國惡禮也. 因而不改, 所以順時世也. 魯春秋"去夫人之姓曰吳", 春秋無此文. 坊記云然者, 禮, 夫人初至, 必書於策. 若娶齊女, 則云"夫人姜氏至自齊". 此孟子初至之時, 亦當書曰"夫人姬氏至自吳", 同姓不得稱姬. 舊史所書, 蓋直云"夫人至自吳", 是去夫人之姓, 直書曰吳而已. 仲尼修春秋, 以犯禮明著, 全去其文, 故今經無其事.

번역 ◎杜注: "魯人"~"順時". ○『논어』에서는 "군주가 오(吳)나라에서 아내를 들여 동성(同姓)이 되었으므로, '오맹자(吳孟子)'라고 불렀다."라고 했는데, 이것은 노(魯)나라에서 일상적으로 '맹자(孟子)'라고 불렀음을 나타낸다. 「방기」편에서는 "노나라 『춘추』에서는 부인 성을 삭제하여 '오(吳)'라고 했고, 그녀가 죽었을 때에는 '맹자졸(孟子卒)'이라고 기록했다."

라고 했는데, 이것은 옛 역사서에서는 '맹자졸(孟子卒)'로 기록했는데, 공자가 『춘추』를 산정하였을 당시에는 노나라 사람들도 그것이 잘못된 일임을 이미 알고 있었으므로, 성(姓)을 숨겨서 '희씨(姬氏)'라고 지칭하지 않았으니, 나라의 잘못된 예를 감춘 것이다. 이에 따라 고치지 않은 것은 당시의 상황에 따른 것이다. 노나라 『춘추』에서는 "부인 성을 삭제하여 '오(吳)'라고 했다."라고 했는데, 현재의 『춘추』에는 이러한 문장이 없다. 「방기」편에서 이처럼 말한 것은 예법에 따르면, 부인이 처음 시집을 올 때에는 반드시 문서에 기록을 하게 된다. 만약 제(齊)나라의 여식을 아내로 들인다면, "부인 강씨(姜氏)가 제나라로부터 왔다."라고 해야 한다. 따라서 맹자가 처음 시집을 왔을 때에도 마땅히 "부인 희씨(姬氏)가 오나라로부터 왔다."라고 기록해야 하는데, 동성이었으므로 '희(姬)'라고 지칭하지 않았다. 옛 역사서에서 기록한 것도 아마 "부인이 오나라로부터 왔다."라고만 기록했을 것이니, 부인의 성을 기록하지 않고 단지 '오(吳)'라고만 했음을 뜻한다. 공자가 『춘추』를 산정하였을 때에는 예법을 범한 사실이 확연히 드러나서 그 문장을 삭제했기 때문에, 현재의 경문에는 그 사안이 기록되어 있지 않다.

左傳 夏, 五月, 昭夫人孟子卒. 昭公娶于吳, 故不書姓①. 死不赴, 故不稱夫人②. 不反哭, 故不言葬小君③. 孔子與弔, 適季氏. 季氏不絻, 放絰而拜④.

번역 여름 5월에 소공(昭公)의 부인 맹자(孟子)가 졸(卒)했다. 소공은 오(吳)나라에서 아내를 들였기 때문에 그녀의 성(姓)을 기록하지 않았다. 그녀가 죽었을 때에도 다른 제후국에 부고를 알리지 않았기 때문에 '부인(夫人)'이라고 지칭하지 않았다. 반곡(反哭)을 하지 않았기 때문에 "소군(小君)을 장례지내다."라고 기록하지 않았다. 공자가 조문에 참여하여 계씨에게 나아갔다. 계씨가 상관(喪冠)[13]을 쓰고 있지 않았으므로, 질(絰)[14]을

---

13) 상관(喪冠)은 상복(喪服)을 착용할 때 쓰는 관(冠)이다. 상복은 수위에 따라 일반적으로 오복(五服)으로 나뉘게 되는데, '상관' 또한 각 상복의 종류에 따라 달라진다.
14) 질(絰)은 질대(絰帶)를 뜻한다. 마(麻)로 제작한 일종의 끈으로, 머리에 쓰는 수질(首絰)과 허리에 차는 요질(腰絰)이 있다.

풀고서 절을 했다.

杜注-① 諱娶同姓, 故謂之"孟子", 若宋女.

번역 동성(同姓)인 여자를 아내로 들였다는 사실을 숨겼기 때문에 '맹자(孟子)'라고 했으니, 마치 송(宋)나라의 여식인 것처럼 꾸민 것이다.

杜注-② 不稱夫人, 故不言薨.

번역 '부인(夫人)'이라고 지칭하지 않았기 때문에 '홍(薨)'이라고 기록하지 않았다.

杜注-③ 反哭者, 夫人禮也. 以同姓故, 不成其夫人喪.

번역 '반곡(反哭)'을 하는 것은 정식 부인(夫人)[15]에 대한 예법이다. 동성인 여자였기 때문에 정식 부인에 대한 상례로 치를 수 없었다.

杜注-④ 孔子始老, 故與弔也. 絻, 喪冠也. 孔子以小君禮往弔, 季孫不服喪, 故去絰, 從主節制.

번역 공자가 노쇠해진 시기였기 때문에 조문에 참여했다. '문(絻)'자는 상관(喪冠)을 뜻한다. 공자는 소군(小君)에 대한 예법에 따라 찾아가서 조문을 했는데, 계손씨가 상복을 착용하지 않았다. 그렇기 때문에 '질(絰)'을

---

15) 부인(夫人)은 제후의 부인을 뜻한다. 『예기』「곡례하(曲禮下)」편에는 "公侯有夫人, 有世婦, 有妻, 有妾."이라는 기록이 있다. 즉 공작과 후작은 정부인인 부인(夫人)을 두고, 그 외에 세부(世婦), 처(妻), 첩(妾)을 둔다. 또한 『논어』「계씨(季氏)」편에는 "邦君之妻, 君稱之曰夫人. 夫人自稱曰小童."이라는 기록이 있다. 즉 군주의 처를 군주가 직접 부를 때에는 부인(夫人)이라고 부르며, 부인(夫人)이 자신을 지칭할 때에는 소동(小童)이라고 부른다. 참고적으로 천자의 부인은 후(后)라고 부르고, 대부(大夫)의 부인은 유인(孺人)이라고 부르며, 사(士)의 부인은 부인(婦人)이라고 부르고, 서인(庶人)의 부인은 처(妻)라고 부른다. 그러나 이러한 구분은 일률적으로 적용되는 것은 아니다.

제거했으니, 상주에 따라 규범을 간소화한 것이다.

孔疏 ◎注"諱娶"至"宋女". ○正義曰: 諱娶同姓, 不得謂之吳女. 宋是子姓, 長女字孟, 故惠公元妃謂之孟子. 今亦稱孟子者, 全改其本, 若言此夫人是宋國之長女也. 釋例曰, "經書'孟子卒', 傳言'昭公娶于吳, 故不書姓', 此爲昭公加諱, 不復繫吳, 改其姓號, 傳因而弗革也. 論語謂之吳孟子, 蓋時人常言, 非經・傳正文也. 而賈氏以爲言孟子, 若言吳之長女也. 稱吳長女, 旣不異於同姓之長女, 且娶同姓, 長之與少, 未聞其異, 無所爲別也."

번역 ◎杜注: "諱娶"~"宋女". ○동성(同姓)인 여자를 아내로 들인 것을 숨겼기 때문에 '오(吳)나라의 여식'이라고 부를 수 없었다. 송(宋)나라는 자성(子姓)이었고, 장녀의 자(字)는 '맹(孟)'이 된다. 그렇기 때문에 혜공(惠公)의 정부인을 '맹자(孟子)'라고 불렀던 것이다. 현재도 '맹자(孟子)'라고 불렀는데, 본래의 사실을 완전히 바꿔서, 마치 이 부인이 송나라의 장녀였던 것처럼 말한 것이다. 『석례』에서는 "경문에서는 '맹자졸(孟子卒)'이라고 기록했고, 전문에서는 '소공(昭公)이 오(吳)나라에서 아내를 들였기 때문에 성(姓)을 기록하지 않았다.'라고 했는데, 이것은 소공으로 인해 숨기게 되어, 재차 '오(吳)'자를 덧붙이지 않고, 그녀의 성(姓)을 고쳐서 부르게 했는데, 전문에서는 시대의 상황에 따르게 되어 고치지 않았음을 나타낸다. 『논어』에서는 '오맹자(吳孟子)'라고 부른다고 했으니, 아마도 당시 사람들이 일반적으로 하는 말일 것이며, 경문이나 전문의 본래 기록이 아니다. 그런데 가규[16]는 '맹자(孟子)'라고 말한 것은 오나라의 장녀인 것처럼 말하는 것이라고 여겼다. 오나라의 장녀라고 부른다면, 이미 동성인 나라의 장녀라고 부르는 것과 차이가 없고, 또 동성의 여자를 아내로 들이면서 장녀나

---

16) 가규(賈逵, A.D.30~A.D.101): 후한(後漢) 때의 경학자이다. 자(字)는 경백(景伯)이다. 『춘추좌씨전해고(春秋左氏傳解詁)』를 지었지만, 현재 일실되어 존재하지 않는다. 청대(淸代) 마국한(馬國翰)의 『옥함산방집일서(玉函山房輯佚書)』와 황석(黃奭)의 『한학당총서(漢學堂叢書)』에 일집본(佚輯本)이 남아 있다.

막내라는 것에 대해 그 차이점을 들어보지 못했으니, 구별할 것이 없게 된
다."라고 했다.

孔疏 ◎注"反哭"至"人喪". ○正義曰 : 禮, 旣葬, 日中自墓反, 虞於正寢,
所謂反哭於寢. 反哭者, 是夫人之正禮也. 季氏以同姓之故, 不成其夫人之喪,
不爲反哭, 故不書葬, 所以懲臣子之過也. 釋例曰, "若昭之孟子者, 以同姓爲
闕. 生革其姓, 過而知悔也. 然吳之大伯, 下及魯昭, 於親遠矣, 所諱在於名義
而已. 居夫人之位, 籍小君之尊, 已三世矣. 季氏當國而不爲之服, 至令仲尼釋
己之經, 國朝不成其喪, 以世適夫人不書於策, 此季氏之咎也." 杜言不書於策,
謂不以夫人之禮書於經也.

번역 ◎杜注: "反哭"~"人喪". ○예법에 따르면 장례를 마쳤고, 한낮에
묘지로부터 되돌아오면 정침(正寢)[17]에서 우제(虞祭)를 지내니, 이른바
"침(寢)에서 반곡(反哭)을 한다."는 뜻이다. '반곡(反哭)'이라는 것은 정식
부인에 대한 정규 예법에 해당한다. 계씨는 그녀가 동성(同姓)이었기 때문
에 정식 부인에 대한 상으로 치를 수가 없었으므로, 반곡을 하지 않았다.
그렇기 때문에 '장(葬)'이라고 기록하지 않았으니, 신하의 과실을 징벌하기
위해서이다. 『석례』에서는 "소공(昭公)의 부인인 맹자(孟子)와 같은 경우
는 그녀가 동성이었기 때문에 그 성(姓)을 생략했다. 생전에 그 성(姓)을
고쳤는데, 시간이 지나자 그것이 후회할만한 사안임을 알았다. 그런데 오
(吳)나라는 태백의 후손국으로, 낮춰서 노(魯)나라 소공에게 시집을 간 것
이니, 친근하지만 사이가 먼 관계에 해당하여, 피휘를 한 것이 이름에 한정
되었을 따름이다. 제후 부인의 자리에 오르게 되면 소군(小君)이라는 존귀
한 칭호를 올리게 되며, 3세대를 거치게 된다. 계씨는 국상을 담당했음에도
그녀를 위해 상복을 착용하지 않았고, 공자로 하여금 자신이 착용하고 있

---

17) 정침(正寢)은 노침(路寢)과 같은 말이다. 또한 정전(正殿)이라고도 불렀다.
군주가 정무를 처리하던 장소이다. 천자에게는 6개의 침(寢)이 있었는데, 가
장 앞쪽에 있는 1개의 침이 바로 정침(正寢)이 되고, 나머지는 5개의 침은 연
침(燕寢)이 된다. 또한 군주의 부인이 사용하는 정침을 뜻하기도 한다.

던 질(絰)을 벗게끔 했는데, 국가에서 그녀에 대한 상을 제대로 치르지 않
아 대대로 정부인에 대해 문서를 기록하지 않았으니, 이것은 계씨의 잘못
이다."라고 했다. 두예는 문서에 기록하지 않았다고 했는데, 이것은 정식
부인에 대한 예법에 따라서 경문에 기록하지 않았다는 의미이다.

孔疏 ◎注"孔子"至"節制". ○正義曰: 杜以"孔子與弔", 明其已去臣位. 若
在臣位, 則服小君之喪, 不得云"與弔"而已, 故云"孔子始老". 始老者, 謂始致
事也. 劉炫云, "按十六年, '仲尼卒, 哀公誄之'. 子貢譏云'生不能用', 則是哀公
不用仲尼爲臣也. 又世家及諸書無云仲尼仕於哀公, 杜焉得云'孔子始老'乎?"
今知不然者, 以上十一年傳稱仲尼在衛, 魯人以幣召之. 是召之而來, 當以任
用, 故冉有云"子爲國老, 待子而行", 後乃致事, 故孟子之喪而來與弔. 若哀公
全不能用, 何須以幣召之? 但哀公不用其言, 故云"生不能用". 於傳文上下理
甚符同. 劉以爲不仕哀朝以規杜過, 非也. 喪服"齊衰三月"章曰"爲舊君君之
母妻. 傳曰, 爲舊君者孰謂也? 仕焉而已者也. 何以服齊衰三月? 言與民同也.
君之母妻則小君也." 鄭玄云, "仕焉而已者, 謂老苦有廢疾而致仕者也. 爲小
君服者, 恩深於民也." 是其服與民同, 不服臣爲小君之服, 故與常弔也. 禮, 齊
衰之喪, 始死而絻, 以至於成服. 絻以代吉冠, 故以絻爲喪冠也. 孔子以季孫當
服臣爲小君之禮, 故以小君禮往弔季氏. 傳言"適季氏", 謂適季氏哭位, 故杜
言往弔, 謂就其哭位也. 季孫既不服喪, 孔子不得服弔服, 故去絰, 從主節制
也. 大夫之弔, 服弁絰. 鄭玄云, "弁絰者, 如爵弁而素, 而加環絰. 大如緦之絰,
纏而不糾也." 曲禮云, "凡非弔喪, 非見國君, 無不答拜者." 鄭玄云, "喪賓不
答拜, 不自賓客也." 禮弔無拜法, 而此言孔子放絰而拜者, 記言喪賓不答拜,
謂喪主既拜賓, 賓不答拜耳. 其初見主人, 或弔者先拜. 據此傳文, 必有拜法.
記無其事, 記不具耳.

번역 ◎杜注: "孔子"~"節制". ○두예는 "공자가 조문에 참여했다."라고
했는데, 이것은 이미 신하의 자리에서 물러났다는 사실을 나타낸다. 만약
신하의 자리에 머물러 있었다면 소군(小君)의 상에 대해서 복상을 해야 하
므로, "조문에 참여했다."라고만 말할 수 없다. 그렇기 때문에 "공자가 노쇠

해지기 시작했다."라고 했다. 노쇠해지기 시작했다는 말은 비로소 정치에
서 물러났다는 뜻이다. 유현[18]은 "16년 기록을 살펴보면, '공자가 졸(卒)하
여, 애공(哀公)이 그에 대한 뇌(誄)[19]를 지었다.'라고 했고, 자공은 그 사실
을 비판하며, '생전에는 등용하지 못했다.'라고 했으니,[20] 애공이 공자를 신
하로 삼지 않았음을 뜻한다. 또『사기』「공자세가(孔子世家)」및 여러 서적
들에도 공자가 애공 밑에서 벼슬을 했다는 기록이 없다. 그런데 두예는 어
찌하여 '공자가 노쇠해지기 시작하여 벼슬에서 물러났다.'라고 말할 수 있
는가?"라고 했다. 현재 그렇지 않다는 사실을 알 수 있는 이유는 앞서 11년
의 전문에서는 공자가 위(衛)나라에 있었다고 했고, 노(魯)나라에서 예물을
보내 초빙했다고 했기 때문이다.[21] 이것은 초빙을 하여 왔으니, 마땅히 등
용을 했음을 뜻한다. 그렇기 때문에 염유를 보내서 "그대는 국가의 원로라
서 그대를 기다려 일을 처리하려고 한다."[22]라고 한 것이니, 이후에 관직에
서 물러난 것이다. 그렇기 때문에 맹자의 상사가 발생했을 때 찾아가서 조
문에 참여했던 것이다. 만약 애공이 그를 전혀 등용하지 않았다면 어찌 예
물을 보내서 초빙할 필요가 있었겠는가? 다만 애공이 그의 말을 따르지
않았기 때문에 "생전에는 따르지 못했다."라고 말한 것이다. 전문의 앞뒤
맥락과 이치는 매우 부합된다. 유현이 애공의 조정에서 벼슬을 하지 않았

---

18) 유현(劉炫, ?~?) : 수(隋)나라 때의 학자이다. 자는 광백(光伯)이며, 경성(景
城) 출신이다. 택학박사(太學博士) 등을 지냈다.『논어술의(論語述義)』,『춘
추술의(春秋述義)』,『효경술의(孝經述義)』등을 저술하였다.
19) 뇌(誄)는 죽은 자의 행적들을 열거하여, 그 기록들을 읽으며, 시호(謚號)를
짓는 것을 뜻한다. '뇌'자는 "묶는다[累]."는 뜻이다. 즉 죽은 자의 행적을 하
나로 엮는다는 의미이다.
20)『춘추좌씨전』「애공(哀公) 16년」 : 夏四月己丑, 孔丘卒. 公誄之曰, "旻天不弔,
不憖遺一老, 俾屏余一人以在位, 煢煢余在疚. 嗚呼哀哉尼父!無自律." 子贛曰,
"君其不沒於魯乎! 夫子之言曰, '禮失則昏, 名失則愆.' 失志爲昏, 失所爲愆. 生
不能用, 死而誄之, 非禮也; 稱一人, 非名也. 君兩失之."
21)『춘추좌씨전』「애공(哀公) 11년」 : 仲尼曰, "胡簋之事, 則嘗學之矣; 甲兵之事,
未之聞也." 退, 命駕而行, 曰, "鳥則擇木, 木豈能擇鳥?"文子遽止之, 曰, "圉豈
敢度其私, 訪衛國之難也." 將止, 魯人以幣召之, 乃歸.
22)『춘추좌씨전』「애공(哀公) 11년」 : 季孫欲以田賦, 使冉有訪諸仲尼. 仲尼曰,
"丘不識也." 三發, 卒曰, "子爲國老, 待子而行, 若之何子之不言也?"

다고 여긴 것은 두예의 잘못을 그대로 따른 것이므로, 잘못된 주장이다. 『의례』「상복(喪服)」편의 '자최삼월(齊衰三月)'장에서는 "옛 군주 및 군주의 모친과 처를 위해서 착용한다. 전문에서 말하길, 옛 군주를 위해서 착용한다고 한 말은 누구를 뜻하는가? 벼슬을 했다가 관직에서 물러난 자를 뜻한다. 어찌하여 자최복(齊衰服)23)으로 3개월 동안 복상하는가? 백성들과 동일하게 따른다는 의미이다. 군주의 모친과 처에 대해서 착용하는 것은 소군(小君)이기 때문이다."24)라고 했다. 정현은 "벼슬을 했다가 관직에서 물러난 자는 노쇠했거나 병에 걸려서 벼슬에서 물러난 자를 뜻한다. 소군을 위해서 상복을 착용하는 것은 백성들보다 그녀에 대한 은정이 깊기 때문이다."라고 했다. 이것은 그가 착용했던 상복은 백성들과 동일한 것이며, 신하의 입장에서 소군에 대한 상복을 착용한 것이 아님을 뜻한다. 그렇기 때문에 일상적인 조문에 참여했던 것이다. 예법에 따르면 자최복의 상에서는 해당 대상이 이제 막 죽었을 때 문(絻)25)을 하고, 성복(成服)26)에 이르게 된다. 문(絻)은 길관(吉冠)27)을 대체하는 것이다. 그렇기 때문에 '문

---

23) 자최복(齊衰服)은 상복(喪服) 중 하나로, 오복(五服)에 속한다. 거친 삼베를 사용해서 만들며, 자른 부위를 꿰매어 가지런하게 정리하기 때문에, '자최복'이라고 부른다. 이 복장을 입게 되는 기간에도 여러 종류가 있는데, 3년 동안 입는 경우는 죽은 계모(繼母)나 자모(慈母)를 위한 경우이고, 1년 동안 입는 경우는 손자가 죽은 조부모를 위해 입는 경우와 남편이 죽은 아내를 입는 경우 등이다. 그리고 1년 동안 '자최복'을 입는 경우, 그 기간을 자최기(齊衰期)라고도 부른다. 또 5개월 동안 입는 경우는 죽은 증조부나 증조모를 위한 경우이며, 3개월 동안 입는 경우는 죽은 고조부나 고조모를 위한 경우 등이다.

24) 『의례』「상복(喪服)」: 爲舊君·君之母·妻. 傳曰, 爲舊君者, 孰謂也? 仕焉而已者也. 何以服齊衰三月也? 言與民同也. 君之母·妻, 則小君也.

25) 문(免)은 '문(絻)'이라고도 부른다. 문포(免布)나 문복(免服)과 같은 뜻이다.

26) 성복(成服)은 상례(喪禮)에서 대렴(大斂) 이후, 죽은 자와의 관계에 따라, 각각 규정에 맞는 상복(喪服)을 갖춰 입는다는 뜻이다.

27) 길관(吉冠)은 길복(吉服)을 착용할 때 쓰는 관(冠)이다. '길복'은 제례(祭禮)나 의례(儀禮)를 시행할 때 착용하는 제복(祭服)과 예복(禮服)을 가리킨다. 신분의 등급 및 제사의 종류의 따라서 '길복'이 변화되는데, '길관' 또한 각 길복에 따라 변화된다. 한편 일상적으로 쓰는 '관' 또한 '길관'이라고 부른다. 길흉(吉凶)에 의해 각 시기를 구분하게 되면, 상사(喪事)나 재앙 등을 당했을 때에는 흉(凶)에 해당하고, 그 나머지 시기는 길(吉)한 시기에 해당하기 때문이다.

(統)'을 상관(喪冠)으로 여긴 것이다. 공자는 계씨가 마땅히 신하의 입장에서 소군에 대한 예법에 따라 상복을 착용해야 한다고 여겼다. 그렇기 때문에 소군에 따른 예법으로 찾아가서 계씨에게 조문을 했던 것이다. 전문에서는 "계씨에게 갔다."라고 했는데, 계씨가 곡(哭)을 하는 장소로 나아갔다는 뜻이다. 그렇기 때문에 두예는 찾아가서 조문을 했다고 했으니, 곡하는 자리로 나아갔다는 의미이다. 계씨가 이미 상복을 착용하지 않았으므로, 공자는 조문복장을 착용할 수 없었다. 그렇기 때문에 질(絰)을 제거하고 상주에 따라 예법을 간략히 따른 것이다. 대부가 조문을 할 때에는 변질(弁絰)[28]을 착용한다. 정현은 "'변질(弁絰)'이라는 것은 작변(爵弁)처럼 만들되 흰색으로 하며, 환질(環絰)을 두르는 것이다. 그 크기는 시마복(緦麻服)[29]의 질(絰)과 같다. 엮기만 하고 두 가닥을 함께 꼬지 않는다."라고 했다. 『예기』「곡례(曲禮)」편에서는 "무릇 상사에 조문을 하는 경우가 아니거나 군주를 찾아뵙는 경우가 아니라면, 답배(答拜)를 하지 않는 경우가 없다."[30]라고 했고, 정현은 "상사에서 빈객이 답배(答拜)를 하지 않는 것은 스스로를 빈객(賓客)으로 자처하지 않기 때문이다."라고 했다. 예법에 따르면 조문을 할 때에는 절을 하는 법도가 없는데, 이곳에서 공자가 질(絰)을 제거하고 절을 했다고 하여 차이를 보인다. 그 이유는『예기』의 기록에서는 상사의 빈객은 답배를 하지 않는다고 했는데, 이것은 상주가 빈객에게 절을 하면 빈객은 답배를 하지 않는다는 뜻일 뿐이다. 따라서 최초 상주를 보게 되면 간혹 조문을 하는 자가 먼저 절을 하는 경우도 있다. 이곳 전문의 내용에 따른다면 반드시 절을 하는 법도가 있었을 것이다.『예기』에 이러한 사안이 기록되지 않은 것은『예기』의 기록이 상세히 구비되지 않았기 때문이다.

---

28) 변질(弁絰)은 흰 색으로 된 작변(爵弁)에 환질(環絰)을 두른 것이다.

29) 시마복(緦麻服)은 상복(喪服) 중 하나로, 오복(五服)에 속한다. 가장 조밀한 삼베를 사용해서 만든다. 이 복장을 입게 되는 기간은 상황에 따라서 차이가 있지만, 일반적으로 3개월이 된다. 친족의 백숙부모(伯叔父母)나 친족의 형제(兄弟)들 및 혼인하지 않은 친족의 자매(姊妹) 등을 위해서 입는다.

30) 『예기』「곡례하(曲禮下)」【52c】: 凡非弔喪, 非見國君, 無不答拜者.

公羊傳-經文 夏, 五月, 甲辰, 孟子卒.

번역 여름 5월 갑진일에 맹자(孟子)가 졸(卒)했다.

公羊傳 孟子者何①? 昭公之夫人也. 其稱孟子何②? 諱娶同姓, 蓋吳女也③.

번역 '맹자(孟子)'는 누구인가? 소공(昭公)의 부인이다. 왜 '맹자(孟子)'라고 지칭했는가? 동성(同姓)인 여자를 아내로 들인 것을 감춘 것이니, 오(吳)나라의 여식일 것이다.

何注-① 據魯大夫無孟子.

번역 노(魯)나라 대부 중에는 '맹자(孟子)'라는 자가 없다는 사실에 근거한 말이다.

何注-② 據不稱夫人某氏.

번역 '부인 아무개 씨'라고 지칭하지 않은 것에 근거한 말이다.

何注-③ 禮, 不娶同姓, 買妾不知其姓, 則卜之. 爲同宗共祖, 亂人倫, 與禽獸無別. 昭公旣娶, 諱而謂之吳孟子. 春秋不繫吳者, 禮, 婦人繫姓不繫國, 雖不諱, 猶不繫國也. 不稱夫人, 不言薨, 不書葬者, 深諱之.

번역 예법에 따르면 동성(同姓)인 여자는 아내로 들일 수 없고, 첩을 사들일 때 그녀의 성(姓)을 알 수 없다면, 거북점을 치게 된다. 종족이 같아지고 조상이 동일하게 되어 인륜을 혼란스럽게 만드는 것은 금수와 차별이 없게끔 만들기 때문이다. 소공(昭公)은 이미 그녀를 아내로 들였고, 그 사실을 숨겨서 '오맹자(吳孟子)'라고 불렀다. 『춘추』의 기록에서는 '오(吳)'자를 덧붙이지 않았다. 예법에 따르면 부인에 대해서는 성(姓)을 덧붙여서 기록하며 국명을 덧붙이지 않는다. 비록 숨기지 않는 경우라도 여전히 국명을 덧붙이지는 않는다. '부인(夫人)'이라고 지칭하지 않았고, '훙(薨)'이라고 기록하지 않았으며, '장(葬)'이라고 기록하지 않았는데, 피휘를 심하게 한 것이다.

徐疏 ●"孟子者何". ○解云: 欲言魯女, 不言孟姬; 欲言夫人, 經不書葬, 故執不知問.

번역 ●傳文: "孟子者何". ○노(魯)나라의 여인이라고 말하고자 했는데, '맹희(孟姬)'라고 부르지 않았고, '부인(夫人)'이라고 말하고자 했는데 경문에서는 '장(葬)'이라고 기록하지 않았기 때문에, 의문스러운 점을 질문한 것이다.

徐疏 ◎注"據不"至"某氏". ○解云: 卽隱二年冬, "十有二月, 乙卯, 夫人子氏薨"之屬, 是也.

번역 ◎何注: "據不"~"某氏". ○은공(隱公) 2년 겨울 기록에서, "12월 을묘일에 부인 자씨(子氏)가 훙(薨)했다."[31]라고 한 부류가 이러한 경우에 해당한다.

徐疏 ●"蓋吳女也". ○解云: 公羊子不受于師, 故疑之.

번역 ●傳文: "蓋吳女也". ○공양자는 스승에게 수업을 받지 못했기 때문에 의문시했던 것이다.

徐疏 ◎注"禮不"至"無別". ○解云: 上曲禮云"取妻不取同姓, 故買妾不知其姓則卜之", 鄭氏注云"爲其近禽獸也. 妾賤, 或時非腠, 取之於賤者, 世無本繫者", 是也. 云爲同宗共祖, 亂人倫, 與禽獸無別者, 欲取曲禮上云"夫唯禽獸無禮, 故父子聚麀, 是故聖人作, 爲禮以敎人, 欲人以有禮, 知自別於禽獸"之

---

31) 『춘추』「은공(隱公) 2년」: 十有二月, 乙卯, 夫人子氏薨.

文乎.

번역 ◎何注: "禮不"~"無別". ○『예기』「곡례상(曲禮上)」편에서는 "아내를 맞이할 때 동성(同姓)인 사람들 중에서는 선택하지 않는다. 첩을 사들일 때 만약 그녀의 성(姓)을 알 수 없는 상황이라면, 점을 쳐서 길흉(吉凶)을 판단한다."[32]라고 했고, 정현의 주에서는 "금수(禽獸)에 가까운 행동이기 때문이다. 첩은 본래부터 신분이 천한 자들인데, 간혹 부인이 시집올 때 함께 데려온 여자[媵]가 아닌 경우, 신분이 미천한 자들 중에서 대신할 자를 뽑게 된다. 따라서 그녀들은 대대로 가계도가 없어서 성(姓)을 확인할 수 없는 것이다."라고 했다. 하휴가 "종족이 같아지고 조상이 동일하게 되어 인륜을 혼란스럽게 만드는 것은 금수와 차별이 없게끔 만들기 때문이다."라고 했는데, 아마도 「곡례상」편에서 "짐승들만이 예(禮)가 없기 때문에, 부친과 자식이 암컷을 공유하는 것이다. 이러한 까닭으로 성인이 출현하여 예를 만들어서 사람들을 교화하고, 사람들로 하여금 예를 지니게 하여, 인간이 짐승과 구별되어야 함을 알도록 하였다."[33]라고 한 문장에서 의미를 취하고자 했을 것이다.

徐疏 ◎注"昭公"至"孟子". ○解云: 昭十年注云"去冬者, 蓋昭公娶吳孟子之年, 故貶之". 然則此言昭公旣娶者, 謂從昭十年以來也, 而諱之吳孟子者, 卽論語云"君娶于吳爲同姓, 謂之吳孟子", 坊記云"魯春秋猶去夫人之姓曰吳, 其死曰孟子卒", 是也.

번역 ◎何注: "昭公"~"孟子". ○소공(昭公) 10년 기록의 주에서 "'동(冬)'자를 제거한 것은 아마도 소공이 오맹자(吳孟子)를 아내로 들인 해이기 때문에 낮춘 것이다."라고 했다. 그렇다면 소공이 아내로 들였다고 한 것은 소공 10년 이후의 시기인데, 피휘하여 '오맹자(吳孟子)'라고 부른 것은

---

32) 『예기』「곡례상(曲禮上)」【24c】: 取妻, 不取同姓. 故買妾, 不知其姓, 則卜之.
33) 『예기』「곡례상(曲禮上)」【11a~b】: 鸚鵡能言, 不離飛鳥; 猩猩能言, 不離禽獸; 今人而無禮, 雖能言, 不亦禽獸之心乎? 夫惟禽獸無禮, 故父子聚麀. 是故, 聖人作, 爲禮以敎人, 使人以有禮, 知自別於禽獸.

『논어』에서 "군주가 오(吳)나라에서 아내를 들여 동성(同姓)이 되었으므로, '오맹자(吳孟子)'라고 불렀다."라고 했고, 「방기」편에서 "노(魯)나라『춘추』에서는 소공의 부인 성을 삭제하여 '오(吳)'라고 했고, 그녀가 죽었을 때에는 '맹자졸(孟子卒)'이라고 기록했다."라고 한 말이 바로 이러한 사실을 나타낸다.

徐疏 ◎注"春秋"至"國也". ○解云: 言婦人繫姓不繫國者, 卽隱元年"仲子"下, 注云"仲字子姓, 婦人以姓配字, 不忘本也, 因示不適同姓也"; 二年"夫人子氏"之下, 注云"子者, 姓也. 夫人以姓配號, 義與仲子同", 是. 言昭公之時, 諱之不謂之吳姬, 謂之吳孟子, 而春秋直謂之孟子, 不繫吳者, 正以婦人不繫國故也. 言雖不諱, 猶不繫國者, 正以文姜·穆姜之屬, 亦不繫國言之故也.

번역 ◎何注: "春秋"~"國也". ○부인에 대해 성(姓)을 덧붙이고 국명을 덧붙여 기록하지 않는다는 뜻이니, 은공(隱公) 1년 기록에서 '중자(仲子)'라고 한 기록 밑의 주에서는 "'중(仲)'자는 자(字)이고, '자(子)'자는 성(姓)이니, 부인의 경우에는 성(姓)에 자(字)를 짝하여 기록하는 것으로 뿌리를 잊지 않기 때문이니, 이를 통해 동성의 여자를 아내로 들이지 않는다는 뜻을 드러낸다."[34]라고 했다. 그리고 2년에는 '부인 자씨(子氏)'[35]라고 했고, 그 뒤의 주에서는 "'자(子)'자는 성(姓)이다. 부인에 대해서는 성(姓)을 짝하여 부르니, 그 의미는 중자(仲子)의 경우와 동일하다."[36]라고 했다. 소공(昭公) 때에는 피휘를 하여 '오희(吳姬)'라고 부르지 않고 '오맹자(吳孟子)'라고 불렀는데,『춘추』에서는 '맹자(孟子)'라고만 했고 '오(吳)'자를 붙이지 않았다. 이것은 부인에 대해서 국명을 붙여서 부르지 않기 때문이다. 비록 피휘를 하지 않았지만 여전히 국명을 붙이지 않는 것은 문강(文姜)이나 목강(穆姜)과 같은 경우이니, 이러한 경우에도 또한 국명을 붙여서 부르지 않기

---

34) 이 문장은『춘추공양전』「은공(隱公) 1년」의 "仲子者何? 桓之母也."라는 기록에 대한 하휴(何休)의 주이다.
35)『춘추』「은공(隱公) 2년」: 十有二月, 乙卯, 夫人子氏薨.
36) 이 문장은『춘추공양전』「은공(隱公) 2년」의 "將不終爲君, 故母亦不終爲夫人也."라는 기록에 대한 하휴(何休)의 주이다.

때문이다.

徐疏 ◎注"不稱"至"諱之". ○解云 : 若言夫人, 又若言薨, 當言夫人姬氏薨; 若葬, 當言葬我小君昭姬, 皆爲大惡, 大惡不可言, 故曰深諱之也. 而云孟子卒者, 若言宋之長女, 爲魯侯之妾而卒之, 猶如定十五年秋"姒氏卒"之類.

번역 ◎何注: "不稱"~"諱之". ○만약 '부인(夫人)'이라고 기록하고, 또 '훙(薨)'이라고 말한다면, 마땅히 "부인 희씨(姬氏)가 훙했다."라고 말해야 한다. 만약 장례를 지냈다면, "우리 소군(小君) 소희(昭姬)를 장례지냈다."라고 말해야 하니, 이 모두는 매우 악한 행동이 되어, 매우 악하기 때문에 언급하지 않은 것이다. 그래서 "피휘를 심하게 한 것이다."라고 했다. 그런데 '맹자졸(孟子卒)'이라고 말한 것은 마치 송(宋)나라의 장녀가 노(魯)나라 후작의 첩이 되었다가 죽은 것처럼 말한 것이니, 정공(定公) 15년 가을에 '사씨졸(姒氏卒)'[37]이라고 한 부류와 같다.

穀梁傳-經文 夏, 五月, 甲辰, 孟子卒.

번역 여름 5월 갑진일에 맹자(孟子)가 졸(卒)했다.

穀梁傳 孟子者, 何也? 昭公夫人也. 其不言夫人, 何也? 諱取同姓也.

번역 '맹자(孟子)'는 누구인가? 소공(昭公)의 부인이다. '부인(夫人)'이라고 말하지 않은 것은 어째서인가? 동성(同姓)의 여자를 아내로 들인 것을 피휘했기 때문이다.

范注 葬當書姓, 諱故亦不書葬.

번역 장례를 치렀다면 마땅히 성(姓)을 기록해야 하는데, 피휘를 했기 때문에 또한 '장(葬)'이라고 기록하지 않았다.

---

37) 『춘추』 「정공(定公) 15년」 : 秋, 七月, 壬申, 姒氏卒.

楊疏 ◎注“書當”至“書葬”. ○釋曰: 莊二十二年“葬我小君文姜”, 經書其氏, 卒又稱夫人而書葬. 今孟子卒雖不稱夫人, 准弋氏應書葬. 不言者, 知諱同姓, 故范例, 夫人薨者十, 而書葬者十. 夫人之道, 從母儀. 卽桓公夫人文姜一, 莊公夫人哀姜二, 僖公之母成風三, 文公之母聲姜四, 宣公之母頃熊五, 成公之母穆姜六, 成公之嫡夫人齊姜七, 襄公之母定姒八, 昭公之母歸氏九, 哀公之母定戈十. 十者並書葬, 其隱公夫人從夫之讓, 昭公夫人諱同姓, 二者皆不書葬也.

번역 ◎范注: “書當”~“書葬”. ○장공(莊公) 22년에는 “우리 소군(小君) 문강(文姜)을 장례지냈다.”[38]라고 했는데, 경문에서는 그녀의 씨(氏)를 기록했고, 그녀가 죽었을 때에도 ‘부인(夫人)’이라고 지칭하며 ‘장(葬)’이라고 기록했다. 현재 맹자(孟子)가 죽었을 때 비록 그녀에 대해 ‘부인(夫人)’이라고 지칭하지 않았지만, 씨(氏)를 기록하지 않았으므로 마땅히 ‘장(葬)’이라고 기록해야 한다. 그런데 이처럼 언급하지 않았으니, 동성의 여자이므로 피휘를 했다는 사실을 알 수 있다. 그래서 범녕의 용례에 따르면, 부인이 홍(薨)을 했다는 것은 10가지이고, 장(葬)이라고 기록한 것은 10가지이다. 부인의 도는 모친의 규범에 따른다. 즉 환공(桓公)의 부인인 문강(文姜)이 첫 번째 사례이고, 장공(莊公)의 부인인 애강(哀姜)이 두 번째 사례이며, 희공(僖公)의 모친인 성풍(成風)이 세 번째 사례이고, 문공(文公)의 모친인 성강(聲姜)이 네 번째 사례이며, 선공(宣公)의 모친인 경웅(頃熊)이 다섯 번째 사례이고, 성공(成公)의 모친인 목강(穆姜)이 여섯 번째 사례이며, 성공의 정부인인 제강(齊姜)이 일곱 번째 사례이고, 양공(襄公)의 모친인 정사(定姒)가 여덟 번째 사례이며, 소공(昭公)의 모친인 귀씨(歸氏)가 아홉 번째 사례이고, 애공(哀公)의 모친인 정과(定戈)가 열 번째 사례이다. 10가지 사례에서는 모두 ‘장(葬)’이라고 기록했는데, 은공(隱公)의 부인에 있어서는 남편에 따라 겸양을 하였고, 소공의 부인에 있어서는 동성인 여자라서 피휘를 했으니, 두 경우에서는 모두 ‘장(葬)’이라고 기록하지 않았다.

---

38) 『춘추』「장공(莊公) 22년」: 癸丑, 葬我小君文姜.

참고 『춘추』 부인들의 훙(薨) 기록

은공(隱公) 2년 十有二月, 乙卯, 夫人子氏薨.

번역 12월 을묘일에 부인 자씨(子氏)가 훙(薨)했다.

장공(莊公) 21년 秋, 七月, 戊戌, 夫人姜氏薨.

번역 가을 7월 무술일에 부인 강씨(姜氏)가 훙(薨)했다.

희공(僖公) 1년 秋, 七月, 戊辰, 夫人姜氏薨于夷, 齊人以歸.

번역 가을 7월 무진일에 부인 강씨(姜氏)가 이(夷)에서 훙(薨)하니, 제(齊)나라 사람들이 시신을 가지고 되돌아갔다.

문공(文公) 4년 冬, 十有一月, 壬寅, 夫人風氏薨.

번역 겨울 11월 임인일에 부인 풍씨(風氏)가 훙(薨)했다.

문공(文公) 16년 秋, 八月, 辛未, 夫人姜氏薨.

번역 가을 8월 신미일에 부인 강씨(姜氏)가 훙(薨)했다.

선공(宣公) 8년 戊子, 夫人嬴氏薨.

번역 무자일에 부인 영씨(嬴氏)가 훙(薨)했다.

양공(襄公) 2년 夏, 五月, 庚寅, 夫人姜氏薨.

번역 여름 5월 경인일에 부인 강씨(姜氏)가 훙(薨)했다.

양공(襄公) 4년 秋, 七月, 戊子, 夫人姒氏薨.

번역 가을 7월 무자일에 부인 사씨(姒氏)가 훙(薨)했다.

양공(襄公) 9년 五月, 辛酉, 夫人姜氏薨.

번역 5월 신유일에 부인 강씨(姜氏)가 훙(薨)했다.

소공(昭公) 11년 五月, 甲申, 夫人歸氏薨.

번역 5월 갑신일에 부인 귀씨(歸氏)가 훙(薨)했다.

참고 『춘추』 부인들의 졸(卒) 기록

은공(隱公) 3년 夏, 四月, 辛卯, 君氏卒.

번역 여름 4월 신묘일에 군씨(君氏)가 졸(卒)했다.

장공(莊公) 2년 秋, 七月, 齊王姬卒.

번역 가을 7월 제(齊)나라로 시집을 갔던 왕녀 희(姬)가 졸(卒)했다.

장공(莊公) 4년 三月, 紀伯姬卒.

번역 3월 기(紀)나라로 시집간 백희(伯姬)가 졸(卒)했다.

장공(莊公) 29년 冬, 十有二月, 紀叔姬卒.

번역 겨울 12월 기(紀)나라로 시집을 갔던 숙희(叔姬)가 졸(卒)했다.

희공(僖公) 9년 秋, 七月, 乙酉, 伯姬卒.

번역 가을 7월 을유일에 백희(伯姬)가 졸(卒)했다.

희공(僖公) 16년 夏, 四月, 丙申, 鄫季姬卒.

번역 여름 4월 병신일에 증(鄫)나라로 시집을 갔던 계희(季姬)가 졸(卒)했다.

문공(文公) 12년 二月, 庚子, 子叔姬卒.

번역 2월 경자일에 자숙희(子叔姬)가 졸(卒)했다.

성공(成公) 8년 冬, 十月, 癸卯, 杞叔姬卒.

번역 겨울 10월 계묘일에 기(杞)나라로 시집을 갔던 숙희(叔姬)가 졸(卒)했다.

양공(襄公) 30년 宋伯姬卒.

번역 송(宋)나라 백희(伯姬)가 졸(卒)했다.

정공(定公) 15년 秋, 七月, 壬申, 姒氏卒.

번역 가을 7월 임신일에 사씨(姒氏)가 졸(卒)했다.

애공(哀公) 12년 夏, 五月, 甲辰, 孟子卒.

번역 여름 5월 갑진일에 맹자(孟子)가 졸(卒)했다.

참고 『춘추』부인들의 장(葬) 기록

장공(莊公) 4년 六月, 乙丑, 齊侯葬紀伯姬.

번역 6월 을축일에 제(齊)나라 후작이 기(紀)나라로 시집갔던 백희(伯姬)의 장례를 지냈다.

장공(莊公) 22년 癸丑, 葬我小君文姜.

번역 계축일에 우리 소군(小君)인 문강(文姜)을 장례지냈다.

장공(莊公) 30년 八月, 癸亥, 葬紀叔姬.

번역 8월 계해일에 기(紀)나라로 시집갔던 숙희(叔姬)를 장례지냈다.

희공(僖公) 2년 夏, 五月, 辛巳, 葬我小君哀姜.

번역 여름 5월 신사일에 우리 소군(小君)인 애강(哀姜)을 장례지냈다.

문공(文公) 5년 三月, 辛亥, 葬我小君成風.

번역 3월 신해일에 우리 소군(小君)인 성풍(成風)을 장례지냈다.

문공(文公) 17년 夏, 四月, 癸亥, 葬我小君聲姜.

번역 여름 4월 계해일에 우리 소군(小君)인 성강(聲姜)을 장례지냈다.

선공(宣公) 8년 冬, 十月, 己丑, 葬我小君敬嬴.

번역 겨울 10월 기축일에 우리 소군(小君)인 경영(敬嬴)을 장례지냈다.

양공(襄公) 2년 己丑, 葬我小君齊姜.

번역 기축일에 우리 소군(小君)인 제강(齊姜)을 장례지냈다.

양공(襄公) 4년 八月, 辛亥, 葬我小君定姒.

번역 8월 신해일에 우리 소군(小君)인 정사(定姒)를 장례지냈다.

양공(襄公) 9년 秋, 八月, 癸未, 葬我小君穆姜.

번역 가을 8월 계미일에 우리 소군(小君)인 목강(穆姜)을 장례지냈다.

양공(襄公) 30년 秋, 七月, 叔弓如宋, 葬宋共姬.

번역 가을 7월 숙궁(叔弓)이 송(宋)나라에 가서 송나라로 시집을 갔던 공희(共姬)의 장례를 지냈다.

소공(昭公) 11년 九月, 己亥, 葬我小君齊歸.

번역 9월 기해일에 우리 소군(小君)인 제귀(齊歸)를 장례지냈다.

정공(定公) 15년 辛巳, 葬定姒.

번역 신사일에 정사(定姒)를 장례지냈다.

참고 『춘추』 부인들의 시집에 대한 기록

은공(隱公) 2년 九月, 紀裂繻來逆女.

번역 9월 기(紀)나라 열수(裂繻)가 노(魯)나라에 와서 여자를 맞이하였다.

은공(隱公) 2년 冬, 十月, 伯姬歸于紀.

번역 겨울 10월 백희(伯姬)가 기(紀)나라로 시집갔다.

은공(隱公) 7년 七年, 春, 王三月, 叔姬歸于紀.

번역 7년 봄 왕력으로 3월 숙희(叔姬)가 기(紀)나라로 시집갔다.

환공(桓公) 3년 公子翬如齊逆女.

번역 공자 휘(翬)가 제(齊)나라에 가서 여자를 맞이하였다.

환공(桓公) 3년 九月, 齊侯送姜氏于讙. 公會齊侯于讙. 夫人姜氏至自齊.

번역 9월 제(齊)나라 후작이 강씨(姜氏)를 환(讙) 땅까지 호송을 했다. 환공(桓公)이 환 땅에서 제나라 후작과 회합을 하였다. 부인 강씨(姜氏)가 제나라로부터 왔다.

환공(桓公) 8년 祭公來, 遂逆王后于紀.

번역 제공(祭公)이 노(魯)나라에 와서 마침내 기(紀)나라에 가서 왕후(王后)[39]를 맞이하였다.

환공(桓公) 9년 九年春, 紀季姜歸于京師.

번역 9년 봄에 기(紀)나라 계강(季姜)이 경사(京師)[40]로 시집갔다.

---

39) 왕후(王后)는 천자의 본부인을 뜻한다. 후대에는 황후(皇后)라고 부르기도 하였다. 고대에는 천자(天子)를 왕(王)이라고 불렀기 때문에, 천자의 부인을 '왕후'라고 부른다. 또한 '왕'자를 생략하여 '후(后)'라고도 부른다.

40) 경사(京師)는 그 나라의 수도를 뜻한다. 『시』「대아(大雅)·공유(公劉)」편에는 "京師之野, 于時處處."라는 기록이 있고, 이에 대해 마서신(馬瑞辰)의 『통석(通釋)』에서는 오두남(吳斗南)의 주석을 인용해서, "京者, 地名. 師者, 都邑之稱. 如洛邑, 亦稱洛師之類."라고 풀이했다. 즉 '경(京)'자는 단순한 지명이

장공(莊公) 1년 王姬歸于齊.

번역 왕희(王姬)가 제(齊)나라로 시집갔다.

장공(莊公) 11년 冬, 王姬歸于齊.

번역 겨울 왕희(王姬)가 제(齊)나라로 시집갔다.

장공(莊公) 24년 夏, 公如齊逆女.

번역 여름 장공(莊公)이 제(齊)나라에 가서 여자를 맞이하였다.

장공(莊公) 24년 秋, 公至自齊.

번역 가을 장공(莊公)이 제(齊)나라로부터 돌아왔다.

장공(莊公) 24년 八月, 丁丑, 夫人姜氏入.

번역 8월 정축일에 부인 강씨(姜氏)가 노(魯)나라로 들어왔다.

장공(莊公) 25년 伯姬歸于杞.

번역 백희(伯姬)가 기(杞)나라로 시집갔다.

선공(宣公) 1년 公子遂如齊逆女.

번역 공자 수(遂)가 제(齊)나라에 가서 여자를 맞이하였다.

선공(宣公) 1년 三月, 遂以夫人婦姜至自齊.

번역 3월 수(遂)가 부인 부강(婦姜)을 모시고 제(齊)나라로부터 돌아왔다.

었고, '사(師)'자가 수도를 뜻하는 단어였다. 이후에는 '경사'라는 단어를 그 나라의 수도를 가리키는 용어로 사용하였다.

성공(成公) 9년 二月, 伯姬歸於宋.

번역 2월 백희(伯姬)가 송(宋)나라로 시집갔다.

성공(成公) 14년 秋, 叔孫僑如如齊逆女.

번역 가을 숙손교여(叔孫僑如)가 제(齊)나라에 가서 여자를 맞이하였다.

성공(成公) 14년 九月, 僑如以夫人婦姜氏至自齊.

번역 9월 교여(僑如)가 부인 부강씨(婦姜氏)를 모시고 제(齊)나라로부터 돌아왔다.

그림 22-1 ◼ 오(吳)나라 세계도(世系圖)

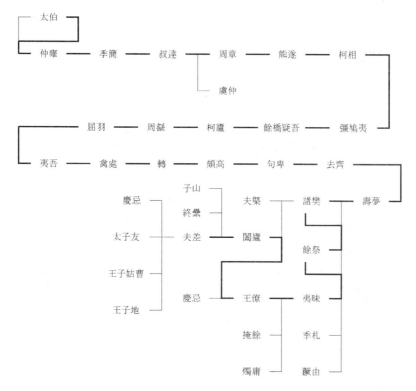

※ 출처: 『역사(繹史)』 1권 「역사세계도(繹史世系圖)」

그림 22-2 ◨ 저질(苴絰)과 요질(腰絰)

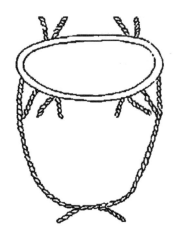

※ 출처: 『삼례도집주(三禮圖集注)』15권

그림 22-3 ■ 노침(路寢)과 연침(燕寢)

制 寢 宮

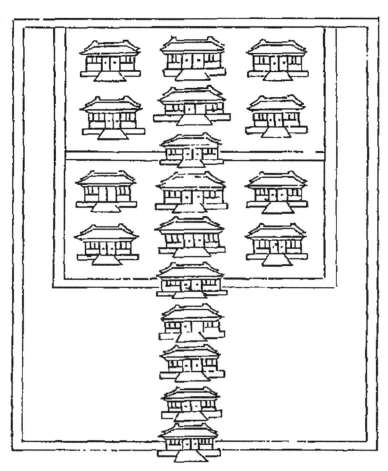

◎ 가장 위쪽의 육침(六寢)은 왕후(王后)의 육침

◎ 그 밑의 육침(六寢)은 천자(天子)의 육침

◎ 육침 중 중앙 앞쪽 1개는 노침(路寢), 나머지 5개는 연침(燕寢)

※ **출처:**『삼례도집주(三禮圖集注)』4권

그림 22-4   ▣ 자최복(齊衰服) 착용 모습

圖　衰　齊

※ 출처: 『삼재도회(三才圖會)』「의복(衣服)」 3권

그림 22-5 ▣ 자최복(齊衰服) 각부 명칭

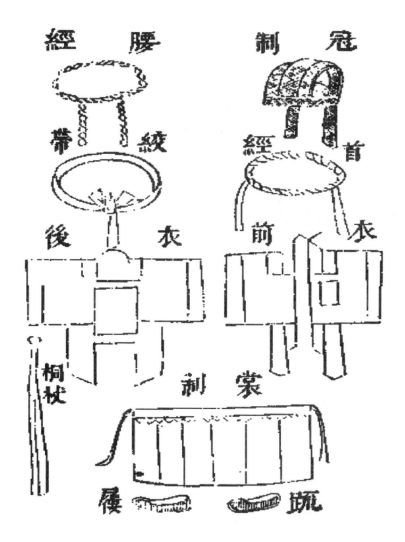

※ 출처: 『삼재도회(三才圖會)』『의복(衣服)』 3권

그림 22-6 ▣ 작변(爵弁)

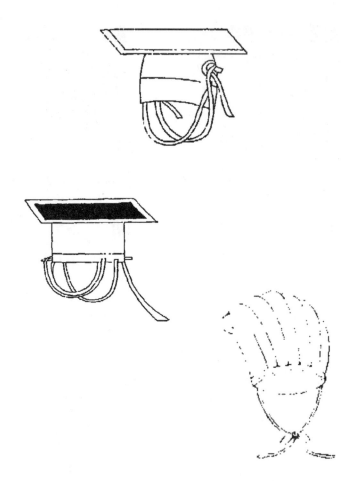

※ **출처:** 상단-『삼례도집주(三禮圖集注)』 3권
　　　　　중단-『육경도(六經圖)』 8권
　　　　　하단-『삼재도회(三才圖會)』「의복(衣服)」 1권

● 그림 22-7 ▣ 시마복(緦麻服) 착용 모습

그림 22-8 ◼ 시마복(總麻服) 각부 명칭

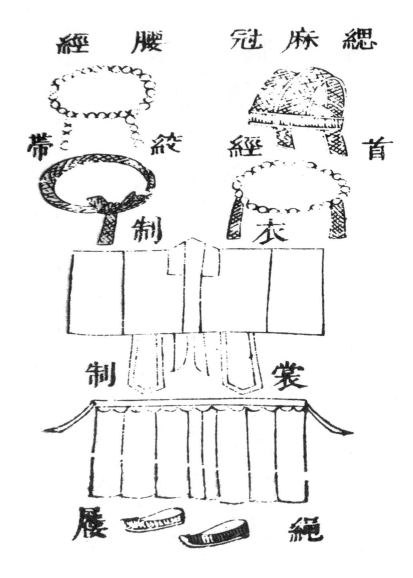

※ 출처: 『삼재도회(三才圖會)』「의복(衣服)」 3권

【620a】

> 子云, "禮, 非祭男女不交爵. 以此坊民, 陽侯猶殺繆侯而竊
> 其夫人, 故大饗廢夫人之禮.'"

직역 子가 云, "禮에는 祭가 非라면 男女는 爵을 不交한다. 此로써 民을 坊한데, 陽侯는 猶히 繆侯를 殺하고 그 夫人을 竊이라, 故로 大饗에는 夫人의 禮를 廢한다."

의역 공자가 말하길, "예법에 있어서 제사가 아니면 남녀는 술잔을 건네지 않는다. 이를 통해 백성들의 잘못을 방지했는데도, 양후(陽侯)는 오히려 목후(繆侯)를 살해하고 그의 부인을 빼앗았다. 그렇기 때문에 대향(大饗)의 의례에서는 부인이 술잔을 건네는 예를 폐지했던 것이다."라고 했다.

集說 陽侯・繆侯, 兩君之諡也, 鄭云, "其國未聞."

번역 양후(陽侯)와 목후(繆侯)는 두 제후의 시호(諡號)인데, 정현은 "그들의 나라에 대해서는 들어보지 못했다."라고 했다.

集說 方氏曰: 大饗者, 兩君相見之饗也. 因陽侯之事, 而廢夫人之禮, 則陽侯以前, 夫人固與乎大饗, 而有交爵之禮矣. 乃云非祭不交爵者, 先儒謂同姓則親獻, 異姓則使人攝, 此云不交爵, 謂饗異姓國君耳.

번역 방씨가 말하길, '대향(大饗)'은 양측의 제후가 서로 만나보며 시행하는 향연이다. 양후(陽侯)가 벌인 일화로 인하여 부인에 대한 예법을 폐지하였다면, 양후 이전에는 부인들도 대향에 참여하여, 서로 술잔을 건네는 예가 있었던 것이다. 그런데 "제사가 아니면 술잔을 건네지 않는다."라고 한 말에 대해, 선대 학자들은 동성인 자들이라면 직접 술잔을 따라서 바치고, 이성인 자들이라면 다른 사람을 대신 시켰으니, 이것이 술잔을 건네지 않는다는 뜻으로, 이성인 제후국 군주에게 향연을 베푸는 경우를 뜻할 따름이라고 했다.

集說 石梁王氏曰: 陽侯·繆侯旣同是侯, 則殺字當如字讀, 鄭旣未聞其國, 何以知陽侯爲弑君?

번역 석량왕씨가 말하길, 양후(陽侯)와 목후(繆侯)가 이미 같은 제후의 관계라면, '殺'자는 마땅히 글자대로 읽어야 한다. 그런데 정현은 이미 그 나라에 대해서 들어보지 못했다고 했는데, 어찌 양후가 자신의 군주를 시해한 것임을 알 수 있었단 말인가?

鄭注 交爵, 謂相獻酢. 同姓也, 以貪夫人之色, 至殺君而立. 其國未聞. 大饗, 饗諸侯來朝者也. 夫人之禮, 使人攝.

번역 '교작(交爵)'은 상호 술을 따라주고 권하는 것이다. 둘은 동성관계였는데, 부인의 미모를 탐하여, 그 군주를 시해하고 자신이 제위에 오르는 지경에 이르렀다. 그러나 그 나라가 어떤 나라였는지 들어보지 못했다. '대향(大饗)'은 조회로 찾아온 제후에게 향연을 베푸는 것이다. 부인이 했던 의례절차는 다른 사람을 대신 시켰다.

釋文 殺音試, 注同, 一音如字. 繆音穆. 朝, 直遙反.

번역 '殺'자의 음은 '試(시)'이며, 정현의 주에 나오는 글자도 그 음이 이와 같고, 다른 음은 글자대로 읽기도 한다. '繆'자의 음은 '穆(목)'이다. '朝'자는 '直(직)'자와 '遙(요)'자의 반절음이다.

孔疏 ●"子云"至"之禮". ○正義曰: 此一節坊男女非因祭祀不得相集會也.

번역 ●經文: "子云"~"之禮". ○이곳 문단은 남녀사이에서 제사가 아닌 경우에는 서로 모여 있을 수 없음을 나타내고 있다.

孔疏 ●"非祭, 男女不交爵"者, 言唯祭之時乃得交爵. 故特牲饋食禮云"主婦獻尸, 尸酢主婦", 是交爵也.

번역 ●經文: "非祭, 男女不交爵". ○오직 제사를 지낼 때여야만 술잔을 따르고 권할 수 있다. 그렇기 때문에 『의례』「특생궤식례(特牲饋食禮)」편에서는 "주부가 시동에게 술을 따라서 바치고, 시동이 주부에게 술잔을 돌린다."라고 했으니, 이것이 바로 교작(交爵)에 해당한다.

孔疏 ●"故大饗廢夫人之禮"者, 以大饗之時, 夫人與君同饗於賓. 是繆侯及夫人共出饗賓, 陽侯是繆侯同姓之國, 見繆侯夫人之美, 乃殺繆侯, 而取其夫人, 又41)簒其國而自立. 故大饗廢夫人之禮, 不使夫人得預其禮也. 以此言之, 則陽侯以前大饗, 夫人出饗鄰國之君, 得有男女交爵. 此云"非祭, 男女不交爵"者, 謂侯·伯·子·男及卿·大夫·士祭及交爵. 若王於上公及上公相饗時, 后與夫人亦男女交爵與祼同也. 故大行人云"上公之禮, 王禮再祼而酢", 是也.

번역 ●經文: "故大饗廢夫人之禮". ○대향(大饗)을 치르는 때 부인과 군주는 모두 빈객에게 향연을 베풀게 된다. 이것은 목후(繆侯)와 그의 부인이 모두 밖으로 나와서 빈객에게 향연을 베풀었다는 사실을 뜻하는데, 양후(陽侯)는 목후와 동성인 나라의 제후이며, 목후의 부인이 아름다운 것을 보고 결국 목후를 시해하고 그의 부인을 취했으니, 이것은 그 나라를 찬탈하여 스스로 제위에 오른 것이다. 그렇기 때문에 대향에서는 부인이 시행하는 예를 폐지하여, 부인으로 하여금 그 의례에 참여할 수 없게 만들었다. 이를 통해 말을 해보자면 양후 이전에 시행했던 대향에는 부인이 밖으로 나와서 이웃 제후국의 군주에게 향연을 베풀었으니, 남녀가 서로 술을 따라주고 권할 수 있었다. 이곳에서 "제사가 아니라면 남녀가 술을 따라주고

---

41) '우(又)'자에 대하여. '우'자는 본래 '반(反)'자로 기록되어 있었는데, 완원(阮元)의 『교감기(校勘記)』에서는 "혜동(惠棟)의 『교송본(校宋本)』에는 '반'자가 '우'자로 기록되어 있는데, 이 기록이 옳다."라고 했다.

권하지 않는다."라고 했는데, 이것은 후작·백작·자작·남작 및 경·대부·사가 제사를 지내며 술을 따라주고 권한다는 뜻이다. 만약 천자가 상공(上公)[42]에게 향연을 베풀거나 상공이 서로에게 향연을 베풀 때라면, 왕후와 제후의 부인 또한 남녀가 술을 따라주고 권한 것처럼 했고 또 관(祼)[43]의 절차도 동일하게 따랐다. 그렇기 때문에 『주례』「대행인(大行人)」편에서는 "상공의 예법 중 천자가 울창주로 빈객을 예우할 때 두 차례 관(祼)을 하고 술을 권한다."[44]라고 했다.

孔疏 ◎注"同姓"至"未聞". ○正義曰: 言"同姓"者, 則上文云"君不與同姓同車", 是也. 云"其國未聞"者, 唯有陽侯·繆侯是兩君之謚, 未聞何國君, 故云"未聞". 又按: 王饗諸侯及諸侯自相饗, 同姓則后夫人親獻, 異姓則使人攝獻, 則繆侯所饗, 蓋同姓也. 且王於同姓, 雖爲侯伯, 車服與上公同, 上公旣再祼, 后與王俱祼, 則上公相於與王同也. 其同姓上公, 則后與夫人親祼獻拜送也. 若異姓上公, 使人攝祼, 故宗伯職云"大賓客則攝而載祼", 謂異姓也. 內宰

---

42) 상공(上公)은 주(周)나라 제도에 있었던 관직 등급이다. 본래 신하의 관직 등급은 8명(命)까지이다. 주나라 때에는 태사(太師), 태부(太傅), 태보(太保)와 같은 삼공(三公)들이 8명의 등급에 해당했다. 그런데 여기에 1명을 더하게 되면 9명이 되어, 특별직인 '상공'이 된다. 『주례』「춘관(春官)·전명(典命)」편에는 "上公九命爲伯, 其國家宮室車旗衣服禮儀, 皆以九爲節."이라는 기록이 있고, 이에 대한 정현의 주에서는 "上公, 謂王之三公有德者, 加命爲二伯. 二王之後亦爲上公."이라고 풀이하였다. 즉 '상공'은 삼공 중에서도 유덕(有德)한 자에게 1명을 더해주어, 제후들을 통솔하는 '두 명의 백(伯)[[二伯]'으로 삼았다. 또한 제후의 다섯 등급을 나열할 경우, 공작(公爵)을 '상공'이라고 부르기도 한다.

43) 관(祼)은 본래 향기로운 술을 땅에 부어서 신을 강림시키는 의식인데, 조회를 온 제후 등을 대면하며 관(祼)을 시행하면, 술잔에 향기로운 술을 따라서 빈객을 공경한다는 뜻을 나타내기도 했다. 즉 본래는 제사의 절차였지만, 이러한 절차에 기인하여 빈객에게 따라준 술을 빈객이 마시는 것 까지도 관(祼)이라고 불렀다.

44) 『주례』「추관(秋官)·대행인(大行人)」: 上公之禮, 執桓圭九寸, 繅藉九寸, 冕服九章, 建常九斿, 樊纓九就, 貳車九乘, 介九人, 禮九牢, 其朝位, 賓主之間九十步, 立當車軹, 擯者五人, 廟中將幣三享, 王禮再祼而酢, 饗禮九獻, 食禮九擧, 出入五積, 三問三勞.

職云: "凡賓客之祼獻瑤爵皆贊." 注云"謂王同姓及二王之后來朝覲王", 以鬱
鬯禮之, 后以瑤爵亞獻, 謂同姓也. 自陽侯殺繆侯後, 其后夫人獻禮遂廢, 並使
人攝也.

번역 ◎鄭注: "同姓"~"未聞". ○정현이 '동성(同姓)'이라고 한 것은 앞
의 문장에서 "군주는 동성인 자와는 수레에 함께 타지 않는다."[45]라고 했기
때문이다. 정현이 "그 나라가 어떤 나라였는지 들어보지 못했다."라고 했는
데, 이 문장에는 단지 양후(陽侯)와 목후(繆侯)라는 두 군주의 시호(諡號)
만 기록되어 있고, 어느 나라의 군주였는지 알 수 없기 때문에, "들어보지
못했다."라고 했다. 또 살펴보니, 천자가 제후에게 향연을 베풀거나 제후들
끼리 서로에게 향연을 베풀게 되면, 두 사이가 동성관계일 때 왕후와 부인
은 직접 술을 따라서 바치고, 이성관계일 때 남을 대신 시켜서 술을 따라서
바치니, 목후가 향연을 베풀었던 경우는 아마도 동성관계의 경우일 것이다.
또 천자와 동성인 자에 대해서 비록 그들이 후작이나 백작이라 하더라도
수레와 의복은 상공(上公)과 동일하게 하는데, 상공이 이미 두 차례 관(祼)
을 받는다고 했다면, 왕후와 천자는 모두 관(祼)을 했던 것이므로, 상공끼
리 서로에게 향연을 베풀 때에는 천자의 경우와 동일하게 했다. 그리고 동
성인 상공이라면 왕후와 부인은 직접 관(祼)을 하고 술을 따라서 바치며
절을 하고 전송한다. 만약 이성인 상공이라면 다른 사람을 대신 시켜서 관
(祼)을 한다. 그렇기 때문에 『주례』「대종백(大宗伯)」편의 직무 기록에서는
"성대하게 빈객을 접대하는 의식을 행하면 대신 관(祼)을 시행한다."[46]라
고 했으니, 이것은 이성인 자의 경우이다. 그리고 『주례』「내재(內宰)」편의
직무 기록에서는 "무릇 빈객의 관(祼)을 하고 술을 따라 바치며 요작(瑤
爵)[47]에 술을 따르는 절차에서는 모두 그 일을 돕는다."[48]라고 했고, 정현

---

45) 『예기』「방기」【611c~d】: 子云, "天無二日, 土無二王, 家無二主, 尊無二上,
　　示民有君臣之別也. 春秋, 不稱楚·越之王喪, 禮, 君不稱天, 大夫不稱君, 恐民
　　之惑也. 詩云, '相彼盍旦, 尚猶患之.'" 子云, "君不與同姓同車, 與異姓同車不同
　　服, 示民不嫌也. 以此坊民, 民猶得同姓以弒其君."
46) 『주례』「춘관(春官)·대종백(大宗伯)」: 大賓客, 則攝而祼事.
47) 요작(瑤爵)은 아름다운 옥돌[瑤]을 조각하여 만든 술잔으로, 그 술잔의 중요

의 주에서는 "천자와 동성인 자들이거나 하나라와 은나라의 후예국 제후가 찾아와서 천자를 조회한 경우이다."라고 했는데, 울창주로 예우하게 되면 왕후는 요작으로 아헌을 하니, 이것은 동성의 경우이다. 양후가 목후를 시해한 이후 왕후와 부인이 술을 따라서 바치는 의례는 결국 폐지되었고, 모든 경우에 다른 사람을 대신 시켰다.

訓纂 王氏引之曰: 繆, 當讀爲蓼, 聲相近而假借也. 淮南氾論篇"陽侯殺蓼侯, 而竊其夫人", 高注曰"陽侯, 陽陵國侯也. 蓼侯, 皐陶之後, 偃姓之國侯也, 今在廬江." 案漢始有陽陵侯傅寬, 古無陽陵國侯. 閔二年春秋"齊人遷陽", 杜注曰"陽, 國名", 則古有陽國.

번역 왕인지가 말하길, '목(繆)'자는 '요(蓼)'자로 풀이해야 하니, 소리가 서로 비슷해서 가차해서 쓴 글자이다. 『회남자』「범론훈(氾論訓)」편에는 "양후(陽侯)가 요후(蓼侯)를 죽이고, 그의 부인을 빼앗았다."49)라고 했고, 고유의 주에서는 "양후(陽侯)는 양릉국(陽陵國)의 제후이다. 요후(蓼侯)는 고요(皐陶)의 후손으로, 언성(偃姓)을 가진 제후국의 군주인데, 그 지역은 현재의 여강(廬江) 지역에 있다."라고 했다. 살펴보니 한나라 때 처음으로 양릉후(陽陵侯)나 부관(傅寬)이라는 인물이 등장하며, 고대에는 양릉국의 제후가 없었다. 민공(閔公) 2년에 대한 『춘추』의 기록에서는 "제(齊)나라가 양(陽)의 백성을 이주시켰다."50)라고 했고, 두예의 주에서는 "양(陽)은 나라 이름이다."라고 했으니, 고대에는 양(陽)이라는 제후국이 있었던 것이다.

성은 대체적으로 옥작(玉爵) 다음이 된다. 『주례』「천관(天官)·내재(內宰)」편에는 大祭祀, 后祼獻則贊, 瑤爵亦如之."라는 기록이 있는데, 이에 대한 정현의 주에서는 "其爵以瑤爲飾."이라고 풀이했고, 『예기』「제통(祭統)」편에는 "尸飮五, 君洗玉爵獻卿; 尸飮七, 以瑤爵獻大夫."라는 기록이 있다.

48) 『주례』「천관(天官)·내재(內宰)」: 凡賓客之祼獻·瑤爵, 皆贊.
49) 『회남자(淮南子)』「범론훈(氾論訓)」: 陽侯殺蓼侯而竊其夫人, 故大饗廢夫人之禮.
50) 『춘추』「민공(閔公) 2년」: 二年, 春, 王正月, 齊人遷陽.

集解 祭時男女得交爵, 特牲禮主婦獻尸, 幷獻祝及佐食, 賓長獻尸, 致爵
於主婦, 是也. 蓋祭事嚴敬, 不嫌也. 陽·繆, 疑二國名. 淮南子繆作"蓼". 古者
於大賓客, 其敬之與祭祀同, 必皆夫婦親之, 故天子饗諸侯, 及諸侯相饗, 后夫
人皆與於獻賓. 內宰"凡賓客之裸獻瑤爵, 皆贊", 是也. 繆侯饗陽侯, 陽侯說其
夫人, 遂滅其國而竊之, 蓋若楚文王之取息嬀然也. 由是而大饗廢夫人之禮,
使人攝之而已.

번역 제사를 지낼 때 남자와 여자는 서로 술을 따라서 줄 수 있으니,
『의례』「특생궤식례(特牲饋食禮)」편에서 주부가 시동에게 술을 따라서 바
치고 아울러 축관(祝官)51)과 좌식(佐食)52)에게도 술을 따라서 바치며, 빈
객의 수장이 시동에게 술을 따라서 주면 주부에게도 술잔이 돌아가게 되니,
바로 그 증거가 된다. 아마도 제사는 엄숙하고 공경스러워서 혐의를 두지
않는 것이다. 양(陽)과 목(繆)은 아마도 두 제후국의 이름인 것 같다. 『회남
자』에서는 '목(繆)'자를 '요(蓼)'자로 기록했다. 고대에는 빈객을 성대하게
대접하는 예법에서, 그들을 공경함이 제사를 지낼 때의 공경함과 동일했다.
따라서 반드시 모든 경우에 남편과 부인이 그들을 직접 우대했다. 그렇기
때문에 천자가 제후에게 향연을 베풀거나 제후들끼리 서로에게 향연을 베
푸는 경우, 왕후와 제후의 부인은 모두 빈객에게 술을 따라주는 일에 참여
했다. 『주례』「내재(內宰)」편의 직무 기록에서는 "무릇 빈객이 관(裸)을 하
고 술을 따라 바치며 요작(瑤爵)에 술을 따르는 절차에서는 모두 그 일을
돕는다."라고 한 말이 그 증거이다. 목후(繆侯)가 양후(陽侯)에게 향연을
베풀었는데, 양후는 목후의 부인을 사모하여, 결국 그 나라를 멸망시키고
그녀를 빼앗았던 것이니, 아마도 초(楚)나라 문왕(文王)이 식규(息嬀)를 취
했던 것처럼 했을 것이다. 이러한 일화를 계기로 대향(大饗)에서 부인이
시행하는 의례가 폐지되었고, 남을 시켜서 대신하게 했을 따름이다.

---

51) 축관(祝官)은 고대에 제사의 축문이나 기도 등의 일을 담당했던 관리이다.
52) 좌식(佐食)은 제사를 지낼 때, 시동의 옆에서 시동이 제사 음식을 흠향할 수
    있도록 시중을 드는 사람이다. 『의례』「특생궤식례(特牲饋食禮)」편에는 "佐
    食北面, 立於中庭."이라는 기록이 있는데, 이에 대한 정현의 주에서는 "佐食,
    賓佐尸食者."라고 풀이했다.

참고 구문비교

출 처	내 용
『禮記』「坊記」	陽侯猶殺繆侯而竊其夫人, 故大饗廢夫人之禮.
『淮南子』「氾論訓」	陽侯殺蓼侯而竊其夫人, 故大饗廢夫人之禮.

【620b】

子云, "寡婦之子, 不有見焉, 則弗友也, 君子以辟遠也. 故朋友之交, 主人不在, 不有大故, 則不入其門. 以此坊民, 民猶以色厚於德.'"

직역 子가 云, "寡婦의 子에게, 見함이 不有하면, 友를 弗하니, 君子가 辟로써 遠한다. 故로 朋友의 交에, 主人이 不在하고, 大故가 不有하면, 그 門을 不入한다. 此로써 民을 坊한데, 民은 猶히 色을 德보다 厚한다."

의역 공자가 말하길, "과부의 자식에 대해서는 그에게 특별한 재능이 드러나지 않는다면, 그와 사귀지 않으니, 군자는 혐의를 피하기 위해 소원하게 대한다. 그러므로 벗의 사귐에 있어서 주인이 그 집에 있지 않거나 중대한 이유가 없다면, 그의 집으로 들어가지 않는다. 이를 통해 백성들의 잘못을 방지했는데도, 백성들은 오히려 여색 밝히는 것을 덕보다 중시한다."라고 했다.

集說 寡婦之子, 見曲禮. 避遠者, 以避嫌, 故遠之也.

번역 과부의 자식에 대한 얘기는 『예기』「곡례(曲禮)」편에 나온다.53)

---

53) 『예기』「곡례상(曲禮上)」【24d】에는 "寡婦之子, 非有見焉, 弗與爲友."라는 기록이 있다. 이에 대한 진호(陳澔)의 『집설(集說)』에서는 "有見, 才能卓異也. 若非有好德之實, 則難以避好色之嫌, 故取友者謹之."라고 풀이했다. 즉 "나타남이 있다는 말은 재능이 탁월하여 남다르다는 뜻이다. 만약 덕(德)을

'피원(避遠)'은 혐의를 피하기 때문에 소원하게 대한다는 뜻이다.

大全 慶源輔氏曰: 旣避之, 又遠之, 以色大欲, 當謹坊也. 色厚於德, 言好色厚於好德也.

번역 경원보씨가 말하길, 이미 피하면서도 소원하게 대하는 것은 여색은 큰 욕망에 해당하므로 마땅히 삼가고 방지해야 하기 때문이다. 색을 덕보다 중시하는 것은 여색을 좋아하는 것이 덕을 좋아하는 것보다 두텁다는 뜻이다.

鄭注 有見, 謂睹其才藝也. 同志爲"友". 大故, 喪病.

번역 '유현(有見)'은 그의 재능과 기예를 알아본다는 뜻이다. 뜻을 같이 하는 자를 '우(友)'라고 한다. '대고(大故)'는 상사(喪事)나 질병을 뜻한다.

釋文 見, 賢遍反, 注及下同. 辟音避. 遠, 于萬反, 下"遠色"同.

번역 '見'자는 '賢(현)'자와 '遍(편)'자의 반절음이며, 정현의 주 및 아래 문장에 나오는 글자도 그 음이 이와 같다. '辟'자의 음은 '避(피)'이다. '遠'자는 '于(우)'자와 '萬(만)'자의 반절음이며, 아래문장에 나오는 '遠色'에서의 '遠'자도 그 음이 이와 같다.

孔疏 ●"子云"至"於族". ○正義曰: 此一節更申明男女相遠, 又坊人同姓淫泆之事.

번역 ●經文: "子云"~"於族". ○이곳 문단은 남녀관계에서는 서로 거리를 멀리 해야 함을 거듭 밝히고 있고, 또 동성관계에서는 음란한 짓을

추구하는 본성을 가지고 있지 않다면, 호색한이라는 혐의를 피하기 어렵게 된다. 그렇기 때문에 친구를 선택하는 일에 대해서 신중하게 행동했던 것이 다."라는 뜻이다.

방지해야 하는 사안도 나타내고 있다.

集解 愚謂: 色厚於德, 謂好色厚於好德也.

번역 내가 생각하기에, 색을 덕보다 중시하는 것은 여색을 좋아하는 것이 덕을 좋아하는 것보다 두텁다는 뜻이다.

참고 구문비교

출 처	내 용
『禮記』「坊記」	寡婦之子, 不有見焉, 則弗友也.
『禮記』「曲禮上」	寡婦之子, 非有見焉, 弗與爲友.

【620b】

子云, "好德如好色.'"

직역 子가 云, "德을 好함이 色을 好함과 如하다."

의역 공자가 말하길, "덕을 좋아하기를 여색을 좋아하는 것처럼 해야 한다."라고 했다.

集說 鄭云, "此句似不足", 目上章色厚於德而言.

번역 정현은 "이곳 구문은 완전하지 않은 것 같다."라고 했는데, 앞 문장에서 여색을 덕보다 중시한다고 했던 것을 가리켜서 한 말이다.

鄭注 此句似不足, 論語曰"未見好德如好色", 疾時人厚於色之甚, 而薄於德也.

번역　이곳 구문은 완전하지 않은 것 같으니, 『논어』에서는 "덕을 좋아하기를 여색을 좋아하는 것처럼 하는 자를 아직 보지 못했다."54)라고 했는데, 당시 사람들이 여색을 매우 중시했고 덕을 경시했던 풍조를 근심한 것이다.

釋文　好, 呼報反, 下及注同.

번역　'好'자는 '呼(호)'자와 '報(보)'자의 반절음이며, 아래문장 및 정현의 주에 나오는 글자도 그 음이 이와 같다.

集解　愚謂: 好德如好色者, 言人好德之心當如好色之誠也.

번역　내가 생각하기에, "덕을 좋아하길 여색을 좋아하는 것처럼 한다."는 말은 사람에게 있어서 덕을 좋아하는 마음은 마땅히 여색을 좋아하는 성실함처럼 해야 한다는 뜻이다.

참고　구문비교

출　처	내　　용
『禮記』「坊記」	子云,　好德如好色.
『論語』「子罕」	子曰,　吾未見好德如好色者也.
『論語』「衛靈公」	子曰,　已矣乎! 吾未見好德如好色者也.
『孔子家語』「七十二弟子解」	乃歎曰, 吾未見好德如好色者也.
『史記』「孔子世家」	孔子曰, 吾未見好德如好色者也.

---

54) 『논어』「자한(子罕)」 : 子曰, "吾未見好德如好色者也." / 『논어』「위령공(衛靈公)」 : 子曰, "已矣乎! 吾未見好德如好色者也."

【620c】

"諸侯不下漁色, 故君子遠色以爲民紀. 故男女授受不親, 御婦人則進左手. 姑·姊妹·女子子, 已嫁而反, 男子不與同席而坐, 寡婦不夜哭, 婦人疾, 問之, 不問其疾. 以此坊民, 民猶淫泆而亂於族."

직역 "諸侯는 下에서 色을 漁하길 不하니, 故로 君子는 色을 遠하여 이로써 民의 紀로 爲한다. 故로 男女는 授受함에 不親하고, 婦人을 御하면 左手를 進한다. 姑·姊妹·女子子가 已히 嫁한데 反이면, 男子는 與하여 席을 同하여 坐하길 不하고, 寡婦는 夜에 哭하길 不하며, 婦人이 疾하여, 問하거든 그 疾을 不問한다. 此로써 民을 坊한데, 民은 猶히 淫泆하여 族을 亂한다."

의역 공자가 계속하여 말하길, "제후는 자신의 신하 여식을 아내로 들이지 않으므로, 군자는 여색을 멀리 하여 백성들의 기강으로 삼는다. 따라서 남녀는 물건을 주고받을 때 직접 건네지 않고,55) 부인의 수레를 몰 때 수레를 모는 자는 좌측 손을 앞으로 내민다.56) 또 고모·자매·딸자식 중 이미 시집을 갔다가 되돌아온 경우, 남자는 그녀들과 자리를 함께 해서 앉지 않고,57) 과부는 밤에 울지 않으며, 부인에

---

55) 『맹자』「이루상(離婁上)」: 曰, "嫂溺不援, 是豺狼也. <u>男女授受不親</u>, 禮也, 嫂溺, 援之以手者, 權也."

56) 『예기』「곡례상(曲禮上)」【45b】에는 "僕御婦人, 則進左手, 後右手."라는 기록이 나온다. 즉 "마부가 부인의 수레를 몰게 되면, 좌측 손을 앞으로 내밀어서 고삐를 잡고, 우측 손을 뒤로 해서, 부인과 반대방향으로 몸을 튼다."는 뜻이다. 또 이에 대한 진호(陳澔)의 『집설(集說)』에서는 "疏曰: 僕在中, 婦人在左, 進左手持轡, 使身微相背, 遠嫌也."라고 풀이했다. 즉 "공영달의 소에서 말하길, 마부는 수레의 중앙에 위치하고, 부인은 좌측에 위치하는데, 좌측 손을 내밀어서 고삐를 잡고, 이로써 마부의 몸을 부인과 조금 등지게 하니, 부인과 붙어서 수레를 탄다는 혐의를 피하기 위해서이다."라는 뜻이다.

57) 『예기』「곡례상(曲禮上)」【24a~b】에는 "姑·姊妹·女子子, 已嫁而反, 兄弟弗與同席而坐, 弗與同器而食."이라는 기록이 나온다. 즉 "고모 및 자매, 딸자식 등이 이미 시집을 갔다가 문제가 생겨 되돌아왔다면, 그들의 형제들은 같은 자리에 앉지 않고, 같은 밥상에서 식사를 하지 않는다."는 뜻이다. 또 이

게 병이 생겨 병문안을 하더라도 그 질병에 대해서는 묻지 않는다. 이를 통해 백성들의 잘못을 방지했는데도, 백성들은 오히려 음란한 짓을 벌여 종족의 질서를 문란케 한다."라고 했다.

集說 諸侯不內娶, 若下娶本國卿·大夫·士之女, 則是如漁者之於魚, 但以貪欲之心求之也, 故云漁色. 荒於色, 則紀綱弛, 民之昏禮亦化之而廢, 致遠色者, 所以立民之紀, 使不以色而廢禮亂常也. 餘並見前.

번역 제후는 국내에서 아내를 들이지 않는데, 만약 본국에 있는 경·대부·사의 여식을 아내로 들인다면, 이것은 어부가 물고기를 잡는 것과 같으니, 단지 탐욕에 물든 마음으로 구하는 것일 따름이다. 그렇기 때문에 '어색(漁色)'이라고 했다. 여색에 빠지면 기강이 해이해지고, 백성들이 시행하는 혼례도 그에 동화되어 폐지되니, 여색을 멀리 하는 것은 백성들의 기강을 세워서, 여색으로 인해 예를 폐지하고 상도(常道)를 문란케 만들지 않는 것이다. 나머지 설명은 모두 앞에 나온다.

大全 嚴陵方氏曰: 孟子曰, "好色, 人之所欲也", 故經傳每以是況其所好之篤者. 祭義曰, 如見親之所愛, 如欲色然, 論語, 賢賢易色, 此云好德如好色, 以言其所好之篤而已. 婦人疾, 問其安否, 不問其疾之所在也, 凡此皆以遠嫌而已. 餘並見曲禮解.

번역 엄릉방씨가 말하길, 『맹자』에서는 "여색을 좋아함은 사람들이 원하는 것이다."[58]라고 했다. 그렇기 때문에 경문과 전문에서는 매번 이것을 통해 좋아하는 것이 독실함을 비유하였다. 『예기』「제의(祭義)」편에서는

에 대한 진호(陳澔)의 『집설(集說)』에서는 "女子子, 重言子者, 別於男子也. 專言兄弟者, 遠同等之嫌."이라고 풀이했다. 즉 "딸자식을 '여자자(女子子)'라고 하여, '자(子)'자를 두 번 기록하는 것은 '남자(男子)'라는 단어와 구별하기 위해서이다. '형제(兄弟)'라고만 언급한 이유는 동등한 부류의 남녀 사이에서 혐의가 생기는 것을 멀리하기 위해서이다."라는 뜻이다.

58) 『맹자』「만장상(萬章上)」: 天下之士悅之, 人之所欲也, 而不足以解憂, <u>好色, 人之所欲</u>, 妻帝之二女, 而不足以解憂, 富, 人之所欲, 富爲天下, 而不足以解憂.

"부모가 평소에 아끼던 대상을 볼 때에는 여색을 좋아하는 것처럼 한다."[59]라고 했고, 『논어』에서는 "현명한 자를 현명하게 여기는 것을 여색을 좋아하는 마음과 바꿔서 한다."[60]라고 했으며, 이곳에서는 "덕을 좋아하는 것을 여색을 좋아하는 것처럼 한다."라고 했으니, 이것을 통해서 좋아함이 독실하다는 것을 뜻할 따름이다. 부인이 병에 걸렸을 때에는 그녀의 안부만을 묻고 병이 걸린 부위에 대해서는 묻지 않으니, 무릇 이러한 것들은 모두 혐의를 멀리하기 위해서일 따름이다. 나머지 설명은 『예기』「곡례(曲禮)」편의 주석에 나온다.

鄭注 謂不內取於國中也. 內取國中爲"下漁色". 昏禮始納采, 謂采擇其可者也. 國君而內取, 象捕魚然, 中網取之, 是無所擇. 不親者, 不以手相與也. 內則曰: "非祭非喪, 不相授器. 其相授, 則女受以篚. 其無篚, 則皆坐奠之, 而後取之." 御者在右, 前左手, 則身微背之. 女子十年而不出也, 嫁及成人, 可以出矣, 猶不與男子共席而坐, 遠別. 嫌思人道. 嫌媚, 略之也, 問增損而已. 亂族, 犯非妃匹也.

번역 나라 안에서 아내를 들이지 않는다는 뜻이다. 나라 안에서 아내를 들이는 것을 '하어색(下漁色)'이라고 부른다. 혼례에서는 처음에 납채(納采)[61]를 하는데, 가능한 자를 채택한다는 뜻이다. 제후가 나라 안에서 아내를 들이는 것은 물고기를 잡는 것을 상징하니, 그물을 딱 맞게 펼쳐서 잡게 되어, 가릴 것이 없게 된다. 직접 전하지 않는 것은 손으로 서로 주고받지 않는다는 뜻이다. 『예기』「내칙(內則)」편에서는 "제사나 상사가 아니라면,

---

59) 『예기』「제의(祭義)」【555b~c】: 文王之祭也, 事死者如事生, 思死者如不欲生, 忌日必哀, 稱諱如見親, 祀之忠也. 如見親之所愛, 如欲色然, 其文王與. 詩云, "明發不寐, 有懷二人." 文王之詩也. 祭之明日, 明發不寐, 饗而致之, 又從而思之. 祭之日, 樂與哀半, 饗之必樂, 已至必哀.

60) 『논어』「학이(學而)」: 子夏曰, "賢賢易色, 事父母, 能竭其力, 事君, 能致其身, 與朋友交, 言而有信. 雖曰未學, 吾必謂之學矣."

61) 납채(納采)는 혼인과 관련된 육례(六禮) 중 하나이다. 청원을 하며 여자 집안에 예물을 보내는 일을 뜻한다.

서로 물건을 주고받지 않는다. 서로 물건을 주고받게 된다면, 여자는 광주리를 이용해서 받고, 광주리가 없는 경우라면, 둘 모두 무릎을 꿇고서 땅에 물건을 놓아두면, 그 이후에 땅에서 물건을 들고 간다."62)라고 했다. 수레를 모는 자는 우측에 있는데 좌측 손을 앞으로 내민다면, 몸은 미세하게 부인을 등지게 된다. 여자는 10살이 되면 문밖으로 나가지 않고, 결혼을 했거나 성인이 되어야만 밖으로 나갈 수 있는데, 이것은 남자와 같은 자리에 앉지 않는 것과 같아서, 거리를 두어 구별하는 것이다. 남을 그리워한다는 혐의를 받기 때문이다. 그녀를 사모한다는 혐의를 받기 때문에, 간략히 문병하는 것으로, 병의 증세가 심해졌는지 나아졌는지 물을 따름이다. '난족(亂族)'은 자기 배필이 아닌데도 범한다는 뜻이다.

釋文 捕, 蒲布反. 中網, 丁仲反. 篚音匪. 泆音逸, 本又作"佚", 同. 妃匹, 音配, 一音如字.

번역 '捕'자는 '蒲(포)'자와 '布(포)'자의 반절음이다. '中網'에서의 '中'자는 '丁(정)'자와 '仲(중)'자의 반절음이다. '篚'자의 음은 '匪(비)'이다. '泆'자의 음은 '逸(일)'이며, 판본에 따라서는 또한 '佚'자로도 기록하는데, 그 음은 동일하다. '妃匹'에서의 '妃'자는 그 음이 '配(배)'이며, 다른 음은 글자대로 읽는다.

孔疏 ●"諸侯不下漁色", 漁色, 謂漁人取魚, 中網者皆取之. 譬如取美色, 中意者皆取之, 若漁人求魚, 故云"漁色". 諸侯當外取, 不得下嚮國中取卿·大夫·士之女. 若下嚮內取國中, 似漁人之求魚無所擇, 故云"不下漁色".

번역 ●經文: "諸侯不下漁色". ○'어색(漁色)'은 어부가 물고기를 잡을 때, 그물을 딱 맞게 펼쳐서 모두 잡아들인다는 뜻이다. 이것은 아름다운 여자를 아내로 들이며 자신의 취향에 맞으면 모두 들이는 것을 비유하니,

---

62) 『예기』「내칙(內則)」【350b】: 男不言內, 女不言外. <u>非祭非喪, 不相授器. 其相授, 則女受以篚; 其無篚, 則皆坐, 奠之而后取之.</u>

마치 어부가 물고기를 잡는 것과 같다. 그렇기 때문에 '어색(漁色)'이라고
했다. 제후는 마땅히 국외에서 아내를 들여야 하며, 나라 안에서 경·대
부·사의 여식을 아내로 들일 수 없다. 만약 국내에서 신하들의 여식을 아
내로 들인다면, 이것은 어부가 물고기를 잡아들일 때 가릴 것이 없는 것과
비슷하기 때문에, "밑으로 어색(漁色)을 하지 않는다."라고 했다.

孔疏 ●"御婦人則進左手"者, 以御者之禮, 婦人於車上左廂, 御者在婦人
之右, "進左手", 謂左手在前, 轉身向右, 微偵婦人.

번역 ●經文: "御婦人則進左手". ○수레를 모는 자의 예법에 있어서, 부
인은 수레의 좌측 난간 쪽에 타고, 수레를 모는 자는 부인의 우측에 있게
된다. "좌측 손을 앞으로 내민다."라고 한 말은 좌측 손을 앞에 두어 몸을
우측으로 틀어서, 부인을 조금이나마 등지도록 한다는 뜻이다.

孔疏 ●"婦人疾, 問之, 不問其疾"者, 謂不問其疾所委曲, 若問其委曲, 嫌
似媚, 故不丁寧, 但略問增損而已.

번역 ●經文: "婦人疾, 問之, 不問其疾". ○질병에 대한 자세한 것들은
묻지 않는다는 뜻이니, 만약 자세한 것들을 묻게 된다면 그녀를 사모한다
는 혐의를 받기 때문이다. 그래서 자세한 것들을 묻지 않고 단지 병세가
나아졌는지 악화되었는지 물을 따름이다.

集說 愚謂: 婦人之疾, 或有不可以語人者, 故不問之, 亦爲其相褻故也.

번역 내가 생각하기에, 부인의 질병에 있어서는 간혹 남에게 말을 할
수 없는 것들도 있다. 그렇기 때문에 묻지 않는 것이며, 이것은 또한 서로
너무 친근하게 대하는 것이 되기 때문이다.

참고 구문비교

출　처	내　용
『禮記』「坊記」	故男女授受不親.
『孟子』「離婁上」	男女授受不親, 禮也.

참고 구문비교

출　처	내　용
『禮記』「坊記」	御婦人則進左手.
『禮記』「曲禮上」	僕御婦人則進左手, 後右手.

참고 구문비교

출　처	내　용
『禮記』「坊記」	姑・姊妹・女子子, 已嫁而反, 男子不與同席而坐
『禮記』「曲禮上」	姑・姊妹・女子子, 已嫁而反, 兄弟弗與同席而坐.

【620d】

子云, "昏禮, 壻親迎, 見於舅姑, 舅姑承子以授壻, 恐事之違也. 以此坊民, 婦猶有不至者.'"

직역 子가 云, "昏禮에, 壻가 親히 迎하여, 舅姑에게 見하면, 舅姑는 子를 承하여 壻에게 授하니, 事의 違를 恐함이다. 此로써 民을 坊한데, 婦는 猶히 不至하는 者가 有하다."

의역 공자가 말하길, "혼례에 있어서 사위가 친영(親迎)을 하여 장인과 장모를 뵙게 되면, 장인과 장모는 딸자식을 앞으로 나오게 하여 사위에게 전달하니, 섬기는 일에 있어서 위배됨이 있을까를 염려한 것이다. 이를 통해 백성들의 잘못을 방지했는데도, 부인 중에는 오히려 따르지 않는 자가 있다."라고 했다.

集說 舅姑, 女之父母也. 承, 進也. 子, 女也. 論語註云"送與之也", 儀禮
"父戒女曰, '夙夜無違命', 母戒女曰, '無違宮事'", 皆恐事之違也. 末世禮壞,
故有男行而女不隨者, 亦有親近而女不至者.

번역 '구고(舅姑)'는 여자의 부모를 뜻한다. '승(承)'자는 "나아가게 하다
[進]."는 뜻이다. '자(子)'자는 딸[女]을 뜻한다.『논어』의 주에서는 "전송하
여 그에게 보낸다."라고 했고,『의례』에서는 "부친은 딸에게 주의를 주며,
'밤낮으로 시부모의 명령을 위배하는 일이 없어야 한다.'라고 말하고, 모친
은 딸에게 주의를 주며, '집안일을 어김이 없어야 한다.'라고 말한다."63)라
고 했으니, 이 모두는 섬기는 일에 있어서 어기는 일이 있을까 염려한 것이
다. 말세가 되어 예법이 무너졌기 때문에 남자가 시행하는데도 여자가 따
르지 않았던 경우가 발생했고, 또 친근하게 대했는데도 여자가 미치지 못
하는 경우도 발생했다.

集說 成氏曰: 婦人謂夫之父母曰舅姑, 男子亦謂妻之父母曰舅姑, 但加外
字耳. 夫婦齊體, 父母互相敬也.

번역 성씨가 말하길, 부인은 남편의 부모에 대해서 '구고(舅姑)'라고 부
르고, 사위 또한 아내의 부모에 대해서 '구고(舅姑)'라고 부르는데 단지 '외
(外)'자만 덧붙일 따름이다. 부부는 한 몸이니, 부모에 대해서는 상호 공경
하게 된다.

鄭注 舅姑, 妻之父母也. 妻之父爲外舅, 妻之母爲外姑. 父戒女曰"夙夜無

---

63)『의례』「사혼례(士昏禮)」: 父送女命之曰, "戒之敬之, 夙夜毋違命." 母施衿結
帨曰, "勉之敬之, 夙夜無違宮事." 庶母及門內施鞶, 申之以父母之命, 命之曰,
"敬恭聽宗爾父母之言, 夙夜無愆, 視諸衿鞶."

違命", 母戒女曰"毋違宮事". 不至, 不親夫以孝舅姑也. 春秋成公九年春二月, 伯姬歸於宋, 夏五月季孫行父如宋致女, 是時宋共公不親迎, 恐其有違而致之也.

번역 '구고(舅姑)'는 아내의 부모를 뜻한다. 아내의 부친을 '외구(外舅)'라고 부르고 아내의 모친을 '외고(外姑)'라고 부른다. 부친은 딸에게 주의를 주며 "밤낮으로 시부모의 명령을 위배하는 일이 없어야 한다."라고 말하고, 모친은 딸에게 주의를 주며 "집안일을 어김이 없어야 한다."라고 말한다. '부지(不至)'는 남편을 친애하지 않아서 시부모에게 효를 하지 않는다는 뜻이다. 『춘추』 성공(成公) 9년 봄 2월에 백희(伯姬)가 송(宋)나라로 시집을 갔다고 했고,64) 여름 5월에는 계손행보(季孫行父)가 송나라로 가서 치녀(致女)65)를 했다고 했는데,66) 이것은 송나라 공공(共公)이 친영(親迎)을 하지 않아서, 어긋나는 일이 있을까 염려하여 우호를 다진 것이다.

釋文 迎, 魚敬反. 父音甫.

번역 '迎'자는 '魚(어)'자와 '敬(경)'자의 반절음이다. '父'자의 음은 '甫(보)'이다.

孔疏 ●"子云"至"至者". ○正義曰: "見於舅姑, 舅姑承子以授婿"者, 謂親迎之時, 婿見於舅姑. 舅姑謂婦之父母也. 婦之父母承奉女子以付授於婿, 則昏禮, 父戒女曰"夙夜無違命", 母戒女曰"毋違宮事", 是也.

번역 ●經文: "子云"~"至者". ○경문의 "見於舅姑, 舅姑承子以授婿"에 대하여. 친영(親迎)을 할 때, 사위가 장인과 장모를 뵙는다는 뜻이다. '구고(舅姑)'는 아내의 부모를 뜻한다. 아내의 부모가 딸자식을 받들어 사위에게

---

64) 『춘추』「성공(成公) 9년」: 二月, 伯姬歸于宋.
65) 치녀(致女)는 고대 제후가 딸을 시집보낸 이후, 대부를 파견하여 빙문을 하는 예법이다. 이 예법을 통해 혼인으로 맺은 우호관계를 다지게 된다.
66) 『춘추』「성공(成公) 9년」: 夏, 季孫行父如宋致女.

건네게 되니,『의례』「사혼례(士昏禮)」편에서 부친은 딸에게 주의를 주며
"밤낮으로 시부모의 명령을 위배하는 일이 없어야 한다."라고 말하고, 모친
은 딸에게 주의를 주며 "집안일을 어김이 없어야 한다."라고 말하는 것이
이러한 절차에 해당한다.

孔疏 ●"恐事之違"者, 謂恐此女人於昏事乖違, 故親以女授婿也.

번역 ●經文: "恐事之違". ○딸이 혼사에 대해서 어긋나게 행동하게 될
것을 염려했기 때문에, 딸을 직접 사위에게 건넨다는 뜻이다.

訓纂 王氏念孫曰: 孔以承爲承奉, 非也. 承者, 引也. 言引女以授婿也. 漢
書賈誼傳"人主胡不引殷·周·秦事以觀之也?" 大戴記禮察篇引作承, 是承
卽引也.

번역 왕념손이 말하길, 공영달은 '승(承)'자를 받든다는 뜻으로 여겼는
데, 잘못된 주장이다. '승(承)'자는 "이끌다[引]."는 뜻이다. 즉 딸을 이끌어
서 사위에게 준다는 의미이다.『한서』「가의전(賈誼傳)」에서는 "임금이 어
찌 은·주·진나라의 일을 가져다가 살펴보지 않을 수 있겠습니까?"67)라
고 했고,『대대례기』「예찰(禮察)」편에서는 '인(引)'자를 '승(承)'자로 기록
했으니,68) 이것은 승(承)자가 인(引)자에 해당함을 나타낸다.

集解 愚謂: 親迎之禮, 婿與主人揖讓升堂, 再拜奠鴈, 母立於房戶外之西,
南面, 是見於舅姑也. 女出房, 父西面戒之, 母南面戒之, 婿降出而婦從, 是承
子以授婿也. 父戒之曰"夙夜毋違命", 母戒之曰"夙夜無違宮事", 恐其女於室
家之事有違也. 不至, 謂男親迎而女不行, 若陳風東門之楊之所刺, 是也. 父母

---

67)『한서(漢書)』「가의전(賈誼傳)」: 今或言禮誼之不如法令, 敎化之不如刑罰, 人
主胡不引殷·周·秦事以觀之也?
68)『대대례기(大戴禮記)』「예찰(禮察)」: 今子或言禮義之不如法令, 敎化之不如刑
罰, 人主胡不承殷周秦事以觀之乎?

欲女無違於其夫, 而婦乃有不隨夫以行者, 則其不能承順其夫又不待言矣.

번역 내가 생각하기에, 친영(親迎)의 의례에서 사위는 장인과 서로 읍 (揖)과 사양을 하며 당상에 오르고, 재배를 한 뒤에 기러기를 놓아두며, 장 모는 방문 밖의 서쪽에 서서 남쪽을 바라보니, 이것이 장인과 장모를 보는 절차이다. 딸이 방밖으로 나오면 장인은 서쪽을 바라보며 딸에게 주의를 주고, 장모는 남쪽을 바라보며 딸에게 주의를 주며, 사위가 당하로 내려가 밖으로 나가게 되면 딸이 그를 따르니, 이것이 자식을 인도하여 사위에게 준다는 절차이다. 장인이 딸에게 주위를 주며 "밤낮으로 명령을 위배하는 일이 없어야 한다."라고 말하고, 장모가 딸에게 주위를 주며 "밤낮으로 집 안일을 어김이 없어야 한다."라고 말하는데, 이것은 딸이 집안일에 있어서 어기는 일이 있을까를 염려했기 때문이다. '부지(不至)'는 남자가 친영을 했는데도 여자가 따라오지 않는다는 뜻이니, 마치 『시』「진풍(陳風)·동문 지양(東門之楊)」편에서 풍자했던 내용이 여기에 해당한다. 부모는 딸자식 이 남편에 대해서 어기는 일이 없기를 바라는데도 아내의 입장에서 남편을 따라 시집으로 가지 않는 경우가 있다면, 남편을 제대로 받들지 못하는 경 우에 대해서는 말할 필요도 없다.

참고 『시』「진풍(陳風)·동문지양(東門之楊)」

東門之楊, (동문지양) : 동문의 버들나무여,
其葉牂牂. (기엽장장) : 그 잎이 무성하고도 무성하구나.
昏以爲期, (혼이위기) : 어두워 약속한 시간이 되었는데,
明星煌煌. (명성황황) : 크게 밝은 별이 빛나고도 빛나는구나.

東門之楊, (동문지양) : 동문의 버들나무여,
其葉肺肺. (기엽폐폐) : 그 잎이 무성하고도 무성하구나.
昏以爲期, (혼이위기) : 어두워 약속한 시간이 되었는데,
明星晢晢. (명성절절) : 크게 밝은 별이 빛나고도 빛나는구나.

毛序 東門之楊, 刺時也. 昏姻失時, 男女多違, 親迎女猶有不至者也.

모서 「동문지양(東門之楊)」편은 당시의 풍속을 풍자한 시이다. 혼인이 적절한 시기를 놓쳐서 남녀가 대체로 어기게 되었는데, 친영(親迎)을 했는데도 여자들 중에는 오히려 따라가지 않는 자도 있었다.

坊記 人名 및 用語 辭典

ㄱ

◎ 가규(賈逵, A.D.30~A.D.101) : 후한(後漢) 때의 경학자이다. 자(字)는 경백(景伯)이다. 『춘추좌씨전해고(春秋左氏傳解詁)』를 지었지만, 현재 일실되어 존재하지 않는다. 청대(淸代) 마국한(馬國翰)의 『옥함산방집일서(玉函山房輯佚書)』와 황석(黃奭)의 『한학당총서(漢學堂叢書)』에 일집본(佚輯本)이 남아 있다.

◎ 가작(加爵) : '가작'은 술을 따라서 권한다는 뜻이다.

◎ 가정본(嘉靖本) : 『가정본(嘉靖本)』에는 간행한 자의 정보가 기록되어 있지 않다. 『십삼경주소(十三經注疏)』의 판본이다. 20권으로 구성되어 있으며, 각 권의 뒤편에는 경문(經文)과 그에 따른 주(注)를 간략히 기록하고 있다. 단옥재(段玉裁)는 이 판본이 가정(嘉靖) 연간에 송본(宋本)을 모방하여 간행된 것이라고 여겼다.

◎ 감본(監本) : 『감본(監本)』은 명(明)나라 국자감(國子監)에서 간행한 『십삼경주소(十三經注疏)』의 판본이다.

◎ 갑사(甲士) : '갑사'는 병사들을 범칭하는 용어이지만, 보졸(步卒)과 구분할 때에는 갑옷을 착용하는 용사들을 뜻한다.

◎ 개성석경(開成石經) : 『개성석경(開成石經)』은 당(唐)나라 만들어진 석경(石經)을 뜻한다. 돌에 경문(經文)을 새겼기 때문에, '석경'이라고 부른다. 당나라 때 만들어진 '석경'은 대화(大和) 7년(A.D.833)에 만들기

시작하여, 개성(開成) 2년(A.D.837)에 완성되었기 때문에, '개성석경'이라고도 부르는 것이다.

◎ 경사(卿士) : '경사'는 주(周)나라 때 주왕조의 정사(政事)를 총감독했던 직위이다. 육경(六卿)과 별도로 설치되었으며, 육관(六官)의 일들을 총감독했다. 『시』「소아(小雅)・십월지교(十月之交)」편에는 "皇父卿士, 番維司徒."라는 기록이 있는데, 이에 대한 주희(朱熹)의 『집주(集注)』에서는 "卿士, 六卿之外, 更爲都官, 以總六官之事也."라고 풀이하였으며, 『춘추좌씨전』「은공(隱公) 3년」편에는 "鄭武公莊公爲平王卿士."라는 기록이 있는데, 이에 대한 두예(杜預)의 주에서는 "卿士, 王卿之執政者."라고 풀이하였다.

◎ 경사(京師) : '경사'는 그 나라의 수도를 뜻한다. 『시』「대아(大雅)・공유(公劉)」편에는 "京師之野, 于時處處."라는 기록이 있고, 이에 대해 마서신(馬瑞辰)의 『통석(通釋)』에서는 오두남(吳斗南)의 주석을 인용해서, "京者, 地名. 師者, 都邑之稱. 如洛邑, 亦稱洛師之類."라고 풀이했다. 즉 '경(京)'자는 단순한 지명이었고, '사(師)'자가 수도를 뜻하는 단어였다. 이후에는 '경사'라는 단어를 그 나라의 수도를 가리키는 용어로 사용하였다.

◎ 경원보씨(慶源輔氏, ?~?) : =보광(輔廣)・보한경(輔漢卿). 남송(南宋) 때의 학자이다. 자(字)는 한경(漢卿)이고, 호(號)는 잠암(潛庵)・전이(傳貽)이다. 여조겸(呂祖謙)과 주자(朱子)에게서 학문을 배웠다. 저서로는 『사서찬소(四書纂疏)』, 『육경집해(六經集解)』 등이 있다.

◎ 고(孤) : '고'는 고대의 작위이다. 천자에게 소속된 '고'는 삼공(三公) 밑의 서열에 해당하며, 육경(六卿)보다 높았다. 고대에는 소사(少師)・소부(少傅)・소보(少保)를 삼고(三孤)라고 불렀다.

◎ 고문송판(考文宋板) : 『고문송판(考文宋板)』은 일본 학자 산정정(山井鼎) 등이 출간한 『칠경맹자고문보유(七經孟子考文補遺)』에 수록된 『예기정의(禮記正義)』를 뜻한다. 산정정은 『예기정의』를 수록할 때, 송(宋)나라 때의 판본을 저본으로 삼았다.

◎ 고유(高誘, ?~?) : 후한(後漢) 때의 경학자(經學者)이다. 어려서부터 노식(盧植)에게서 수학하였다고 전해진다.

◎ 공가(公家) : '공가'는 일반적으로 제후의 공실(公室)을 뜻한다. 즉 군주의 집안이라는 뜻이다. 또한 '공가'는 조정(朝廷), 국가(國家) 또는 관

부(官府)를 가리키기도 하며, 공경(公卿)들의 집을 뜻하기도 한다. 뿐만 아니라 개인과 구별되는 말로 사용되어, 국가 및 정부라는 의미로 사용되기도 한다.

◎ 공시(公尸) : '공시'는 천자의 제사 때 신령 대신 제사를 받는 시동을 뜻한다. 천자의 제사에서는 경(卿)을 시동으로 세웠기 때문에, '공(公)'자를 붙여서 '공시'라고 부른 것이다.

◎ 공씨(孔氏) : =공영달(孔穎達)

◎ 공안국(孔安國, ?~?) : 전한(前漢) 때의 학자이다. 자(字)는 자국(子國)이다. 고문상서학(古文尚書學)의 개조(開祖)로 알려져 있다. 『십삼경주소(十三經注疏)』의 『상서정의(尚書正義)』에는 공안국의 전(傳)이 수록되어 있는데, 통상적으로 이 주석은 후대인들이 공안국의 이름에 가탁하여 붙인 문장으로 인식되고 있다.

◎ 공영달(孔穎達, A.D.574~A.D.648) : =공씨(孔氏). 당대(唐代)의 경학자이다. 자(字)는 중달(仲達)이고, 시호(諡號)는 헌공(憲公)이다. 『오경정의(五經正義)』를 찬정(撰定)하는데 중심적인 역할을 했다.

◎ 공축(工祝) : '공축'은 축관(祝官)을 지칭하는 말이다. 『시』 「소아(小雅) · 초자(楚茨)」편에는 "工祝致告, 徂賚孝孫."이라는 기록이 있고, 이에 대한 고형(高亨)의 주에서는 "工祝卽祝官."이라고 풀이했다.

◎ 곽경순(郭景純) : =곽박(郭璞)

◎ 곽박(郭璞, A.D.276~A.D.324) : =곽경순(郭景純). 진(晉)나라 때의 학자이다. 자(字)는 경순(景純)이다. 저서로는 『이아주(爾雅注)』, 『방언주(方言注)』, 『산해경주(山海經注)』 등이 있다.

◎ 관(祼) : '관'은 본래 향기로운 술을 땅에 부어서 신을 강림시키는 의식인데, 조회를 온 제후 등을 대면하며 관(祼)을 시행하면, 술잔에 향기로운 술을 따라서 빈객을 공경한다는 뜻을 나타내기도 했다. 즉 본래는 제사의 절차였지만, 이러한 절차에 기인하여 빈객에게 따라준 술을 빈객이 마시는 것 까지도 관(祼)이라고 불렀다.

◎ 광(廣) : '광'은 전쟁용 수레 15승(乘)을 뜻한다. 『사마법』에 따르면 100명은 1졸(卒)이 되고, 25명은 1양(兩)이 되며, 수레 15승(乘)은 대편(大偏)이라고 부른다. 『춘추좌씨전』 「선공(宣公) 12년」에는 "廣有一卒, 卒偏之兩."이라는 기록이 있고, 이에 대한 두예(杜預)의 주에서는 "十五乘爲一廣. 司馬法, 百人爲卒, 二十五人爲兩. 車十五乘爲大偏. 今廣十五

乘, 亦用舊偏法, 復以二十五人爲承副."이라고 풀이했다.

◎ 교감기(校勘記) : 『교감기(校勘記)』는 완원(阮元)이 학자들을 모아서 편차했던 『십삼경주소교감기(十三經註疏校勘記)』를 뜻한다.

◎ 교기(校記) : 『교기(校記)』는 손이양(孫詒讓)이 지은 『십삼경주소교기(十三經注疏校記)』를 뜻한다.

◎ 구갑(丘甲) : '구갑'은 본래 고대 군대를 동원했던 행정 단위의 편제를 뜻한다. 4개의 구(丘)는 1개의 전(甸)이 되어, 매 전(甸)마다 갑사(甲士) 3명, 보졸(步卒) 72명을 동원했다. 그런데 노(魯)나라 성공(成公)은 제(齊)나라의 변란을 핑계로 임시적으로 갑사를 동원하는 것을 늘렸고, 매 구(丘)마다 1명을 동원하도록 고쳤다. 따라서 이러한 제도를 '구갑'이라고 부른다.

◎ 구족(九族) : '구족'은 친족을 범칭하는 말이다. 자신을 중심으로 위로 고조부(高祖父)까지의 네 세대, 아래로 현손(玄孫)까지의 네 세대까지 포함된 친족을 지칭한다. 『서』「우서(虞書)・요전(堯典)」편에는 "克明俊德, 以親九族."이라는 기록이 있는데, 이에 대한 공안국(孔安國)의 전(傳)에서는 "以睦高祖, 玄孫之親."이라고 풀이하였다. 일설에는 '구족'을 부친쪽 친척 중 4촌, 모친쪽 친척 중 3촌, 처쪽 친척 중 2촌까지를 지칭하는 용어라고도 풀이한다.

◎ 궤식(饋食) : '궤식'은 음식을 바친다는 뜻이다. 고대에는 천자 및 제후들이 매월 초하루마다 종묘(宗廟)에서 음식을 바치는 의식을 치렀는데, 이것을 '궤식'이라고도 부른다. 『주례』「춘관(春官)・대종백(大宗伯)」편에는 "以饋食享先王."이라는 기록이 있다. 한편 조사(朝事)를 시행할 때, 조천(朝踐)을 끝낸 뒤, 생고기를 삶아서 재차 바치는 의식을 가리키기도 한다.

◎ 금화응씨(金華應氏, ?~?) : =응용(應鏞)・응씨(應氏)・응자화(應子和). 이름은 용(鏞)이다. 자(字)는 자화(子和)이다. 『예기찬의(禮記纂義)』를 지었다.

◎ 길관(吉冠) : '길관'은 길복(吉服)을 착용할 때 쓰는 관(冠)이다. '길복'은 제례(祭禮)나 의례(儀禮)를 시행할 때 착용하는 제복(祭服)과 예복(禮服)을 가리킨다. 신분의 등급 및 제사의 종류의 따라서 '길복'이 변화되는데, '길관' 또한 각 길복에 따라 변화된다. 한편 일상적으로 쓰는 '관' 또한 '길관'이라고 부른다. 길흉(吉凶)에 의해 각 시기를 구분

하게 되면, 상사(喪事)나 재앙 등을 당했을 때에는 흉(凶)에 해당하고, 그 나머지 시기는 길(吉)한 시기에 해당하기 때문이다.

ㄴ

◎ 남송석경(南宋石經) : 『남송석경(南宋石經)』은 송(宋)나라 고종(高宗) 때 돌에 새긴 『십삼경주소(十三經注疏)』의 판본이다. 그러나 『예기(禮記)』에 대해서는 「중용(中庸)」 1편만을 기록하고 있다.

◎ 납징(納徵) : ‘납징’은 납폐(納幣)라고도 부른다. 혼인과 관련된 육례(六禮) 중 하나이다. 혼인 약속을 증명하기 위해, 여자 집안에 폐백을 보내는 일을 뜻한다.

◎ 납채(納采) : ‘납채’는 혼인과 관련된 육례(六禮) 중 하나이다. 청원을 하며 여자 집안에 예물을 보내는 일을 뜻한다.

◎ 노마(路馬) : ‘노마’는 군주의 수레에 메는 말이다. 군주가 타던 수레를 노거(路車)라고 불렀기 때문에, ‘노마’라는 용어가 생긴 것이다.

◎ 노식(盧植, A.D.159?~A.D.192) : =노씨(盧氏). 후한(後漢) 때의 유학자이다. 자(字)는 자간(子幹)이다. 어려서 마융(馬融)을 스승으로 섬겼다. 영제(靈帝)의 건녕(建寧) 연간(A.D.168~A.D.172)에 박사(博士)가 되었다. 채옹(蔡邕) 등과 함께 동관(東觀)에서 오경(五經)을 교정했다. 후에 동탁(董卓)이 소제(少帝)를 폐위시키자, 은거하며 『상서장구(尙書章句)』, 『삼례해고(三禮解詁)』를 저술했지만, 남아 있지 않다.

◎ 노씨(盧氏) : =노식(盧植)

◎ 뇌(誄) : ‘뇌’는 죽은 자의 행적들을 열거하여, 그 기록들을 읽으며, 시호(諡號)를 짓는 것을 뜻한다. ‘뇌’자는 “묶는다[累].”는 뜻이다. 즉 죽은 자의 행적을 하나로 엮는다는 의미이다.

ㄷ

◎ 대도(大都) : ‘대도’는 도시 중에서도 큰 규모의 것을 범칭하는 말이다. 『춘추좌씨전』의 기록에 따르면 ‘대도’는 도읍의 3분의 1만큼의 규모가 되고, 중도(中都)는 5분의 1만큼의 규모가 되며, 소도(小都)는 9분의 1만큼의 규모가 된다. 『춘추좌씨전』 「은공(隱公) 1년」에는 “先王之制,

大都不過參國之一; 中, 五之一; 小, 九之一."이라는 기록이 있다.

◎ 대렴(大斂) : '대렴'은 상례(喪禮) 절차 중 하나이다. 소렴(小斂)을 끝낸
뒤에, 시신을 관에 안치하는 절차이다.

◎ 대향(大饗) : '대향'은 큰 연회를 뜻한다. 본래는 천자가 조회로 찾아온
제후들에게 베풀었던 성대한 연회를 가리킨다. 『예기』「중니연거(仲尼
燕居)」편에는 "大饗有四焉."이라는 기록이 있고, 이에 대한 정현의 주
에서는 "大饗, 謂饗諸侯來朝者也."라고 풀이했다.

◎ 도(堵) : '도'는 성곽이나 담장 등을 측량할 때 사용하는 단위이다. 고
대에는 판축법을 사용하여 흙을 쌓아 담을 올렸는데, 1개의 판(版) 길
이에 5개 판의 높이가 1도(堵)가 된다.

◎ 두예(杜預, A.D.222~A.D.284) : =두원개(杜元凱). 서진(西晉) 때의 유학
자이다. 경조(京兆) 두릉(杜陵) 출신이다. 자(字)는 원개(元凱)이다. 『춘
추경전집해(春秋經典集解)』를 저술하였는데, 이 책은 현존하는 『춘추
(春秋)』의 주석서 중 가장 오래된 것이며, 『십삼경주소(十三經注疏)』
의 『춘추좌씨전정의(春秋左氏傳正義)』에도 채택되어 수록되었다.

◎ 두원개(杜元凱) : =두예(杜預)

◎ 마계장(馬季長) : =마융(馬融)
◎ 마씨(馬氏) : =마희맹(馬晞孟)
◎ 마언순(馬彦醇) : =마희맹(馬晞孟)
◎ 마융(馬融, A.D.79~A.D.166) : =마계장(馬季長). 후한대(後漢代)의 경학
자(經學者)이다. 자(字)는 계장(季長)이며, 마속(馬續)의 동생이다. 고
문경학(古文經學)을 연구하였으며, 『주역(周易)』, 『상서(尙書)』, 『모시
(毛詩)』, 『논어(論語)』, 『효경(孝經)』 등을 두루 주석하고, 『노자(老子)
』, 『회남자(淮南子)』 등도 주석하였지만 현재 전해지지 않는다.

◎ 마희맹(馬晞孟, ?~?) : =마씨(馬氏)·마언순(馬彦醇). 자(字)는 언순(彦
醇)이다. 『예기해(禮記解)』를 찬술했다.

◎ 명수(明水) : '명수'는 제사 때 사용하는 깨끗한 물을 뜻한다. 현주(玄
酒)를 뜻하기도 하며, '현주'와 구분해서 별도로 '명수'를 진설하기도
한다.

◎ **모본(毛本)** : 『모본(毛本)』은 명(明)나라 말기 급고각(汲古閣)에서 간행된 『십삼경주소(十三經注疏)』의 판본이다. 급고각은 모진(毛晋)이 지은 장서각이었으므로, 이러한 명칭이 생겼다.

◎ **목록(目錄)** : 『목록(目錄)』은 정현이 찬술했다고 전해지는 『삼례목록(三禮目錄)』을 가리킨다. 『십삼경주소(十三經注疏)』에서 인용되고 있지만, 이 책은 『수서(隋書)』가 편찬될 당시에 이미 일실되어 존재하지 않았다. 『수서』「경적지(經籍志)」편에는 "三禮目錄一卷, 鄭玄撰, 梁有陶弘景注一卷, 亡."이라는 기록이 있다.

◎ **문(免)** : '문'은 '문(統)'이라고도 부른다. 문포(免布)나 문복(免服)과 같은 뜻이다.

◎ **문복(免服)** : '문복'은 상복(喪服)의 한 종류이다. 문(免)과 최질(衰絰)을 하는 것이며, 친상(親喪)을 처음 당했을 때 착용하는 복장이다.

◎ **문포(免布)** : '문포'는 상(喪)을 당한 사람이 관(冠)을 벗고 흰 천 등으로 '머리를 묶는 것[括髮]'을 뜻한다.

◎ **민본(閩本)** : 『민본(閩本)』은 명(明)나라 가정(嘉靖) 연간 때 이원양(李元陽)이 간행한 『십삼경주소(十三經注疏)』 판본이다. 한편 『칠경맹자고문보유(七經孟子考文補遺)』에서는 이 판본을 『가정본(嘉靖本)』으로 지칭하고 있다.

ㅂ

◎ **반(飯)** : '반'은 반함(飯含)이라고도 부른다. 상례를 치를 때 시신의 입에 옥·구슬·쌀·화폐 등을 넣는 것이다.

◎ **반곡(反哭)** : '반곡'은 장례(葬禮) 절차 중 하나이다. 장지(葬地)에 시신을 안치한 이후, 상주(喪主)는 신주(神主)를 받들고 되돌아와서 곡(哭)을 하는데, 이것을 '반곡'이라고 부른다.

◎ **방각(方慤)** : =엄릉방씨(嚴陵方氏)

◎ **방성부(方性夫)** : =엄릉방씨(嚴陵方氏)

◎ **방씨(方氏)** : =엄릉방씨(嚴陵方氏)

◎ **방포(方苞, A.D.1668~A.D.1749)** : 청대(淸代)의 학자이다. 자(字)는 영고(靈皐)이고, 호(號)는 망계(望溪)이다. 송대(宋代)의 학문과 고문(古文)을 추종하였다.

◎ 범녕(范甯, A.D.339~A.D.401) : 동진(東晉) 때의 학자이다. 자(字)는 무자(武子)이다. 정현(鄭玄)의 영향력을 많이 받았으며, 『춘추곡량전집해(春秋穀梁傳集解)』 등을 지었다.

◎ 벽옹(辟廱) : '벽옹'은 벽옹(辟雍)과 같은 말이다. 천자의 국성(國城)에 있는 태학(太學)을 지칭한다. '벽(辟)'자는 밝다는 뜻이고, '옹(雍)'자는 조화롭다는 뜻이다. '벽옹'은 천자가 이곳을 통해 천하의 모든 사람들을 밝고 조화롭게 만든다는 뜻이다. 참고로 제후국에 있는 태학을 반궁(頖宮: =泮宮)이라고 부른다.

◎ 벽옹(辟雍) : =벽옹(辟廱)

◎ 변질(弁絰) : '변질'은 흰 색으로 된 작변(爵弁)에 환질(環絰)을 두른 것이다.

◎ 별록(別錄) : 『별록(別錄)』은 후한(後漢) 때 유향(劉向)이 찬(撰)했다고 전해지는 책이다. 현재는 일실되어 존재하지 않으며, 『한서(漢書)』 「예문지(藝文志)」편을 통해서 대략적인 내용만을 추측해볼 수 있다.

◎ 보(步) : '보'는 길이를 재는 단위이다. 5척(尺)을 1보(步)로 삼기도 했고, 주(周)나라 때에는 8척을 1보로 삼기도 했으며, 진(秦)나라 때에는 6척을 1보로 삼기도 하여, 단위가 일정하지 않았다.

◎ 보광(輔廣) : =경원보씨(慶源輔氏)

◎ 보한경(輔漢卿) : =경원보씨(慶源輔氏)

◎ 복건(服虔, ?~?) : 후한대(後漢代)의 유학자이다. 자(字)는 자신(子愼)이다. 초명은 중(重)이었으며, 기(祇)라고도 불렀다. 후에 이름을 건(虔)으로 고쳤다. 『춘추좌씨전(春秋左氏傳)』에 주석을 남겼지만, 산일되어 전해지지 않는다. 현재는 『좌전가복주집술(左傳賈服注輯述)』로 일집본이 편찬되었다.

◎ 부인(夫人) : '부인'은 제후의 부인을 뜻한다. 『예기』 「곡례하(曲禮下)」편에는 "公侯有夫人, 有世婦, 有妻, 有妾."이라는 기록이 있다. 즉 공작과 후작은 정부인인 부인(夫人)을 두고, 그 외에 세부(世婦), 처(妻), 첩(妾)을 둔다. 또한 『논어』 「계씨(季氏)」편에는 "邦君之妻, 君稱之曰夫人. 夫人自稱曰小童."이라는 기록이 있다. 즉 군주의 처를 군주가 직접 부를 때에는 부인(夫人)이라고 부르며, 부인(夫人)이 자신을 지칭할 때에는 소동(小童)이라고 부른다. 참고적으로 천자의 부인은 후(后)라고 부르고, 대부(大夫)의 부인은 유인(孺人)이라고 부르며, 사(士)의

부인은 부인(婦人)이라고 부르고, 서인(庶人)의 부인은 처(妻)라고 부른다. 그러나 이러한 구분은 일률적으로 적용되는 것은 아니다.

◎ 비려(比閭) : '비려'는 행정단위를 가리킨다. 『주례』의 체제에 따르면 5가(家)는 1개의 비(比)가 되고 5비(比)는 1개의 여(閭)가 된다. 비(比) 안에서는 서로 보호하도록 했고, 여(閭) 안에서는 서로 변고가 생겼을 때 의탁하도록 했다. 『주례』「지관(地官)·대사도(大司徒)」편에는 "令五家爲比, 使之相保, 五比爲閭, 使之相受."라는 기록이 있다. 후대에는 '비려'를 호적제도의 기본 행정단위로 삼기도 했으며, 향리를 범칭하는 용어로도 사용하였다.

ㅅ

◎ 사(師) : '사'는 군대의 편제단위에 해당한다. 2,500명을 1사(師)로 삼는다. 군대의 편제에 있어서 5명은 1오(伍)가 되고, 5오(伍)는 1양(兩)이 되며, 4양(兩)은 1졸(卒)이 되고, 5졸(卒)은 1여(旅)가 되며, 5여(旅)는 1사(師)가 되고, 5사(師)는 1군(軍)이 된다.

◎ 사례(食禮) : '사례'는 연회의 한 종류이다. '사례'는 그 행사에 밥이 있고 반찬이 있는 것이니, 비록 술도 두었지만 마시지는 않았다. 그 예법에서는 밥을 위주로 한 것이기 때문에, '사례'라고 부른 것이다. 『예기』「왕제(王制)」편에는 "殷人以食禮."라는 기록이 있고, 이에 대한 진호(陳澔)의 주에서는 "食禮者, 有飯有殽, 雖設酒而不飮, 其禮以飯爲主, 故曰食也."라고 풀이했다. 또한 연회를 범칭하는 말로도 사용된다.

◎ 산음육씨(山陰陸氏, A.D.1042~A.D.1102) : =육농사(陸農師)·육전(陸佃). 북송(北宋) 때의 유학자이다. 자(字)는 농사(農師)이며, 호(號)는 도산(陶山)이다. 어려서 집안이 매우 가난했다고 전해지며, 왕안석(王安石)에게 수학하였으나 왕안석의 신법에 대해서는 반대하였다. 저서로는 『비아(埤雅)』, 『춘추후전(春秋後傳)』, 『도산집(陶山集)』 등이 있다.

◎ 산제(散齊) : '산제'는 산재(散齋)라고도 부른다. '산제'는 제사를 지낼 때 제사보다 앞서 7일 동안 수레도 몰지 않고, 음악도 연주하지 않으며, 조문도 하지 않으면서, 재계를 하는 것이다. 『예기』「제의(祭義)」편에는 "致齊於內, 散齊於外."라는 기록이 있고, 이에 대한 정현의 주에

서는 "散齊, 七日不御不樂不弔耳."라고 풀이했다. 또한 『예기』「제통
(祭統)」편에도 "散齊七日以定之, 致齊三日以齊之."라는 기록이 있다.

◎ 삼공(三公) : '삼공'은 중앙정부의 가장 높은 관직자 3명을 합쳐서 부르
는 말이다. '삼공'에 속한 관직명에 대해서는 각 시대별로 차이가 있다.
『사기(史記)』「은본기(殷本紀)」편에는 "以西伯昌, 九侯, 鄂侯, 爲三公."
이라는 기록이 있다. 즉 은나라 때에는 서백(西伯)인 창(昌), 구후(九
侯), 악후(鄂侯)들을 '삼공'으로 삼았다. 또한 주(周)나라 때에는 태사
(太師), 태부(太傅), 태보(太保)를 '삼공'으로 삼았다. 『서』「주서(周
書)·주관(周官)」편에는 "立太師·太傅·太保, 玆惟三公, 論道經邦, 燮
理陰陽."이라는 기록이 있다. 한편 『한서(漢書)』「백관공경표서(百官公
卿表序)」에 따르면 사마(司馬), 사도(司徒), 사공(司空)을 '삼공'으로
삼았다는 기록이 있다.

◎ 삼주(三酒) : '삼주'는 상황에 따라 사용되는 세 가지 술을 뜻한다. 세
가지 술은 사주(事酒), 석주(昔酒), 청주(淸酒)를 가리킨다. 『주례』「천
관(天官)·주정(酒正)」편에는 "辨三酒之物, 一曰事酒, 二曰昔酒, 三曰
淸酒."라는 기록이 있다. 각 술들에 설명은 주석마다 약간의 차이를
보인다. 위의 기록에 대해서 정현의 주에서는 "鄭司農云, '事酒, 有事
而飮也, 昔酒, 無事而飮也, 淸酒, 祭祀之酒.' 玄謂事酒, 酌有事者之酒,
其酒則今之醳酒也. 昔酒, 今之酋久白酒, 所謂舊醳者也. 淸酒, 今中山冬
釀接夏而成."이라고 풀이했다. 즉 정사농(鄭司農)의 주장에 따르면,
'사주'는 어떤 사안이 있어서 마시게 되는 술을 뜻하고, '석주'는 특별
한 일이 없을 때 마시는 술을 뜻하며, '청주'는 제사를 지낼 때 쓰는 술
을 뜻한다. 한편 정현의 주장에 따르면, '사주'는 일을 맡아본 자에게
따라주는 술을 뜻하는데, 그 술은 정현 시대의 역주(醳酒)에 해당하고,
'석주'는 오래 숙성시킨 술로 백주(白酒)와 같은 것이며, '청주'는 중산
(中山) 지역에서 겨울에 술을 담가서 여름쯤 다 익은 술을 뜻한다. 그
리고 위의 기록에 대해서 손이양(孫詒讓)의 『정의(正義)』에서는 "三酒
之中, 事酒較濁, 亦隨時釀之, 酋繹卽孰. 昔酒較淸, 則冬釀春孰. 淸酒尤
淸, 則冬釀夏孰."이라고 풀이했다. 즉 손이양의 주장에 따르면, '사주'
는 비교적 탁한 술이며, 또한 수시로 빚은 술을 말하는데, 술독을 열어
두어서 곧바로 숙성시키는 술을 뜻한다. '석주'는 비교적 맑은 술이며,
겨울에 빚어서 봄쯤에 다 익는 술을 뜻한다. '청주'는 더욱 맑은 술이

며, 겨울에 빚어서 여름쯤에 익는 술을 뜻한다.

◎ 상공(上公) : ‘상공’은 주(周)나라 제도에 있었던 관직 등급이다. 본래 신하의 관직 등급은 8명(命)까지이다. 주나라 때에는 태사(太師), 태부(太傅), 태보(太保)와 같은 삼공(三公)들이 8명의 등급에 해당했다. 그런데 여기에 1명을 더하게 되면 9명이 되어, 특별직인 ‘상공’이 된다.『주례』「춘관(春官)·전명(典命)」편에는 “上公九命爲伯, 其國家宮室車旗衣服禮儀, 皆以九爲節.”이라는 기록이 있고, 이에 대한 정현의 주에서는 “上公, 謂王之三公有德者, 加命爲二伯. 二王之後亦爲上公.”이라고 풀이하였다. 즉 ‘상공’은 삼공 중에서도 유덕(有德)한 자에게 1명을 더해주어, 제후들을 통솔하는 ‘두 명의 백(伯)[二伯]’으로 삼았다. 또한 제후의 다섯 등급을 나열할 경우, 공작(公爵)을 ‘상공’이라고 부르기도 한다.

◎ 상관(喪冠) : ‘상관’은 상복(喪服)을 착용할 때 쓰는 관(冠)이다. 상복은 수위에 따라 일반적으로 오복(五服)으로 나뉘게 되는데, ‘상관’ 또한 각 상복의 종류에 따라 달라진다.

◎ 서막(徐邈, A.D.344~A.D.397) : 동진(東晋) 때의 학자이다. 자(字)는 선민(仙民)이다. 저서로는 『고문상서음(古文尙書音)』·『곡량전주(穀梁傳注)』·『모시서씨음(毛詩徐氏音)』·『예기서씨음(禮記徐氏音)』·『주례서씨음(周禮徐氏音)』·『주역서씨음(周易徐氏音)』·『춘추서씨음(春秋徐氏音)』 등이 있다.

◎ 서수(庶羞) : ‘서수’는 여러 종류의 맛좋은 음식들을 뜻한다. 수(羞)자는 맛좋은 음식을 뜻하고, 서(庶)자는 음식 종류가 많다는 뜻이다. 『의례』「공사대부례(公食大夫禮)」편에는 “上大夫庶羞二十, 加於下大夫以雉兎鶉鴽.”라는 기록이 있는데, 이에 대한 호배휘(胡培翬)의 정의(正義)에서는 학경(郝敬)의 말을 인용하여, “肴美曰羞, 品多曰庶.”라고 풀이했다.

◎ 석경(石經) : 『석경(石經)』은 당(唐)나라 개성(開成) 2년(A.D.714)에 돌에 새긴 『십삼경주소(十三經注疏)』의 판본이다. 당나라 국자학(國子學)의 비석에 새겨졌다는 판본이 바로 이것을 가리킨다.

◎ 석량왕씨(石梁王氏, ?~?) : 자세한 이력이 남아 있지 않다.

◎ 석림섭씨(石林葉氏, ?~A.D.1148) : =섭몽득(葉夢得)·섭소온(葉少蘊). 남송(南宋) 때의 유학자이다. 자(字)는 소온(少蘊)이고, 호(號)는 몽득(夢

得)이다. 박학다식했다고 전해지며, 『춘추(春秋)』에 대한 조예가 깊었다.

◎ 선공(先公) : '선공'은 본래 천자 및 제후의 선조들을 존귀하게 높여 부르는 말이다. 따라서 '선왕(先王)'이라는 말과 동일하게 사용된다. 그러나 주(周)나라에 대해 선왕과 대비해서 사용하게 되면, 후직(后稷)의 후손 중 태왕(太王) 이전의 선조를 지칭한다. 주나라는 건립 이후 자신의 선조에 대해 추왕(追王)을 하여 왕(王)자를 붙였는데, 태왕인 고공단보(古公亶父)까지 왕(王)자를 붙였기 때문이다.

◎ 설문(說文) : =설문해자(說文解字)

◎ 설문해자(說文解字) : 『설문해자(說文解字)』는 후한(後漢) 때의 학자인 허신(許愼)이 찬(撰)했다고 전해지는 자서(字書)이다. 『설문(說文)』이라고도 칭해진다. A.D.100년경에 완성되었다고 전해진다. 글자의 형태, 뜻, 음운(音韻)을 수록하고 있다.

◎ 섭몽득(葉夢得) : =석림섭씨(石林葉氏)

◎ 섭소온(葉少薀) : =석림섭씨(石林葉氏)

◎ 성(成) : '성'은 토지의 면적을 뜻하는 단위이다. 사방 1리(里)의 면적은 1정(井)이 되고, 10정(井)은 1통(通)이 되며, 10통(通)은 1성(成)이 되니, 1성(成)은 사방 10리(里)의 면적이다.

◎ 성국(成國) : '성국'은 제후국 중 대국(大國)을 가리킨다. 제후국은 규모에 따라 대국(大國), 차국(次國), 소국(小國)으로 분류된다.

◎ 성복(成服) : '성복'은 상례(喪禮)에서 대렴(大斂) 이후, 죽은 자와의 관계에 따라, 각각 규정에 맞는 상복(喪服)을 갖춰 입는다는 뜻이다.

◎ 소군(小君) : '소군'은 주대(周代)에 제후의 부인을 지칭하던 용어이다. 『춘추』「희공(僖公) 2년」편에는 "夏五月辛巳, 葬我小君哀姜."이라는 용례가 있다.

◎ 소렴(小斂) : '소렴'은 상례(喪禮) 절차 중 하나이다. 죽은 자의 시신을 목욕시키고, 의복을 착용시키며, 그 위에 이불 등으로 감싸는 절차를 뜻한다.

◎ 속백(束帛) : '속백'은 한 묶음의 비단으로, 그 수량은 다섯 필(匹)이 된다. 빙문(聘問)을 하거나 증여를 할 때 가져가는 예물(禮物) 등으로 사용되었다. '속(束)'은 10단(端)을 뜻하는데, 1단의 길이는 1장(丈) 8척(尺)이 되며, 2단이 합쳐서 1권(卷)이 되므로, 10단은 총 5필이 된다. 『주례』「춘관(春官)・대종백(大宗伯)」편에는 "孤執皮帛."이라는 기록이

있고, 이에 대한 가공언(賈公彦)의 소(疏)에서는 "束者十端, 每端丈八
尺, 皆兩端合卷, 總爲五匹, 故云束帛也."라고 풀이했다.

◎ 손염(孫炎, ?~?) : 삼국시대(三國時代) 때의 학자이다. 자(字)는 숙연
(叔然)이다. 정현의 문도였으며, 『이아음의(爾雅音義)』를 저술하여 반
절음을 유행시켰다.

◎ 수(遂) : '수'는 주(周)나라 때 원교(遠郊) 밖에 설치되었던 행정구역이
다. 원교 안에는 6개의 향(鄕)을 설치했고, 원교 밖에는 6개의 '수'를
설치했다. 『서』「주서(周書)・비서(費誓)」편에는 "魯人三郊三遂, 峙乃
楨幹."이란 기록이 있는데, 이에 대한 채침(蔡沈)의 『집전(集傳)』에서
는 "國外曰郊, 郊外曰遂."라고 풀이했다. 후대의 해석으로는 송대(宋
代)의 이여호(李如箎)가 『동원총설(東園叢說)』「삼례설(三禮說)・향수
(鄕遂)」편에서 "周家鄕遂之制, 兵寓其中. 近國爲鄕, 爲鄕者六. 郊之外
爲遂, 爲遂亦六."이라고 했던 해석이 있고, 또 청대(淸代)의 운경(惲敬)
은 『삼대인혁론이(三代因革論二)』에서 "古之爲國有軍有賦, 軍出於郊
者也, 賦出於遂者也."라고 했다. 즉 향(鄕)에서는 군대를 동원했고, '수'
에서는 부역을 징수했다는 설명이다. 또 『주례』에 따르면, '수'는 5개
의 현(縣)이 모인 행정규모이다. '수' 밑에는 현(縣)을 비롯하여 비(鄙),
찬(酇), 리(里), 린(鄰)의 행정단위가 있었다. '수'를 기준으로 봤을 때,
1개의 '수'는 5개의 현(縣), 25개의 비(鄙), 125개의 찬(酇), 500개의 리
(里), 2500개의 린(鄰), 12500개의 가(家) 규모가 된다. 즉 향(鄕)의 규
모와 같은 크기이다. 『주례』「지관(地官)・수인(遂人)」편에는 "五家爲
鄰, 五鄰爲里, 四里爲酇, 五酇爲鄙, 五鄙爲縣, 五縣爲遂."라는 기록이
있다.

◎ 시마복(緦麻服) : '시마복'은 상복(喪服) 중 하나로, 오복(五服)에 속한
다. 가장 조밀한 삼베를 사용해서 만든다. 이 복장을 입게 되는 기간은
상황에 따라서 차이가 있지만, 일반적으로 3개월이 된다. 친족의 백숙
부모(伯叔父母)나 친족의 형제(兄弟)들 및 혼인하지 않은 친족의 자매
(姊妹) 등을 위해서 입는다.

◎ 심약(沈約, A.D.441~A.D.513) : 위진남북조 때의 학자이다. 자(字)는 휴
문(休文)이고, 시호(諡號)는 은(隱)이다. 주요저서로는 『송서(宋書)』・
『심은후집(沈隱侯集)』

◎ 심중(沈重, A.D.500~A.D.583) : 남북조시대 때 남조 양(梁)나라의 학자

이다. 자(字)는 덕후(德厚)・자후(子厚)이다. 저서로는 『예기의(禮記義)
』・『의례의(儀禮義)』・『주례의(周禮義)』 등이 있다.

◎ 십륜(十倫) : '십륜'은 제사 때 드러내게 되는 10개의 도리(道理)를 뜻한
다. 귀신(鬼神)을 섬기는 도(道), 군신(君臣)의 의(義), 귀천(貴賤)의 등
급[等], 친소(親疎)에 따른 차별[殺], 작위[爵]와 상(賞)의 베풂[施], 부
부(夫婦)의 유별[別], 정사(政事)의 균평[均], 장유(長幼)의 질서[序],
상하(上下)의 조화[際]를 뜻한다. 『예기』「제통(祭統)」편에는 "夫祭有
十倫焉. 見事鬼神之道焉, 見君臣之義焉, 見父子之倫焉, 見貴賤之等焉,
見親疎之殺焉, 見爵賞之施焉, 見夫婦之別焉, 見政事之均焉, 見長幼之
序焉, 見上下之際焉. 此之謂十倫."이라는 기록이 있다.

◎ 악본(岳本) : 『악본(岳本)』은 송(頌)나라 악가(岳珂)가 간행한 『십삼경
주소(十三經注疏)』의 판본이다.

◎ 안사고(顔師古, A.D.581~A.D.645) : 당(唐)나라 때의 학자이다. 자(字)는
주(籒)이다. 안지추(顔之推)의 손자이다. 훈고학(訓詁學)에 뛰어났다.
오경(五經)의 문자를 교정하여, 『오경정본(五經定本)』을 찬술하기도
하였다.

◎ 약(礿) : '약'은 약(禴)이라고도 부른다. 하(夏)나라와 은(殷)나라 때에
는 봄에 종묘(宗廟)에서 지내는 제사를 뜻하는 용어로 사용하였지만,
주(周)나라 때에는 명칭을 고쳐서, 여름에 지내는 제사의 명칭으로 삼
았다. '약(礿)'이 봄 제사를 뜻하는 용어로 사용될 때에는 적다[薄]라는
뜻으로, 봄에는 만물이 아직 성숙하지 않았으므로, 제사 때 차려내는
제수(祭需)들이 적게 된다. 그렇기 때문에 그 제사를 '약(礿)'이라고 부
르는 것이다. 『예기』「왕제(王制)」편에는 "天子諸侯宗廟之祭, 春曰礿,
夏曰禘, 秋曰嘗, 冬曰烝."이라는 기록이 있고, 이에 대한 정현의 주에
서는 "此蓋夏殷之祭名. 周則春曰祠, 夏曰礿, 以禘爲殷祭."라고 풀이했
고, 진호(陳澔)의 『집설(集說)』에서는 "礿, 薄也. 春物未成, 祭品鮮薄
也."라고 풀이했다. 한편 '약(礿)'자가 여름 제사를 뜻하는 용어로 사용
될 때에는 삶다[汋=礿]의 뜻으로, 여름 4월에는 보리가 익어서, 삶아서
밥을 지을 수가 있다. 여름 제사 때에는 이처럼 보리밥을 헌상하기 때

문에, 그 제사를 '약(礿)'이라고 부르는 것이다. 『춘추공양전』「환공(桓公) 8년」편에는 "夏曰礿."이라는 기록이 있는데, 이에 대한 하휴(何休)의 주에서는 "薦尙麥苗, 麥始熟可礿, 故曰礿."이라고 풀이했다. 그리고 『주례』「춘관(春官)・사준이(司尊彛)」편에서는 "春祠夏禴, 祼用雞彝・鳥彝, 皆有舟."라고 하여, 약(礿)을 '약(禴)'자로 기록하고 있다.

◎ 양웅(楊雄, B.C.53~A.D.18) : =양웅(揚雄)・양자(揚子). 전한(前漢) 때의 학자이다. 자(字)는 자운(子雲)이다. 사부작가(辭賦作家)로도 명성이 높았다. 왕망(王莽)에게 동조했다는 이유로 송(宋)나라 이후부터는 배척을 당하였다. 만년에는 경학(經學)에 전념하여, 자신을 성현(聖賢)이라고 자처하였다. 참위설(讖緯說) 등을 배척하고, 유가(儒家)와 도가(道家)의 사상을 절충하였다. 저서로는 『법언(法言)』, 『태현경(太玄經)』 등이 있다.

◎ 양웅(揚雄) : =양웅(楊雄)

◎ 양자(揚子) : =양웅(楊雄)

◎ 엄릉방씨(嚴陵方氏, ?~?) : =방각(方慤)・방씨(方氏)・방성부(方性夫). 송대(宋代)의 유학자이다. 이름은 각(慤)이다. 자(字)는 성부(性夫)이다. 『예기집해(禮記集解)』를 지었고, 『예기집설대전(禮記集說大全)』에는 그의 주장이 많이 인용되고 있다.

◎ 여불위(呂不韋. ?~B.C.235) : 전국시대(戰國時代) 말기(末期)의 정치가이다. 진(秦)나라의 상국(相國)을 지낼 때, 여러 학자들을 초빙하여 『여씨춘추(呂氏春秋)』를 작성하였다.

◎ 여씨춘추(呂氏春秋) : 『여씨춘추(呂氏春秋)』는 여불위(呂不韋)가 편찬한 책이다. 『사기(史記)』「문언후열전(文言侯列傳)」편의 기록에 의하면, 여불위가 여러 학자들을 불러 모아서, 학문을 토론하게 하고, 그것을 모아서 『여씨춘추』를 편찬했다고 전해진다. 12개의 기(紀), 8개의 남(覽), 6개의 논(論)으로 구성되어 있다.

◎ 역제(繹祭) : '역제'는 일종의 제례 의식 중 하나이다. 정규 제사를 지낸 다음날 지내는 제사이다.

◎ 연례(燕禮) : '연례'는 본래 빈객(賓客)을 접대하는 연회의 한 종류를 뜻한다. 각종 연회들을 두루 지칭하기도 하며, 연회에서 사용되는 의례 절차들을 두루 지칭하기도 한다. 본래의 '연례'는 연회를 시작할 때, 첫잔을 따라 바치는 절차 끝나면, 모두 자리에 앉아서 술을 마시는데,

취할 때까지 마시는 연회의 한 종류를 뜻한다. '연례' 때에는 희생물로 개[狗]를 사용했으며, 유우씨(有虞氏) 때 시행되었던 제도라고 설명되기도 한다. 『예기』「왕제(王制)」편에는 "有虞氏以燕禮."라는 기록이 있고, 이에 대한 진호(陳澔)의 『집설(集說)』에서는 "燕禮者, 一獻之禮旣畢, 皆坐而飮酒, 以至於醉, 其牲用狗."라고 풀이했다.

◎ 예제(醴齊) : '예제'는 오제(五齊) 중 하나이다. 비교적 탁한 술에 해당한다. 술이 익고 나서 앙금을 한 차례 걸러낸 것으로 염주(恬酒)와 같은 술이다.

◎ 오경이의(五經異義) : 『오경이의(五經異義)』는 후한(後漢) 때의 학자인 허신(許愼)이 지은 책이다. 유실되었는데, 송대(宋代) 때 학자들이 다시 모아서 엮었다. 오경(五經)에 관한 고금(古今)의 유설(遺說)과 이의(異義)를 싣고, 그에 대한 시비(是非)를 판별한 내용들이다.

◎ 오유청(吳幼淸) : =오징(吳澄)

◎ 오제(五齊) : '오제'는 술의 맑고 탁한 정도에 따라서 다섯 가지 등급으로 분류한 술을 뜻한다. 또한 술을 범칭하는 용어로도 사용된다. 다섯 가지 술은 범제(泛齊), 례제(醴齊), 앙제(盎齊), 제제(緹齊), 침제(沈齊)를 가리킨다. 『주례』「천관(天官)・주정(酒正)」편에는 "辨五齊之名, 一曰泛齊, 二曰醴齊, 三曰盎齊, 四曰緹齊, 五曰沈齊."라는 기록이 있다. 각 술들에 대해 설명하자면, 위의 기록에 대한 정현의 주에서는 "泛者, 成而滓浮泛泛然, 如今宜成醪矣. 醴猶體也, 成而汁滓相將, 如今恬酒矣. 盎猶翁也, 成而翁翁然, 蔥白色, 如今酇白矣. 緹者, 成而紅赤, 如今下酒矣. 沈者, 成而滓沈, 如今造淸矣. 自醴以上尤濁, 縮酌者. 盎以下差淸. 其象類則然, 古之法式未可盡聞. 杜子春讀齊皆爲粢. 又禮器曰, '緹酒之用, 玄酒之尙.' 玄謂齊者, 每有祭祀, 以度量節作之."라고 풀이했다. 즉 '범제'는 술이 익고 나서 앙금이 둥둥 떠 있는 것으로 정현 시대의 의성료(宜成醪)와 같은 술이고, '례주'는 술이 익고 나서 앙금을 한 차례 걸러낸 것으로 염주(恬酒)와 같은 것이며, '앙제'는 술이 익고 나서 새파란 빛깔을 보이는 것으로 찬백(酇白)과 같은 술이고, '제제'는 술이 익고 나서 붉은 빛깔을 보이는 것으로 하주(下酒)와 같은 술이며, '침제'는 술이 익고 나서 앙금이 모두 가라앉아 있는 것으로 조청(造淸)과 같은 술이다. '범주'는 가장 탁한 술이며, '례주'는 그 다음으로 탁한 술이고, '앙제'부터는 뒤로 갈수록 맑은 술에 해당한다.

◎ 오제(五帝) : '오제'는 천상(天上)의 다섯 신(神)을 가리킨다. 오행설(五行說)과 참위설(讖緯說)에 영향을 받은 것으로, 중앙의 황제(黃帝)인 함추뉴(含樞紐), 동쪽의 창제(蒼帝)인 영위앙(靈威仰), 남쪽의 적제(赤帝)인 적표노(赤熛怒), 서쪽의 백제(白帝)인 백소구(白昭矩: =白招拒), 북쪽의 흑제(黑帝)인 협광기(叶光紀)를 가리킨다.

◎ 오제(五帝) : '오제'는 전설시대에 존재했다고 전해지는 다섯 명의 제왕(帝王)을 뜻한다. 그러나 다섯 명이 누구였는지에 대해서는 이설(異說)이 많다. 첫 번째 주장은 황제(黃帝: =軒轅), 전욱(顓頊: =高陽), 제곡(帝嚳: =高辛), 당요(唐堯), 우순(虞舜)으로 보는 견해이다. 『사기정의(史記正義)』「오제본기(五帝本紀)」편에는 "太史公依世本·大戴禮, 以黃帝·顓頊·帝嚳·唐堯·虞舜爲五帝. 譙周·應劭·宋均皆同."이라는 기록이 있고, 『백호통(白虎通)』「호(號)」편에도 "五帝者, 何謂也? 禮曰, 黃帝·顓頊·帝嚳·帝堯·帝舜也."라는 기록이 있다. 두 번째 주장은 태호(太昊: =伏羲), 염제(炎帝: =神農), 황제(黃帝), 소호(少昊: =摯), 전욱(顓頊)으로 보는 견해이다. 이 주장은 『예기』「월령(月令)」편에 나타난 각 계절별 수호신들의 내용을 종합한 것이다. 세 번째 주장은 소호(少昊), 전욱(顓頊), 고신(高辛), 당요(唐堯), 우순(虞舜)으로 보는 견해이다. 『서서(書序)』에는 "少昊·顓頊·高辛·唐·虞之書, 謂之五典, 言常道也."라는 기록이 있다. 또 『제왕세기(帝王世紀)』에는 "伏羲·神農·黃帝爲三皇, 少昊·高陽·高辛·唐·虞爲五帝."라는 기록이 있다. 네 번째 주장은 복희(伏羲), 신농(神農), 황제(黃帝), 당요(唐堯), 우순(虞舜)으로 보는 견해이다. 이 주장은 『역』「계사하(繫辭下)」편의 내용에 근거한 주장이다.

◎ 오징(吳澄, A.D.1249~A.D.1333) : =임천오씨(臨川吳氏)·오유청(吳幼淸)·초려오씨(草廬吳氏). 송원대(宋元代)의 유학자이다. 이름은 징(澄)이다. 자(字)는 유청(幼淸)이다. 저서로 『예기해(禮記解)』가 있다.

◎ 왕념손(王念孫, A.D.1744~A.D.1832) : 청(淸)나라 때의 학자이다. 자(字)는 회조(懷租)이고, 호(號)는 석구(石臞)이다. 부친은 왕안국(王安國)이고, 아들은 왕인지(王引之)이다. 대진(戴震)에게 학문을 배웠다. 저서로는 『독서잡지(讀書雜志)』 등이 있다.

◎ 왕보사(王輔嗣) : =왕필(王弼)

◎ 왕숙(王肅, A.D.195~A.D.256) : =왕자옹(王子雍). 위진남북조(魏晉南北

朝) 때의 위(魏)나라 경학자이다. 자(字)는 자옹(子雍)이다. 출신지는
동해(東海)이다. 부친 왕랑(王朗)으로부터 금문학(今文學)을 공부했으
나, 고문학(古文學)의 고증적인 해석을 따랐다. 『상서(尙書)』, 『시경
(詩經)』, 『좌전(左傳)』, 『논어(論語)』 및 삼례(三禮)에 대한 주석을 남
겼다.

◎ 왕인지(王引之, A.D.1766~A.D.1834) : 청(淸)나라 때의 훈고학자이다.
자(字)는 백신(伯申)이고, 호(號)는 만경(曼卿)이며, 시호(諡號)는 문간
(文簡)이다. 왕념손(王念孫)의 아들이다. 대진(戴震), 단옥재(段玉裁),
부친과 함께 대단이왕(戴段二王)이라고 일컬어졌다. 『경전석사(經傳
釋詞)』, 『경의술문(經義述聞)』 등의 저술이 있다.

◎ 왕필(王弼, A.D.226~A.D.249) : =왕보사(王輔嗣). 삼국시대 위(魏)나라
의 학자이다. 자(字)는 보사(輔嗣)이다. 저서로는 『노자주(老子注)』·『
주역주(周易注)』 등이 있다.

◎ 왕후(王后) : '왕후'는 천자의 본부인을 뜻한다. 후대에는 황후(皇后)라
고 부르기도 하였다. 고대에는 천자(天子)를 왕(王)이라고 불렀기 때
문에, 천자의 부인을 '왕후'라고 부른다. 또한 '왕'자를 생략하여 '후
(后)라고도 부른다.

◎ 요작(瑤爵) : '요작'은 아름다운 옥돌[瑤]을 조각하여 만든 술잔으로, 그
술잔의 중요성은 대체적으로 옥작(玉爵) 다음이 된다. 『주례』「천관(天
官)·내재(內宰)」편에는 大祭祀, 后祼獻則贊, 瑤爵亦如之."라는 기록이
있는데, 이에 대한 정현의 주에서는 "其爵以瑤爲飾."이라고 풀이했고,
『예기』「제통(祭統)」편에는 "尸飮五, 君洗玉爵獻卿; 尸飮七, 以瑤爵獻
大夫."라는 기록이 있다.

◎ 용(踊) : '용'은 상중(喪中)에 취하는 행동으로, 곡(哭)에 맞춰서 발을
구르는 행위이다.

◎ 웅씨(熊氏) : =웅안생(熊安生)

◎ 웅안생(熊安生, ?~A.D.578) : =웅씨(熊氏). 북조(北朝) 때의 경학자이다.
자(字)는 식지(植之)이다. 『주례(周禮)』, 『예기(禮記)』, 『효경(孝經)』
등 많은 전적에 의소(義疏)를 남겼지만, 모두 산일되어 남아 있지 않
다. 현재 마국한(馬國翰)의 『옥함산방집일서(玉函山房輯佚書)』에 『예
기웅씨의소(禮記熊氏義疏)』 4권이 남아 있다.

◎ 유사(有司) : '유사'는 관리를 뜻하는 용어이다. '사(司)'자는 담당한다는

뜻이다. 관리들은 각자 담당하고 있는 업무가 있었으므로, 관리를 '유사'라고 불렀던 것이다. 일반적으로 하위관료들을 지칭하여, 실무자를 뜻하는 용어로 많이 사용된다. 그러나 때로는 고위관료까지도 지칭하는 용어로 사용되기도 한다.

◎ 유태공(劉台拱, A.D.1751~A.D.1805) : 청(淸)나라 때의 경학자이다. 천문학(天文學), 율려학(律呂學), 문자학(文字學) 등에 조예가 깊었다.

◎ 유현(劉炫, ?~?) : 수(隋)나라 때의 학자이다. 자는 광백(光伯)이며, 경성(景城) 출신이다. 택학박사(太學博士) 등을 지냈다. 『논어술의(論語述義)』, 『춘추술의(春秋述義)』, 『효경술의(孝經述義)』 등을 저술하였다.

◎ 육기(陸機, A.D.261~A.D.303) : 서진(西晉) 때의 학자이다. 자(字)는 사형(士衡)이다. 저서로는 『변망론(辯亡論)』·『육사형집(陸士衡集)』 등이 있다.

◎ 육농사(陸農師) : =산음육씨(山陰陸氏)

◎ 육덕명(陸德明, A.D.550~A.D.630) : =육원랑(陸元朗). 당대(唐代)의 경학자이다. 이름은 원랑(元朗)이고, 자(字)는 덕명(德明)이다. 훈고학에 뛰어났으며, 『경전석문(經典釋文)』 등을 남겼다.

◎ 육예(六藝) : '육예'는 기본적으로 갖춰야 하는 여섯 가지 과목을 뜻한다. 여섯 가지 과목은 예(禮), 음악[樂], 활쏘기[射], 수레몰기[御], 글쓰기[書], 셈하기[數]이며, 구체적으로 말하자면 오례(五禮), 육악(六樂), 오사(五射), 오어(五馭: =五御), 육서(六書), 구수(九數)를 가리킨다.

◎ 육원랑(陸元朗) : =육덕명(陸德明)

◎ 육전(陸佃) : =산음육씨(山陰陸氏)

◎ 육축(六畜) : '육축'은 여섯 종류의 가축을 뜻한다. 말[馬], 소[牛], 양(羊), 닭[雞], 개[犬], 돼지[豕]를 가리킨다. 『춘추좌씨전』「소공(昭公) 25년」편에는 "爲六畜·五牲·三犧, 以奉五味."라는 기록이 있고, 이에 대한 두예(杜預)의 주에서는 "馬·牛·羊·雞·犬·豕."라고 풀이했다.

◎ 육향(六鄕) : '육향'은 주(周)나라 때 원교(遠郊)에 설치된 여섯 개의 향(鄕)을 뜻한다. 주나라의 제도에서는 국성(國城)과 가까이 있는 교외(郊外)를 근교(近郊)라고 불렀고, 근교 밖을 원교(遠郊)라고 불렀다. 그리고 원교 안에는 6개의 향(鄕)을 설치했고, 원교 밖에는 6개의 수(遂)를 설치했다.

◎ 응씨(應氏) : =금화응씨(金華應氏)

◎ 응용(應鏞) : =금화응씨(金華應氏)

◎ 응자화(應子和) : =금화응씨(金華應氏)

◎ 임천오씨(臨川吳氏) : =오징(吳澄)

ㅈ

◎ 자최복(齊衰服) : '자최복'은 상복(喪服) 중 하나로, 오복(五服)에 속한다. 거친 삼베를 사용해서 만들며, 자른 부위를 꿰매어 가지런하게 정리하기 때문에, '자최복'이라고 부른다. 이 복장을 입게 되는 기간에도 여러 종류가 있는데, 3년 동안 입는 경우는 죽은 계모(繼母)나 자모(慈母)를 위한 경우이고, 1년 동안 입는 경우는 손자가 죽은 조부모를 위해 입는 경우와 남편이 죽은 아내를 입는 경우 등이다. 그리고 1년 동안 '자최복'을 입는 경우, 그 기간을 자최기(齊衰期)라고도 부른다. 또 5개월 동안 입는 경우는 죽은 증조부나 증조모를 위한 경우이며, 3개월 동안 입는 경우는 죽은 고조부나 고조모를 위한 경우 등이다.

◎ 장곡(長轂) : '장곡'은 전쟁용 수레를 뜻한다.

◎ 장자(張子) : =장재(張載)

◎ 장재(張載, A.D.1020~A.D.1077) : =장자(張子)·장횡거(張橫渠). 북송(北宋) 때의 유학자이다. 북송오자(北宋五子) 중 한 사람으로 칭해진다. 자(字)는 자후(子厚)이다. 횡거진(橫渠鎭) 출신으로, 이곳에서 장기간 강학을 했기 때문에 횡거선생(橫渠先生)으로 일컬어지기도 한다.

◎ 전(甸) : '전'은 토지의 면적을 뜻하는 단위이다. 1사람이 부여받는 100무(畝)의 경작지를 1부(夫)라고 하는데, 9부(夫)는 1정(井)이 되고, 4정(井)은 1읍(邑)이 되며, 4읍(邑)은 1구(丘)가 되고, 4구(丘)는 1전(甸)이 된다. 1전(甸)은 사방 8리(里)의 규모이다. 또한 '전'은 승(乘)이라고도 부른다. 『주례』「지관(地官)·소사도(小司徒)」편에는 "九夫爲井, 四井爲邑, 四邑爲丘, 四丘爲甸."이라는 기록이 있고, 이에 대해 정현의 주에서는 "甸之言乘也, 讀如衷甸之甸. 甸方八里."라고 풀이했다.

◎ 전조(田祖) : '전조'는 전설 속의 인물로, 처음 농경지를 경작한 자이다. 신농씨(神農氏)를 가리킨다. 『시』「소아(小雅)·보전(甫田)」편에는 "琴瑟擊鼓, 以御田祖."라는 기록이 있는데, 주자의 『집전(集傳)』에서는

"謂始耕田者, 卽神農也."라고 풀이했다.

◎ 전준(田畯) : '전준'은 지방의 하급관리를 뜻한다. 농사와 관련된 세금
및 요역 징발 등의 일을 담당했다. '전준'은 농사에 대한 일을 담당하
였기 때문에, 경작과 파종을 뜻하는 글자들이 가미되어, '전준'을 전색
부(田嗇夫), 사색(司嗇) 등으로 부르기도 했다. 그리고 '전준'은 한(漢)
나라 때 색부(嗇夫)로 칭해졌다. 『시』「소아(小雅)·보전(甫田)」편에는
"饁彼南畝, 田畯至喜."라는 기록이 있는데, 이에 대한 정현의 전(箋)에
서는 "田畯, 司嗇, 今之嗇夫也."라고 풀이했으며, 공영달(孔穎達)의 소
(疏)에서는 "田畯, 田家, 在田司主稼穡, 故謂司嗇. 漢世亦有此官, 謂之
嗇夫."라고 풀이했다.

◎ 정강성(鄭康成) : =정현(鄭玄)

◎ 정씨(鄭氏) : =정현(鄭玄)

◎ 정의(正義) : 『정의(正義)』는 『예기정의(禮記正義)』 또는 『예기주소(禮
記注疏)』를 뜻한다. 당(唐)나라 때에는 태종(太宗)이 공영달(孔穎達)
등을 시켜서 『오경정의(五經正義)』를 편찬하였는데, 이때 『예기정의』
에는 정현(鄭玄)의 주(注)와 공영달의 소(疏)가 수록되었다. 송대(宋
代)에는 『오경정의』와 다른 경전(經典)에 대한 주석서를 포함한 『십삼
경주소(十三經注疏)』가 편찬되어, 『예기주소』라는 명칭이 되었다.

◎ 정지(鄭志) : 『정지(鄭志)』는 정현(鄭玄)과 그의 제자들이 오경(五經)에
대해서 문답을 주고받은 내용을 기록한 문헌이다. 『논어』의 형식에 의
거하여, 정현의 제자들이 편찬하였다. 『후한서(後漢書)』「장조정열전
(張曹鄭列傳)」편에는 "門人相與撰玄荅諸弟子問五經, 依論語作鄭志八
篇."라는 기록이 있다.

◎ 정침(正寢) : '정침'은 노침(路寢)과 같은 말이다. 또한 정전(正殿)이라
고도 불렀다. 군주가 정무를 처리하던 장소이다. 천자에게는 6개의 침
(寢)이 있었는데, 가장 앞쪽에 있는 1개의 침이 바로 정침(正寢)이 되
고, 나머지는 5개의 침은 연침(燕寢)이 된다. 또한 군주의 부인이 사용
하는 정침을 뜻하기도 한다.

◎ 정현(鄭玄, A.D.127~A.D.200) : =정강성(鄭康成)·정씨(鄭氏). 한대(漢
代)의 유학자이다. 자(字)는 강성(康成)이다. 『주역(周易)』, 『상서(尙
書)』, 『모시(毛詩)』, 『주례(周禮)』, 『의례(儀禮)』, 『예기(禮記)』, 『논어
(論語)』, 『효경(孝經)』 등에 주석을 하였다.

◎ 제제(緹齊) : '제제'는 제제(醍齊)라고도 부른다. 오제(五齊) 중 하나이다. 비교적 맑은 술에 해당한다. 술이 익고 나서 붉은 빛깔을 보이는 것으로 하주(下酒)와 같은 술이다.

◎ 조방(趙汸, A.D.1319~A.D.1369) : 원(元)나라 때의 학자이다. 자(字)는 자상(子常)이다. 은둔하며 저술활동에 전념하였다. 『원사(元史)』의 편찬 작업에 초빙되었으나, 출사하는 것을 원치 않아서 산으로 옮겨서 살았고, 얼마 지나지 않아 죽었다. 이러한 일화 때문에 학자들은 그를 동산선생(東山先生)이라고 불렀다. 저서로는 『동산존고(東山存稿)』, 『주역문전(周易文詮)』, 『좌씨보주(左氏補注)』 등이 있다.

◎ 조복(朝服) : '조복'은 군주와 신하가 조회를 열 때 착용하는 복장을 뜻한다. 중요한 의식을 치를 때 착용하는 예복(禮服)을 가리키기도 한다.

◎ 조전(祖奠) : '조전'은 발인 하루 전에 올리는 전제(奠祭)를 가리킨다.

◎ 좌식(佐食) : '좌식'은 제사를 지낼 때, 시동의 옆에서 시동이 제사 음식을 흠향할 수 있도록 시중을 드는 사람이다. 『의례』「특생궤식례(特牲饋食禮)」편에는 "佐食北面, 立於中庭."이라는 기록이 있는데, 이에 대한 정현의 주에서는 "佐食, 賓佐尸食者."라고 풀이했다.

◎ 증상(烝嘗) : '증상'은 종묘(宗廟)에서 지내는 가을 제사와 겨울 제사를 가리킨다. 또한 '증상'은 종묘에 대한 제사를 총칭하는 용어로도 사용된다. 사계절마다 큰 제사를 지내게 되는데, 계절별 제사 명칭이 다르며, 문헌마다 조금씩 차이를 보인다. 예를 들어 『춘추번로(春秋繁露)』「사제(四祭)」편에는 "四祭者, 因四時之所生孰而祭其先祖父母也. 故春曰祠, 夏曰礿, 秋曰嘗, 冬曰蒸."이라고 하여, 봄 제사를 사(祠), 여름 제사를 약(礿), 가을 제사를 상(嘗), 겨울 제사를 증(蒸)이라고 설명했다. 한편 『예기』「왕제(王制)」편에는 "天子諸侯宗廟之祭, 春曰礿, 夏曰禘, 秋曰嘗, 冬曰烝."이라고 하여, 봄 제사를 약(礿), 여름 제사를 체(禘), 가을 제사를 상(嘗), 겨울 제사를 증(烝)이라고 설명했다.

◎ 질(経) : '질'은 질대(経帶)를 뜻한다. 마(麻)로 제작한 일종의 끈으로, 머리에 쓰는 수질(首経)과 허리에 차는 요질(腰経)이 있다.

◎ 징주(澄酒) : '징주'는 청주(清酒)라고도 부른다. 삼주(三酒) 중 하나이다. 정사농(鄭司農)의 주장에 따르면, '청주'는 제사를 지낼 때 쓰는 술을 뜻한다. 정현의 주장에 따르면, '청주'는 중산(中山) 지역에서 겨울에 술을 담가서 여름쯤 다 익은 술을 뜻한다. 손이양(孫詒讓)의 주장

에 따르면, '청주'는 더욱 맑은 술이며, 겨울에 빚어서 여름쯤에 익는
술을 뜻한다.

◎ 차자(且字) : '차자'는 자(字)의 일종이다. 남자의 경우 관례(冠禮)를 치
른 뒤에 자(字)를 받게 되는데, 주(周)나라의 제도에 따르면 20세로부
터 50세까지는 이름 대신 자(字)를 붙여서 '아무개 보(甫)'라고 불렀으
니, 이것을 '차자'라고 부른다. 50세를 넘기게 되면 형제서열에 따라서
'아무개 백(伯)'이나 '아무개 중(仲)' 등으로 부르게 된다.

◎ 초려오씨(草盧吳氏) : =오징(吳澄)

◎ 축관(祝官) : '축관'은 고대에 제사의 축문이나 기도 등의 일을 담당했
던 관리이다.

◎ 치(雉) : '치'는 담장 등의 면적을 계산하는 단위이다. 길이가 3장(丈)이
고 높이가 1장인 것을 1치(雉)라고 부른다.

◎ 치녀(致女) : '치녀'는 고대 제후가 딸을 시집보낸 이후, 대부를 파견하
여 빙문을 하는 예법이다. 이 예법을 통해 혼인으로 맺은 우호관계를
다지게 된다.

◎ 치제(致齊) : '치제'는 치재(致齋)라고도 부른다. '치제'는 제사를 지내기
이전 3일 동안 몸과 마음을 정숙하게 재계하는 의식이다. '치제' 이전
에는 '산제(散齊)'를 하여 7일 동안 정숙하게 한다. '치제'는 그 이후 3
일 동안 몸과 마음을 더욱 정숙하게 재계하여, 신과 소통할 수 있도록
준비하는 것이다. 『예기』「제통(祭統)」편에는 "故散齊七日以定之, 致齊
三日以齊之. 定之之謂齊, 齊者精明之至也, 然後可以交于神明也."라는
기록이 있다.

◎ 친영(親迎) : '친영'은 혼례(婚禮)에서 시행하는 여섯 가지 예식(禮式)
중 하나이다. 사위될 자가 여자 집에 가서 혼례를 치르고, 자신의 집으
로 데려오는 예식을 뜻한다.

◎ 태뢰(太牢) : '태뢰'는 제사에서 소[牛], 양(羊), 돼지[豕] 3가지 희생물을

갖춘 것을 뜻한다. 『장자』「지악(至樂)」편에는 "具太牢以爲膳."이라는 기록이 있는데, 이에 대한 성현영(成玄英)의 소(疏)에서는 "太牢, 牛羊豕也."라고 풀이하였다.

ㅍ

◎ 팽(祊) : '팽'은 제사의 명칭이다. 정규 제사를 끝낸 뒤에, 시행하는 역제(繹祭)를 가리킨다. 또한 팽에 대한 제사를 지낼 때, 그 장소는 묘문(廟門) 안쪽이 되므로, '팽'은 종묘의 문(門)을 가리키는 용어로도 사용되었고, 묘문 안쪽 제사를 지내는 장소를 뜻하기도 한다.

ㅎ

◎ 하휴(何休, A.D.129~A.D.182) : 전한(前漢) 때의 금문경학자(今文經學者)이다. 자(字)는 소공(邵公)이다. 『춘추공양전해고(春秋公羊傳解詁)』를 지었으며, 『효경(孝經)』, 『논어(論語)』 등에 대해서도 주를 달았고, 『춘추한의(春秋漢議)』를 짓기도 하였다.

◎ 향례(饗禮) : '향례'는 연회의 한 종류이다. 또한 연회를 범칭하는 용어로도 사용된다. 본래 '향례'를 시행할 때에는 희생물을 통째로 바치지만, 그것을 먹지는 않는다. 또 술잔을 가득 채우지만, 마시지는 않으며, 자리에 서 있기만 하고, 앉지는 않는다. 또한 신분의 존비(尊卑)에 의거해서 술잔을 바치게 되는데, 정해진 술잔 바치는 회수가 끝나면, 의식을 끝낸다. 다만 숙위(宿衛)들과 기로(耆老) 및 고아들에게 향례를 할 때에는 술을 취할 때까지 마시게 하는 것을 법도로 삼았다.

◎ 혁거(革車) : '혁거'는 고대에 사용된 전쟁용 수레이다. 크기가 작고 가벼운 전쟁용 수레를 치거(馳車)라고 부르고, 크기가 크고 무거운 전쟁용 수레를 '혁거'라고 부르기도 한다.

◎ 현주(玄酒) : '현주'는 고대의 제례(祭禮)에서 술 대신 사용한 물[水]을 뜻한다. '현주'의 '현(玄)'자는 물은 흑색을 상징하므로, 붙여진 글자이다. '현주'의 '주(酒)'자의 경우, 태고시대 때에는 아직 술이 없었기 때문에, 물을 술 대신 사용했다. 따라서 후대에는 이 물을 가리키며 '주'자를 붙이게 된 것이다. '현주'를 사용하는 것은 가장 오래된 예법 중

하나이므로, 후대에도 이러한 예법을 존숭하여, 제사 때 '현주' 또한 사용했던 것이며, '현주'를 술 중에서도 가장 귀한 것으로 여겼다. 『예기』「예운(禮運)」편에는 "故玄酒在室, 醴醆在戶."라는 기록이 있는데, 이에 대한 공영달(孔穎達)의 소(疏)에서는 "玄酒, 謂水也. 以其色黑, 謂之玄. 而太古無酒, 此水當酒所用, 故謂之玄酒."라고 풀이했다.

◎ 형병(邢昺, A.D.932~A.D.1010) : 북송(北宋) 때의 학자이다. 자(字)는 숙명(叔明)이다. 예부상서(禮部尙書) 등을 지냈다. 저서로는 『논어정의(論語正義)』, 『이아정의(爾雅正義)』 등이 있다.

◎ 호천상제(昊天上帝) : '호천상제'는 호천(昊天)과 상제(上帝)로 구분하여 해석하기도 하며, '호천상제'를 하나의 용어로 해석하기도 한다. 후자의 경우 '호천'이라는 말은 '상제'를 수식하는 말이다. 고대에는 축호(祝號)라는 것을 지어서 제사 때의 용어를 수식어로 꾸미게 되는데, '호천상제'의 경우는 '상제'에 대한 축호에 해당하며, 세분하여 설명하자면 신(神)의 명칭에 수식어를 붙이는 신호(神號)에 해당한다. 『예기』「예운(禮運)」편에는 "作其祝號, 玄酒以祭, 薦其血毛, 腥其俎, 孰其殽."라는 기록이 있고, 이에 대한 진호(陳澔)의 주에서는 "作其祝號者, 造爲鬼神及牲玉美號之辭. 神號, 如昊天上帝."라고 풀이했다. '호천'과 '상제'로 풀이할 경우, '상제'는 만물을 주재하는 자이며, '상천(上天)'이라고도 불렀다. 고대인들은 길흉(吉凶)과 화복(禍福)을 내릴 수 있는 능력을 갖추고 있었다고 생각하였다. 한편 '상제'는 오행(五行) 관념에 따라 동·서·남·북·중앙의 구분이 생기면서, 천상을 각각 나누어 다스리는 오제(五帝)로 설명되기도 한다. '호천'의 경우 천신(天神)을 뜻하는데, '상제'와 비슷한 개념이다. '호천'을 '상제'보다 상위의 개념으로 해석하여, 오제 위에서 군림하는 신으로 해석하는 경우도 있다.

◎ 황간(皇侃, A.D.488~A.D.545) : =황씨(皇氏). 남조(南朝) 때 양(梁)나라의 경학자이다. 『주례(周禮)』, 『의례(儀禮)』, 『예기(禮記)』 등에 해박하여, 『상복문구의소(喪服文句義疏)』, 『예기의소(禮記義疏)』, 『예기강소(禮記講疏)』 등을 지었지만, 현재는 전해지지 않는다. 그 일부가 마국한(馬國翰)의 『옥함산방집일서(玉函山房輯佚書)』에 수록되어 있다.

◎ 황씨(皇氏) : =황간(皇侃)

번역 참고문헌

* 『禮記』, 서울 : 保景文化社, 초판 1984 (5판 1995) / 저본으로 삼은 책이다.
* 『禮記正義』 1~4(전4권, 『十三經注疏 整理本』 12~15), 北京 : 北京大學出版社, 초판 2000 / 저본으로 삼은 책이다.
* 朱彬 撰, 『禮記訓纂』 上·下(전2권), 北京 : 中華書局, 초판 1996 (2쇄 1998) / 저본으로 삼은 책이다.
* 孫希旦 撰, 『禮記集解』 上·中·下(전3권), 北京 : 中華書局, 초판 1989 (4쇄 2007) / 저본으로 삼은 책이다.
* 服部宇之吉 評點, 『禮記』, 東京 : 富山房, 초판 1913 (증보판 1984) / 鄭玄 注 번역에 대해 참고했던 서적이다.
* 竹內照夫 著, 『禮記』 上·中·下(전3권), 東京 : 明治書院, 초판 1975 (3판 1979) / 經文에 대한 이해에 참고했던 서적이다.
* 市原亨吉 외 2명 著, 『禮記』 上·中·下(전3권), 東京 : 集英社, 초판 1976 (3쇄 1982) / 經文에 대한 이해에 참고했던 서적이다.
* 陳澔 注, 『禮記集說』, 北京 : 中國書店, 초판 1994 / 『集說』에 대한 번역에 참고했던 서적이다.
* 王文錦 譯解, 『禮記譯解』 上·下(전2권), 北京 : 中華書局, 초판 2001 (4쇄 2007) / 經文 및 주석 번역에 참고했던 서적이다.
* 錢玄·錢興奇 編著, 『三禮辭典』, 南京 : 江蘇古籍出版社, 초판 1998 / 용어 및 器物 등에 대해 참고했던 서적이다.
* 張撝之 外 主編, 『中國歷代人名大辭典』 上·下권(전2권), 上海 : 上海古籍出版社, 초판 1999 / 인명에 대해 참고했던 서적이다.
* 呂宗力 主編, 『中國歷代官制大辭典』, 北京 : 北京出版社, 초판 1994 (2쇄 1995) / 관직명에 대해 참고했던 서적이다.
* 中國歷史大辭典編纂委員會 編纂, 『中國歷史大辭典』 上·下(전2권), 上海 : 上海辭書出版社, 초판 2000 / 용어 및 인명에 대해 참고했던 서적이다.
* 羅竹風 主編, 『漢語大詞典』 1~12(전12권), 上海 : 漢語大詞典出版社, 초판 1988 (4쇄 1995) / 용어에 대해 참고했던 서적이다.

• 王思義 編集, 『三才圖會』 上・中・下(전3권), 上海 : 上海古籍出版社, 초판 1988 (4쇄 2005) / 器物 등에 대해 참고했던 서적이다.
• 聶崇義 撰, 『三禮圖集注』 (四庫全書 129책) / 器物 등에 대해 참고 했던 서적이다.
• 劉績 撰, 『三禮圖』 (四庫全書 129책) / 器物 등에 대해 참고했던 서 적이다.

역자 **정병섭(鄭秉燮)**

- 1979년 출생
- 2002년 성균관대학교 유교철학과 졸업
- 2004년 성균관대학교 대학원 유학과 석사
- 2013년 성균관대학교 대학원 유학과 철학박사
- 현재『역주 예기집설대전』완역을 위해 번역중이며,
  이후『의례』,『주례』,『대대례기』시리즈 번역과
  한국유학자들의 예학 관련 저작들의 번역을 계획 중이다.

예기집설대전 목록

譯註
禮記集說大全 坊記

編 陳澔(元)
附 正義 · 訓纂 · 集解

초판 인쇄 2016년 2월 15일
초판 발행 2016년 2월 25일

역   자 | 정병섭
펴낸이 | 하운근
펴낸곳 | 學古房

주   소 | 경기도 고양시 덕양구 통일로 140 삼송테크노밸리 A동 B224
전   화 | (02)353-9908 편집부(02)356-9903
팩   스 | (02)6959-8234
홈페이지 | http://hakgobang.co.kr/
전자우편 | hakgobang@naver.com, hakgobang@chol.com
등록번호 | 제311-1994-000001호

ISBN   978-89-6071-567-7 94150
           978-89-6071-267-6 (세트)

값: 27,000원

이 도서의 국립중앙도서관 출판시도서목록(CIP)은 서지정보유통지원시스템 홈페이지(http://seoji.
nl.go.kr)와 국가자료공동목록시스템(http://www.nl.go.kr/kolisnet)에서 이용하실 수 있습니다.
(CIP제어번호: CIP2016004377)